de Gruyter Studienbuch

Ralf Klausnitzer
Literaturwissenschaft

Ralf Klausnitzer

Literaturwissenschaft

Begriffe — Verfahren — Arbeitstechniken

Walter de Gruyter · Berlin · New York

∞ Gedruckt auf säurefreiem Papier,
  das die US-ANSI-Norm über Haltbarkeit erfüllt.

ISBN 3-11-018023-5

Bibliografische Information Der Deutschen Bibliothek

Die Deutsche Bibliothek verzeichnet diese Publikation in der Deutschen
Nationalbibliografie; detaillierte bibliografische Daten sind im Internet über
http://dnb.ddb.de abrufbar.

Vorwort

Lesen ist ein Entdecken. Wir identifizieren Zeichen auf einer Papierseite oder Pixel auf dem Bildschirm eines Computers als Buchstaben, fügen sie zu Worten und Sätzen zusammen und erschließen eine Welt. Diese Welt ist grenzenlos. Sie reicht von Schöpfungsgeschichten bis zu wissenschaftlichen Erklärungen des Atomaufbaus, von philosophischen Dialogen bis zu Theorien sozialer Systeme, von intimen Bekenntnissen bis zu den Abenteuern von Zauberlehrlingen. Die materiale Grundlage dieser Welt sind Zeichen, die sich zu Zeichenkomplexen verbinden; die Voraussetzung zum Eintritt in diese Welt ist die Fähigkeit, Zeichen zu erkennen und ihnen Bedeutungen zuzuweisen.

Das Erkennen – wie auch das Erzeugen – sprachlicher Zeichen erlernen wir frühzeitig. In den ersten drei Jahren unseres Lebens erwerben wir die Fertigkeit, Laute und Lautverbindungen als Worte und Satzeinheiten zu verstehen und selbst hervorzubringen. In der Grundschule entziffern wir Buchstaben, Worte, Sätze und reproduzieren sie in Schreib- und Druckschrift. Mit den Kulturtechniken Lesen und Schreiben ausgestattet, lassen wir historisch zurückliegende Ereignisse in ihrer überlieferten Darstellung vor uns erstehen. Wir nehmen die in Texten bewahrten Erfahrungen vorangegangener Generationen auf, rekonstruieren Wissensansprüche, lernen fremde Kulturen kennen. Vor allem aber tauchen wir in eine Welt ein, deren Faszination unvergleichlich und seit Jahrhunderten wirksam ist: die Welt der (schönen) Literatur.

Diese Literatur ist ein besonderer Bereich jener Welt aus Zeichen, die wir verstehen, indem wir ihnen eine Bedeutung zuweisen. Entlastet vom Alltagsdruck und seinen Forderungen nach pragmatischer Verständigung setzen literarische Texte unser Imaginationspotential frei und erlauben – unabhängig davon, ob wir ihre Manifestationen lesen oder hören – die temporäre Aufhebung der Grenzen unserer empirischen Existenz. Lesend leiden wir mit Goethes Werther, verwirren uns mit Musils Zögling Törleß, erwarten mit Kafkas Josef K. den entscheidenden Prozess. Mit klopfendem Herzen galoppieren wir unter nebelbekleideter Eiche zur wartenden Geliebten (auch wenn wir als empirischer Leser gar nicht reiten können). Wir lassen uns durch einen Torso Apollos ansehen und erfahren mit dem lyrischen Ich, dass wir unser Leben ändern müssen.

Doch ist diese Erweiterung unserer begrenzten Existenz nur ein Aspekt unter den vielfältigen Dimensionen literarischer Texte. Als Zeichenkomplexe, die sprachliche Bilder und mehrfach deutbare Ausdrücke verwenden, können die ihnen zuschreibbaren Bedeutungen verschieden ausfallen und unterschiedliche Auslegungen erlauben – ohne deshalb der Willkür des Interpreten und seinen subjektiven Gefühlen ausgeliefert zu sein. Als Werke, die sich durch Befolgung spezifischer Regeln oder durch Abweichung von Normen der Umgangs- oder Standardsprache unterscheiden, richten sie die Aufmerksamkeit auf ihre besondere selbstbezügliche Gestaltung und damit auf die ästhetischen Qualitäten von Sprache überhaupt. Als Modellierungen von Handlungen, Wahrnehmungen und Emotionen lassen literarische Texte zugleich Rückschlüsse auf individuell wie auf gesellschaftlich geprägte Deutungs- und Wertungsmuster zu. Sie vermitteln – deutlich markiert oder verschlüsselt – vielfältige Einsichten in das kulturelle Wissen ihrer Entstehungszeit und tragen also auch zur Beantwortung mentalitätsgeschichtlicher, sozialhistorischer und anderer Fragen bei.

Das *Lesen* und *Verstehen* und *Interpretieren* literarischer Texte ist aber ebenso wie der Umgang mit Begriffen wie *Autor, literarische Generation* oder *Literaturepoche* nicht ohne eine fundierte Einführung in Termini und Verfahren zu erlernen. Zu deren Aneignung und Erprobung möchte das vorliegende Studienbuch beitragen und zugleich die Lust am Lesen und an der Literatur weiter befördern.

Leitend dafür ist die Überzeugung, dass Studierende (wie Lehrende) der Literaturwissenschaft ein sicheres konzeptionelles und methodologisches Fundament benötigen – denn nur auf der Basis klarer Begriffe und Methoden lassen sich nachvollziehbare Aussagen produzieren und anwendbare Verfahren vermitteln. Zudem erfordert das philologische Studium eine fundierte Kenntnis von Arbeitstechniken und wissenschaftlichen Standards – denn allein durch einen effektiven Umgang mit Texten, Katalogen, Datenbanken und Bibliotheken werden überzeugende Seminarreferate, Hausarbeiten und Examensarbeiten möglich.

Auf der Basis dieser Überzeugung will das Studienbuch vor allem Studienanfängern zentrale Konzepte und Methoden der Literaturwissenschaft vermitteln und zugleich mit den Techniken der wissenschaftlichen Arbeit vertraut machen. Ausgewählte Beispiele aus dem Werk Johann Wolfgang Goethes, aber auch Texte anderer Autoren bilden die Grundlage, um Fragen nach der Interpretation und der historischen Einordnung von Texten zu klären: Was ist ein literarischer Text und was heißt es, ihn zu lesen, zu verstehen und zu interpretieren?

Wie lassen sich Gattungen bestimmen und in ihren Funktionsprinzipien erklären? Was ist ein Autor und welche konstruktiven Schritte
sind notwendig, um ihn und sein Werk einer bestimmten literaturgeschichtlichen Epoche zuzuordnen?

Die Darstellung der Konzepte und Verfahren orientiert sich weniger an den rasch wechselnden Theorieangeboten einer beständig unter
Innovationsdruck stehenden Disziplin, die gegenwärtig wieder ihre
„kulturwissenschaftliche Erweiterung" diskutiert. Die Zielstellung dieses Studienbuches besteht vielmehr darin, *anwendbares* und *anschluss-
fähiges* Wissen zu vermitteln, das eine Grundlage für den professionalisierten Umgang mit Texten und zugleich auch für das Verständnis
weiterreichender Theorien bildet. Von elementaren Begriffen und Verfahren („Zeichen", „Text", „Lesen" etc.) ausgehend, werden schrittweise komplexere Konzepte und Verfahren („Literatur", „Gattung", „Interpretieren" etc.) eingeführt und erläutert. Das Prinzip des Aufstiegs
von elementaren zu komplexeren Einheiten ist für den „systematischen" wie für den „historischen" Abschnitt verbindlich. Informiert
der erste Teil über den literarischen Text, die Gattungseinteilung sowie
die Analyse und Interpretation narrativer, lyrischer und dramatischer
Texte, widmet sich der zweite Teil der Beschreibung des Literatursystems in seiner historischen Entwicklung und behandelt neben Begriffen wie „Autor", „literarische Generation" und „literarische Kommunikation" auch die Beziehungen zwischen Literatur, Medien und Gesellschaft.

Die im dritten Teil erläuterten Arbeitstechniken rücken die für ein
frustrationsarmes Studium unabdingbaren Fähigkeiten und Fertigkeiten ins Zentrum. In den Kapiteln „Lesen", „Reden", „Schreiben" geht
es zum einen um praktische Techniken zur Aneignung literaturwissenschaftlichen Wissens, zum anderen um Regeln und Normen für ein
überzeugendes Präsentieren der erworbenen Kenntnisse. Das Kapitel
„Lesen und Recherchieren" gibt Hinweise für ein genaues und ertragreiches Lesen von *Primärquellen* und erläutert zugleich, wie gezielt
nach *Sekundärliteratur* zu recherchieren ist und welche Hilfe dabei
Bibliographien, Bibliothekskataloge, Datenbanken und Referenzwerke
bieten. Die Kapitel „Reden" und „Schreiben" sollen bei der Anfertigung von Seminarreferaten und schriftlichen Hausarbeiten helfen.
Dazu listen sie Schritte bzw. Schrittfolgen auf, die von der Formulierung eines Themas über die Anlage einer Gliederung bis zu einem gelungenen Vortrag und einer überzeugenden Hausarbeit führen. Besonderen Wert wird in diesem Zusammenhang philologischen Standards zugemessen, die den intersubjektiven Nachvollzug des gewonnenen Wissens gewährleisten sollen. Denn die Literaturwissenschaft

bleibt, auch wenn die primären Gegenstände ihres Erkenntnisinteresses Werke der Kunst sind, eine Wissenschaft – und muss sich also durch Kritikfähigkeit und Überprüfbarkeit ihrer Geltungsansprüche legitimieren.

Dass mit den hier vorgestellten Begriffen, Verfahren und Arbeitstechniken kein Anspruch auf Vollständigkeit und exklusive Geltung verbunden ist, braucht nicht gesondert betont zu werden. Erläuterungen, Beispiele und weiterführende Literaturangaben sollen Orientierungen vermitteln, um eigenständiges Fragen und Antworten zu ermöglichen – und letztlich dazu ermuntern, die faszinierende Welt der Literatur immer weiter und genauer zu erschließen.

Berlin, im März 2004   Ralf Klausnitzer

Inhalt

Einleitung
Vom Sinn der Literaturwissenschaft und ihrer Begriffe

Bereits der Begriff scheint es zu sagen: Gegenstand der wissenschaftlichen Disziplin, die unter Bezeichnungen wie „allgemeine und vergleichende Literaturwissenschaft" oder „neuere deutsche Literatur" an Universitäten gelehrt wird und studiert werden kann, ist die **Literatur**. Doch was ist „Literatur"? Welche Kriterien haben wir, um bestimmte Texte als „literarisch" zu klassifizieren und sie von anderen Textgruppen abzugrenzen? Wie lässt sich angesichts der Vielzahl von Texten über „gute" oder „schlechte", „wertvolle" und „triviale" Literatur entscheiden? Und wozu benötigen wir eine jahrhunderte alte Wissenschaftsdisziplin wie die Philologie, deren erste Vertreter in der Antike auf Papyrusrollen fixierte Texte verzeichneten und kommentierten, wenn wir aufgrund unserer Sozialisation doch selbst in der Lage sind, literarische Texte zu lesen und zu verstehen?

Diese Fragen berühren die Grundlagen einer professionellen Tätigkeit, die durch das Studienbuch vorgestellt und eingeübt werden soll. Ihre besondere Problematik resultiert nicht zuletzt aus dem Umstand, dass wir aufgrund unserer an Buch und Schrift gebundenen Sozialisation und unseres täglichen Umgangs mit Texten bereits vor einer genaueren Beschäftigung zu wissen glauben, was denn Literatur sei. Eine sehr einfache – und keineswegs triviale – Begriffsbestimmung wäre etwa die Aussage, dass Literatur das ist, was in gedruckter bzw. geschriebener Form vorliegt und sich lesen lässt. Doch was heißt „Lesen"? Ist das Entziffern eines Einkaufszettels schon ein „Lesen"? Reicht die entspannte Lektüre oder das Hören eines Audio-Book, um uns zu „Lesern" und zu „Kennern" von „Literatur" zu machen? Und was gewinnen wir, wenn wir über die bloß genießende Aufnahme eines Textes hinausgehen und zu intensiven Beobachtern des Gesamttextes und seiner Details werden?

Alle diese Fragen werden im weiteren Verlauf aufgenommen und diskutiert. Um sie aber überhaupt stellen und beantworten zu können, ist eine grundlegende Änderung unseres gewohnten Umgangs mit dem, was wir intuitiv als „Literatur" erkennen und bezeichnen, notwendig: Wir benötigen eine Distanz zum Vorgang des Lesens wie zu seinem Objekt, um den gelesenen Text und die Prozesse des Lesens, Verstehens und Interpretierens in unterschiedlichen Perspektiven *beobachten* und *beschreiben* zu können. Wie die Einnahme einer solchen Position vollzogen werden kann, ist im Folgenden zu zeigen. Das Vorgehen demonstriert nicht nur die Schrittfolge einer Distanzierung, die als Voraussetzung für einen reflektierten Umgang mit Texten gelten kann, sondern zeigt zugleich Möglichkeiten zur näheren Bestimmung des zentralen Begriffs *Literatur* auf.

Ausgangspunkt ist die Vergegenwärtigung jener „normalen", d. h. konventionellen Haltung gegenüber literarischen Texten, die wir in unsererm Kulturkreis frühzeitig einüben und als Erwachsene stets mehr oder weniger sicher praktizieren. Sobald wir einen Text aufschlagen, der eine Bezeichnung wie *Roman* trägt oder sich durch Reime und Strophen als *Gedicht* ausweist oder etwa durch sprechende Tiere von der derzeit gültigen Beschaffenheit der Welt abweicht, nehmen wir ein besonderes Verhältnis zu den textuell vermittelten Ereignissen ein. Wir versenken uns in das Geschriebene bzw. Gedruckte und es ist irrelevant, ob das, was man da liest, tatsächlich zutrifft oder jemals der Fall war. Entscheidend sind andere Eigenschaften des Textes: Spannung und Unterhaltung, die ihn zu einem Gegenstand des Zeitvertreibs machen; besondere Gestaltungen der Sprache, die ihn zum ästhetischen Genussmittel erheben; offenkundige oder versteckte Raffinessen in Aufbau und Struktur, die ihn zu einem Objekt eigener Überlegungen werden lassen...

Nehmen wir diese besondere Einstellung wahr, ist ein erster Schritt zum Gewinn einer distanzierten Beobachterposition vollzogen. In einem nächsten Schritt suchen wir für diese Einstellung einen Begriff und versuchen, ihn und seine Voraussetzungen näher zu bestimmen. Für die Einstellung gegenüber Texten soll hier und im Folgenden der Terminus **Rezeptionshaltung** verwendet werden. Die besondere Qualität der Rezeptionshaltung in Bezug auf *literarische Texte* besteht in der schon angedeuteten Abweichung von Prinzipien, die konstitutiv für die alltagssprachliche Kommunikation sind: Während Äußerungen in der alltäglichen Konversation informativ, wahr, relevant und klar sein sollten (um so etwas wie Verständigung über einen Sachverhalt möglich zu machen), erwarten wir diese Imperative beim Lesen eines Romans oder einer Ballade wie auch beim Erleben eines Theaterinszenierung *nicht*. Wenn uns ein literarischer Text etwas mitteilt, beispielsweise über den Versuch eines Zauberlehrlings, es seinem Meister nachzutun und sich vom behexten Besen das Badewasser bringen zu lassen, suchen wir in ihm keine Informationen (etwa über individuelle Befähigungen zur Magie). Wir erwarten ebenfalls nicht, dass die zu lesenden bzw. zu hörenden Sätze wahrheitsfähige Aussagen darstellen. Und wir erhoffen gleichfalls keine für unsere praktische Lebensführung relevanten Maximen, die in der Form von didaktischen Prinzipien und Handlungsanweisungen formulierbar wären. Im Gegenteil. Wir lesen einen literarischen Text und mobilisieren dabei ein Vermögen, das wohl nur wir Menschen besitzen – *Phantasie* bzw. *Einbildungskraft*. Im Akt der Lektüre nehmen wir Worte und Sätze auf und sehen die von ihnen bezeichneten Vorgänge und Figuren in gleichsam visueller Weise vor uns. Ohne von Fragen nach Informativität, Wahrheit oder Relevanz beunruhigt zu sein, statten wir die vom Text mitgeteilten Umstände und Akteure mit konkreten Eigenschaften und Details aus; oftmals auch mit Eigenschaften, die der Text selbst nicht enthält. (Diese aktive Imagination im Prozess der literalen Rezeption ist auch ein Grund für eine mögliche Enttäuschung angesichts der Verfilmungen literarischer Texte: Die durch den Film gelieferten sinnlichen Konkretionen weichen von den individuellen Bildern ab, die wir im Akt der Lektüre aktiv produzieren.)

Welche Prozesse beim Aufbau einer imaginierten Welt ablaufen, findet später genauere Erläuterung. An dieser Stelle ist noch einmal auf die *Bedingungen* zurückzukommen, die uns bei der Wahrnehmung eines literarischen Textes eine spezifische Rezeptionshaltung einnehmen lassen. Wir erkennen Texte gewöhnlich rasch und intuitiv als „literarisch", wenn etwas an ihnen mit bestimmten Konventionen und Erwartungen kollidiert. Sehen wir etwa den Anfang eines bekannten Textes an, der 1771 entstand und nach zahlreichen Änderungen den Titel WILLKOMMEN UND ABSCHIED erhielt:

Es schlug mein Herz, geschwind zu Pferde!
Es war getan fast eh gedacht;
Der Abend wiegte schon die Erde,
Und an den Bergen hing die Nacht
Schon stand im Nebelkleid die Eiche,
Ein aufgetürmter Riese, da,
Wo Finsternis aus dem Gesträuche
Mit hundert schwarzen Augen sah.

Schon die typographische Anordnung der Sätze verletzt die Regeln des herkömmlichen Schriftgebrauchs. Jeder Vers beansprucht eine neue Zeile und erzeugt also einen *Zeilenbruch*. Lesen wir den Text laut, fallen regelmäßige *Betonungen* und *Reime* auf, die in „normaler" Sprache nicht auftreten. Vollends verwirren die im Text geschilderten Vermenschlichungen natürlicher Zustände: Kann denn „der Abend" als eine Tageszeit die Erde „wiegen"? Wie kann „Finsternis" aus dem „Gesträuche" sehen – noch dazu mit „hundert schwarzen Augen"? Weitere Beispiele für literarische Verletzungen der Alltagslogik sind auch in anderen Texten rasch zu finden: Die Verwandlung des Gregor Samsa in ein „ungeheures Ungeziefer" widerspricht den derzeit gültigen Vorstellungen von der Beschaffenheit der Welt ebenso wie die Fähigkeit eines Menschen, über alle sieben Jahre von Hans Castorps Aufenthalt auf dem Zauberberg und seine Gefühle genau unterrichtet zu sein. Angesichts dieser Inkompatibilitäten bieten sich zwei Möglichkeiten an: Wir können die Texte als Zeugnisse der Unwissenheit oder des Irrtums lesen und ihre Produzenten – wie schon der antike Philosoph Platon in seinem Dialog DER STAAT – zu „Lügnern" erklären (Politeia III, 391c-392c). Wir können diese Texte aber auch in ihrer Ganzheit als „Imagination" oder „Fiktion" auffassen – und sie somit von dem Anspruch auf empirische Überprüfbarkeit befreien. Goethes Gedicht WILLKOMMEN UND ABSCHIED hat dann ebensowenig wie Kafkas Erzählung DIE VERWANDLUNG oder Thomas Manns Roman DER ZAUBERBERG den Zweck, als sprachliches Mittel zur Information gebraucht zu werden. Diese Texte setzen nicht über einen realen Sachverhalt oder ein tatsächliches Geschehen in Kenntnis (dessen „korrekte" Darstellung überprüft werden könnte), sondern imaginieren mögliche Welten, in denen wir uns als phantasiebegabte Leser bewegen – um Erlebnisse und Erfahrungen zu sammeln, die aufgrund der Endlichkeit unserer empirischen Existenz sonst verschlossen bleiben würden. Mit Klassifikationen wie Gedicht, Erzählung oder Roman explizit als *literarische Texte* markiert, sprechen sie für sich selbst und werden in dieser Qualität zum Objekt: des Genusses, des Zeitvertreibs, der kritischen Beurteilung oder der Untersuchung und Analyse nach Regeln der Wissenschaft.

Die scheinbar leicht ausgesprochene Floskel von der **Untersuchung und Analyse nach den Regeln der Wissenschaft** hat eine gewichtige Voraussetzung. Um über literarische Texte als Gegenstände der Beobachtung sprechen und sie „nach Regeln" untersuchen und analysieren zu können, brauchen wir nicht nur einen Abstand zur gleichsam selbstverständlichen Prozedur des Lesens. Wir benötigen zugleich festgelegte *Termini* und *Schrittfolgen*, um Eigenschaften von Texten und ihre Zusammenhänge mit anderen Texten *beobachten, beschreiben* und *erklären* zu können. Die festgelegten Termini zur Bezeichnung, Untersuchung und Analyse von Phänomenen nennen wir **Begriffe**; als konventionalisierte, d. h. festgelegte Benennungen für wiederholte Beobachtungen bündeln sie die Eigenschaften eines Objekts und sichern so die intersubjektive Verständigung zwischen unterschiedlichen Gesprächsteilnehmern über ihre Beobachtungen.

Fixierte Schrittfolgen, mit denen Aussagen über Sachverhalte gewonnen werden können, nennen wir **Methoden** bzw. **Verfahren**. Auch sie erlauben die Einigung von unterschiedlichen Gesprächsteilnehmern über die Mittel, mit denen bestimmte Beobachtungen gemacht, beschrieben und erklärt werden können. Zugleich eröffnen sie die Chance, einmal gefundene Erkenntnisse wiederholen bzw. auf veränderte Ausgangsbedingungen anwenden zu können und so *operationalisierbar* zu machen.

Die Leistungen von Begriffen und Verfahren für einen professionalisierten Umgang mit Literatur wurden bereits demonstriert – auch wenn diese Verwendung nicht in markierter Weise geschah. Denn literaturwissenschaftliche Begriffe gebrauchen wir schon, wenn wir Goethes Text WILLKOMMEN UND ABSCHIED hinsichtlich seiner äußeren Form zu beschreiben versuchen. Wir beobachten etwa das Faktum, dass – entgegen der Usancen des Schriftgebrauchs – jeder Satz bzw. jede Satzeinheit eine Zeile einnimmt und benutzen dafür den Begriff *Zeilenbruch*. Wir spüren insbesondere bei lautem Lesen eine rhythmische Ordnung und nennen diesen (später genauer zu bestimmenden) Rhythmus *metrische Bindung*. Den Gleichklang der Endsilben „Pferde"/ „Erde", „gedacht"/ „Nacht" belegen wir mit dem Terminus *Reim* und entdecken, dass sich auch die Struktur dieses Reimes wiederholt, und zwar als *Kreuzreim*.

Mit einer fixierten Terminologie bringen wir unsere Beobachtungen auf den Begriff und schaffen so die Basis, um uns über die beobachteten Sachverhalte austauschen zu können. Zugleich können wir ein bislang implizites Wissen über Eigenschaften von Texten explizit machen und als operationales Wissen auf andere Textvorkommnisse anwenden: Nehmen wir jetzt Schriftstücke wahr, die gleichfalls die Besonderheiten *Zeilenbruch, metrische Bindung* und *Reime* aufweisen, können wir diese nun ebenfalls als *lyrische Texte* klassifizieren und mit den Begriffen und Verfahren der *Lyrikanalyse* beschreiben.

Doch ist die **Benennung und Beschreibung von Beobachtungen** nur *eine* Leistung literaturwissenschaftlicher Begriffe und Verfahren. Eine weitere und ihrer Bedeutung kaum zu unterschätzende Aufgabe ergibt sich aus der Spezifik der literarischen Kommunikation. Jeder Text ist Produkt einer bestimmten kulturellen Konstellation. Zwischen dem Zeitpunkt seiner Produktion und seiner Rezeption kann ein zeitlicher Abstand liegen, der schon das Verständnis bestimmter Worte erschwert bzw. sogar das Ermitteln einer (wie auch immer gearteten) Bedeutung unmöglich macht. Angesichts dieser historischen Differenz zwischen Entstehung und Rezeption und der Unmöglichkeit, den personalen Urheber zu unverständlichen Stellen seines Textes zu konsultieren, haben Begriffe und Verfahren der Literaturwissenschaft also die Aufgabe, **plausible Bedeutungszuweisungen** möglich zu machen und argumentativ abzusichern – indem sie *Texten* bestimmte *Kontexte* zuordnen und Schritte zu ihrer Rekonstruktion angeben, eine Methodologie der Interpretation bereitstellen und Kriterien für die Unterscheidung überzeugender und nicht überzeugender Auslegungen ermitteln.

Mit der Bestimmung, plausible Bedeutungszuweisungen möglich zu machen und argumentativ abzusichern, ist ein drittes Aufgabenfeld literaturwissenschaftlicher Begriffe und Verfahren verbunden. Der Gebrauch eines fixierten und mehr oder weniger verbindlichen Instrumentariums garantiert allen Diskussionsteilnehmern die Gewissheit, über die gleichen Dinge zu sprechen. So bildet die Verwendung eines durch Konventionen festgelegten Sets von Begriffen und Verfahren die Gewähr für die **intersubjektive Verständigung** innerhalb eines regelhaft strukturierten Gesprächszusammenhangs.

Woher kommen nun die Begriffe und Verfahren der Literaturwissenschaft? Als Termini und Schrittfolgen zur *Beschreibung* und zur *Erklärung*
von textuellen Strukturen weisen sie eine z.T. sehr lange Geschichte auf.
Aus der *Rhetorik*, die als systematisierte Lehre von der Redekunst bereits
im Griechenland des fünften vorchristlichen Jahrhunderts entwickelt
wurde, stammen Begriffe zur Beschreibung von Texteffekten wie Emphase
und Litotes, Metapher und Metonymie. Die *Poetik*, durch Aristoteles um
335 v. Chr. als Lehre von den Arten der Dichtkunst systematisch nieder-
gelegt, entwickelte Kategorien des Gattungssystems wie Drama, Komödie,
Tragödie. Die *Philologie*, als systematische Tätigkeit der Sammlung und
Verzeichnung von Texten schon in Platons Dialog LACHES (188c, e) erwähnt und in den Bibliotheken von Alexandria, Athen und Pergamon gepflegt, prägte editorische Techniken wie die Transkription, Kollation, Re-
cension und Emendation aus. Und die *Hermeneutik*, die als Lehre von der
Auslegung von Texten in ihren Anfängen ebenfalls in die Antike zurück-
reicht, entwickelte – insbesondere in der Beschäftigung mit der Heiligen
Schrift – ein reichhaltiges Arsenal von Begriffen und Verfahren zur Unterscheidung von Arten des Schriftsinns, typologischen Entsprechungen etc.
Jüngeren Ursprungs ist die *Semiotik* als Lehre von den Zeichen, von der
Termini wie Signifikant und Signifikat übernommen wurden.

Die Ausführungen zum Sinn der Literaturwissenschaft und ihrer In-
strumente lassen sich knapp zusammenfassen. Die **Aufgaben der Literaturwissenschaft** bestehen zum einen in der *Sicherung der Überlieferung*,
d. h. in der *Sammlung, Verzeichnung und Ordnung von Texten* sowie in deren *Bereitstellung durch Editionen* mitsamt *Kommentaren, Textanalysen* und
Interpretationen – was durch Arbeitsgebiete wie Bibliographie und Textkri-
tik, Editionsphilologie und Hermeneutik geleistet wird. Die Aufgaben der
Literaturwissenschaft bestehen zum anderen in der *Herstellung von textuellen und kontextuellen Zusammenhängen*, was Forschungsbereiche wie Stoff-
und Motivgeschichte, Gattungspoetik, Intertextualitätsforschung und Literaturgeschichtsschreibung übernehmen. In allen Teilbereichen der Literaturforschung dienen Begriffe und Verfahren zur Beschreibung, Deutung
und Erklärung von wiederholten Beobachtungen an Texten, Texteigenschaften und intertextuellen Beziehungen. Sie setzen eine distanzierte Position zur „selbstverständlichen" Lektüre voraus und erlauben:

-   *implizit* vollzogene Prozeduren des Lesens und Verstehens *explizit* zu voll-
    ziehen und so wiederholbar bzw. überprüfbar zu machen;
-   die *historische Differenz* zwischen Entstehungs- und Rezeptionszeit eines
    Textes durch argumentativ abgesicherte Bedeutungszuweisungen und Re-
    konstruktion von Text-Kontext-Beziehung *zu überbrücken*;
-   sich innerhalb des regelhaften Systems „Literaturwissenschaft" zu
    verständigen.

Die Stärke von Begriffen und Verfahren liegt in der Genauigkeit ihrer Explikation und Verwendung. Denn man sieht nur, was man weiß – und benötigt deshalb hinreichend klare Begriffe zur Beobachtung und Erhellung wie zur Beschreibung und Erklärung. Je präziser Begriffe und Verfahren definiert und begründet sind, um so genauer können Phänomene erfasst, beschrieben und erklärt werden. Und je größer unsere Übereinstimmung in Bezug auf die verwendeten Begriffe und Schrittfolgen, desto wahrscheinlicher und ertragreicher wird eine intersubjektive Verständigung über unsere Beobachtungen. Denn auch wenn literaturwissenschaftliche Überlegungen nicht die Objektivität naturwissenschaftlicher Gesetze und Formeln erreichen können, gilt doch für sie gleichfalls die Verpflichtung, *begründete Aussagen nachvollziehbar und überprüfbar* zu kommunizieren – um so ein Wissen zu erzeugen, das *aufgenommen* und *diskutiert*, *zurückgewiesen* oder *akzeptiert* werden kann.

I Der literarische Text und seine Interpretation

Gegenstand der Literaturwissenschaft ist die Literatur. Was wir unter Literatur verstehen, ist damit noch nicht gesagt. Auch ein Blick in ein etymologisches Wörterbuch erweist sich als wenig hilfreich. Denn von den lateinischen Termini *littera* (Buchstabe) bzw. *litteratura* (Buchstabenschrift) abgeleitet, umfasst der Begriff „Literatur" alles in geschriebener bzw. gedruckter Form Vorliegende; der heute etwas antiquiert wirkende Begriff „Schrifttum" erinnert daran. Literatur wäre nach dieser weiten Begriffsbestimmung die Gesamtheit von Schriftwerken jeder Art – faktisch alles, was schriftlich oder gedruckt vorliegt und sich als kohärente Aussage über etwas „lesen" und „verstehen" lässt. Für diesen umfassenden Gegenstandsbereich wird im folgenden der Begriff „Text" verwendet, soll doch der Begriff „Literatur" für einen Bereich reserviert bleiben, der nun eingeführt und erläutert wird.

Diesen nun näher vorzustellende Gegenstandsbereich glauben wir aufgrund unseres täglichen Umgangs mit Büchern, Hör-Kassetten oder Audio-Books auf CD gut zu kennen. Mit dem in unserer Lebenswelt verankerten Begriff „Literatur" (auch *schöne Literatur* oder *Belletristik*) meinen wir gewöhnlich Texte, die in schriftlicher oder gedruckter oder elektronisch gespeicherter Form vorliegen, als kohärente Aussagen von uns gelesen und verstanden werden können und vor allem durch ihre *Differenz* zu anderen Textereignissen wirken: Sie informieren nicht, sondern *unterhalten* und *faszinieren*, indem sie intensiv und dauerhaft unsere Einbildungskraft mobilisieren. Sie vermitteln keine kodifizierten oder formalisierbaren Erkenntnisse, sondern ein spezifisches Wissen über individuelle oder kollektive Problemverarbeitungen. Sie geben keine Handlungsanweisungen für reale Situationen, sondern ermöglichen ein *symbolisches Probehandeln* in imaginierten Welten. Und sie *befreien* durch eine besondere Gestaltung von Sprache unsere Wahrnehmung von Automatismen. Beispiele für diese literarischen Texte lassen sich rasch und in großer Menge finden: Von Homers Epen ILLIAS und ODYSSEE bis zu James Joyce's Roman ULYSSES; von den Sonetten des Andreas Gryphius bis zu Durs Grünbeins SCHÄDELBASIS-LEKTIONEN.

Was wir im Rückgriff auf einen vorwissenschaftlichen und unserer Lebenswelt entstammenden Begriff als **Literatur** verstehen, weist also mehrere Dimensionen mit entsprechenden Fragestellungen auf. Literatur hat zum einen mit *Texten* zu tun – und wirft darum die Frage auf, was unter einem *Text* und speziell unter einem *literarischen Text* zu verstehen ist. Literatur hat zum anderen etwas mit *Aussagen* zu tun, die sich sowohl in ihrem *Inhalt* wie in ihrer *Form* von anderen Aussagen unterscheiden – was nach den spezifischen *Differenzqualitäten* literarischer Aussagen fragen lässt. Literatur hat zudem etwas mit *Lesen* und *Verstehen* zu tun – was die Schrittfolgen, Ergebnisse und Probleme dieser konstruktiven Tätigkeiten frag-würdig macht.

Allen diesen Fragen und ihrer Beantwortung widmen sich die nachfolgenden Kapitel. Sie bilden den ersten Teil des vorliegenden Studienbuches und erläutern Begriffe, die für die *Beschreibung, Deutung* und *Erklärung* literarischer Texte unabdingbar sind: Text und Zeichen, Signifikant und Signifikat, poetische Funktion und Literarizität, Textsorte und Gattung. Anhand unterschiedlicher Beispiele werden zugleich die Verfahren eingeführt, die einen wissenschaftlichen Umgang mit Texten fundieren: Lesen, Verstehen und Interpretieren; Beschreibung und Deutung narrativer, lyrischer, dramatischer Texte.

Ausgangspunkt der nachfolgenden Erläuterungen zum Begriff des literarischen Textes und seiner Interpretation ist die Überzeugung, dass sich nur auf der Basis genauer Beobachtungen und Beschreibungen plausible Bedeutungszuweisungen treffen lassen – und dass so gewonnene interpretative Aussagen zugleich den Blick für weitere Textbeobachtungen schärfen. Es geht also darum, die operationalisierbaren Verfahren der Deskription – die den literarischen Text als Produkt einer analysierbaren Technik erfasst und untersucht – mit methodisch kontrollierten Interpretationen zu verbinden. Und zugleich geht es darum, genaues Lesen mit einem überzeugenden Argumentieren für Aussagen über Texte zu verknüpfen – um jene plausiblen und nachvollziehbaren Deutungsangebote zu gewinnen, ohne die Literaturwissenschaft nicht zu denken ist.

1 Was ist ein (literarischer) Text?

Zentrale Bezugsgröße und elementare Einheit literaturwissenschaftlicher Untersuchungen ist der **literarische Text**. Aber was verstehen wir unter Text? Und wodurch unterscheiden sich literarische Texte von anderen, nicht-literarischen Texten? Um diese Fragen beantworten zu können, hilft ein Blick auf die nachfolgend abgebildeten Objekte:

Gebrauchsinformation

Kamillan®

Zusammensetzung
10 ml (entsprechen 9,4 g) Flüssigkeit enthalten:
Arzneilich wirksame Bestandteile:
10 ml Auszug (1:7,4) aus einer Mischung von Kamillenblüten : Schafgarbe
Auszugsmittel:
Ethanol 96 % : Trinkwasser : Ammoniak-Lösung 10% : Macrogolglyceroll
(52,1:50,8:1:0,25).

Darreichungsform und Inhalt
Flüssigkeit
Originalpackung mit   50 ml
Originalpackung mit 100 ml
Originalpackung mit 100 ml + 8 Sitzbadfolien
Originalpackung mit 200 ml
Originalpackung mit 1000 ml
Klinikpackungen

Stoff- oder Indikationsgruppe
Traditionelles pflanzliches Arzneimittel

Pharmazeutischer Unternehmer und Hersteller

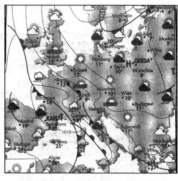

Text „Wortlaut, Beschriftung; [Bibel]stelle": Das Wort wurde in *spätmhd.* Zeit aus *lat.* textus „Gewebe, Geflecht; Verbindung, Zusammenhang; zusammenhängender Inhalt einer Rede, einer Schrift" entlehnt. Dies gehört zu *lat.* texere „weben, flechten; fügen, kunstvoll zusammenfügen", das etymologisch verwandt ist mit *griech.* téktōn „Zimmermann, Baumeister", *griech.* téchnē „Handwerk, Kunst, Kunstfertigkeit" (vgl. den Artikel *Technik*). – Abl.: **texten** „einen [Schlager-, Werbe]text gestalten" (20. Jh.), dazu das Substantiv **Texter** „Verfasser

DAS LEBEN LIEF IM SCHWEINSGALOPP,
DIE LIEBE WAR EIN FEST,
DER MENSCH WAR GUT
DAMALS HINTERM MOND.
DER WHISKY WAR EIN KITZEL
UND DAS ZWEITE GLAS UNSER GANZES
HAB UND GUT
DAMALS HINTERM MOND.
ZU TRINKEN GAB ES NIE ZUVIEL
UND ABENDS WUSST ICH IMMER,
WO DU WARST/ WAS HABEN WIR
GELACHT/ DAMALS HINTERM MOND.

Alle vier Artefakte weisen mehrere Gemeinsamkeit auf. Eine erste Gemeinsamkeit ist ihre *materiale Beschaffenheit*. Sie bestehen aus visuell wahrnehmbaren schwarzen bzw. grauen Pünktchen Druckerschwärze auf weißem Papier. Eine zweite Gemeinsamkeit ist ihre *Lesbarkeit*. Die Pixel aus Druckerschwärze lassen sich als Buchstaben bzw. Symbole identifizieren und zu Worten bzw. Aussagen zusammenfügen. Die Worte und Sätze, die wir aus Buchstaben und Symbolen zusammenfügen, teilen etwas mit; sie erfüllen eine *kommunikative Funktion*. Der als Medikamenten-Beipackzettel erkennbare Artefakt gibt über Bestandteile des Präparats Auskunft; die Wetterkarte informiert über Wetterlage und prognostiziert die Verteilung von Wolken, Sonne, Regen. Der Lexikoneintrag vermittelt ein Wissen über die Herkunft des Wortes „Text"; der Songtext mit Refrain unterrichtet über ein offenkundig vergangenes Leben „damals hinterm Mond".

Dass wir die Ansammlungen von schwarz-grauen Pünktchen als Buchstaben, Worte, Symbole erkennen, lesen und verstehen können, beruht auf dem Umstand, dass es sich um **Zeichen** handelt. Wir erkennen die regelmäßige Anordnung von Druckerschwärze als Symbole, Worte und Sätze, weil wir gelernt haben, materiale und sinnlich wahrnehmbare Pixelsammlungen als Zeichengestalten zu erkennen und diesen **Bedeutung** zuzuweisen. Im Prozess der *Bedeutungszuweisung* realisieren wir die kommunikative Funktion von Zeichen, die nie isoliert, sondern stets als Elemente **semiotischer Systeme** auftreten. Und wir lesen die Verbindung von Worten, Leerzeichen, Interpunktionszeichen und anderen Symbolen als einen *Text*, wenn wir zwischen den Einzelelementen einen *Zusammenhang* herstellen und diesen in eine konkrete *kommunikative Situation* einbetten.

Mit den Begriffen *Zeichen* und *Zeichensystem*, *Bedeutung* und *Bedeutungszuweisung* sind Möglichkeiten zur genaueren Analyse und Untersuchung von Texten gegeben, die im Folgenden entfaltet und an Beispielen vorgeführt werden sollen. Die besondere Leistung einer Beschreibung von Texten als Zeichensystemen, die den Erkenntnissen der Semiotik – der Lehre von den Zeichen – folgt, besteht in zwei Gewinnchancen: Zum einen lässt sich mit semiotischen Termini die „Oberflächenebene", also die materiale Gestalt von Zeichen beobachten und beschreiben. Zum anderen können damit die Prozesse der Bedeutungszuweisung präziser bestimmt und als zentrale Verfahren im Umgang mit Texten genauer erfasst werden. Denn ob bewusst oder unbewusst – jedes „Lesen" eines Textes (wie auch anderer Artefakte mit kommunikativer Funktion) vollzieht sich als Wahrnehmung und Identifikation von Zeichen, denen wir nach bestimmten Regeln Bedeutung zuweisen.

1.1 Text und Zeichen: Semiotische Grundlagen

Betrachten wir noch einmal die Beispiele für Texte und vergleichen die hier wahrnehmbaren makrophysikalischen Objekte mit anderen Dingen unserer Umwelt. Während der Tisch, auf dem das Buch liegt, und der Stuhl, auf dem wir sitzen, einem praktischen Zweck dienen, also eine *instrumentelle Funktion* erfüllen, übermitteln die visuell wahrnehmbaren Entitäten **Kamillan** | 🏞 | „Wortlaut" eine Information. Sie teilen etwas mit, haben also eine *kommunikative Funktion*.

Die von Menschen produzierten **Entitäten, die eine kommunikative Funktion erfüllen**, nennen wir **Zeichen**. Dass mit dieser Festlegung des Zeichens auf die bewusste Erzeugung durch den Menschen der weite Zeichenbegriff der allgemeinen Semiotik eingeschränkt wird, ist nur knapp zu erwähnen: Als Zeichen lassen sich ebenso Körpersignale (wie etwa erhöhte Temperatur) oder Spuren (etwa von Tieren) deuten. Wenn wir uns im Folgenden auf vom Menschen produzierte Artefakte konzentrieren, ist die Einschränkung des Zeichenbegriffs auf Informationsträger mit kommunikativer Funktion gerechtfertigt.

Schwieriger wird es bei einer trennscharfen Abgrenzung von instrumenteller und kommunikativer Funktion. So hat Kleidung neben dem praktischen Zweck, den Körper vor dem Wetter zu schützen, stets auch den Zweck, etwas über seinen Träger mitzuteilen – vom Ausdruck bestimmter Gefühle durch Farben und Formen bis zur Demonstration sozialer oder gruppenspezifischer Zugehörigkeit. Wie der französische Literaturwissenschaftler Roland Barthes gezeigt hat, lässt sich auch die Mode als Zeichensystem lesen, bei der geringe Differenzen – beispielsweise in der Breite einer Krawatte – weitreichende Informationen vermitteln können.

Das Beispiel der Mode zeigt nicht nur, dass es neben Sprache und Symbolen weitere und sehr unterschiedliche Zeichen gibt. Die von der wechselnden Mode abhängige Breite der Krawatte als Zeichen zur Markierung feiner Unterschiede zeigt ebenso wie die Piktogrammatik der Wetterkarte, dass Zeichen nie isoliert zu verstehen sind. Verständlich werden Zeichen erst im Rahmen eines *semiotischen Systems* – also in Zusammenhang und Wechselwirkung mit ähnlichen, doch unterscheidbaren Entitäten: ⛅ | 🌤 | 🌥 | 🌦 | 🌧. Zeichen erhalten erst dann einen Sinn, wenn sie anderen Zeichen korrespondieren.

1.1.1 Die Zeichengestalt: Signifikant

Um sich mit anderen Zeichen innerhalb eines bestimmten Zusammenhangs organisieren und etwas mitteilen zu können, müssen Zeichen eine materiale Gestalt haben und sinnlich wahrnehmbar sein. Die *Materialität* eines Zeichen – realisiert im graphischen Symbol ☀, in der Buchstabenfolge S-O-N-N-E oder im Klang des Wortes [sonne] – ist die erste Bedingung, um es als Zeichen für etwas anderes identifizieren und dechiffrieren zu können. Die materiale Gestalt eines Zeichens nennen wir *Signifikant* und nutzen damit eine Terminologie, die der Genfer Sprachwissenschaftler Ferdinand de Saussure (1857-1913) prägte.

In der Wahrnehmung der materialen Zeichengestalt vollziehen wir einen komplexen mentalen Akt: Wir identifizieren ein graphisches Symbol, eine Buchstabenfolge oder einen Wortklang als ein Zeichen und ordnen ihm eine Bedeutung zu:

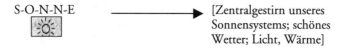

S-O-N-N-E ────────────▶ [Zentralgestirn unseres Sonnensystems; schönes Wetter; Licht, Wärme]

1.1.2 Die Zeichenbedeutung: Signifikat

Den ideellen Gehalt eines Zeichens, der im Prozess der Wahrnehmung als Bedeutung realisiert wird, nennen wir *Signifikat*. Die Prozesse der Zuordnung von Signifikat und Signifikant erfolgen durch mentale, im Bewusstsein vorgehende Operationen des Zeichenbenutzers und beruhen auf Zuordnungsregeln entsprechend gesellschaftlicher Konventionen; sie sind – um wieder mit Ferdinand de Saussure zu sprechen – *arbiträr* (beliebig, willkürlich). „Das Band, welches das Bezeichnete mit der Bezeichnung verknüpft, ist beliebig", postulierte Ferdinand de Saussure, um einschränkend fortzusetzen: „Das Wort ,beliebig' erfordert hierbei eine Bemerkung. Es soll nicht die Vorstellung erwecken, als ob die Bezeichnung von der freien Wahl der sprechenden Person abhinge [...]; es soll besagen, dass es unmotiviert ist, d. h. beliebig im Verhältnis zum Bezeichneten, mit welchem es in Wirklichkeit keinerlei natürliche Zusammengehörigkeit hat."[1]

Der arbiträre Charakter der *Signifikation*, d. h. der Zuordnung von Signifikaten zu Signifikanten aufgrund von Verabredungen, wird nicht zuletzt dadurch deutlich, dass einzelne Signifikanten in gesellschaftlichen Gruppen und Subsystemen mit je eigenen Signifikaten versehen werden: Während für Mathematiker das Wort „Bruch" ein Verhältnis zwischen zwei ganzen Zahlen bedeutet, verstehen Mediziner darunter die Fraktur eines Knochens. Im Jargon von Kriminellen bezeichnet der Terminus „Bruch" das gewaltsame Eindringen in einen gesicherten Raum; in der Rede über zwischenmenschliche Beziehungen wird mit „Bruch" das mehr oder weniger abrupte Ende einer Freundschaft oder einer Liebe gleichgesetzt. Ein weiteres Beispiel für eine gruppenspezifische Zuordnung von Signifikanten und Signifikaten wäre die Jugendsprache mit Ausdrücken wie „abhängen", „ätzend", „geil" etc. Die Jugendsprache zeigt zugleich, dass die Verbindung von Signifikant und Signifikat historischen Wand-

---

[1] Ferdinand de Saussure: Grundfragen der allgemeinen Sprachwissenschaft. Berlin ²1967, S. 78, 80.

lungen unterworfen ist – was in der Gegenwart eine positive Bewertung
zum Ausdruck bringt wie etwa das Adjektiv „krass", wurde im 18. Jahrhundert aus dem lateinischen „crassus" (dick, grob) entlehnt und
pejorativ gebraucht.

Welche weitreichenden literaturwissenschaftlichen Konsequenzen die
Auffassung von Texten als Abfolge von Signifikanten hat, wird später genauer zu beleuchten sein. Die Hinweise auf mögliche Unterschiede in der
Bedeutungszuweisung haben jedoch schon jetzt vor Augen geführt, wie
wichtig ein sensibler und genauer Umgang mit Signifikanten und Signifikaten ist: Nur wenn wir die historische Umgebung des Zeichengebrauchs
und die Bedeutungen zur Entstehungszeit berücksichtigen, vermeiden wir
eine Lektüre, die an einen Text die Normen und Werte der Gegenwart an-
legt. Da Bedeutungen in konkreten Zuweisungsprozessen generiert werden
und die Rezeption literarischer Texte (wie anderer semiotischer Systeme
auch) durch eine z.T. gravierende Differenz von Ort und Zeit ihrer Produktion getrennt sein kann, hat eine professionalisierte Beobachtung
stets nach den historisch bzw. kulturell konkretisierten Signifikaten zu
fragen. Die gewohnte, d. h. in unserer Gegenwart verankerte Zuordnung von
Signifikant und Signifikat ist in Frage zu stellen, wenn wir etwa einem
Text wie Goethes Briefroman DIE LEIDEN DES JUNGEN WERTHERS und
seinem Bruch mit der vorangegangenen Literatur historisch gerecht werden wollen – denn projizieren wir unsere heutigen Vorstellungen von Liebe, Selbstverwirklichung und Autonomie des Handelns auf den Text und
seinen Kontext, bleiben uns die neue Qualität der emphatischen Sprache
wie auch der skandalerregende Tabubruch des Romans (der bis zu Verboten führte) verschlossen.

1.1.3 Einfache und komplexe Zeichen

Um die Beobachtung von Signifikanten und Signifikaten auf einen sicheren Boden zu stellen, erweist sich zuerst einmal eine Unterscheidung von
einfachen und *komplexen Zeichen* als hilfreich. Während im semiotischen
System Sprache ein alleinstehendes Wort einen isolierten Signifikanten
und damit ein *einfaches Zeichen* darstellt, wird ein *komplexes Zeichen*
durch die Kombination mehrerer Signifikanten gebildet. In der Bezug-
nahme der Signifikanten aufeinander wie in der Art und Weise ihrer Bearbeitung entsteht ein Signifikat, das einen höheren Gehalt an Bedeutung
enthält. Sein Sinngehalt übersteigt die Summe der Signifikate der isolierten Signifikanten – vor allem, wenn besondere Mittel zur Gestaltung dieser Signifikanten verwendet werden. Die besondere Gestaltung von Signifikanten erscheint in unterschiedlichen Formen. Redewendungen wie

„Wind und Wetter", „gut und gern", „biegen und brechen" nutzen den
Gleichklang des Anlauts betonter Silben, um Aufmerksamkeit auf sich zu
ziehen und die Aussagebedeutung der Einzelworte zu verstärken. Eine
Produktreklame wie „Haribo macht Kinder froh und Erwachsene ebenso"
bedient sich des dreifach wiederkehrenden Binnenreims, um eine triviale
Botschaft suggestiv zu vermitteln. Prägnant wird die besondere Gestaltung der Ausdrucksseite vor allem in Texten, die wir intuitiv als literarisch
erkennen – allen voran in der besonders „gebundenen" Sprache der Lyrik:

> Jetzt reifen schon die roten Berberitzen,
> Alternde Astern atmen schwach im Beet.
> Wer jetzt nicht reich ist, da der Sommer geht,
> Wird immer warten und sich nie besitzen.[2]

Die Zeilen aus Rainer Maria Rilkes STUNDENBUCH, in denen Alliterationen und Endreime zur besonderen Bindung der Sprache eingesetzt werden, demonstrieren den Mehrwert an Sinn, den literarische Texte als
komplexe Zeichen produzieren können: Die Wiederholungen der Anlaute
in den betontsilbigen Wortpaaren „reifen" und „roten", „alternde Astern",
„wird warten" und die Endreime steigern die Aufmerksamkeit in weitaus
stärkerer Weise als die Aussage „Im Herbst vollenden sich biologische
Wachstumsprozesse und konfrontieren den Menschen mit dem Gefühl
der Vergänglichkeit und Vergeblichkeit", mit der wir den im Gedicht
ausgesagten Sachverhalt paraphrasieren könnten.
   Um die besondere Leistung der Aufmerksamkeitssteigerung und so
auch die Produktion eines Mehrwerts an Bedeutung besser beschreiben zu
können, ist die Analyse der beiden Seiten eines Zeichens notwendig. Dazu bedarf es bestimmter Termini und Verfahren, die jetzt vorgestellt werden. Begonnen wird mit der Beschreibung der sinnlich wahrnehmbare
Zeichengestalt, dem Signifikanten.

1.1.4 Die Ebene der sprachlichen Signifikanten

Die Bestandteile des semiotischen Systems Sprache – die lautlich oder
schriftlich materialisierten Signifikanten und die ihnen zugeordneten
Signifikate – sind wie die Elemente anderer Zeichensysteme nach dem
Prinzip der *Differentialität* organisiert. Bezogen auf die Ausdrucksseite eines Zeichens heißt das nichts anderes, als dass seine sinnlich wahrnehmbare Gestalt nur im Zusammenhang mit ähnlichen, doch unterscheidba-
ren Einheiten erkennbar und verstehbar ist.

---

[2] Rainer Maria Rilke: Das Stundenbuch. Das Buch von der Pilgerschaft. In: R.M. Rilke:
Sämtliche Werke. Herausgegeben vom Rilke-Archiv in Verbindung mit Ruth Sieber-Rilke,
besorgt von Ernst Zinn. Bd. 1. Wiesbaden, Frankfurt/M 1955, S. 337.

Betrachten wir etwa die Worte: „Sonne" – „Nonne" – „Tonne" – „Wonne". Die Lautgestalt des Wortes „Sonne" unterscheidet sich von den Signifikanten „Nonne", „Tonne" und „Wonne" nur durch die Verschiedenheit der Phoneme /s/, /n/, /t/ und /w/. Phoneme bilden also die kleinste bedeutungsunterscheidende Einheit hinsichtlich der lautlichen Realisierung – wobei zu beachten ist, dass es in der deutschen Sprache zwischen Buchstaben bzw. Buchstabengruppen als schriftlichen Fixierungen lautlicher Phänomene und Phonemen keine unmittelbare Korrelation gibt. So kann der Buchstabe „o" für das lange /o:/ wie in „Ton" und für das kurze /o/ wie in „Sonne" stehen.

Da das phonologische System einer Sprache mögliche Kombinationen von Phonemen festlegt, folgt auch die Wiederholung von Phonemen statistischen Wahrscheinlichkeiten. So ist es eher selten der Fall, dass wir einen Satz bilden, in dem sämtliche Worte denselben betonten Anlaut aufweisen wie etwa im Zungenbrecher „Fischers Fritze fischte frische Fische". Auch gleichlautende Endsilben wie in der Wortfolge „Der Advokat aß grad Salat, als ihm ein Schrat die Saat zertrat" verwenden wir in unserer alltäglichen Kommunikation nicht allzu häufig. Sehen wir nun die Umgangssprache mit ihrer durchschnittlichen Wiederholung von Phonemen als eine gleichsam automatisch genutzte Folie an, so erscheint die erhöhte Rekurrenz von Phonemen als **Verfremdung**, die aufgrund ihrer *Abweichung von der Normalsprache* verstärkte Aufmerksamkeit und Interesse erregt. Lautliche Verfremdungen beobachten wir in Werbeslogans („Mars macht mobil bei Arbeit Sport und Spiel" mit dreimaliger Alliteration und Reim) ebenso wie in Friedrich Schillers dramatischem Gedicht WALLENSTEIN („Der Rheinstrom ist worden zu einem Peinstrom,/ Die Klöster sind ausgenommene Nester,/ Die Bistümer sind verwandelt in Wüsttümer..."). Sowohl für den Werbeslogan als auch für das Wortspiel im Drama ist das Prinzip verbindlich, das wir als *besondere Bearbeitung der Ausdrucksseite eines Zeichens* bezeichnen und als Basis für die – später noch genauer zu betrachtende – *poetische Funktion* von Sprache ansehen können. Im buchstäblichen Sinne sichtbar wird die besondere Bearbeitung der Ausdrucksseite von Zeichen in visueller Poesie, die die gewohnte graphische Anordnung von Signifikanten verändert und so bestimmte Wirkungen erzielt. Zwei Beispiele – eines aus dem 17. Jahrhundert, das andere aus dem 20. Jahrhundert – führen diesen Effekt vor Augen:

1.1.5 Die Ebene der sprachlichen Signifikate

Wie die Ausdrucksseite ist auch die Bedeutungsebene eines Zeichens nach dem Prinzip der Differentialität organisiert: Wir ermitteln die Bedeutung eines Zeichens, weil sich diese Zeichenbedeutung in einem System mit anderen Signifikaten befindet und mit diesen durch Gemeinsamkeiten und Unterschiede verbunden ist. So erhält das graphische Symbol ☼ wie das Wort „Sonne" eine Bedeutung aufgrund seines Bezugs zum semiotischen System „Wetterkarte" bzw. zum semiotischen System „Sprache" – und zugleich durch die Abgrenzung von anderen Bedeutungseinheiten. Innerhalb der Wetterkarte steht die Bedeutung des graphischen Symbols ☼ [Sonnenschein, schönes Wetter] in Opposition zum Signifikaten des Icons 🌧 [Niederschlag, schlechtes Wetter]. Im semiotischen System Sprache steht das Signifikat des Wortes „Sonne" etwa im Gegensatz zu dem Signifikat des Wortes „Wolke"; die Bedeutungen [heiter] und [wolkig, bewölkt] wären damit ähnlich distinktive Merkmale wie Phoneme auf der Ebene der Signifikanten.

Die bedeutungstragenden Merkmale auf der Ebene der Signifikate nennen wir – der von Algirdas J. Greimas entwickelten „strukturalen Semantik" folgend – *Seme*; zu ihrer Kennzeichnung verwendet man eckige Klammern. Wenn [heiter] als ein Sem des Wortes „Sonne" aufgefasst werden kann, lassen sich über die Feststellung von Oppositionen zugleich weitere Seme ermitteln – in der Unterscheidung von nicht leuchtenden Himmelskörpern wie den Planeten etwa das Sem [strahlend], in der Gegenüberstellung zum nächtlich scheinenden Mond mit seinem kalten Licht etwa die Seme [taghell, warm, glühend]. Signifikate lassen sich so als **Bündel bedeutungsunterscheidender Merkmale** bzw. als Sem-Bündel verstehen. Semantische Reihen können wir feststellen, wenn Worte durch gemeinsame Seme miteinander verbunden sind. „Sonne", „Mond" und

„Sterne" bilden also eine semantische Reihe mit dem Sem [planetarisch];
das Sem [leuchtend] verbindet die semantische Reihe „Sonne", „Stern",
„Komet". Die Beispiele zeigen, dass jedes Element unseres semiotischen
Systems Sprache über Ähnlichkeiten und Oppositionen mit anderen in
Beziehung steht. Da die Bedeutung eines Textes durch diese Beziehungen
definiert wird, ergibt sich ihre Erschließung als zentrale Aufgabe. Als
nützlich erweist sich dabei die Suche nach *Binäroppositionen*, die ein
strukturelles Prinzip zur Erzeugung von Aussagen bilden und die in Wendungen wie „Himmel und Hölle", „Tag und Nacht", „Mond und Sonne"
anzutreffen sind. Binäroppositionen finden wir in Sprichwörtern („Wer
nicht hören will, muss fühlen") wie im kategorischen Imperativ in Goethes Ballade DER SCHATZGRÄBER „Tages Arbeit! Abends Gäste!/ Saure Wochen! Frohe Feste!", der eine Entgegensetzung aus den gegensätzlichen
Semen [alltägliche Anstrengung] vs. [limitierte Freude] herstellt.

Da in der Kommunikation nicht alle bedeutungstragenden Merkmale
eines Wortes relevant sind, benötigen wir Mechanismen, um ein bestimmtes Sem auszulesen bzw. als *dominant* zu markieren. Dies umso
mehr, da wir innerhalb unserer Sprache zahlreiche Worte kennen, die unterschiedliche Signifikate aufweisen. Ein Wort mit allen seinen Bedeu-
tungsmöglichkeiten nennen wir *Lexem*. So kann das Lexem „Zug" vieler-
lei bedeuten: [Schienenfahrzeug], [Bewegung beim Brettspiel], [Charak-
tereigenschaft], [stetige Luftbewegung] etc. Die Bedeutungsvielfalt eines
Lexems wird im Prozess der *Monosemierung* auf eine Bedeutung festgelegt
und so zu einem *Semem*. Diese Monosemierung wird durch verschiedene
Verfahren realisiert: zum einen durch die Beachtung des außersprachlichen Kontextes, d. h. durch eine *situationelle Selektion*; zum anderen
durch Wiederholung gleicher bzw. durch Nennung oppositioneller Seme,
d. h. durch *innertextuelle Selektion*. Sprechen wir auf einem Bahnsteig über
einen Zug, macht die Situation klar, in welcher Bedeutung das Lexem zu
aktualisieren ist. Wird in einem Gesprächszusammenhang über Bahnhöfe
und Abfahrtszeiten das Lexem „Zug" gebraucht – beispielsweise in dem
Satz „Der letzte Zug fährt genau 23 Uhr vom Hauptbahnhof" , transportieren diese Sememe das Sem [Beförderung] und setzen so das Sem [auf
Schienen fahrendes Beförderungsmittel] des Lexems „Zug" dominant.

Wenn in einem Text gleiche *Klasseme* – darunter verstehen wir die
durch Monosemierung ausgewählten bzw. dominant gesetzten Seme oder
Semem-Gruppen – wiederholt auftauchen, stellt diese Rekurrenz den inneren Zusammenhang, die *Kohärenz* eines Textes her. Die so erzeugte *homogene semantische Ebene* nennen wir *Isotopie* oder auch den „roten Faden" eines Textes. Dass auch Isotopien häufig in Form von *binären Oppositionen* organisiert sind, soll ein Beispiel zeigen.

Bei dem nachfolgend wiedergegebenen Textauszug handelt es sich um den Anfang eines Berichts über das Filmfestival in Venedig, der am 11. September 2003 in der Wochenzeitung DIE ZEIT erschien.

... was du nicht siehst
Auf einem Filmfestival wie in Venedig neigt die menschliche Wahrnehmung ganz natürlich zu einem gewissen Sektierertum. Über Tage hinweg bewegt man sich in der Urhorde der Kollegen, findet sich zu den Wettbewerbsfilmen vor dem immergleichen Kino ein, wartet fein sortiert in der jeweiligen Branchenschlange, in der sich Ideen und Urteile beim freundschaftlichen Schwatz amalgamieren. Man isst die gleichen matschigen Mozzarella-Sandwiches, trägt am Hals die gleichen hässlichen Akkreditierungsschildchen und versackt abends nach dem Film gemeinsam am nächsten Festivaleck. Wer sich der Matrix aus wohligem Trott und kollektivem Autismus mit kleinen, hilflosen Individualisierungsstrategien widersetzt, trifft doch wieder auf übliche Gruppenrituale: Der eine setzt über ins historische Zentrum, um sich zwischen Markusplatz und Rialtobrücke mit litauischen und ukrainischen Reisegruppen auf einer anderen Art von Trampelpfad wiederzufinden. Der Nächste stöbert am Ende des Lido nach einem abgelegenen Ökorestaurant, das als Geheimtipp gilt und begegnet nur weiteren Suchenden. Wieder andere spähen in venezianischen Lokalzeitungen nach der Abwechslung des Realbanalen – und finden eine wutschäumende, sich mit Gastautoren über mehrere Tage erstreckende Debatte über Sinn und Unsinn der gesetzlich vorgeschriebenen Abstände zwischen den Lido-Badehäuschen.

Schon die Überschrift verweist mit dem fragmentierten Auftaktsatz des Kinderspiels „Ich sehe was, was du nicht siehst" auf eine Opposition, die im Text als ein Ding der Unmöglichkeit vorgeführt wird. Um diese Opposition präzise benennen zu können, sind genauere Beobachtungen der strukturierenden Gegensatzpaare innerhalb des Textes notwendig, die zur besseren Anschaulichkeit tabellarisch aufgelistet werden sollen:

„Matrix aus wohligem Trott und kollektivem Autismus":	„kleine, hilflose Individualisierungsstrategien":
– „Urhorde der Kollegen" [feste Gruppe] – „immergleiches Kino" [gleicher Wahrnehmungsraum] – „sortiert in der jeweiligen Branchenschlange" [spezifische Ordnung] – „die gleichen matschigen Mozzarella-Sandwiches" [gleiches Essen] – „die gleichen hässlichen Akkreditierungsschildchen" [übereinstimmende Identifikationsbasis]	– „Der eine setzt über ins historische Zentrum..." [Entzug, Flucht] – „Der Nächste stöbert am Ende des Lido nach einem abgelegenen Ökorestaurant..." [Suche] – „Wieder andere spähen in venezianischen Lokalzeitungen nach der Abwechslung des Realbanalen" [Unterscheidung]

Die Sememe bzw. Sememgruppen [feste Gruppe], [gleicher Wahrneh-
mungsraum], [gleiches Essen], [übereinstimmende Identifikationsbasis]
etc. bilden das Klassem [Kollektivität], das in der Wendung von der
„Matrix aus wohligem Trott und kollektivem Autismus" sogar explizit
und mit wertenden Attributen markiert ist. Die Sememe [Entzug, Flucht]
und [Suche] und [Unterscheidung] aktualisieren das Klassem [Individua-
lität], das explizit in der Diagnose der „hilflosen Individualisierungsstrategien" erscheint. Das wiederholte Auftauchen der beiden oppositionellen
Seme strukturiert den Text; es bildet seinen „roten Faden", seine **Isotopie**
auf Basis des Gegensatzpaares [Kollektivität] vs. [Individualität]. Im Verbund mit anderen kohäsionsstiftenden Elementen sichert das wiederholte
Auftauchen dieser Opposition den Zusammenhang der aufeinanderfolgenden Sätze und stellt zugleich so etwas wie eine Aussage des Textes dar
– die vielleicht dahingehend zu formulieren ist, dass die kollektiven Muster der modernen Massenkultur so etwas wie Individualität und individuelle Wahrnehmungen erschweren oder sogar unmöglich machen. Die
Überschrift mit dem fragmentierten Auftakt des Kinderspiels, bei dem es
um die individuelle Wahrnehmung eines besonderen, von mir gesehenen
und von einem anderen zu entdeckenden Dinges geht, wäre dann eine –
auch in der Form des Fragments konsequente – Anspielung auf die Unmöglichkeit individuellen Sehens in einer kollektiv zugerichteten Welt.
    Die Formulierung der Klasseme und der durch sie strukturierten Iso-
topie kann bereits als eine *Interpretation* angesehen werden – treffen wir
damit doch Aussagen über Bedeutungen, die der Text selbst nicht aus-
spricht. Die Ermittlung von Oppositionen erweist sich so als ein hilfrei-
ches Instrument für textuell abgesicherte Bedeutungszuweisungen. Zu beachten ist jedoch, dass umfangreichere und vor allem auch literarische
Texte nicht nur durch *einen* Antagonismus konstituiert werden, sondern
durch eine Kombination *mehrerer* Binäroppositionen. In diesem Fall sind
sowohl die einzelnen Klassem-Oppositionen als auch ihr Verhältnis untereinander zu bestimmen. Besonders schwierig aber wird es, wenn literarische Texte eine Binäropposition zwar ausdrücken, aber nicht explizit und
ganz ausführen, wie in einem Songtext der Band Element of Crime:

> Das Leben lief im Schweinsgalopp, die Liebe war ein Fest,/ Der Mensch
> war gut/ Damals hinterm Mond./ Der Whisky war ein Kitzel und das
> zweite Glas unser ganzes Hab und Gut/ Damals hinterm Mond/ Zu trin-
> ken gab es nie zuviel und abends wußt ich immer, wo Du warst/ Was ha-
> ben wir gelacht/ Damals hinterm Mond.
>
> Ein Blick war ein Versprechen,/ Nichts als Lachen war die Welt,/ Der
> Mensch war gut / Damals hinterm Mond./ Regeln warn zum Brechen
> da,/ Wir kämpften mit der Kraft gesunder Wut / Damals hinterm Mond./

Zu streiten gab es nie zuviel und abends wußt ich immer, wo du warst/
Was haben wir geliebt / Damals hinterm Mond.

Ein nackter Bauch war Himmel und die Hölle eine Bank/ Der Mensch
war gut / Damals hinterm Mond./ Der Baggersee war Ozean, die Ente
war ein Schwan, ein Topf ein Hut / Damals hinterm Mond./ Zu spielen
gab es nie zuviel und abends wußt ich immer, wo Du warst./ Was haben
wir gelacht / Damals hinterm Mond.

1.2 Der literarische Text

Mit dem Songtext der Band Element of Crime und der hier nur implizit
ausgesprochenen Binäropposition von [glücklicher, erwartungsreicher
Vergangenheit] und [trauriger Gegenwart] treten wir in einen erweiterten
Zusammenhang ein. Auch der Text des Liedes lässt sich – unabhängig
davon, ob wir ihn nun lesen oder hören – als ein Verbund von Sprachzeichen auffassen, deren Ausdrucksseite in spezifischer Weise gestaltet ist.
Begreifen wir das semiotische System Sprache als ein Verbund von Zeichen mit kommunikativer Funktion, stellt sich die Frage nach der besonderen Qualität eines Verständigungsprozesses, in dessen Rahmen wir Artefakte wie Songtexte, Gedichte, Romane oder Dramen aufnehmen und
verarbeiten. Um diese Frage nach der Spezifik literarischer Texte als spezifisch gestalteter Kommunikationsakte klären zu können, greifen wir auf
ein Modell zurück, das der Sprach- und Literaturwissenschaftler Roman
Jakobson (1896-1982) entwickelte:

	Kontext = Bezugselemente einer Nach-richt; alle Informationen um und in Be-zug auf den Kommunikationsakt	
Sender (Sprecher; Autor) →	Nachricht = Botschaft, Mitteilung	→ Empfänger (Zuhörer, Leser)
	Kontaktmedium = physischer Mittler zwischen Sender und Empfänger	
	Kode = gemeinsames Repertoire kom-munizierbarer Einheiten	

Mit diesen Begriffen lassen sich alltagssprachliche und literarische Kom-
munikationsprozesse beschreiben. Als *Sender* einer *Nachricht* tritt in der
Alltagskommunikation etwa der Hochschullehrer auf, der sich an Studierende als *Hörer* bzw. *Empfänger* wendet. Sein Satz „Wie aus dem Seminarplan zu entnehmen, ist zur nächsten Seminarsitzung Goethes Ballade
DER SCHATZGRÄBER zu lesen" stellt eine *Nachricht* dar, deren Übermittlung und Verständnis an zwei Bedingungen geknüpft ist. Zum einen be-

darf es eines *Kontaktmediums*, d. h. eines physischen Mittlers zwischen
Sender und Empfänger – in diesem Fall sind es Schallwellen, die in der
Verständigung von Angesicht zu Angesicht transportiert werden; in der
schriftlichen Kommunikation sind es materiale Träger wie bedruckte Papierseiten eines Briefes, Buches oder die digital codierten Zeichen einer E-
Mail. Zum anderen bedarf es eines gemeinsamen Repertoires an kommunizierbaren Einheiten, d. h. einer den Gesprächsteilnehmern verständlichen Sprache – wobei zu diesem *Kode* im Beispielfall nicht nur studien-
technische Termini wie „Seminarplan" und „Seminarsitzung", sondern
auch literaturwissenschaftliche Begriffe wie „Ballade" gehören. Die Bezugselemente einer Nachricht, im weiteren Sinne alle Informationen um
und in Bezug auf den Kommunikationsakt nennen wir *Kontext*, wobei wir
später noch erfahren werden, wie zwischen dem *extratextuellen Kontext*,
also der außersprachlichen Realität, und *innertextuellen Kontexten*, d. h.
Bezügen zwischen Elementen eines Textes, zu unterscheiden ist.

Während die alltagssprachliche Kommunikation weitgehend zirkulär
abläuft und von der Möglichkeit eines fortwährenden Wechsels zwischen
Sender- und Empfänger-Position geprägt ist, zeichnet sich die literarische
Kommunikation durch eine andere Struktur aus: Der *Autor* als der *Produzent eines Textes*, der mittels des *Kontaktmediums* Buch, Zeitschrift, Hör-
Kassette oder CD seinen *Leser oder Hörer* erreicht, ist von seinem *Empfänger* zeitlich und räumlich getrennt – ein unmittelbares Nachfragen ist e-
benso wie eine direkte Antwort zumeist unmöglich. Die Trennung zwischen dem Autor eines Textes und seiner Rezeption durch einen (späteren) Leser ist eine Quelle für die seit der Antike beobachtbaren Anstrengungen, die Bedeutung eines Textes trotz der historischen bzw. kulturellen
Differenz zwischen Entstehungs- und Wahrnehmungszeit zu ermitteln;
die Hermeneutik als systematisierte Deutungstheorie fand hier ihr
Aufgabengebiet.

Auf die Prinzipien des Verstehens und Interpretierens literarischer Texte wird das nächste Kapitel näher eingehen. An dieser Stelle soll weiter
danach gefragt werden, wie sich die literarische Kommunikation von den
Formen der alltagssprachlichen Verständigung oder von wissenschaftlichen Diskursen unterscheidet, um so die Spezifik des literarischen Textes
detaillierter beschreiben zu können. Vergegenwärtigen wir uns dazu noch
einmal das von Roman Jakobson entwickelte Modell der Kommunikation
mit den Parametern:

		Kontext		
Sender	➜	Nachricht	➜	Empfänger
		Kontaktmedium		
		Kode		

In Abhängigkeit von diesen Elementen des Kommunikationsprozesses bestimmte Jakobson verschiedene Funktionen von Sprache. Bezieht sich die Nachricht primär auf den Sender (beispielsweise in der Äußerung „Ich bin so traurig"), so liegt eine *emotive Funktion* vor. Dominiert der Bezug auf den Kontext, also auf die außersprachliche Realität (wie im Satz „Jetzt regnet es"), wird eine *referentielle Funktion* realisiert. Steht das Kontaktmedium im Zentrum der Aussage („Die Schrift ist fast unleserlich"), spricht Jakobson von der *phatischen Funktion*. Thematisiert eine Nachricht den Kode, also die Beschaffenheit der Zeichen, mit deren Hilfe wir kommunizieren („In diesem Satz fehlt das Subjekt nicht"), so liegt eine *metasprachliche Funktion* vor. Den direkten Bezug auf den Empfänger einer Nachricht (wie in der Anweisung „Bitte öffne das Buch") nennen wir mit Jakobson *konative Funktion*. Wenn nun die Nachricht selbst aufgrund ihrer besonderen Gestaltung eine verstärkte Aufmerksamkeit erregt, liegt nach Jakobson eine **poetische Funktion** vor. Die poetische Funktion von Sprache begegnet uns in Sprichwörtern („Wie gewonnen, so zerronnen"), in Liedzeilen („Jenseits von Jedem"), in Schlagzeilen und in Versen – und macht mit *Klangfiguren*, *Wortfiguren* und *Tropen* die Besonderheiten der Sprache selbst spür- und beobachtbar. Die poetische Funktion von Sprache basiert also nicht auf einer exklusiven Thematik; sie setzt keine „gehobene" Stilistik, keinen ausgewählten Wortschatz oder eine gepflegte Syntax voraus. Sie ist vielmehr eine besondere Gestaltung der Ausdrucksseite von Zeichen, welche die Mitteilung selbst ins Zentrum rückt. Durch die auffällige Gestaltung der Ausdrucksseite entsteht eine wahrnehmbare Differenz zur Alltagssprache mit ihren Normen, Gewohnheiten und Automatismen. So hebt die *poetische Sprache* das Gesagte hervor – und bindet dieses Gesagte zugleich an die sprachlichen Mittel und Möglichkeiten des Sagens. Die „Nachricht", „Botschaft" oder „Information" der poetischen Rede verweist nicht mehr nur auf (außersprachliche) Sachverhalte und Tatsachen, sondern zugleich auf das Verhalten der Sprache selbst. Lesen wir etwa das Motto, das Goethe der Abteilung LYRISCHES in der Werk-Ausgabe letzter Hand voranstellte:

Töne, Lied, aus weiter Ferne,
Säusle heimlich nächster Nähe,
So der Freude, so dem Wehe!
Blinken doch auch so die Sterne.
Alles Gute wirkt geschwinder;
Alte Kinder, junge Kinder
Hören's immer gerne.[3]

---

[3] Johann Wolfgang Goethe: Sämtliche Werke nach Epochen seines Schaffens (Münchner Ausgabe). Hrsg. von Karl Richter u. a. Bd. 13.1: Die Jahre 1820-1826. Hrsg. von Gisela Henckmann und Irmela Schneider. München 1992, S. 24.

Die hier vermittelte „Information" scheint einfach: Ein Lied bzw. ein lyrischer Text spricht zugleich distanziert und einfühlend über emotionale
Zustände und vermag aufgrund seiner besonderen Qualität empfängliche
Gemüter unterschiedlichen Alters zu beeindrucken. Die Paraphrasierung
zeigt jedoch deutlich, was bei der „Übersetzung" poetischer Sprache in
Normalsprache verloren geht – nämlich die Vielfalt besonderer sprachlicher Formen, die der Text in komplexer und selbstbezüglicher Weise vor-
führt. Wir finden in den sieben Zeilen nicht nur *Alliterationen* („nächste
Nähe", „Freude Wehe"), sondern auch die Klangfiguren *Anapher* („So der
Freude, so dem Wehe") und *Epanalepse* („Alte Kinder, junge Kinder")
sowie ein raffiniertes Reimschema, bei dem sich die Worte des ersten,
mittleren und letzten Verses („Ferne", „Sterne", „gerne") und die von ihnen umklammerten Verszeilen reimen. Wir finden einen *Vergleich* („Blinken doch auch so die Sterne"), von dem sich nur durch eine Fülle von
Umschreibungen sagen ließe, was hier durch den Bezug auf ferne und
zugleich vertraute Himmelskörper ausgedrückt wird.

Alle diese Elemente bilden die **Form der Mitteilung**. Diese Form
strukturiert das Gesagte so, dass in der Weise des Sagens selbst *erfahrbar*
wird, worin „Lyrisches" besteht: in der Aktivierung, Verdichtung und
Ausstellung aller Eigenschaften von Sprache, die poetisch (d. h. wörtlich
hervor-bringend) wirksam werden. Zu diesen Eigenschaften gehören
phonetische und rhythmisch-prosodische Formen ebenso wie morphologische und lexikalisch-semantische Attribute. Metaphern und Bilder machen die besondere Qualität poetischer Sprache zwar besonders augenfäl-
lig, sind aber keineswegs obligatorisch.

Zu beachten bleibt, dass es aber auch den bewussten Verzicht auf poetische Formen und Gestaltungselemente gibt. Dialoge im „epischen Theater" des Bertolt Brecht, Erzählpassagen von Ernest Hemingway oder das
Gedicht Die AUFSTELLUNG DES 1. FC NÜRNBERG von Peter Handke sind
Beispiele für eine scheinbar „kunstlose" Sprache. Dennoch realisieren
auch diese Texte ein poetisches Prinzip, das später noch als konstitutiv für
die „Literarizität" von Texten erläutert wird: Sie weichen von bestimmten
Erwartungen ab und lenken so die Aufmerksamkeit auf ihre Mitteilung.

Damit kommen wir zu wichtigen Folgerungen für uns und unseren
(professionellen) Umgang mit Texten. Deutlich dürfte sein, dass es zwischen **poetischer Funktion der Sprache** und dem **poetischen Text** einen
Unterschied gibt: Während die *poetische Funktion* punktuell in allen Formen der Alltagsrede und in allen Textsorten auftreten kann (und hier de-
korative, expressive oder persuasive Aufgaben zur Verstärkung von Aussagen übernimmt), ist sie von konstitutiver Bedeutung für Texte, die aufgrund bestimmter Markierungen von den Regeln der alltäglichen Kom-

munikation und des sachbezogenen Austauschs befreit sind. Auf bestimmte Aspekte dieser Markierungen waren wir bereits eingegangen: Finden wir etwa einen Text in einem Buch mit dem Titel „Gedichte", so verweist bereits diese Angabe – die wir im folgenden *Paratext* nennen – auf die Spezifik einer Textsorte, die sich durch eine besondere Gestaltung der Ausdrucksseite (versförmige Anordnung, metrische Bindung etc.) und den Verzicht auf pragmatische Informationsangaben von anderen Textsorten unterscheidet. Lesen wir als den ersten Satz eines Textes „Als Gregor Samsa eines Morgens aus unruhigen Träumen erwachte, fand er sich in seinem Bett zu einem ungeheuren Ungeziefer verwandelt", so macht der Vergleich mit unserem Weltwissen rasch klar, dass es sich hier nicht um die Wiedergabe eines empirisch überprüfbaren Sachverhalts handelt. Und entdecken wir, dass in diesem Satz nicht nur Angaben über das Innenleben eines fremden Menschen und seine Verwandlung enthalten sind, sondern diese Angaben zugleich auch in besonderer Weise mitgeteilt werden, wissen wir mehr oder weniger sicher, dass es sich um einen *poetischen* bzw. *literarischen Text* handelt.

Bei der Lektüre solcher Texte haben wir es mit einem Spannungsverhältnis zu tun: Wir können in emphatischer bzw. naiver Weise die Mitteilung („Information", „Nachricht") erfassen und gleichsam aus dem Text herauslesen; wir können in einem zweiten Schritt versuchen, Distanz zu gewinnen und die Funktionsweise, das **Verfahren** dieser Mitteilung zu beobachten und zu beschreiben. Um diese *literarische Verfahrensweisen* und damit auch die *Literarizität* bzw. *Poetizität* eines Textes analysieren zu können, sind Begriffe nötig. Diese können auf eine z.T. sehr lange Tradition zurückblicken. Sie entstammen zum einen der Rhetorik, also jener im antiken Griechenland entwickelten und durch die Römer Cicero und Quintillian systematisierten Lehre von der überzeugenden Rede, die nicht nur eine heuristische Methode zur Gliederung und Präsentation von Thesen und Argumenten bereitstellte, sondern zugleich die Vielfalt sprachlicher Formen und Figuren inventarisierte. Die Begriffe zur Beschreibung der Literarizität von Texten entstammen zum anderen den Überlegungen einer strukturalistischen Literaturwissenschaft, die sich intensiv um die Erfassung „literarischer Verfahren" bemühte und mit den bereits erwähnten Termini *Rekurrenz*, *Verfremdung* und *automatisierte Folie* aufschlussreiche Begriffe zur Bestimmung der poetischen Sprachfunktion lieferte. Folgen wir diesem Ansatz, lassen sich auch Figuren der Rede wie *Klangfiguren*, *Wortfiguren* und *Tropen* als Abweichungen von der automatisierten Folie der Normalsprache beschreiben und erklären.

1.3 Begriffe zur Beschreibung von „Literarizität"

Die nachfolgend aufgelisteten Begriffe zur Beschreibung der „Literarizität" von Texten stammen zum großen Teil aus dem terminologischen Inventar der *Rhetorik* – also aus jener in der Antike entwickelten Lehre von der Art und Weise, überzeugende Reden zu konzipieren, auszuarbeiten und zu halten. Zwischen Wissenschaft (*scientia*) und Kunst (*ars*) angesiedelt, systematisierte die Rhetorik zahlreiche Effekte zur Gestaltung und Ausführung von Reden, die sowohl vor Gericht als auch im Rahmen von Festlichkeiten gehalten wurden. Schon diese Tradition macht deutlich, dass es sich bei den vorgestellten Begriffen und ihren Bestimmungen nicht um exklusiv für literarische Texte geschaffene Termini handelt. „Literarizität" bzw. „Poetizität" ist also kein exklusives Merkmal „schöner Literatur", sondern (punktuell) in allen Textsorten anzutreffen. Die poetische Funktion von Sprache, die mit diesen Begriffen präziser bestimmbar wird, ist gleichwohl konstitutiv für Texte, die wir unter Berücksichtigung paratextueller Markierungen wie „Gedicht", „Roman", „Drama" etc. als *Literatur* identifizieren und aufnehmen.

1.3.1 Klangfiguren, Wortfiguren, Tropen

Klangfiguren

Alliteration (lat. ad „hinzu", littera „Buchstabe")	Gleichklingender Anlaut der betonten Silben innerhalb einer Wortgruppe, der auf einer starken Initialbetonung beruht: „Liebe will ich liebend loben..."
Anapher (griech. anafora „Rückbeziehung, Wiederaufnahme")	Wiederholung eines Wortes oder einer Wortgruppe am Anfang aufeinanderfolgender Sätze, Satzteile, Verse oder Strophen: „Wer nie sein Brot mit Tränen aß, Wer nie die kummervollen Nächte Auf seinem Bette weinend saß ..." (Goethe: Harfner) (Die Umkehrung der Anapher, also die Wiederholung an Satz- oder Versschlüssen, ist die *Epipher*.)
Assonanz (lat. assonare „übereinstimmen")	Übereinstimmung der Vokale von der letzten Tonsilbe an: „Ein sanfter Wind vom blauen Himmel weht,/ Die Myrte still und hoch der Lorbeer steht." (Goethe: Mignon)
Epanalepse (griech. epanalepsis „Wiederholung")	Wiederholung eines Wortes oder einer syntaktischen Einheit innerhalb eines Satzes, im Unterschied zur *Gemination* jedoch nicht unmittelbar aufeinanderfolgend: „Alles geben die Götter, die unendlichen, Ihren Lieblingen ganz, Alle Freuden, die unendlichen, Alle Schmerzen, die unendlichen, ganz." (Goethe)
Gemination (lat. geminatio „Verdopplung")	Unmittelbar aufeinanderfolgende Wiederholung eines Wortes oder einer Wortgruppe: „Seide, Seide, Seide/ Spinnt dein Kind voll Freude..." (Clemens Brentano: Das Märchen von dem Rhein und dem Müller Radlauf)

Lautmalerei / Onomatopöie (griech. onomatopoiein „benennen, dichten")	Schallnachahmende Wortbildung zur Erzeugung besonders deutlicher Vorstellungen: Da pfeift es und geigt es und klinget und klirrt, Da ringelt's und schleift es und rauschet und wirrt, Da pispert's und knistert's und flistert's und schwirrt's... (Goethe: Hochzeitlied)
Metaplasmus (griech. metaplassein „umformen")	Abweichung von sprachlich korrekten Formen durch Hinzufügung oder Auslassung von Lauten am Wortanfang („raus" statt „heraus") bzw. durch Dehnung oder Kürzung von Lauten: „Morgennebelung verblindet/ Mir des Blickes scharfe Sehe." (Goethe: Liebliches)
Silbenreim	Gleichklang einer oder mehrerer Silben bei verschiedenem Anlaut der ersten Reimsilbe: „Traum – Baum", „Wunde – Kunde"; „nolens volens", „wie gewonnen, so zerronnen"
Wortspiel / Paranomasie (griech. para „bei, neben", onoma „Name")	Verknüpfung zweier semantisch unterschiedener, doch lautlich ähnlicher Worte: „Der Rheinstrom ist worden zu einem Peinstrom, Die Klöster sind ausgenommene Nester, Die Bistümer sind verwandelt in Wüsttümer." (Schiller: Wallensteins Lager, Kapuzinerpredigt)

Wortfiguren organisieren die Stellung und Beziehung von Wörtern zueinander und intensivieren durch abweichende Gestaltung den Ausdruck

Antithese (griech. antithesis „Gegen-Satz")	Gegenüberstellung gegensätzlicher Begriffe und Gedanken: „Krieg und Frieden"; „Freund und Feind"; „Himmel und Hölle"
Chiasmus (lat. „in der Form des griech. Buchstabens X]", d. h. Überkreuzstellung)	Überkreuzte syntaktische Stellung von Wörtern in zwei aufeinander bezogenen Wortgruppen oder Sätzen, die oft zur Veranschaulichung einer Antithese dient: „Eng ist die Welt und das Gehirn ist weit" (Schiller: Wallensteins Tod); „Die Kunst ist lang, und kurz ist unser Leben." (Goethe: Faust I)
Ellipse (griech. elleipsis „Mangel", „Auslassung")	Durch Auslassung gebildete Wortfigur, die zu ihrem Verständnis einen (innertextuellen) Kontext benötigt: „Ich gehe meinen Weg, ihr den euren" bzw. „Er saß ganze Nächte und Sessel durch" (Jean Paul: Siebenkäs)
Emphase (griech. emphainein, „veranschaulichen")	Umsetzung einer Aussage in Ausruf oder Frage: „Feuer!", „Hilfe!", „O Himmel!"
Klimax (griech. klimax „Leiter")	Durch Hinzufügung gebildete Wortfigur der steigernden Aufzählung, wobei die Reihenfolge semantisch festgelegt ist. Jedes Folgeglied nimmt an Gewicht zu, so dass das letzte Element den Höhepunkt der Äußerung bildet: „Gefährlich ists, den Leu zu wecken, Verderblich ist des Tigers Zahn, Jedoch der schrecklichste der Schrecken, Das ist der Mensch in seinem Wahn." (Schiller: Das Lied von der Glocke)
Parallelismus (griech. parallelos „gleichlaufend")	Durch Umstellung gebildete Wortfigur, die entweder den syntaktischen Gleichlauf gleichrangiger Phrasen realisiert: „Als ich noch Kind war, redete ich wie ein Kind, dachte ich wie ein Kind, urteilte ich wie ein Kind" (1. Kor. 13,11) oder eine Aussage in mehrere Aussagen gleichen oder gegensätzlichen Inhalts aufspaltet: „So muss ich dich verlassen, von dir scheiden" (Schiller: Wallenstein)

Oxymoron (griech. Oxymoron; oxys „scharf"; moros „dumm": „scharf-sinnig-dumm")	Extreme Variante der Antithese, die durch Kombination von Ausdrü-cken mit gegensätzlicher Bedeutung entsteht: (a) durch die Kombina-tion von zwei einander ausschließenden Eigenschaften: „Ehrlichkeit heucheln ist soviel wie mit der Wahrheit schwindeln" (Sebastian Brant: Der Narrenspiegel) oder (b) durch Kombination von Eigen-schaft und Eigenschaftsträger, die einander ausschließen „junger Greis", „alter Säugling", „König ohne Land"

Tropen sind Worte bzw. Wendungen, die nicht im eigentlichen Sinn, sondern in einem übertragenen, „bildlichen" Sinn gebraucht werden; sie visualisieren das Mitgeteilte durch Ver-bindung oder Ersetzung mit sinnlich wahrnehmbaren Äquivalenten und produzieren einen semantischen Unterschied zwischen Gesagtem und Gemeintem

Grenzverschiebungs-Tropen = Worte und Wendungen, bei denen eine sachliche Beziehung zwischen dem Gesagten und Gemeinten besteht

Antonomasie (griech. antonoma-zein „anders nennen")	Umschreibung eines Eigennamens durch besondere Kennzeichen. Dient zur Variation eines öfter vorkommenden Namens oder als verhüllende Anspielung; Varianten sind (a) Patronymikon (Benennung nach Vatersnamen): „der Atride" = Agamemnon, Sohn des Atreus; (b) Ethnikon (nach der Volkszugehörigkeit): „der Korse" = Napoleon; (c) Umschreibung durch besonderes Charakteristikum: „der Erlöser" = Jesus; (d) mehrgliedrige Umschreibung (Periphrase): „Vater der Götter und Menschen" = Zeus. In Umkehrung des ursprünglichen Begriffs die Ersetzung einer Gat-tungsbezeichnung durch den Eigennamen eines ihrer typischen Vertre-ter z. B. Eva für Frau, Judas für Verräter, Casanova für Frauenheld
Hyperbel (griech. „über das Ziel hinaus werfen")	Übertreibender Vergleich: „himmelhochragende Felsen" bzw. Unter-treibung: „der große Teich" für Atlantik
Litotes (griech. litotes „Schlichtheit")	Bewirkung von Nachdruck durch Anwendung eines scheinbar schwä-cheren Ausdrucks: „nicht wenig" = „viel"; „nicht gut" = „schlecht"; „nicht unbekannt" = „sehr bekannt", „berühmt"
Metonymie (griech. metonoma-zein „umbenennen")	Ersetzung des eigentlich gemeinten Wortes (verbum proprium) durch ein anderes, das in einer logischen oder sachlichen Beziehung zu ihm steht: „Ich lese Goethe". Ein Sonderfall ist die Synekdoche, s.u.
Periphrase (griech. periprasis „Umschreibung", lat. circumlocutio)	Oft mehrgliedrige Umschreibung einer Person, einer Sache oder eines Begriffs durch kennzeichnende Tätigkeiten, Eigenschaften oder Wir-kungen, z. B. „jenes höhere Wesen, das wir verehren" für Gott, „Freund Hein" für Tod
Synekdoche (griech. synekdoxn „Mitverstehen")	Sonderfall der Metonymie, bei der ein eigentlicher Begriff durch einen zu seinem Bedeutungsfeld gehörenden engeren oder weiteren Begriff er-setzt wird. So steht der Teil für das Ganze (pars pro toto: „Dach" für „Haus") oder seltener das Ganze für den Teil (totum pro parte: „ein Haus führen"), die Art für die Gattung („Brot" für „Nahrung") und umgekehrt der Rohstoff für das daraus verfertigte Produkt („Eisen" für „Schwert"), der Singular für den Plural („der Deutsche" für „das deut-sche Volk")

Ornatus (griech. epitheton ornans „schmückendes Beiwort")	Redefigur, die dem bezeichneten Gegenstand Eigentümlichkeit verleiht: entweder durch Typisierung („rotes Gold", „grüner Wald") oder durch Individualisierung („Silberner Mond" bei Klopstock; „Goldener Mond" in der Romantik; „Blutiger Mond" im Expressionismus)

Sprung-Tropen sind Tropen, bei denen der gemeinte Wortsinn in andere Vorstellungs- oder Bildbereiche überspringt

Allegorie (griech. allegoria „bildlicher Ausdruck", zu allegorein „anders, bildlich reden")	Bildhafte Einkleidung eines Gedankens in einem Textzusammenhang in solcher Weise, dass auch in Einzelheiten das eigentlich Gemeinte zu erkennen ist: Schifffahrt als Bild der Lebensführung; „vier graue Weiber" für „Mangel", „Schuld", „Sorge", „Not" in Goethes FAUST II
Ironie (lat. ironia „Verstellung", griech. eironeia „erheuchelte Unwissenheit")	Ausdruck einer Sache durch ein deren Gegenteil bezeichnendes Wort: „Er ist ein Adonis" als Aussage über einen hässlichen Menschen; „Schöne Bescherung" als Kommentar zu einem Unglück
Metapher (griech. metaphora „das Weg- und Anderswohin-Tragen")	Ersetzung des „eigentlichen" Wortes (*verbum proprium*) durch einen Ausdruck aus einem ihm logisch nicht zugehörigen Bereich, wobei die Übertragung auf der Basis von Ähnlichkeiten möglich wird: „der Löwe Achill"; „steinernes Herz"; „Lebensfahrt"
Personifikation	Metaphorische Verleihung von menschlichen Eigenschaften an unbelebte bzw. nicht-menschliche Gegenstände und Vorgänge: „Gevatter Tod"; „Frau Sonne"
Vergleich	Verdeutlicht einen Ausdruck durch Bildung einer Analogie, bei der ein Vergleichsbezirk neben den bezeichneten Gegenstand gestellt wird: „Haare wie Gold" (wird durch Verkürzung zu „das Gold ihres Kopfes" zur Metapher)

Sehen wir uns die aufgeführten Beispiele an, so wird rasch deutlich, dass **Literarizität** bzw. **Poetizität** kein exklusives Merkmal von Texten ist, die wir aufgrund ihrer spezifischen Erscheinungsform in Büchern und ihrer besonderen Einschätzung als „Literatur" bezeichnen. **Poetizität** ist ebenso in Wendungen der Alltagssprache, Schlagzeilen, Sprichwörtern und Werbeslogans anzutreffen, die als Manifestationen *elementarer Literatur* bezeichnet werden können. Dieser Umstand lässt vermuten, dass die tabellarisch aufgelisteten Mittel zu einer effektvollen Rede- bzw. Textgestaltung nicht durch ein bestimmtes Einsatzgebiet verbunden sind, sondern durch gemeinsame Funktionsprinzipien. Diese Prinzipien sind nun zu erklären.

1.3.2 Abweichung und Verfremdung

Grundlage der tabellarisch aufgelisteten Klangfiguren, Wortfiguren und Tropen ist ein Prinzip, das als konstitutiv für die poetische Funktion von Sprache angesehen werden kann: das Prinzip der **Abweichung**. Als Verletzung von sprachlichen Regeln und Normen, die von kompetenten Spre-

chern als ungrammatisch oder unakzeptabel eingeschätzt werden, erfahren
Abweichungen gewöhnlich schlechte Beurteilungen; sie werden als „Feh-
ler" negativ sanktioniert. Anders ist es bei **poetischen Abweichungen**:
Auch Metaphern, Oxymora oder Versgliederungen werden als Verstöße
gegen semantische Verknüpfungsregeln, Gesetze der Logik und typographische Konventionen wahrgenommen, aber *nicht* negativ sanktioniert,
sondern als ästhetisch wertvoll geschätzt.

Um den Charakter der aufgelisteten Figuren und Tropen als *Abweichung* deutlicher bestimmen zu können, muss der Begriff des „Verstoßes"
gegen Normen und Regeln präzisiert werden. Ein „Verstoß" ist im hier
gebrauchten Sinne nicht nur eine Verletzung geltender Konventionen der
Sprachverwendung, sondern bereits eine signifikante Veränderung durch-
schnittlicher Muster. Wie Beispiele für Alliteration („Fischers Fritze fischte
frische Fische") oder Silbenreim („Der Advokat aß grad Salat, als ihm ein
Schrat die Saat zertrat") zeigen, lenken auch grammatisch wohlgeformte
Sätze die Aufmerksamkeit auf die besondere Gestaltung der Nachricht –
weil in ihnen die durchschnittliche Häufigkeit von Phonemkombinatio-
nen durchbrochen ist. Dieses erhöhte Auftreten von *ähnlichen oder gleichen Elementen* in einer sprachlichen Äußerung führt zu einer Ordnung,
die von der Ordnung der vorgegebenen Normal- oder Umgangssprache
abweicht. Denn gewöhnlich kommunizieren wir nur selten in Wortfolgen
mit durchgehend gleichlautendem Anfangslauten oder in Reimen. Die
Ähnlichkeit bzw. Gleichheit von mindestens zwei Größen in einer sprachlichen Äußerung nennen wir **Äquivalenz**; den besonderen Bedeutungs-
aufbau durch vermehrten Einsatz gleicher oder ähnlicher Elemente (ob
nun phonologischer, metrischer, lexikalischer, syntaktischer oder semantischer Art) leistet das **Äquivalenzprinzip**, das zugleich als grundlegend für
die poetische Sprache angesehen werden kann. Denn das Äquivalenzprinzip – das im Rahmen der Analyse und Interpretation lyrischer Texte noch
genauer zu betrachten sein wird – behauptet nichts anderes, als das Texte
durch den gehäuft wiederkehrenden Einsatz von ähnlichen bzw. gleichen
Elementen neue (und komplexere) Bedeutung aufbauen können als Äußerungen der Normalsprache. Was etwa die Zeilen „Liebe will ich liebend
loben,/ Jede Form, sie kommt von oben"[4] sagen, kann die Normalsprache
nur ungenau und mit einer Vielzahl von Umschreibungen leisten.

Die **bewusst produzierte Abweichung von der Alltagssprache** nennen
wir **Verfremdung** und nutzen damit einen Begriff, den der russische Literaturwissenschaftler Viktor Šklovskij in seinem 1917 erschienenen Aufsatz
DIE KUNST ALS VERFAHREN prägte. Konstitutiv für Verfremdungen ist das

---

[4] Johann Wolfgang Goethe: Sämtliche Werke (Münchner Ausgabe). Bd. 9: Epoche der
Wahlverwandtschaften 1807-1814. Hrsg. von Christoph Siegrist u. a. München 1987, S. 12.

Prinzip, gewohnte Sehweisen in Frage zu stellen und dazu gegen Konventionen zu verstoßen: Indem ein Text in versförmiger Anordnung typographische Regeln verletzt, Inversionen die Syntax des Satzes in Frage stellen oder Montagen die Syntax des Textes verderben, wird unsere Aufmerksamkeit unweigerlich auf die Veränderung unserer eingeübten Wahrnehmungsmuster gelenkt. Noch offenkundiger wird die Wirkung von Verfremdungseffekten bei *Ironie*: Der Unterschied zwischen dem Gesagten und dem Gemeinten – etwa im Ausruf „Schöne Bescherung!" vor dem verkohlten Sonntagsbraten – unterläuft die pragmatische Konversationsmaxime, wahrhaftig zu sein, macht aber durch bestimmte Signale (wie etwa eine besondere Intonation) den gemeinten Sinn erkennbar.

Das Prinzip der Verfremdung fundiert aber auch metaphorische Aussagen wie „Achill ist ein Löwe" und fiktionale Erzähltexte, wie wir sie etwa im ersten Satz von Franz Kafkas Erzählung DIE VERWANDLUNG antreffen: „Als Gregor Samsa eines morgens aus unruhigen Träumen erwachte fand er sich in seinem Bett zu einem ungeheuren Ungeziefer verwandelt." Wir erkennen und verarbeiten den Verstoß gegen semantische Verknüpfungsregeln wie in der Metapher oder den Bruch mit der Verpflichtung auf die Wahrheit einer Aussage, in dem wir eine mehrgliedrige Schrittfolge des Verstehens abarbeiten. Nehmen wir etwa den Satz „Achill ist eine Löwe" wahr, dann führt ein erstes, wörtliches Verständnis vor dem Hintergrund unseres Weltwissen zu einem Dilemma: Ein Mensch ist kein Tier, der antike Sagenheld kann kein Löwe sein. In einem darauf folgenden zweiten Schritt versuchen wir, diese Unvereinbarkeit zu schlichten – indem wir eine nichtwörtliche Bedeutung der Aussage annehmen. Diese *neue*, nichtwörtliche Bedeutung beruht auf der Ähnlichkeit bzw. der Analogie der als inkonsistent empfundenen Komponenten – und lässt uns Achill als einen Helden erkennen, der stark und mutig wie ein Löwe war. So kann Verfremdung als ein konstitutives Moment von *Literarizität* bzw. *Poetizität* bestimmt werden, das auf der bewusst produzierten und entsprechend wahrgenommenen Abweichung einer Äußerung bzw. eines Textes von der *automatisierten Folie* unseres gewöhnlichen Sprachgebrauchs bzw. pragmatischen Weltwissens beruht. Die Wahrnehmung verfremdeter Strukturen beruht auf einer zwei- (oder mehr)gliedrigen Schrittfolge, in deren Verlauf *automatisierte Folie* und *abweichendes Novum* miteinander verglichen und koordiniert erkannt werden.

Poetische Abweichungen können eigenen Regeln und Normen folgen und sich zu Traditionen verfestigen. Auch die Literatur einer Zeit mit einer bestimmten Art der Sprachverwendung und Motivik kann zu einer automatisierten Folie werden, vor deren Hintergrund sich Formen von Abweichung beobachten lassen. Ein historisches Beispiel dafür ist etwa die Literatur der Romantik, die sich in Deutschland seit etwa 1795 entwi-

ckelte und gegen eine didaktische Zweckbestimmung literarischer Texte
und ihre strenge Einteilung in fixierte Gattungen nun die Darstellung des
Wunderbaren und die Mischung unterschiedlicher Gattungselemente fa-
vorisierte. Der Einsatz von epischen, lyrischen und dramatischen Elementen in *einem* Text markierte gegenüber der bisher gepflegten Literatur eine
Abweichung, die als *Innovation* wahrgenommen wurde.

1.3.3 Autofunktionalität

Die poetische Sprachfunktion beruht auf dem *abweichenden* Charakter
eines sprachlichen Zeichenkomplexes und ist als Effekt einer *Verfremdung*
durch den Vergleich mit der *automatisierten Folie* unserer eingeübten
Wahrnehmung ermittelbar. Zugleich erbringt sie einen Mehrwert, der
nun präziser zu bestimmen ist. Die besondere Gestaltung der Ausdrucksseite einer Nachricht durch Klangfiguren, Wortfiguren und Tropen lenkt
nämlich die Aufmerksamkeit auf die Form, die Beschaffenheit unserer
Sprache – und zwar so weit, dass der „Inhalt" der Mitteilung in den
Hintergrund gedrängt wird und wir der Sprache bei der Arbeit an der Erzeugung von „Wirklichkeit" (die ja stets sprachlich vermittelt ist) gleichsam zusehen können. Dieser Selbstbezug von Sprache wird durch die
Dominanz der Formseite über den Inhalt erreicht und nach Roman Jakobson als **Autofunktionalität** bezeichnet.

Selbstbezug oder *Selbstzweck* von Sprache heißt jedoch nicht, dass poetische Texte ohne Ziel oder Absicht geschrieben und gelesen werden.
Ihr Sinn besteht vielmehr darin, in der Differenz zur zweckgebundenen
und zielgerichteten Sprache pragmatischen Handelns den Reichtum
sprachlicher Formen selbst zur Geltung zu bringen. Denn üblicherweise
verwenden wir Sprache situationsgebunden und ohne zu zögern – um eine Nachricht zu übermitteln, in der sprachliche Zeichen nur Mittel für
einen anderen Zweck (Information, Handlungsaufforderung etc.) sind.
Die poetische Sprache aber macht das Mittel zum eigenen Zweck. Indem
eine Zeichenfolge wie die Aussage „Der Sommer summt" aus Rilkes Gedicht ÜBUNG AM KLAVIER das Augenmerk auf die geradezu sinnliche
Spürbarkeit der Worte richtet oder der Metaphernkomplex „Schwarze
Milch der Frühe" in Paul Celans TODESFUGE eine fundamentale Kluft
zwischen Zeichen und Objekten offenlegt, wird die Sprache selbst wahrgenommen und unser Verstehen verlangsamt, erschwert, problematisiert.
Wird der Sprachgebrauch durch die Erzeugung von Abweichungen *ver-
fremdet*, ergibt sich die Möglichkeit, der Sprache in ihrer konstruktiven
Arbeit zuzuschauen. Wir können nicht nur die Formen beobachten, die
wir benutzen, sondern nehmen zugleich auch die Effekte wahr, denen wir

im gewöhnlichen Sprachgebrauch unterliegen – in erster Linie jener Ablösung des Gesagten vom Sagen, das uns als „Wirklichkeit" wahrnehmen lässt, was doch stets sprachlich bedingt, konstruiert und vermittelt ist.

1.3.4 Konnotation und Polysemie

Die poetische Funktion von Sprache schöpft Möglichkeiten des Mitteilens aus, die im zweckgerichteten Sprachgebrauch nicht genutzt werden. Sie zeigt neue Strukturen und Funktionsmöglichkeiten unseres Kommunizierens auf. Indem durch besondere Gestaltung der Ausdrucksseite von Sprachzeichen das Wort als Wort, die Rede als Rede zur Geltung kommt, lenkt die poetische Sprachfunktion unsere Aufmerksamkeit auf die materialen, strukturalen und relationalen Qualitäten der Worte selbst – und zugleich auf den komplexen Charakter der Verbindung zwischen Zeichen und Bedeutung. Wenn in der poetischen Rede die Sprache durch eine besondere Bearbeitung ihrer Ausdrucksseite *selbstbezüglich* wird (wie im Satz „Der Sommer summt"), stellt sie zugleich die scheinbar stabile und transparente Beziehung zu den gemeinten Gegenständen in Frage (denn eine Jahreszeit kann keine Töne produzieren). Der *Automatismus von Bedeutungszuweisungen* wird *irritiert*. Dass wir den Aussagesatz „Der Sommer summt" dennoch nicht als absurd abwerten, liegt in einer Eigenschaft unseres sprachlichen Wissens begründet: Wir nehmen komplexe Zeichen als ein Gefüge aus Lexemen wahr, deren Bedeutung durch Assoziationen aktualisiert wird. Im Beispielfall assoziieren wir das Verb „summen" mit den Geräuschen von Bienen, die gewöhnlich im Sommer bzw. auf Sommerwiesen aktiv sind – und verstehen den Satz jetzt als lautmalerisch unterstützte Aussage über die Präsenz der schönen Jahreszeit.

Solche **assoziierten Wortbedeutungen** nennen wir **Konnotationen** (Mitbezeichnungen). Ohne die Assoziation von zusätzlichen Wortbedeutungen wären metaphorische Aussagen nicht denkbar – denn Sätze wie „Achill ist ein Löwe" oder „Die Sonne lacht" sind auf der Ebene des wörtlichen Verständnisses kategorial falsch. Allein durch die Assoziation weiterer Bedeutungshorizonte erhalten sie ihren Sinn. Dabei zeigt der Satz „Achill ist ein Löwe", dass Konnotationen keineswegs willkürlich oder Ergebnis subjektiver Prozesse sind. Die Assoziation der semantischen Felder ist vielmehr abhängig von kulturspezifischen Übereinkünften und Perspektiven. Es ist eine (im europäischen Kulturkreis seit Jahrhunderten virulente) Auffassung vom Löwen als einem starken und mutigen Lebewesen, die den Sagenhelden Achill mit ihm vergleichbar macht, während andere Eigenschaften des Löwen wie etwa sein starker Körpergeruch nicht berücksichtigt werden. – Im Gegensatz zum Begriff der Konnotation steht der Terminus **Denotation** (Bezeichnung) für die konventionelle, d. h.

mehr oder weniger **explizit definierte Wortbedeutung**. Während eine *denotative*, d. h. auf Eindeutigkeit zielende Sprachverwendung vor allem in wissenschaftlichen Texten zu finden ist, werden Konnotationen in literarischen Texten bewusst zur Erzeugung von Unbestimmtheiten und mehrfach deutbaren Aussagen eingesetzt. Die **Mehrdeutigkeit**, die durch den Aufbau von assoziierten zusätzlichen Wortbedeutungen (Konnotationen) erzeugt wird, nennen wir **Polysemie**. Sie begegnet in Redewendungen („nicht alle Tassen im Schrank haben", „mit beiden Beinen auf der Erde stehen", „den Boden unter den Füßen verlieren" etc.) ebenso wie in literarischen Texten („Wer jetzt kein Haus hat, baut sich keines mehr..."). Manifestationen *elementarer* wie *institutionalisierter Literatur* lassen sich mit dem bislang kennengelernten terminologischen Instrumentarium beschreiben. Unabdingbar dafür ist eine Tätigkeit, die jetzt näher vorgestellt wird: Lesen.

Grundlegende und weiterführende Literatur:

Eugenio Coseriu: Textlinguistik. Eine Einführung. 3. überarb. und erweiterte Auflage. Tübingen, Basel 1994
Umberto Eco: Einführung in die Semiotik. München 1972
Umberto Eco: Zeichen. Einführung in einen Begriff und seine Geschichte. Frankfurt/M. 1977
Umberto Eco: Semiotik. Entwurf einer Theorie der Zeichen. Frankfurt/M. 1987
Roman Jakobson: Aufsätze zur Linguistik und Poetik. Hrsg. von W. Raible. München 1974
Heinrich Lausberg: Handbuch der literarischen Rhetorik. Eine Grundlegung der Literaturwissenschaft. 2 Bde. München 1960
Jurij M. Lotman: Die Struktur literarischer Texte. München 1972, ²1986
Winfried Nöth: Handbuch der Semiotik. 2. vollständig neu bearbeitete und erweiterte Auflage. Stuttgart, Weimar 2000
Jurij Striedter (Hrsg.): Texte der russischen Formalisten. Bd. I: Texte zur allgemeinen Literaturtheorie und zur Theorie der Prosa. München 1969; Bd. II: Texte zur Theorie der poetischen Sprache und der Lyrik. München 1972
Michael Titzmann: Strukturale Textanalyse. München 1977
Harald Weinrich: Sprache in Texten. Stuttgart 1976

2 Lesen – Verstehen – Interpretieren
Was heißt es, einen literarischen Text zu lesen, zu verstehen und zu interpretieren?

Den Kopf auf die linke Hand gestützt, folgt der junge Aristoteles den Zeichen der Schriftrolle auf seinem Schoß. Mit dem Zeigefinger auf die rechte Seite des Buches weisend, legt der Knabe Jesus eine Schrift aus, während die Gelehrten im Tempel erstaunt in ihren Folianten blättern und nach einer Entgegnung suchen. An einem Schreib- und Lesepult sitzend, nimmt der Evangelist Markus ein Buch aus der geöffneten Lade. In der unteren Reihe der Abbildungen sehen wir unbekannte Personen: ein von Gerard Terborch um 1630 gezeichnetes Mädchen, einen um 1800 im Scherenschnitt festgehaltenen Kavalier, einen von Carl Spitzweg 1850 in Öl verewigten „Bücherwurm". Alle diese plastisch bzw. im Bild festgehaltenen Akteure sind **Leser**. Sie vollziehen jene Tätigkeit, die wir im Grundschulalter erlernen und die uns Welten eröffnet: Sie erfassen geordnete Punkte auf Papierseiten, identifizieren diese als *Schriftzeichen* und weisen diesen Zeichen im komplexen Prozess der *Semiose* Bedeutung zu.

Wie die komplexen Vorgänge des Lesens, Verstehens und Interpretierens beschrieben und erklärt werden können, soll dieses Kapitel zeigen. Aus analytischen Gründen trennt es Vorgänge, die im Umgang mit Texten gewöhnlich ungetrennt und zumeist auch ohne explizite Reflexion ablaufen – um Lesen, Verstehen und Interpretieren als bewusste und methodisch kontrollierte Verfahren zum Gewinn sprachlichen Sinns auf sichere Fundamente zu stellen.

2.1 Lesen

Sehen wir die abgebildeten Leser auf der vorangegangenen Seite noch einmal an. Sie scheinen still, ja unbeweglich zu sitzen bzw. zu stehen. Dennoch sind sie keinesfalls untätig. Sie vollziehen eine kaum wahrnehmbare und dennoch überaus komplexe Tätigkeit: Sie lesen, d. h. sie erkennen visuell wahrnehmbare Figuren als *schriftsprachliche Zeichenfolgen* und *deuten* sie auf *graphemisch-phonologischer, syntaktischer, semantischer und pragmatischer Ebene*. Diese knappe Bestimmung umschließt eine Menge von Teilfähigkeiten. Denn im Akt des Lesens sind
- gleiche bzw. ähnliche Elemente zu identifizieren und von irrelevanten Unterschieden zu trennen,
- Unterschiede gegenüber irrelevanten Gleichheiten bzw. Ähnlichkeiten wahrzunehmen,
- wichtige Bestandteile aus einer Menge von unwichtigen bzw. redundanten Teilen auszuwählen,
- kommende Elemente auf der Basis von semantisch-syntaktischen und enzyklopädisch-pragmatischen Regularitäten vorwegzunehmen sowie Lücken zu schließen,
- ganzheitliche Komplexe in Elemente zu zerlegen und individuelle Zeichen zu komplexen Ausdrücken zusammenzufügen.

Die allem Lesen zugrunde liegende Fähigkeit ist das Vermögen, **schriftsprachliche Zeichen zu erkennen und zu verstehen**. Das Erkennen von Schriftzeichen basiert auf der *visuellen* Wahrnehmung, dem Erfassen des Textes auf einer Papierseite oder dem Computerbildschirm mit den Augen. (Das auf der *haptischen* Wahrnehmung beruhende Lesen von Blindenschrift soll an dieser Stelle unberücksichtigt bleiben.) Die visuelle Aufnahme eines Textes realisiert sich jedoch keineswegs als der fließende, vom Zeilenfluss diktierte Prozess, als den wir uns das Lesen gewöhnlich vorstellen. Schon im 19. Jahrhundert entdeckte der französische Augenarzt Émile Javal, dass der Blick nicht gleichmäßig über die Schrift gleitet, sondern in ruckartigen Sprüngen. Sie bewegen sich meist vorwärts in Schreibrichtung, manchmal aber auch zurück. Bei einem solchen ruckartigen Sprung, einer sog. Sakkade, ist das Auge blind – was es unmöglich macht, diese Bewegung in einem Spiegel selbst wahrzunehmen. Der Umstand der Blindheit während der ca. 20-35 Millisekunden kurzen Sakkaden bedeutet, dass wir nur in den kurzen Pausen zwischen den Bewegungen unserer Augen lesen – und auch dies nur in physiologisch eingeschränkter Weise. Das Auge sieht nur insgesamt sieben Buchstaben ganz scharf (je drei rechts und links vom jeweils fixierten Buchstaben); je zehn Buchstaben rechts und links der fixierten Zeichen werden als unbestimmte Formen wahrgenommen.

In allen diesen Bestimmungen ist etwas vorausgesetzt, das Lesen erst möglich macht: **Schrift**. Als *konventionalisiertes System graphischer Zeichen* vor ungefähr 4000 Jahren v.u.Z. im Zweistromland zwischen Euphrat und Tigris entstanden und im 8. Jahrhundert v.u.Z. durch die griechische Übernahme der phönizischen Silbenschrift revolutioniert, ist Schrift die Bedingung der Möglichkeit von Lesen und von Verstehen. Mit der Anpassung der nur Konsonanten wiedergebenden Silbenschrift der Phönizier an die vokalreiche griechische Sprache entstand das phonetische Alphabet, das zur Grundlage unseres Schriftsystems wurde und im Vergleich zu Bilderschriften eine Fülle von Vorteilen bot. Mit einer begrenzten Menge an einfachen Lautzeichen konnte durch Kombination eine unabschließbare Menge von Worten und Wortverbindungen wiedergegeben werden. Relativ leicht erlernbar, basiert Buchstabenschrift – anders als Bilderschrift – auf dem Code der mündlichen (oralen) Kommunikation. Als Lautschrift optimiert sie den mündlichen Austausch und bildet so die Basis für ein Lesen, das wir in der stillen Versenkung wie in der lauten Deklamation vollziehen: Wir verwandeln einen schriftlich fixierten Text in gesprochene Sprache. Ob laut oder unhörbar leise – in jedem Lesevorgang sprechen wir zu uns (und zu anderen) im Namen einer abwesenden Instanz. Lesen ist Versprachlichung von Schrift; im Lesen sprechen wir zu uns (und/oder zu anderen) und überwinden dabei die Distanz, die zwischen uns als dem gegenwärtigen Empfänger und dem abwesenden Verfasser einer Botschaft besteht.

Den Ausgangspunkt der Entwicklung von Lesen und Schreiben, von Produktion und Rezeption verschriftlichter Texte bildet also jene Situation, die die Informationstheorie als **zerdehnte Kommunikation** beschreibt. Verfasser und Empfänger einer Botschaft sind räumlich und/oder zeitlich voneinander getrennt und benötigen ein Medium zur Bewahrung und Weitergabe ihrer Nachrichten. Dazu konnte ein „lebendes" Speichermedium wie das Gedächtnis – etwa von Boten oder fahrenden Sängern – genutzt werden, die Informationen gleichsam körperlich bewahrten und mündlich weitergaben. Mit dem körperexternen Notationssystem Schrift konnten Nachrichten dauerhaft fixiert und beständig wieder aufgenommen werden. Wissensbestände und Erfahrungen, Regeln und Vorstellungen fixierend, bewahrte und bewahrt Schrift die Aussagen eines abwesenden Sprechers bzw. Schreibers – so dass der ferne oder längst tote Autor und seine Mitteilungen in der Schrift buchstäblich unübersehbar anwesend bleiben und durch Buchstaben vertreten werden.

Die zivilisatorische Bedeutung von Schrift ist kaum zu überschätzen: Durch die schriftliche Fixierung bindender Verträge setzte sich ein zuverlässiges Rechtssystem durch; Gewinn und Verlust wurden berechenbar; mythische und religiöse Vorstellungen wie bislang mündlich tradierte Wissensbestände konnten nun in weitaus umfangreicherer und genauerer Weise vermittelt werden. Insbesondere die Phonetisierung der Schrift und die damit verbundene flexible Gestaltung von Texten führte aber auch zu Problemen. Mit der stetig steigenden Produktion von Schriftwerken sammelten sich Texte in solcher Fülle an, dass deren Verwahrung und Verwaltung spezielle Institutionen übernehmen mussten. Bereits im dritten und zweiten vorchristlichen Jahrhundert beherbergten neben Athen die hellenischen Orte Alexandria (mit mehr als 500 000 Rollen) und Pergamon florierende Bibliotheken, in denen man sich um möglichst korrekte Editionen und textkritische Sorgfalt bemühte. Ein Ausfuhrverbot von Papyrus nach Pergamon soll um 200 v. Chr. die Entwicklung eines Ersatz-Beschreibstoffes aus Tierhäuten notwendig gemacht haben, dem die Stadt auch ihren Namen gab – er löste das i.d.R. schnell brüchig werdende Trägermaterial Papyrus ab (welches außerhalb eines extrem heißen und trockenen Klimas nach 200 Jahren zerfiel, während Pergament leicht ein Jahrtausend und mehr überdauern konnte). Die erste öffentliche Bibliothek der Neuzeit wurde 1444 durch Cosimo de Medici in Florenz gegründet; hier entstand eine Sammlung aller bedeutenderen Werke des Altertums, deren Wirkung auf die spätere Geistes- und Kulturgeschichte kaum zu überschätzen ist.

Codex Sinaiticus. Handschrift auf   Lateinische Bibel. Textura-Handschrift,
Pergament, Alexandria, 4. Jahrhundert   Mitte des 15. Jahrhunderts

Dass ein in Schriftform ausgelagertes und rasch in unüberschaubare Dimensionen wachsende Wissen kein „wirkliches" Wissen sei, monierte schon der griechische Philosoph Platon. Im Dialog PHAIDROS lehnt er die (angeblich vom ägyptischen Gott Theuth erfundene) Kunst des Schreibens ab, da sie zu „Vergessenheit" und „Schein-Weisheit" führe: Wer auf die Schrift und damit auf fremde Zeichen vertraue, schöpfe Wissen nicht aus sich selbst heraus. Lesen und Schreiben dienten nicht dem Erinnern, sondern allein dem Gedächtnis und produzierten also nur scheinbares Wissen. In der Antike trat erstmals auch ein Problem in Erscheinung, das für eine professionalisierte Beschäftigung mit Texten ebenfalls von Bedeutung werden sollte: Wenn jeder Mensch, der des Lesens und Schreibens mächtig war, Texte produzieren und damit einen Anspruch auf Wahrheit erheben konnte – wie ist dann mit schriftlich Fixiertem (das sich nicht umstandslos korrigieren lässt) umzugehen? Insbesondere dann, wenn sich Texte widersprechen oder deren Aussagen dem eigenen Augenschein zuwiderlaufen?

Auch wenn Text und Schrift nicht unproblematisiert blieben, ist unsere Welt ohne die grundlegenden Kulturtechniken Lesen und Schreiben undenkbar. Wie wichtig die Ausbildung einer schriftlichen Kommunikation für Strukturen der Wahrnehmung werden sollte, zeigt der Vergleich zwischen *literalen* und *oralen Kulturen*. Während orale, d. h. ohne Schriftsprache verkehrende Kulturen weitgehend kreisförmige oder zyklische Zeitvorstellungen haben, weisen schriftliche Kulturen überwiegend lineare Vorstellungen von Zeit auf. Schrift ordnete Zeichen in Folgen; also mussten Erfahrungen in eine kausale Ordnung gebracht und sukzessiv repräsentiert werden. Die Linearität der Zeile führt das Prinzip der Abfolge von Ursache und Wirkung gleichsam vor Augen – auch wenn die in europäischen Sprachen übliche Anordnung der Buchstaben- und Zeilenrichtung von links nach rechts nur eine mögliche Form von phonetischer Schrift ist. Im Hebräischen und Arabischen wird von rechts nach links gelesen und geschrieben. In China und Japan liest und schreibt man in Kolonnen von oben nach unten; die mittelamerikanischen Maya benutzten vertikale Doppelreihen; Texte im antiken Griechenland wechselten die Zeilenrichtung „wie man Pflugochsen wendet" (boustrophedon).

Mit den materialen Träger von Texten wandelten sich die Formen des Lesens und Schreibens: Während die ersten Zeichen der mesopotamischen Bilderschrift auf Tontäfelchen eingeritzt wurden, fixierte man im antiken Griechenland die Buchstabenschrift auf Schriftrollen aus Papyrus (wie sie etwa der junge Aristoteles liest). Diese Texte bestanden aus Worten, die ohne Interpunktionszeichen aneinander gereiht waren und ein lautes Vorlesen bzw. ein Murmeln erzwangen – denn erst durch einen Sprecher oder Vorleser wurde die Wortschlange zu einem gegliederten und verständlichen Text. Nach dem Bericht des Sueton war es Julius Cäsar (100-44 v.Chr.), der Schriftrollen zu Seiten zusammenfassen ließ, um sie seinen Truppen zuzusenden. Die so gebundenen Papyrus-Manuskripte – im Singular *Codex*, im Plural *Codices* genannt – erleichterten nicht nur den Transport, sondern erlaubten zugleich die Einführung von Seitenzahlen und damit eine bessere Orientierung in längeren Texten. (Cäsars praktische Erfindung wurde von den frühen Christen in Rom übernommen: Verbotene Texte ließen sich bequem herumtragen und in Gewandfalten verstecken.)

Und wie wurde gelesen? Bis zum Mittelalter dominierte das monastische, d. h. klösterliche Lesen, das von Mönchen gepflegt wurde und im lauten bzw. leise gemurmelten Lesen und Abschreiben eines Textes bestand. Laut gelesen wurden Texte nicht allein deshalb, weil sie als Offenbarung einer abwesenden Stimme galten (was auch daraus ersichtlich wird, dass man anstelle des Terminus „Text" die Begriffe „oratio" oder „sermo" [„Rede"] verwendete). Erst mit der Einführung von Wortzwischenräumen und Interpunktionszeichen konnte sich das stille Lesen durchsetzen. Die Einteilung in Kapitel, das Anlegen von Inhaltsverzeichnissen und die Erstellung von Registern verbesserten die „Lesbarkeit" vor allem längerer Schriften weiter. Die Erfindung des Bleisatzes aus beweglichen Lettern durch Johannes Gutenberg 1455 markierte einen entscheidenden Wendepunkt in der Kommunikationsgeschichte und in der Geschichte des Lesens. Bücher und Flugschriften konnten nun massenhaft hergestellt und verbreitet werden. Zwischen 1456 – Erscheinungsjahr der 42zeiligen Gutenberg-Bibel – und 1500 erschienen allein in Deutschland ca. 1 Million Druckschriften, was die Buchherstellung zur ersten Form der Massenproduktion machte.

Die erleichterte Reproduzierbarkeit von Texten führte dazu, dass Spezialdiskurse verschriftlicht wurden und neue Textsorten entstanden. Die Möglichkeit der vervielfachten Produktion und Verbreitung verschiedener Bücher rief zugleich vermehrte Anstrengungen auf den Plan, die Wahrheit des Buchs der Bücher zu verteidigen – wurden doch neben der Bibel nun auch Texte zugänglich, die den dort fixierten Wahrheiten eigene Beobachtungen entgegenstellten. Die massenhafte Fabrikation von gedruckten Texten verschärfte das schon benannte Problem der Unübersichtlichkeit weiter – was sowohl gesellschaftliche Institutionen wie den individuellen Leser zu Veränderungen im Umgang mit Texten zwang. Es wuchs die Bedeutung von Bibliographien und Bibliotheken, die den Strom der Bücher ordnen und katalogisieren sollten. Um den Leser bei Auswahl und Bewertung einer zunehmend unübersichtlichen Flut von Druckwerken zu unterstützen, entwickelte sich das Genre der Rezension: Seit 1682 erschie-

nenen in Leipzig die ACTA ERUDITORUM als erste (noch in Latein verfasste) Literaturzeitung Deutschlands; ab 1700 veröffentlichte Leibniz' Sekre-
tär Eckart in Hannover MONATHLICHE AUSZÜGE AUS ALLERHAND NEU
HERAUSGEGEBENEN NÜTZLICHEN UND ARTIGEN BÜCHERN mit kurzen Besprechungen zu Druckwerken aller Wissensbereiche. Die 1785 in Jena gegründete ALLGEMEINE LITERATURZEITUNG reagierte noch schneller: Sie erschien täglich und eröffnete Buchhändlern wie Lesern ein Informations-
portal, das es bis dahin nicht gegeben hatte. Zugleich bezogen sich Texte
mehr und mehr auf andere Texte: Explizit (in Form von kenntlich gemachten Zitaten und Kommentaren) oder implizit (durch nicht ausge-
wiesene Anleihen, Anspielungen und Verweise), stellten sie die Leser nun
vor die Aufgabe, sich in einem zunehmend dichteren Netz von Beziehungen zu orientieren.

Einen weiteren entscheidenden Einschnitt in der Entwicklung zur modernen Lesekultur bedeutete im deutschen Sprachraum die durch Martin
Luthers Bibel-Übersetzung begonnene und endgültig im 18. Jahrhundert
vollzogene Ablösung des Lateinischen als universeller Verkehrssprache.
Nun fanden breitere Leserschichten Zugang zu gedruckten Texten und
zur „schönen Literatur" – insbesondere, als sich zwischen 1750 und 1800
der Ausstoß an Belletristik vervielfachte und eine Fülle von „Romanen"
den sich ausbildenden literarischen Markt überflutete. Wie Immanuel
Kant 1798 feststellte, war die „Leserey ... zum beynahe unentbehrlichen
und allgemeinen Bedürfniß geworden";[5] Pamphlete wie die 1794 in
Hannover veröffentlichten VERTRAUTEN BRIEFE ÜBER DIE JETZIGE ABEN-
TEUERLICHE LESESUCHT warnten vor der „Lesewuth" wie vor einer gefähr-
lichen Krankheit.

Mit dem „stillen Leser" und seiner scheinbar kontemplativen Versenkung in einen gedruckt vorliegenden, durch den Buchmarkt verbreiteten
Text war jener Typus des Lesens entstanden, den wir in unserem Kultur-
kreises noch immer pflegen – trotz des nicht zu übersehenden Erfolgs so
genannter „Hör-Bücher", welche die Lesung von Texten auf CD oder
Kassette speichern und wiedergeben. Die Haltung des „stillen Lesers" vor
einem Buch aber ist wie betont nur scheinbar still. Lesen realisiert sich als
überaus komplexe und aktive Tätigkeit, bei der wir uns schwarzen Punkten auf weißem Grund mit umherzuckenden Augenbewegungen nähern,
visuelle Informationen aufnehmen, durch Neuronenketten senden und
verarbeiten und bei der wir Bedeutungen konstruieren, indem wir Beziehungen zwischen unserem Wissen, unseren Erfahrungen und den Sätzen
des vorliegenden Textes herstellen.

---

[5] Immanuel Kant: Über die Buchmacherey. Königsberg 1798, S. 65.

2.2 Verstehen

Lesen lässt sich als ein komplexer Prozess beschreiben, in dessen Verlauf Schriftzeichen wahrgenommen und erkannt, sprachlich realisiert und mit Bedeutung versehen werden. Der aktive Charakter dieses Vorgangs ist noch einmal zu unterstreichen: Ein Text erhält seine Bedeutung(en) im Akt des Lesens durch Zuschreibungen, die ein Leser aufgrund seines Weltwissens, seiner Kenntnisse, Erfahrungen und emotionalen Einstellungen vornimmt. Mit anderen Worten: Ohne einen Leser oder Hörer bleibt ein Text eine Ansammlung von Buchstaben und Interpunktionszeichen auf bedruckten Seiten oder anderen Speichermedien; erst im Vorgang der Rezeption wird seine Bedeutung bzw. die Vielfalt seiner Bedeutungen realisiert.

Indem wir die Bedeutung eines Textes mehr oder weniger sicher formulieren können, haben wir ihn und seine Aussage(n) verstanden – oder glauben zumindest, verstanden zu haben. Dabei ist das Verstehen ebenso wie das Lesen ein überaus komplexer Vorgang, in dessen Verlauf eine Folge von Schritten abgearbeitet wird. Und wie das Lesen ist auch das Verstehen an die Aktivität des Subjekts gebunden, das einen gegebenen Text und seine Aussagen erschließt. Aus diesem Grunde bestimmte Friedrich Schleiermacher (1768-1834) das Verstehen als „Nachconstruieren der gegebenen Rede"[6] Die Formel vom Verstehen als „**Nachconstruieren der gegebenen Rede**" hat mehrere Konsequenzen. Sie benennt zum einen die Ausgangssituation: Als rekonstruktive Tätigkeit folgt das Verstehen einer vorgegebenen Rede zeitlich nach; die Differenz zwischen Entstehung und Rezeption eines Textes – und die damit verbundene Unmöglichkeit einer unmittelbaren Nachfrage bei auftretenden Verständnisproblemen – macht gewisse Anstrengungen notwendig. Sie besagt zum anderen, dass der Leser im Akt des Verstehens den abwesenden Autor vertritt, in dem er dessen Rede nach-spricht bzw. nach-vollzieht. Und sie verweist zum dritten auf ein zentrales Problem des Verstehens, das darin besteht, einen Text anzueignen und in eigene Worte zu „übersetzen", ohne dass seine besondere Qualität und die Vielfalt seiner Bezüge zerstört wird.

Wie verläuft nun das Verstehen als „Nachconstruieren" einer vorgegebenen Rede? Dem Literaturwissenschaftler Heinrich Bosse folgend, lassen sich sechs Schritte des Verstehens ermitteln, die wir bei jeder Lektüre eines Textes vollziehen. Diese Schritte nehmen wir zumeist implizit, d. h. ohne bewusste und ausdrückliche Formulierung vor. Für einen professionali-

---

[6] Friedrich Schleiermacher: Hermeneutik. Nach den Handschriften hrsg. und eingeleitet von Heinz Kimmerle. Heidelberg 1959, S. 87.

sierten Umgang mit Texten ist es notwendig, sich dieser Schrittfolge bewusst zu werden und sie explizit zu vollziehen – um unser Verständnis begründen zu können und intersubjektiv nachvollziehbar zu machen. Als Beispiel zur Demonstration dieser Schrittfolge des Verstehens wählen wir einen Ausschnitt aus einem prominenten Zeugnis der deutschen Literatur. In Johann Wolfgang Goethes erstmals 1774 veröffentlichtem Roman DIE LEIDEN DES JUNGEN WERTHERS findet sich folgender Text:

Am 10. Mai.

Eine wunderbare Heiterkeit hat meine ganze Seele eingenommen, gleich den süßen Frühlingsmorgen, die ich mit ganzem Herzen genieße. Ich bin allein und freue mich meines Lebens, in dieser Gegend, die für solche Seelen geschaffen ist wie die meine. Ich bin so glücklich, mein Bester, so ganz in dem Gefühle von ruhigem Dasein versunken, dass meine Kunst darunter leidet. Ich könnte jetzto nicht zeichnen, nicht einen Strich, und bin niemalen ein größerer Maler gewesen als in diesen Augenblicken. Wenn das liebe Tal um mich dampft, und die hohe Sonne an der Oberfläche der undurchdringlichen Finsternis meines Waldes ruht, und nur einzelne Strahlen sich in das innere Heiligtum stehlen, ich dann im hohen Grase am fallenden Bache liege, und näher an der Erde tausend mannigfaltige Gräschen mir merkwürdig werden; wenn ich das Wimmeln der kleinen Welt zwischen Halmen, die unzähligen, unergründlichen Gestalten der Würmchen, der Mückchen näher an meinem Herzen fühle, und fühle die Gegenwart des Allmächtigen, der uns nach seinem Bilde schuf, das Wehen des Alliebenden, der uns in ewiger Wonne schwebend trägt und erhält. Mein Freund, wenn's dann um meine Augen dämmert, und die Welt um mich her und der Himmel ganz in meiner Seele ruhn wie die Gestalt einer Geliebten – dann sehne ich mich oft und denke: Ach könntest du das wieder ausdrücken, könntest du dem Papiere das einhauchen, was so voll, so warm in dir lebt, dass es würde der Spiegel deiner Seele, wie deine Seele ist der Spiegel des unendlichen Gottes. Mein Freund – Aber ich gehe darüber zugrunde, ich erliege unter der Gewalt der Herrlichkeit dieser Erscheinungen.[7]

Wollen wir diesen Text verstehen, ist in einem **ersten Schritt** die **Sprechsituation zu beschreiben**, also zu klären, *wer mit wem worüber spricht*. Dazu muss ein Vorwissen über die vorliegende Textsorte aktiviert und eine Einordnung des Sprechverhaltens vorgenommen werden. Im vorliegenden Beispielfall erweist sich diese Aufgabe als relativ einfach: Die zeitliche Markierung „10. Mai" und der Zusammenhang des Textabschnitts mit vorangehenden und nachfolgenden Textelementen machen deutlich, dass es sich um einen Brief handelt, den ein junger Mann namens Wer-

---

[7] Johann Wolfgang Goethe: Die Leiden des jungen Werthers. In: Johann Wolfgang Goethe: Sämtliche Werke (Münchner Ausgabe). Bd. 1.2: Der junge Goethe 1757-1775. Hrsg. von Gerhard Sauder. München 1985, S. 198-199.

ther an seinen Freund Wilhelm richtet und in dem er in emphatischer
Sprache über seine Empfindungen angesichts der frühlingshaften Natur
berichtet. Die Emphase dieses Sprechens wird durch eine Reihung von
Wendungen erzielt, die eine größere Aufmerksamkeit verdienen. Auffällig
sind zum einen die gehäuft auftretenden „schmückenden Beiworte",
die mit dem rhetorischen Terminus als *Ornati* bzw. *epitheta ornantia* zu
bezeichnen sind und die den bezeichneten Sachverhalten eine besondere
Eigentümlichkeit verleihen: „*wunderbare* Heiterkeit", „*süße* Frühlingsmorgen", „mit *ganzem* Herzen", „das *liebe* Tal", „die *hohe* Sonne", „das
innere Heiligtum", „in *ewiger* Wonne"... Sieht man die Abfolge der so besonders charakterisierten Gegenstände und Sachverhalte näher an, ist eine
zweite Auffälligkeit zu bemerken: Jedem Textelement, das die Außenwelt
beschreibt, folgt eine Aussage über die Innenwelt des Schreibenden. Die
Wahrnehmung von Umwelt und subjektiver Befindlichkeit korrespondieren – bis eine sich steigernde Abfolge von Konjunktiven („*könntest* du das
wieder ausdrücken", „*könntest* du dem Papiere das einhauchen", „dass es
würde der Spiegel deiner Seele") zu einem höhepunktartigen Anruf („Mein
Freund –") und zum verbalen Abbruch der Kommunikation führt.

Als zweiter Schritt schließt sich die schwierige Aufgabe an, die Sätze
des gegebenen Textes als Sprechhandlung zu paraphrasieren. Im Zusammenhang damit steht der dritte Schritt – unverständliche Begriffe und
Wendungen in verständliche Worte zu übertragen. Der Wortlaut des Textes soll in unseren Worten wiedergegeben werden, ohne die Aussage der
ursprünglichen Rede zu verändern. Die dabei entstehenden Probleme liegen auf der Hand: Wenn es – vor allem bei konnotationsreichen Texten –
unmöglich ist, mit anderen Worten exakt das Gesagte auszudrücken,
muss der Wortlaut verlassen und der zugrunde liegende Gedanke, d. h. der
propositionale Gehalt von sprachlichen Äußerungen herausgearbeitet werden. In der Formulierung dieser Proposition(en) fassen wir vielfältige und
mehrdeutige Textelemente zusammen. Und nur wenn wir bei dieser Arbeit des Zusammenfassens allen Details und Elementen eines Textes umfassende Aufmerksamkeit widmen, können wir der Gefahr entgehen, ausschließlich einen Sinn oder eine Bedeutung zu fixieren und damit weitere
mögliche Bedeutungsaspekte auszuschließen.

Versuchen wir, den Brief Werthers als eine sprachliche Handlung zu
paraphrasieren und die vielschichtige Beschreibung seiner Empfindungen
vor der frühlingshaft belebten Natur in unseren Worten wiederzugeben.
Eine erste, noch sehr knappe Paraphrase könnte etwa lauten: „In einer
brieflichen Rede an den Freund Wilhelm schildert Werther seine Emotionen angesichts der Natur im Frühlingsmonat Mai. Aufmerksam beobachtet er Details der erwachenden Natur und setzt sie in Beziehung zu seinen

Gefühlen. Angesichts der vielfältigen Natur und seiner davon ausgelösten Emotionen wird ihm zugleich bewusst, wie beschränkt seine eigenen Möglichkeiten zum Ausdruck dieser Schönheit und seiner Gefühle sind." Unberücksichtigt bleiben in dieser Zusammenfassung noch unverständliche Termini und Wendungen, die eine Übersetzungsarbeit verlangen. Während ein Ausdruck wie „das innere Heiligtum" ohne größere Probleme erschließbar scheint und auch die Rede vom „Allmächtigen, der uns nach seinem Bilde schuf" unter Rekurs auf die biblische Schöpfungsgeschichte verständlich wird, bedarf ein paradoxaler Satz einer genaueren Rekonstruktion. Denn welche Paraphrase finden wir für Werthers briefliche Aussage: „Ich könnte jetzt nicht zeichnen, nicht einen Strich und bin niemalen ein größerer Maler gewesen als in diesen Augenblicken"? Wahrscheinlich meint er, das unmittelbare Erleben der Naturschönheit sei wichtiger als das Produzieren eines Werkes – auch wenn die Versenkung in die unendliche Natur ihn zu einem Maler ohne Bild mache.

Diese Selbstdarstellung als Maler ohne Bild, als Künstler ohne Werk steht jedoch im Gegensatz zur Klage, die dann in einer Abfolge konjunktivischer Wendungen vorgebracht wird. Wenn der Briefschreiber Werther sich an sich selbst wendet und ausruft: „Ach könntest du das wieder ausdrücken, könntest du dem Papiere das einhauchen, was so voll, so warm in dir lebt...", artikuliert er damit eine Binäropposition. Auf der einen Seite stehen seine Empfindungen, die als vielfältig und unausschöpflich mit einem Maximum an Bedeutung versehen werden – auf der anderen Seite seine begrenzten Fähigkeiten zum Ausdruck dieses unendlichen Reichtums. Dieses wiederholte Gegensatzpaar von [unauschöpfbarer Natur] und [unendlicher Seele] einerseits und [begrenzten Ausdrucksmöglichkeiten] andererseits strukturiert die sprachliche Äußerung und lässt sich als *Thema* des Textes benennen – womit der nächste Schritt des Verstehensvorgangs vollzogen wird.

Die **Bestimmung eines Themas** als **vierter Schritt** des „Nachconstruierens einer gegebenen Rede" führt über die paraphrasierende Wiedergabe hinaus. Als hilfreich für seine Formulierung erweist sich die Suche nach strukturierenden Oppositionen, die eine *homogene semantische Ebene* (Isotopie) des Textes bilden. Formulieren wir das Thema in einem Satz, so treffen wir eine Aussage, die als *Deutungshypothese* fungieren kann: „Das empfindsame Individuum Werther artikuliert angesichts der vielfältigen und unausschöpfbaren Natur und der davon ausgelösten Emotionen sein Unvermögen zur (künstlerischen) Wiedergabe dieser unendlichen Schönheit." Zu beachten bleibt, dass mit dieser Deutungshypothese andere Möglichkeiten der Auslegung nicht auszuschließen sind. So könnte die Aussage Werthers auch als eine generelle Aussage über die Unmöglichkeit von Kunst angesichts einer überwältigenden Natur verstanden werden.

Die Formulierung einer **Hypothese über die Bedeutung eines Textes** ist der **fünfte Schritt** des Verstehens. Sie antwortet auf die Frage „Warum und wozu ist dieser Text da?" mit einer satzförmig formulierten Aussage, die im **sechsten und letzten Schritt durch Argumente bekräftigt** wird. Die Begründung der Bedeutungshypothese kann und muss auf den *Kontext* zurückgreifen – also auf den Text im Ganzen und andere Textstellen, Informationen über den Autor und die Entstehungszeit sowie sozial- und ideengeschichtliche Hintergründe des Werkes. Auf die Frage, was der Text mitteilen will, lässt sich mit der Bedeutungshypothese antworten: „Werthers Brief vom 10. Mai artikuliert in emphatischer Rede die Emotionen eines empfindsamen Individuums angesichts einer unendlichen Natur, um Dispositionen der Titelfigur des Briefromans zu bezeichnen und so bestimmte Informationen für den weiteren Verlauf seiner Geschichte bereitzustellen." Zur argumentativen Bekräftigung dieser These ist ein *innertextuelles* und *extratextuelles Kontextwissen* heranzuziehen – also ein Wissen, das wir aufgrund einer Lektüre des gesamten Briefromans sowie aus Kenntnissen weiterer Erzähltexte besitzen. Zum innertextuellen Kontextwissen gehört u. a. die Kenntnis über die Stellung des Briefes im Rahmen des Gesamtwerkes: Er erscheint als zweiter Brief fast unmittelbar zu Beginn des Textes. Zugleich wissen wir, dass solch exponierte Textausschnitte stets wichtige Funktionen innerhalb eines größeren Textgebildes übernehmen. Sie führen in die Geschichte ein, vermitteln Informationen über handelnde Figuren, deuten auf kommende Ereignisse voraus oder klären in Rückwendungen über ein vergangenes Geschehen auf. Aus der Verbindung dieses Kontextwissens mit Einsichten über den Aufbau erzählender Prosa lässt sich so die These erhärten, dass der vorliegende Brief bestimmte Kenntnisse über die mentale Disposition des jungen Werther mitteilt, um spätere Entwicklungen zu motivieren. Die besondere Qualität dieser Disposition wurde in der Sinnhypothese ebenfalls benannt: Werther präsentiert sich als ein empfindsames Individuum, das seine Emotionen in emphatischer Rede artikuliert. Dabei ist die literarische Figur Werther nicht nur mit einem Maximum an Sensibilität ausgestattet, sondern partizipiert mit einer spezifischen Sprache zugleich an einer literarischen Bewegung, die in der Literaturgeschichtsschreibung als „Empfindsamkeit" bezeichnet wird. Um diese weiterreichende Deutung zu unterstützen, müssen Kenntnisse über Figuren, Konstellationen und Sprache in den Werken der sog. „Empfindsamkeit" – also extratextuelle Kontextelemente – herangezogen und mit spezifizierten Attributen des Protagonisten Werther verglichen werden. Ein solcher Schritt kann hier nicht vorgenommen werden. Doch dürfte klar geworden sein, welche Folgerungen sich aus der Formulierung einer Sinnhypothese und deren argumentativer Bestätigung ergeben können – insbesondere dann, wenn über eine Einzelstelle hinausgegangen und das Textganze sowie der Bezug des Gesamttextes zu Konditionen des literarischen Feldes in den Blick genommen wird.

Die Bewegung zwischen Textausschnitt und Textganzem ist jedoch nicht linear, sondern beschreibt eine Kreisbewegung. Erst im Verständnis der Einzelteile erschließt sich der ganze Sinn eines Textes; kennen wir den gesamten Text, lässt sich auch der Textausschnitt zunehmend besser und genauer verstehen. Diesen Verlauf des Verstehens bezeichnen wir mit Schleiermacher als **hermeneutischen Zirkel**. Die mit einer langen Tradition behaftete Rede vom hermeneutischen Zirkel meint nichts anderes, als das das Einzelne aus dem Ganzen ebenso zu verstehen ist, wie das Ganze aus dem Einzelnen.[8] Diesen Vorgang können wir auch bei eigener Lektüre beobachten. Lesen wir einen Text, so ermitteln wir eine mehr oder weniger konsistente Aussage über seine Bedeutung aus der Kenntnis der einzelnen Textteile. Bei einem erneuten Lesen fallen – aufgrund des nun vorhandenen Wissens um die Bedeutung des Textganzen – weitere Bedeutungen von Einzelstellen auf; beim zweiten oder dritten Lesen „sagt" der Text mehr als bei seiner ersten Wahrnehmung.

2.3 Interpretieren

Der Begriff des hermeneutischen Zirkels führt direkt zum Verfahren des Interpretierens. Denn unter dem Terminus *Hermeneutik* – der zurückgeht auf das griechische Verb „hermeneuein" mit der Bedeutung „aussagen, dolmetschen, erklären, auslegen" – wird (spätestens seit der HERMENEUTICA SACRA des Theologen Johann Christoph Dannhauer) die Theorie und Praxis des Verstehens und Interpretierens von Texten verstanden. Diese Tätigkeiten können sich auf verschiedene Artefakte, also auf bewusst produzierte Entitäten beziehen: Ein Gesetzestext ist genauso Gegenstand einer Interpretation wie ein Gedicht oder die Heilige Schrift. Alle diese Objekte stellen sprachliche Zeichenkomplexe dar, denen Bedeutungen zugeschrieben werden. (Dass auch nicht bewusst hervorgebrachte Zeichen wie körperliche Symptome oder Fingerabdrücke „lesbar" und „interpretierbar" sind, ist nur zu erwähnen – medizinische Diagnostik und Kriminalistik haben für diese Zeichen methodische Schrittfolgen der Bedeutungszuweisung entwickelt.)

---

[8] So formulierte es auch Wilhelm Dilthey in seiner Schrift DIE ENTSTEHUNG DER HERMENEUTIK: „Aus den einzelnen Worten und deren Verbindungen soll das Ganze des Werkes verstanden werden und doch setzt das volle Verständnis des einzelnen schon das des Ganzen voraus." (W. Dilthey: Gesammelte Schriften. Hrsg. von Bernhard Groethuysen u. a. Bd. V. Leipzig, Berlin 1924, S. 330.)

Vergleichen wir die unterschiedlichen Bezüge des Interpretationsbe-
griffs, so fällt eine Gemeinsamkeit auf: Sowohl die Interpretation von
sprachlichen Zeichenkomplexen als auch die Interpretation von natürlichen Zeichen werden als Aussagen realisiert, die mitteilen, *wie etwas verstanden* wurde. Interpretieren heißt also erst einmal, etwas zu verstehen
und dieses Verstandene zu formulieren. Wird ein Verständnis in der Form
von *Deutungshypothesen* fixiert, erfordert die Bestätigung dieser hypotheti-
schen Aussagen zusätzliche Argumente und Erklärungen – insbesondere
dann, wenn sich die interpretativen Aussagen an weitere Teilnehmer eines
kommunikativen Zusammenhangs richten. Berücksichtigt man diese
kommunikative Adressierung, lässt sich das Interpretieren als methodisch
reflektierter Vorgang des Verstehens von Zeichen beschreiben, in dem Bedeutungszuweisungen so artikuliert, plausibilisiert und kommuniziert
werden, dass sie *intersubjektive Nachvollziehbarkeit* beanspruchen können.

Was ergibt sich aus dieser allgemeinen Definition für die Auslegung
von Texten? Zuerst einmal das Bewusstsein von der untrennbaren Zusammengehörigkeit der Tätigkeiten „Lesen", „Verstehen" und „Interpretieren", die sprachliche Zeichen identifizieren und im komplexen Prozess
der Semiose mit Bedeutungen versehen: Wollen wir einen Text wie Werthers Brief vom 10. Mai interpretieren, so muss er in seiner Ganzheit gelesen und verstanden werden. Das heißt aber auch, dass der primäre Gegenstand des Verstehens der Text ist. Textexterne Informationen wie etwa
die Psyche des Autors oder seine soziale Lage sind nicht Ziel von Interpretationen. Aus der Bestimmung des Interpretierens als methodisch fundier-
tes Verstehen von Texten in ihrer Ganzheit ergeben sich weiterhin Begründungspflichten für Aussagen, mit denen Bedeutungshypothesen aufgestellt werden: Erst spezifizierte Verbindungen zwischen Text und Kontextelementen machen interpretative Thesen plausibel. Damit verbindet
sich die Verpflichtung auf argumentative Klarheit: Naheliegende und wi-
derspruchsfreie Erklärungen überzeugen.

Interpretieren von Texten heißt also letztlich nicht mehr – aber auch
nicht weniger! – als sprachliche Zeichenkomplexe in ihrer Ganzheit *zu
verstehen* und dieses Verständnis *formulieren* und *nachvollziehbar begründen* zu können. Verstehen und Interpretieren sind integrale Bestandteile
eines Prozesses, in dessen Verlauf Texte aufgenommen und als Träger von
Bedeutungen verarbeitet werden. Die bereits erläuterten Schritte des Verstehens schaffen die Voraussetzung, um Aussagen über einen Text formulieren zu können. Hier sind die einzelnen Schritte noch einmal aufgelistet:

(1)   Durch Beschreibung der Sprechsituation des Textes wird festgestellt, wer
      mit wem worüber spricht.

(2) Die Paraphrasierung überträgt die Sätze des Textes in Sprechhandlungen „unserer" Sprache.
(3) Unverständliche Begriffe und Wendungen werden geklärt und in verständliche Begriffe und Wendungen übersetzt.
(4) Auf Basis der strukturierenden Oppositionen innerhalb des Textes wird ein Thema formuliert.
(5) Das als Satz entfaltete Thema ermöglicht die Aufstellung einer Bedeutungshypothese und antwortet auf die Frage „Warum und wozu ist dieser Text da?"
(6) Durch Rückgriff auf intra- und extratextuellen Kontextelemente wird die Sinn- bzw. Bedeutungshypothese argumentativ bekräftigt.

Indem wir diese Schritte vollziehen und Aussagen über einen Text bzw. Textausschnitt produzieren, die über den Wortlaut des Gesagten hinausgehen, formulieren wir unser Verständnis. Die eigentliche Interpretation – also die Darstellung unseres Verstehens, für das wir eine bestimmte Geltung und damit intersubjektive Nachvollziehbarkeit beanpruchen – beginnt mit der satzförmigen Entfaltung des Themas und der Aufstellung einer Bedeutungshypothese. Ihre Überzeugungskraft ist umso größer, je besser bestimmte Regeln angewandt werden. Als mehr oder weniger verbindliche Regeln für das Lesen, Verstehen und Auslegen von literarischen Texten können folgende Imperative formuliert werden:

(a) Auch wenn die Interpretation auf ein Verstehen von Texten in ihrer Ganzheit abzielt, ist **jedes Element eines Textes** zu beobachten. Denn alle Eigenschaften eines Textes – von abweichender Klein- oder Großschreibung bis zu den Namen handelnder Figuren – können als Bedeutungsträger aufgefasst und ausgewertet werden.

(b) **Deutungshypothesen** haben sich primär auf **das Verständnis des Textes** zu beziehen (und nicht auf die Psyche des Autors, seine soziale Herkunft etc.) Als Aussagen bzw. Verbund von Aussagen über ein Textganzes oder einen Ausschnitt sind sie zu formulieren, nachdem eine Klärung der Sprechsituation, die paraphrasierende „Übersetzung" und die Klärung unverständlicher Termini erfolgt ist. Als hilfreich erweist sich die Ermittlung von strukturierenden Binäroppositionen.

(c) Aus **Deutungshypothesen und Argumenten** zur Bekräftigung bzw. Plausibilisierung dieser Hypothesen ergibt sich die Interpretation. Sie tritt als *Behauptung über den Sinn bzw. die Bedeutung eines Textes* mit einem Geltungsanspruch auf („Ich behaupte, dieser Text bzw. diese Textstelle bedeutet...") und verknüpft Text- mit Kontextelementen.

(d) Der **Verbindung von Text- und Kontextelementen** sind keine Grenzen gesetzt. Das heißt: Es gibt keine natürlichen Rahmenbedingungen, welche die Konnexionspotentiale im Vorgang der Bedeutungszuweisung limitieren könnten; ein Text bzw. jedes einzelne Textelement lässt sich mit allem verbinden, was dem Interpreten einfallen kann. Um dennoch überzeugend interpretieren zu können, ist der Kontext (extratextueller, intra- und intertextueller Herkunft) zu gliedern, also durch Unterscheidung einzelner Segmente und durch Bestimmung ihrer Beziehung untereinander zu individualisieren. Die Differenzierung von Kontextelementen erlaubt es, bestimmte Referenzen als „primär" bzw. „naheliegend" auszuzeichnen sowie andere Kontextsegmente als „sekundär" zu charakterisieren und damit zu möglichst zwanglosen Erklärungen zu gelangen.

(e) Interpretationen sind **plausibel und überzeugend**, wenn ihre Bedeutungszuweisungen bzw. ihre Text-Kontext-Verküpfungen

- *ökonomisch* verfahren, d. h. für die Erklärung von Referenzbeziehungen die nächstliegende Quelle heranziehen;
- *adäquat* sind, d. h. auf der Entsprechung der zugewiesenen Bedeutungsgehalte mit Wissen, Normen, Wertvorstellungen etc. zur Entstehungszeit des Textes beruhen;
- *systematisch* sind, d. h. Text- und Kontextelemente zu einem System wechselseitiger Verweise zusammenführen;
- *vollständig* sind, d. h. Textstellen umfassend erklären.

Die aufgelisteten Regeln stellen allgemeine Grundsätze dar, die in den späteren Kapiteln in Bezug auf die Interpretation narrativer, lyrischer und dramatischer Texte präzisiert werden. Sie zeigen, dass Bedeutungszuweisungen zwar stets subjektiv vorgenommen werden, doch keineswegs willkürlich oder beliebig sind. Und sie liefern Kriterien, um überzeugende und weniger überzeugende Deutungen zu unterscheiden: Rationalität, Adäquatheit und Konsistenz der Argumentation sichern nicht nur einem individuellen Interpreten die Plausibilität seiner interpretativen Aussagen, sondern garantieren zugleich ihre intersubjektive Nachvollziehbarkeit.

2.3.1 Interpretationstypen

Normative Kriterien für überzeugende Deutungen sind eine Seite, die „Wirklichkeit" des Lesens, Verstehens und Auslegens eine andere. Wie kaum ein anderer Bereich der Literaturwissenschaft hat die Interpretation von Texten zu Debatten geführt. Seit dem Auftreten von Verständniskrisen bei der Lektüre von Homer-Texten im antiken Griechenland wurden Theorie und Praxis der Auslegung diskutiert. Als ein Ergebnis der vielfältigen Auseinandersetzungen um das „richtige" Verstehen kann die Einsicht festgehalten werden, dass es einen *verbindlichen Typus von Interpretation* ebensowenig gibt wie *überzeitlich gültige Auslegungen* eines Textes. Das bedeutet, dass interpretierende Aussagen historisch variabel sind und sich auf unterschiedliche Aspekte literarischer Äußerungen beziehen können.

Eine **strukturbestimmende Textinterpretation**, die von der Geschlossenheit und Ganzheitlichkeit eines literarischen Kunstwerkes ausgeht, konzentriert sich auf den Nachweis eines immanenten Schemas, das als strukturelle Grundlage des Textganzen auf verschiedenen Ebenen (etwa semantischer, syntaktischer und phonologischer Art) wirksam und aufzeigbar
ist. Im Falle des Werther-Briefes vom 10. Mai wäre es möglich, die Binäropposition auf semantischer Ebene ([Vielfalt von Empfindungen vor
Natur] – [begrenzte Möglichkeiten zum Ausdruck dieser Empfindungen])
als strukturierendes Schema zu ermitteln, das auch auf syntaktischer und
phonologischer Ebene wirksam ist. Eine **psychologische Textinterpretation** versucht dagegen das literarische Werk (oder einzelne Aspekte) aus
dem besonderen psychischen Zustand zu erklären, in dem sich sein Autor
beim Verfassen des Textes befand. Angewandt auf Werthers Brief vom
10. Mai müsste eine solche psychologisch-genetische Texterklärung die
mentalen Dispositionen der Titelfigur beschreiben und in Bezug zu den
Erlebnissen des Autors Johann Wolfgang Goethe bringen, die in vermit-
telter oder unvermittelter Weise in den Briefroman DIE LEIDEN DES
JUNGEN WERTHERS eingingen – von zeichnerischen Bemühungen bis zur
Rezeption des Pietismus, aus dessen Wortschatz die metaphorische Bestimmung der Seele als „Spiegel des unendlichen Gottes" stammt. Eine
wissensgeschichtliche Textinterpretation kann die in einem Text möglicherweise eingeschriebenen Mythologien, Theoriebestände und Weltan-
schauungen erläutern und dabei auch jenes Wissen explizieren, das der
Text selbst nicht nennt. Weitere Interpretationstypen werden an späterer
Stelle vorgestellt und an Beispielen erläutert.

2.3.2 Kritik der Interpretation

Gehen die verschiedenen Interpretationstypen von der Möglichkeit eines
verbindlichen und intersubjektiv vermittelbaren Textverstehens aus, stellen andere Richtungen der Literaturwissenschaft die Deutung und Auslegung radikal in Frage. Von verschiedenen Wissenschaftlern vorgebracht,
artikulieren diese Spielarten einer Interpretationskritik übereinstimmend
einen tiefgehenden Zweifel an der Möglichkeit eines richtigen Verstehens.
Differenzen betreffen die Gründe für diesen Zweifel und die vorgeschla-
genen Alternativen. Die unterschiedlichen Ansätze lassen sich in drei
Gruppen zusammenfassen.

(1) Eine **ästhetisch inspirierte Interpretationskritik** polemisiert gegen
die wissenschaftliche Zergliederung von Kunstwerken, die sich – so der
zentrale Vorwurf – auf den Inhalt der Werke konzentriere und die Form
vernachlässige. Als Alternative favorisiert sie ein sinnliches bzw. ästhe-ti-

sches Erleben: „Erotik der Kunst statt Hermeneutik", wie es in dem 1964
veröffentlichten Essay AGAINST INTERPRETATION der US-amerikanischen
Publizistin Susan Sontag heißt.[9]

(2) Eine **wissenschaftstheoretisch fundierte Interpretationskritik**, wie
sie vor allem von Vertretern der „empirischen Literaturwissenschaft" vorgebracht wird, hält Verstehen für subjektiv und kaum kommunizierbar.
Da ein Text für sich keine Bedeutung trage und als korrekte Anordnung
von Buchstaben, Satzzeichen und Zwischenräumen allein durch einen Rezipienten mit Bedeutung versehen werde, sei es nur folgerichtig, Leser im
Literatursystem einer Gesellschaft in das Zentrum empirischer Untersuchungen zu rücken und Fragen nach Motivation und Zuweisungsstruktu-
ren zu klären: Wer liest welche Literatur und warum? Welcher Sinn erschließt sich für welche Leser aus einem bestimmten Text? Auf Interpretationen zugunsten einer empirischen „Arbeit im Feld" verzichtend, soll Literatur als ein komplexes Verhältnis zwischen „Aktanten" (kulturell sozia-
lisierten Lesern mit bestimmten Motivationen und Intentionen),
„Kommunikat" (kognitive Konstrukte, die Leser dem „Kommunikati-
onsmittel" Text im Prozess der Lektüre zuweisen) und „Kontexten" (Bezugsgrößen der literarischen Aussagen) beschrieben werden.[10]

(3) Die weitreichendste und einflussreichste Form der Interpretationskritik liegt in unterschiedlichen Spielarten des **„Poststrukturalismus"**
und „Dekonstruktivismus" vor. Diese Ansätze richten sich zum einen –
wie in Michel Foucaults berühmt gewordenem Vortrag WAS IST EIN AU-
TOR? und in Roland Barthes' Aufsatz LA MORT DE L'AUTEUR – gegen die
Erhebung des genialischen Autors zum zentralen Punkt jeder Interpretation; sie weisen zum anderen die Behauptung eines präsenten Sinnes von
Texten überhaupt zurück. Hätte man das „Gewebe" Text bisher als einen
„fertigen Schleier" aufgefasst, hinter dem ein verborgener Sinn bzw. die
Wahrheit zu entdecken sei, sollte nun das Werden des „gewebehaften"
Textes selbst in den Mittelpunkt gestellt werden. Ausgangspunkt für diverse Varianten des „Poststrukturalismus" und „Dekonstruktivismus" ist
die von Roland Barthes formulierte „generative Vorstellung", „dass der
Text durch ein ständiges Flechten entsteht und sich selbst bearbeitet; in
diesem Gewebe – dieser Textur – verloren, löst sich das Subjekt auf wie
eine Spinne, die selbst in die konstruktiven Sekretionen ihres Netzes auf-
ginge."[11] Dem entsprechend habe Literaturwissenschaft zu untersuchen,

---

[9] Susan Sontag: Against Interpretation. In: S. Sontag: Kunst und Antikunst. 24 literarische
Analysen. Hamburg 1968, S. 9-18, hier S. 16.
[10] Siegfried J. Schmidt: Grundriß der Empirischen Literaturwissenschaft. Braunschweig
1980, Frankfurt/M. 1991, S. 39ff., 77ff.
[11] Roland Barthes: Die Lust am Text. Frankfurt/M. 1974, S. 94.

wie Autorfunktionen als Regulatoren bzw. Verknüpfungsinstanzen von „Diskursen" arbeiteten oder in der Ermittlung von „Textbewegungen" die „Strategien" des Sagens jenseits des Gesagten herauszupräparieren.

Auch wenn diese Formen einer Interpretationskritik die Deutung und Auslegung von Texten in Frage stellen, sollte man sich nicht beirren und verwirren lassen. Selbst „poststrukturalistische" oder „dekonstruktive" Lektüren kommen nicht ohne zumindest partielle Sinnzuweisungen aus – und für deren methodisch geleitete und argumentativ abgesicherte Erzeugung besitzen wir entsprechende Verfahren. Die dennoch ernst zu nehmende Skepsis gegenüber einer ungehemmten Auslegungspraxis sollte als Ansporn verstanden werden, genaues Lesen und überzeugendes Argumentieren für plausible Interpretationen zu verbinden – um aus einer begründeten Verknüpfung von Texten und Kontexten jene Deutungen zu gewinnen, ohne die Literaturwissenschaft nicht denkbar ist.

Grundlegende und weiterführende Literatur:

Hugo Aust: Lesen. Überlegungen zum sprachlichen Verstehen. Tübingen 1983
Hendrik Birus (Hrsg.): Hermeneutische Positionen. Göttingen 1983
Heinrich Bosse: Verstehen. In: H. Bosse (Hrsg.): Literaturwissenschaft. Einführung in ein Sprachspiel. Freiburg 1999, S. 63-81
Lutz Danneberg: Zur Historiographie des hermeneutischen Zirkels: *fake* and *fiction* eines Behauptungsdiskurses. In: Zeitschrift für Germanistik. Neue Folge 5 (1995), S. 611-624
Alberto Mangual: Eine Geschichte des Lesens. Berlin 1998
Klaus Weimar: Historische Einleitung zur literaturwissenschaftlichen Hermeneutik. Tübingen 1975
Klaus Weimar: Enzyklopädie der Literaturwissenschaft. München 2. Aufl. 1993, S. 163-227
Klaus Weimar: Text, Interpretation, Methode. In: Lutz Danneberg, Friedrich Vollhardt (Hrsg.): Wie international ist die Literaturwissenschaft? Stuttgart, Weimar 1995, S. 110-122
Klaus Weimar: Hermeneutik. In: K. Weimar (Hrsg.): Reallexikon der deutschen Literaturwissenschaft. Bd. 2. Berlin, New York 2000, S. 25-29
Peter V. Zima: Die Dekonstruktion. Einführung und Kritik. Tübingen 1994

3 Was sind literarische Gattungen?

Texte als schriftlich fixierte Zeichenkomplexe erscheinen stets in konkreter Gestalt und in konkreten Kommunikationszusammenhängen: Wir überfliegen Agenturmeldungen oder Kommentare in Zeitungen, lesen eine gedruckt und in Buchform vorliegende Tragödie oder durchsuchen auf einer CD-ROM gespeicherte Briefe und Tagebücher. Umstandslos und zumeist ohne größere Probleme nehmen wir eine entsprechende *Rezeptionshaltung* ein. Von Zeitungstexten erwarten wir Informationen, d. h. den Tatsachen entsprechende Darstellungen über Sachverhalte in Politik, Wirtschaft, Kultur etc. Literarische Werke sollen durch Mobilisierung unserer Einbildungskraft faszinieren und unterhalten. In Selbstzeugnissen wie Briefen und Tagebüchern forschen wir nach dem Ausdruck von Gefühlen und Einstellungen.

Die intuitive Einordnung von Texten, die uns im Alltag und im Studium begegnen und ein entsprechendes Leseverhalten in Gang setzen, beruht auf einem Wissen über **Textsorten** und **Gattungen**, das wir im Verlauf der kulturellen Sozialisation erwerben. Als weitgehend implizites Wissen determinieren die Kenntnisse über verschiedene Arten von Texten und ihre entsprechende Wahrnehmung jeden Lektürevorgang. Ob wir einen Text auditiv (etwa als Lesung von Kassette oder CD) oder visuell (wie beim stillen Lesen) rezipieren, ob wir eine Auflistung von Lebensmitteln vorfinden und diese als „Einkaufszettel" verstehen oder eine ähnlich zeilenförmige Anordnung von Worten als „Gedicht" klassifizieren – ein Regelwissen in uns und Signale des Textes führen dazu, bereits im Prozess der Aufnahme eine Entscheidung über Textsorte und entsprechendes Rezeptionsverhalten zu treffen.

Im folgenden Kapitel zu „Textsorten" und „Gattungen" soll dieses mehr oder weniger *implizite* Wissen über die Klassifikation von sprachlichen Äußerungen *explizit* gemacht werden. Es geht also darum, Regeln für die Zuordnung von Texten zu bestimmten literarischen Gattungen zu gewinnen, um spezifische Rezeptionshaltungen beschreiben und erklären zu können. Zugleich hat dieses Wissen um die Gattungszugehörigkeit von Texten eine wichtige Funktion für die später zu erläuternde Praxis des Lesens, Verstehens und Interpretierens von narrativen, lyrischen und dramatischen Texten: Nur wenn wir anhand klarer Kriterien eine begründete Zuordnung konkreter Textvorkommnisse zu Gattungen vornehmen können, lassen sich entsprechende Kategorien und Verfahren zur Beschreibung und Erklärung wählen und anwenden.

3.1 Textsorten

Wie rasch und zumeist unproblematisch die Zuordnung von konkreten Textvorkommnissen zu größeren Gruppen und die Einnahme einer entsprechenden Rezeptionshaltung vor sich geht, hat die Kapiteleinleitung gezeigt. Die Basis, um sprachliche Äußerungen unterscheiden und verarbeiten zu können, wird in der kulturellen Sozialisation gelegt. Wir nehmen Intonation, Klangfarbe oder Aussprache als Indizien wahr, um eine sprachliche Äußerung als „Nachrichtensendung" oder „Liebeserklärung" oder „Aufforderung" zu verstehen und unterscheiden so zwischen (a) *Darstellung* von Sachverhalten, (b) *Ausdruck* von Emotionen und (c) *Appell*. Neben lautlichparaverbale Kriterien tritt mit dem Erlernen von Lesen und Schreiben die Erfassung der materiell-graphischen Gestalt von Texten. Wir identifizieren Schreibschrift und Druckschrift, unterteilen den materialen Text-Träger in Gruppen wie „Zeitung", „Zeitschrift", „Buch", „PC-Display", „Audio-Book" und erschließen aus der graphischen Gestaltung eines Textes wie dem Zeichenformat, der Gestaltung von Überschriften und der Verbindung mit Abbildungen weitere Kriterien zur internen Differenzierung. In der literarischen Sozialisation – die in unserem Kulturkreis zumeist noch immer mit dem Hören von Märchen einsetzt – erfahren wir nicht nur vom Schicksal von Hänsel und Gretel im Knusperhäuschen der Hexe, sondern zugleich auch, dass diese Erzählung von ganz anderer Beschaffenheit ist als etwa die Aussage, dass draußen die Sonne scheint: Während der Satz über Sonnenscheinwetter *empirisch referentialisierbar* ist, d. h. durch einen Abgleich mit der wahrnehmbaren Wirklichkeit überprüft werden kann, verzichtet die Geschichte von Hänsel und Gretel bewusst auf den Anspruch, wahr oder irgendwann geschehen zu sein. Mit der Beruhigungsformel „Es ist doch nur ein Märchen" und diversen Markierungen innerhalb des Textes („Es war einmal...", „...und wenn sie nicht gestorben sind...") lernen wir schon relativ frühzeitig einen gattungstheoretischen Begriff und seine Implikationen kennen. Und auch wenn wir als Kinder den Terminus „Rezeptionshaltung" noch nicht verstehen, stellen wir uns doch auf ein entsprechendes Verhalten zum Text ein: Wir glauben gemäß bestimmter Verabredungen und Konventionen für die Dauer eines langen (oder kurzen) Moments an die Existenz einer Hexe im Pfefferkuchenhaus und bangen mit den Kindern angesichts ihrer Bedrohung durch diese – nur in unserer Imagination vorhandenen – Hexe. Wir folgen also dem komplexen Muster eines kommunikativen Verhaltens, das sich innerhalb unserer Sprach- und Kulturgemeinschaft herausgebildet hat und bestimmte Bedürfnisse bedient.

In analoger Weise lässt sich der Begriff der Textsorte definieren: **Textsorten** sind **komplexe Muster der sprachlichen Kommunikation**, die innerhalb einer Sprach- und Kulturgemeinschaft entstanden sind und als mehr oder weniger feste Bezugsgrößen des sprachlichen Austauschs regulative Funktionen tragen. Textsorten signalisieren mit *internen* und *externen* Merkmalen die Realisierung bestimmter „Grundfunktionen" von Sprachzeichen und erleichtern so die Aufnahme und Verarbeitung von Äußerungen. Nach dem „Organon-Modell" des Sprachwissenschaftlers Karl Bühler lassen sich drei Grundfunktionen von Sprachzeichen unterscheiden:
-   *Darstellung* von Gegenständen, Sachverhalten, Ereignissen;
-   *Ausdruck* von inneren Befindlichkeiten, Emotionen und mentalen Einstellungen des Zeichenbenutzers;
-   *Appell,* mit dem sich ein Zeichenbenutzer an einen Rezipienten wendet und ihn zu Reaktionen veranlassen möchte.

Anhand zahlreicher interner und externer Merkmale kann die einer „Sprachfunktion" entsprechende **Zweckbestimmung von Textsorten** erkannt und verarbeitet werden. Aus lautlich-paraverbalen Eigenschaften einer mündlichen Äußerung (Intonation, Klangfarbe, Aussprache, Sprachrhythmus, Sprachgestus), der materiell-graphischen Gestalt eines schriftlichen Textes, der verwendeten Lexik, der Art der Satzbaumuster und der Themenbindung und einer zugrunde liegenden Makrostruktur ermitteln wir, ob ein vorliegender Text eine konstatierende *Darstellung,* den *Ausdruck* einer Einstellung oder den *Appell* an Zuhörer/Leser zum Vollzug einer Handlung intendiert.

Einfache Sätze mit denotativer Wortwahl und enger thematischer Bindung realisieren die Funktion der **Darstellung**. Die gehäufte Verwendung mehrfach konnotierter Wörter und Wendungen und ein „weiter" Themenverlauf charakterisieren Texte zum **Ausdruck** von Emotionen und Einstellungen. Die **Appellfunktion** von sprachlichen Äußerungen realisiert sich durch eindeutige Sätze und zweckentsprechende Adjektive. Wie stark die Realisierung der grundlegenden Sprachfunktionen Darstellung, Ausdruck und Appell auf die Sedimentierung von Textsorten einwirkt, zeigt nicht zuletzt der Umstand, dass diese Funktionen zumeist die Textsortenbezeichnung bestimmen, während das materiale Trägermedium zur Ausdifferenzierung bei abgeleiteten Bezeichnungen dient. So folgt z. B. die Textsortenbezeichnung „Anzeige" dem Hauptklassifikationskriterium *Funktion*; während die Spezifikation „Heiratsanzeige" eine zusätzliche Differenzierung durch das Kriterium *Thema* vornimmt und die Begriffskombination „Zeitungsanzeige" das Zusatzkriterium *Trägermedium* benutzt. (Analoge Beispiele lassen sich für zahlreiche literarische Gattungen finden – vom Roman als Realisierung einer referentiellen Sprachfunktion mit Subgattungen wie Liebesroman, Fortsetzungsroman bis zur Lyrik als Umsetzung der Ausdrucksfunktion von Sprache mit Subgattungen wie Liebeslyrik, Popsongs etc.)

Eine mögliche Hierarchisierung der unterschiedlichen Gruppen von Texten könnte *Textsorten* als unterste Ebene einer fortschreitenden Abstraktion bezeichnen: „Wahlkampfreportage", „Liebesgedicht" und „Kochrezept" wären in diesem Fall *Textsorten*, die sich durch differierende Funktionen (Darstellung, Ausdruck, Appell) und spezifizierte Themenstellung unterscheiden und entsprechende Rezeptionshaltungen hervorrufen. Eine nächsthöhere Ebene wäre die Ebene der *Textklassen*, zu denen Großgruppen wie „informative (Zeitungs-)Texte", „Gedichte" und „Rezepte" gehören. Den höchsten Abstraktionsgrad weisen dann Begriffe zur Bestimmung des *Texttypus* auf – in unserem Beispiel wären es Termini wie „massenmediale Texte", „literarische Texte" und „Anleitungstexte".

3.2 Literarische Gattungen

Ein Terminus wie der zuletzt genannte Begriff „literarischer Text" ist hochgradig abstrakt und in der Realität – wie jeder andere Text auch – nur in Gestalt konkreter Manifestationen anzutreffen: Goethes FAUST trägt auf dem Titelblatt den Untertitel EINE TRAGÖDIE, sein Erzähltext DIE WAHLVERWANDTSCHAFTEN bezeichnet sich selbst als EIN ROMAN, sein Drama STELLA nennt sich EIN SCHAUSPIEL FÜR LIEBENDE.

Diese von den Autoren vergebenen Selbstbezeichnungen nennen wir *Gattungssignale*. Sie sagen uns nicht: „Das ist eine Tragödie, ein Roman, ein Gedicht", sondern: „Dieser Text ist so zu lesen als ob er eine Tragödie, ein Roman, ein Gedicht wäre." Mehr oder weniger eindeutig formuliert, lösen schon diese Signale eine bestimmte **Rezeptionshaltung** aus: Aufgrund der Angabe ROMAN AUS DER OSTDEUTSCHEN PROVINZ (mit der 1998 Ingo Schulzes Buch SIMPLE STORYS erschien) erwarten wir etwas anderes als bei dem Titel DIE SONETTE AN ORPHEUS (zumal wenn wir darunter die nähere Angabe „Geschrieben als ein Grab-Mal für Wera Ouckama Knoop" finden). Bestätigt werden diese spezifischen Erwartungen durch das Lesen der Texte. In dem explizit als „Roman" deklarierten Buch von Ingo Schulze finden wir einen fließenden Text, der in 29 Kapitel unterteilt ist. Wie kurze Angaben im Inhaltsverzeichnis und vor den Kapiteltexten erläutern, werden diese von unterschiedlichen Figuren erzählt:

Kapitel 1 – Zeus.
Renate Meurer erzählt von einer Busreise im Februar 90 [...]
Kapitel 2 – Neues Geld.
Conni Schubert erzählt eine alte Geschichte: [...]
Kapitel 3 – Mal eine wirklich gute Story.
Danny erzählt von Krokodilsaugen [...]

Noch bevor wir den Text im ganzen gelesen haben, entdecken wir also mehrere *Erzähler*, die ihre *Geschichten* erzählen und dabei Ereignisse *darstellen*. Zugleich ist die Art und Weise dieses Erzählens zu bemerken. Es erfolgt in *ungebundener*, d. h. nicht durch Metrik oder Reime festgelegter *Rede*. – In Rainer Maria Rilkes erstmals 1923 im Leipziger Insel-Verlag veröffentlichten SONETTEN AN ORPHEUS fallen andere Eigenschaften auf: Anstelle von Kapiteln finden wir die Einteilung „Erster Teil", „Zweiter Teil" und zu diesen Teilen jeweils 26 und 29 mit römischen Ziffern bezeichnete Texte, die sich durch versförmige Anordnungen der Zeilen, Reime und einem (beim lauten Lesen deutlich werdenden) Rhythmus vom Fließtext des Romans markant unterscheiden. Besonders aber sticht die in allen Stücken wiederkehrende Strophenform hervor: Stets sind es 14 Verse, also 14 metrisch geregelte Zeilen in zwei vierzeiligen und zwei dreizeiligen Strophen. Lesen wir das erste Sonett, wird rasch klar, dass hier eine besondere Rezeptionshaltung erforderlich ist:

Da stieg ein Baum. O reine Übersteigung!
O Orpheus singt! O hoher Baum im Ohr!
Und alles schwieg. Doch selbst in der Verschweigung
ging neuer Anfang, Wink und Wandlung vor.

Tiere aus Stille drangen aus dem klaren
gelösten Wald von Lager und Genist;
und da ergab sich, dass sie nicht aus List
und nicht aus Angst in sich so leise waren,

sondern aus Hören. Brüllen, Schrei, Geröhr
schien klein in ihren Herzen. Und wo eben
kaum eine Hütte war, dies zu empfangen,

ein Unterschlupf aus dunkelstem Verlangen
mit einem Zugang, dessen Pfosten beben, –
da schufst du ihnen Tempel im Gehör.

Im Gegensatz zum raschen Überfliegen der ersten Zeilen von Ingo Schulzes Roman SIMPLE STORYS („Es war einfach nicht die Zeit dafür. Fünf Tage mit dem Bus: Venedig, Florenz, Assisi. Für mich klang das alles wie
Honolulu.") verlangt Rilkes Sonett eine weit intensivere Aufmerksamkeit.
Konzentriert man sich und liest den Text mehrmals und auch laut, lässt
sich viel herausfinden: Wir entdecken weniger einen Erzähler, der eine
Geschichte erzählt, sondern vielmehr einen emotional bewegten Sprecher,
der sein fasziniertes Erleben angesichts des singenden Orpheus und der
ihm zuhörenden Tiere *ausdrückt*. Es fallen regelmäßiger Rhythmus,
Reimstruktur und Strophenform auf, die das Gesagte in genau dieser
Form des Sagens fixieren und also „binden". Diese „Bindung" durch
Versmaß und Reim erschwert zwar eine paraphrasierende Wiedergabe,
lässt aber zugleich eine leichtere Memorierung zu: Nicht ohne Grund lernen wir lyrische Texte eher auswendig als Erzähltexte.

Mit diesen ersten Unterscheidungen von Sprechern, Redeformen und
Themenbereichen sind bereits wichtige Bestimmungen zur Einteilung literarischer Texte versammelt, für die der Begriff **Gattung** verwendet wird.
Gattungsbegriffe dienen zur Zusammenfassung von Texten nach verbindlichen Kriterien, um
-     zu *beschreiben*, wie und warum Texte von Lesern auf ähnliche Weise gelesen, verstanden, gedeutet werden;
-     zu *erklären*, wie und warum sich Autoren zur Realisierung individueller
      Ausdrucksinteressen vorgeprägter Muster bedienen;
-     eine *kommunikative Verständigung* über größere Texteinheiten zu gewährleisten.

Gattungsbegriffe dienen also zur **kommunizierbaren Beschreibung und
Erklärung des Umgangs mit Texten**. Termini wie *Ballade, Drama, Elegie,
Epigramm, Erzählung, Fabel, Märchen* etc., die häufig als Neben- oder
Untertitel von Texten zu finden sind, legen spezifische Rezeptionshaltungen nahe. Hinzu kommen Signale wie Titel, Motti oder Widmungen, die
wir (zusammen mit den möglichen Gattungsangaben durch den Autor)
als *Paratext* bezeichnen. Im Verbund mit der typographischen Gestaltung
und festgelegten Eröffnungsformeln lassen diese paratextuellen Elemente
rasche (und zumeist intuitiv richtige) Schlüsse auf ein adäquates Lese-

Verhalten zu. Gattungsbegriffe lenken jedoch nicht nur den Leser. Als *Produktionsstrategien* wirken sie auch auf die Entwicklung des Literatursystems. Denn um seine Ausdrucksinteressen zu verwirklichen, muss ein Autor eine bestimmte Gattung auswählen und dabei zwischen individuellen Vorstellungen, Konventionen des literarischen Lebens und Erwartungen des Publikums vermitteln.

Welch wichtige Rolle die Einteilung von Gattungen und ihre Markierung für den Umgang mit Texten spielt, wird nicht zuletzt dann deutlich, wenn gattungstypische Konventionen durchbrochen werden: Ist Alexander Sergejewitsch Puschkins Text EVGENIJ ONEGIN, der den Untertitel ROMAN IN VERSEN trägt, als Erzähltext oder als Lyrik zu lesen? Und welches Rezeptionsverhalten ist gegenüber Peter Handkes DIE AUFSTELLUNG DES 1. FC NÜRNBERG zu entwickeln – einem Text, der sich als „Gedicht" präsentiert und dabei nicht mehr enthält als die Auflistung der Spieler einer Fußballmannschaft, wie sie aus der Zeitung übernommen wurde?

Eine Theorie der literarischen Textsorten hat diese und weitere Frage zu klären, um eine möglichst klare Verständigung über gattungsspezifische Rezeptionshaltungen und Produktionsstrategien zu ermöglichen. Im Zentrum steht dabei der Begriff der **literarischen Gattung**, der eine vielfältige und bis in die griechische Antike zurückreichende Geschichte aufzuweisen hat. Schon Platon differenzierte zwischen den dramatischen Gattungen *Tragödie* und *Komödie* – die sich durch Personenrede konstituierten – und dem homerischen *Epos*, das durch eine Mischung aus Rede des Dichters in eigener Person und Personenrede gekennzeichnet wäre (Politeia III, 392a-394d). Platons Schüler Aristoteles, der in seiner POETIK um 335 v. u.Z. das damalige Wissen über die Dichtkunst und ihre Arten systematisierte, markierte drei Ansätze zur Bestimmung von Gattungen: nach den konventionellen Mitteln der Darstellung (Vers, Rhythmus), nach den Gegenständen der Darstellung (hohe, uns gleichstehende, niedrige Personen) und nach den Modi der Darstellung (durch die Rede der dargestellten Personen, durch die Rede des Dichters in eigener Person).

Doch ist es ein folgenreicher Irrtum, die neuzeitliche Gattungstrias **Epik**, **Lyrik**, **Dramatik** auf Aristoteles oder gar auf Platon zurückzuführen. Zwar kannte Platon die reine Rede des Dichters und sah diese im älteren, noch nicht dramatisierten *Dithyrambus* gegeben, der nach den wenigen erhaltenen Informationen ein Chorgesang zu Ehren des Weingottes Dionysos war. Den Begriff Lyrik verwendete er aber ebensowenig wie Aristoteles, der die reine Dichterrede überhaupt nicht erwähnte. Die noch heute gebräuchliche Einteilung in Epik, Lyrik und Dramatik etablierte sich vielmehr erst im 18. Jahrhundert – nicht zuletzt in den Bemühungen um eine Regelpoetik, mit der die Dichtkunst auf das Niveau einer gelehrten

Wissenschaft gehoben und als eigenständiger Bereich von Philosophie,
Rhetorik, Historik abgegrenzt werden sollte.

Auf die vielfältigen Diskussionen um Gattungseinteilungen und Gattungsmodelle im 17. und 18. Jahrhundert soll an dieser Stelle nicht näher
eingegangen werden. Wichtiger scheint der Hinweis auf Goethe, der in
den 1819 veröffentlichten NOTEN UND ABHANDLUNGEN ZUM WEST-
ÖSTLICHEN DIVAN die Gattungen als „Naturformen der Poesie" bezeichnete und postulierte: „Es gibt nur drei ächte Naturformen der Poesie: die
klar erzählende, die enthusiastisch aufgeregte, und die persönlich handelnde: Epos, Lyrik und Drama." Häufig unterschlagen aber wird seine
weitergehende Aussage: „Diese drei Dichtweisen können zusammen
oder abgesondert wirken. In dem kleinsten Gedicht findet man sie oft
beisammen, und sie bringen eben durch diese Vereinigung im engsten
Raume das herrlichste Gebild hervor, wie wir an den schätzenswertesten
Balladen aller Völker deutlich gewahr werden."[12] Diese Fixierung einer
Gattungstrias und ihre Herausstellung als „Naturformen" hatte gewichtige Folgen. Wenn die literarischen Großgruppen Epik, Lyrik, Dramatik als
Teil einer vermeintlich natürlichen Ordnung dargestellt wurden, kam ihnen eine Art Ewigkeitsstatus zu. Zu quasi-natürlichen Prinzipien erklärt,
wurde ihnen die Kraft zugesprochen, die individuellen Ausdrucksinteressen eines Sprechers oder Autors anleiten und reglementieren zu können;
die Einordnung von Texten in ein triadisches System wurde so mit normativen Vorstellungen verknüpft.

Die in der Goethezeit festgeschriebene Vorstellung von drei grundlegenden Gattungen wurde aber nicht nur mit Normen und Werten verknüpft, sondern zugleich auch geschichtsphilosophisch aufgeladen. In
seinen Vorlesungen zur Ästhetik untergliederte Georg Friedrich Wilhelm
Hegel (1770-1831) die Poesie in drei Arten, denen je spezifische inhaltliche und formale Bestimmungen entsprechen sollten. Die „epische Poesie"
stelle „die entwickelte Totalität der geistigen Welt vor der inneren Vorstellung" dar und schildere dazu „eine in sich totale Handlung sowie die
Charaktere ... in Form des breiten Sichbegebens". Dagegen verfahre die
Lyrik umgekehrt: „Ihr Inhalt ist das Subjektive, die innere Welt, das betrachtende, empfindende Gemüt, das, statt zu Handlungen fortzugehen,
vielmehr bei sich als Innerlichkeit stehenbleibt und sich deshalb auch das
Sichaussprechen des Subjekts zur einzigen Form und zum letzten Ziel
nehmen kann." Die Vereinigung von Objektivität und Subjektivität ist
nach Hegel „der Geist in seiner Totalität" und ergebe „als Handlung die

[12] Johann Wolfgang Goethe: Zu besserem Verständnis. In: J. W. Goethe: Sämtliche Werke
(Münchner Ausgabe). Bd. 11.1.2: West-östlicher Divan. Hrsg. von Karl Richter. München
1998, S. 194.

Form und den Inhalt der dramatischen Poesie".[13] Die geschichtsphilosophischen Konsequenzen zog Hegel gleichfalls: Die „epische
Darstellungsart" bildete für ihn den systematischen wie den historischen
Anfang einer Abfolge der Dichtarten. Ihr folgte die Lyrik. End- und
Gipfelpunkt war das Drama – es müsse, „weil es seinem Inhalte wie
seiner Form nach sich zur vollendetsten Totalität ausbildet, als die
höchste Stufe der Poesie und der Kunst überhaupt angesehen werden."[14]
Von diesen – heute nicht mehr akzeptablen – Konstrukten aus wird
verständlich, warum ein Philosoph wie Wilhelm Dilthey (1833-1911) literarische Gattungen als „Weltanschauungstypen" ansah oder der Schwei-
zer Germanist Emil Staiger (1908-1987) in den „Ideen" des „Lyrischen",
„Epischen" und „Dramatischen" nun „fundamentale Möglichkeiten des
menschlichen Daseins überhaupt" entdecken konnte. Staiger, nach 1945
einer der einflussreichsten Germanisten im deutschen Sprachraum, trennte in seinem erstmals 1946 erschienenen Buch GRUNDBEGRIFFE DER PO-
ETIK die praktisch realisierten Dichtungen von den „Ideen" des „Lyrischen", „Epischen" und „Dramatischen" und ordnete diese Ideen den drei
Dimensionen der Zeit zu: Wesen des „Lyrischen" sei Erinnerung an Vergangenheit, Wesen des Epischen sei die Vorstellung von Gegenwart, Wesen des Dramatischen sei die Spannung als Erwartung zukünftiger Ereignisse. Ihre anthropologische Begründung erfuhren diese Gattungsbegriffe
durch Rückgriff auf existentielle Anlagen des Menschen: „Lyrik, Epos und
Drama gibt es nur, weil die Bereiche des Emotionalen, des Bildlichen und
des Logischen das Wesen des Menschen konstituieren, als Einheit sowohl
wie als Folge, worin sich Kindheit, Jugend und Reife teilen."[15]
Gegen diese geschichtsphilosophisch bzw. anthropologisch fundierten
Gattungsmodelle lassen sich gewichtige Einwände machen. Zum einen
schließt die Festlegung der gattungstypologischen Trias „Epik – Lyrik –
Dramatik" zahlreiche Textsorten aus: Wohin ließe sich etwa ein Essay
als ein nicht-fiktionaler Prosatext zur Artikulation subjektiver Reflexionen
einordnen? Was machen wir mit Briefen, Tagebuchaufzeichnungen
oder digitalen Hypertexten? Zum anderen verbinden sich diese
Gattungsmodelle mit stark normativen Annahmen, die gleichfalls in Frage
zu stellen sind: Können Gattungen tatsächlich als quasi-natürliche
Entwicklungen aufgefasst werden, die das „Wachsen" der Literatur in
vorgeprägten Bahnen normieren und regeln?

---

[13] Georg Wilhelm Friedrich Hegel: Vorlesungen über die Ästhetik III. In: G. W. F. Hegel:
Werke. Auf der Grundlage der Werke von 1832-1845 neu edierte Ausgabe. Redaktion Eva
Moldenhauer und Karl Markus Michel. Bd. 15. Frankfurt/M. 1990, S. 321-324.
[14] Ebenda, S. 474.
[15] Emil Staiger: Grundbegriffe der Poetik. Zürich, Freiburg/Br. ^{8}1968, S. 209.

Dennoch soll am Begriff der „literarischen Gattung" und der gattungstypologischen Einteilung von Texten festgehalten werden – eignen sich
doch Gattungsbegriffe bei reflektierter Verwendung als *heuristische
Größen* zur Klassifikation und Ordnung von Texten. Welche Bedeutung
Gattungsbegriffe zur Strukturierung von Textmengen nach wie vor haben,
zeigt ein Blick in Editionen: Gesamtausgaben der Werke eines Autors aber
auch Anthologien folgen weitgehend gattungssystematischen Gliederun-
gen. Auch die nachfolgenden Abschnitte dieses Studienbuches orientieren
sich an einer gattungstypologischen Einteilung literarischer Texte. Sollen
Gattungsbegriffe als heuristische Größen zur Klassifikation und Ordnung
von Texten verwendet werden, dann kann das nur unter Verzicht auf „na-
turgesetzliche" oder geschichtsphilosophische Begründungen wie bei Goethe, Hegel oder Staiger geschehen. Das heißt konkret:

(1) Gattungen sind keine poetischen „Naturformen" (Goethe) oder
„fundamentale Möglichkeiten des menschlichen Daseins überhaupt"
(Staiger), sondern **Konventionen, die eine erfolgreiche Kommunikation
zwischen Autor und Leser ermöglichen.**

(2) Als Konventionen mit gewisser Beständigkeit und intersubjektiver
Verbindlichkeit sind sie für Leser wie für Autoren bedeutsam. Lesern signalisieren sie die **Einnahme einer bestimmten Rezeptionshaltung:** Externe und interne Gattungssignale legen erste Vermutungen über Sinn und
Bedeutung des Textes nahe und setzen so den hermeneutischen Zirkel, also die Bewegung des Verstehens zwischen Teil und Ganzem, in Gang. Für
Autoren bilden Gattungen ein **Bezugssystem,** in dem Verstöße gegen gel-
tende Regeln ebenso prägend und bedeutungskonstitutiv sind wie Bestä-
tigungen. Das heißt nichts anderes, als dass mit Gattungen die Bedingungen und Möglichkeiten dessen vorgegeben sind, was überhaupt gesagt
werden kann. Mit der Entscheidung für eine Gattung nimmt jeder Autor
vorfindliche Muster zur Artikulation seiner Mitteilungen auf – so wie
etwa der 24jährige Goethe zur Darstellung seiner verwirrenden Erlebnisse
mit Charlotte Kestner die bereits vorgeprägte Gattung des „Briefromans"
wählte. In dem Goethe auf eine dialogische Struktur verzichtete und als
fiktiver Herausgeber nur die Briefe der Titelfigur Werther fingierte („Was
ich von der Geschichte des armen Werther nur habe auffinden können,
habe ich mit Fleiß gesammelt und lege es euch hier vor.."[16]), radikalisierte
er die gattungsspezifische Modellierung eines empfindsamen Schriftver-
kehrs: Er bestätigte und veränderte die Regeln eines Musters, das seine
Äußerung in dieser Form erst möglich machte.

---

[16] Johann Wolfgang Goethe: Die Leiden des jungen Werthers. In: J. W. Goethe: Sämtliche
Werke (Münchner Ausgabe). Bd. 1.2: Der junge Goethe 1757-1775, S. 195.

3.3 Bestimmung literarischer Gattungen

Kriterien zur Bestimmung literarischer Gattungen können unter Rekurs
auf das Kommunikationsmodell (Sender – Botschaft – Empfänger) und
die damit verbundene Auszeichnung von Sprachfunktionen angegeben
werden:

-   Eine *darstellende* bzw. *referentielle* Sprachfunktion, die den Bezug
    zum Gegenstand realisiert, erscheint als wesentliches Merkmal von
    Erzähltexten: Es dominiert die Mitteilung von Ereignissen durch die
    Instanz des *Erzählers*.
-   Eine *emotive bzw. expressive* Funktion von Sprache, die den Bezug
    zum Sender einer Nachricht realisiert, charakterisiert *lyrische Texte*:
    In ihnen artikuliert sich mehr oder minder sichtbar ein „Ich" als
    mediale Instanz zur Deskription von Zuständen.
-   Eine *appellative Funktion* prägt dramatische Texte: Dialogische In-
    teraktionen zwischen auftretenden Personen bedürfen keiner media-
    len Instanz, sondern erscheinen als Handlungen auf einer Bühne.

Von diesen Kriterien ausgehend, lässt sich als mögliche Faustregel für eine
gattungstypologische Einordnung die Frage angeben: „**Wer spricht im
vorliegenden Text wie und zu welchem Zweck?**" Ihre Beantwortung
trägt nicht nur zur raschen und sicheren Klärung der Sprechsituation bei,
die im vorangegangenen Kapitel als erster Schritt des Verstehens von literarischen Texten aufgelistet wurde. Mit der begründeten Bestimmung,
wer in einem gegebenen Text wie und zu welchem *Zweck* spricht, sind
zugleich erste Anhaltspunkte und Begriffe gegeben, auf denen eine nachfolgende Beschreibung und Erklärung des Textes aufbauen kann. Zu berücksichtigen sind mehrere Aspekte:

-   Mit der Frage „Wer spricht?" wird der Sprecher innerhalb des Textes be-
    stimmt: Spricht eine narrative Instanz („Erzähler"), ein einzelnes, emo-
    tional bewegtes Subjekt („lyrisches Ich") oder eine handelnde Figur auf
    der Bühne („Dramenfigur")?
-   Die Frage „Wie wird gesprochen?" ermittelt die Form der Rede: Ist die-
    se Rede durch eine besondere typographische Anordnung, eine beson-
    deren Rhythmus oder Reime gebunden oder ungebunden?
-   Die Frage „Zu welchem Zweck wird gesprochen?" fragt nach der Funk-
    tion der Äußerung: Geht es um die „Darstellung" eines Geschehens,
    um den „Ausdruck" von Zuständen und Gefühlen oder um einen
    „Appell" (an einen Dialogpartner), etwas zu tun?

Von der Beantwortung dieser Fragen ausgehend, lassen sich in starker
Vereinfachung drei grundlegende Textgruppen bestimmen:

– erzählende (narrative) Instanz – ungebundene Rede – Darstellung eines Geschehens als Zustandsveränderung	– Einzelsubjekt („lyrisches Ich") – gebundene Rede – Ausdruck von Zuständen, Einstellungen, Gefühlen	– Figur auf der Bühne („Dramenfigur") – gebundene oder ungebundene Rede – Appell (an Dialogpartner), etwas zu tun
= narrative Texte	= lyrische Texte	= dramatische Texte

Die grundlegenden Gattungen „narrative Texte", „lyrische Texte", „dramatische Texte" konkretisieren sich in literarischen Formen wie „Kurzgeschichte", Novelle", „Roman", „Ode", „Sonett", „Komödie", „Schauspiel", „Tragödie" etc.. Thematische Ausprägungen wie „Abenteuerroman", „Bildungs-" oder „Kriminalroman" können ebenfalls als Gattungen bezeichnet werden, sind aber von untergeordneter Bedeutung.

Für unsere Belange festzuhalten bleiben Einsichten in die Funktion und die Wirkungsweise von Gattungsbegriffen: Als klassifikatorische Schemata im Ergebnis literarisch-sozialer Konsensbildungen entstanden, ordnen sie die (tendenziell unübersichtliche) Menge von literarischen Texten, erleichtern so die kommunikative Verständigung über Textgruppen und strukturieren die Rezeptionshaltung vor. Indem wir Gattungen nicht als übergeschichtliche und normsetzende Formkonstanten, sondern als heuristische d. h. vorläufige und modifizierbare Begriffe zur Erklärung des Umgangs mit literarischen Texte auffassen, ist ihre Bestimmung aufgrund operationaler Kriterien ein erster Schritt für die nachfolgenden Tätigkeiten des Beschreibens und Interpretierens. Denn erst wenn wir begründet entscheiden können, welcher literarischen Gattung der gegebene Text angehört, lassen sich angemessene Begriffe und Verfahren zu seiner Analyse und Deutung auswählen und erfolgreich anwenden.

Grundlegende und weiterführende Literatur:

Karl Bühler: Sprachtheorie. Die Darstellungsfunktion der Sprache. Stuttgart, New York 1982
Klaus W. Hempfer: Gattungstheorie. München 1973
Klaus W. Hempfer: Gattung. In: Klaus Weimar (Hrsg.): Reallexikon der deutschen Literaturwissenschaft. Bd. I. Berlin 1997, S. 651-655
András Horn: Theorie der literarischen Gattungen. Ein Handbuch für Studierende der Literaturwissenschaft. Würzburg 1998
Dieter Lamping: Gattungstheorie. In: Klaus Weimar (Hrsg.): Reallexikon der deutschen Literaturwissenschaft. Bd. I. Berlin 1997, S. 658-661
Wilhelm Voßkamp: Gattungen. In: Helmut Brackert, Jörn Stückrath (Hrsg.): Literaturwissenschaft. Ein Grundkurs. Hamburg 1992, S. 253-269
Wilhelm Voßkamp: Gattungsgeschichte. In: K. Weimar (Hrsg.): Reallexikon der deutschen Literaturwissenschaft. Bd. I, S. 655-658

4 Wie lesen, verstehen, interpretieren wir narrative Texte?

Eduard – so nennen wir einen reichen Baron im besten Mannesalter – Eduard hatte in seiner Baumschule die schönste Stunde eines Aprilnachmittags zugebracht, um frisch erhaltene Pfropfreiser auf junge Stämme zu bringen. Sein Geschäft war eben vollendet; er legte die Gerätschaften in das Futteral zusammen und betrachtete seine Arbeit mit Vergnügen, als der Gärtner hinzutrat und sich an dem teilnehmenden Fleiße des Herrn ergetzte.

Wie lange wird denn das noch dauern? Ich muss auf die Uhr schauen ... schickt sich wahrscheinlich nicht in einem so ernsten Konzert. Aber wer sieht's denn? Wenn's einer sieht, so paßt er gerade so wenig auf wie ich, und vor dem brauch' ich mich nicht zu genieren... Erst viertel auf zehn? ... Mir kommt vor, ich sitz' schon drei Stunden in dem Konzert. Ich bin's halt nicht gewohnt... Was ist es denn eigentlich? Ich muss das Programm anschauen...

Hohe Herren von der Akademie!
Sie erweisen mir die Ehre, mich aufzufordern, der Akademie einen Bericht über mein äffisches Vorleben einzureichen. In diesem Sinne kann ich leider der Aufforderung nicht nachkommen. Nahezu fünf Jahre trennen mich vom Affentum, eine Zeit, kurz vielleicht am Kalender gemessen, unendlich lang aber durchzugaloppieren, so wie ich es getan habe, streckenweise begleitet von vortrefflichen Menschen, Ratschlägen, Beifall und Orchestralmusik, aber im Grunde allein...

Drei sehr unterschiedliche Textausschnitte: Während der erste Text die Nachmittagsbeschäftigung eines wohlhabenden Mannes schildert, führt der zweite Text in das Bewusstsein eines unkonzentrierten Konzertbesuchers; wir erfahren seine schweifenden Gedanken unmittelbar und gleichsam ohne Filter. Im dritten Text spricht kein Mensch, sondern ein Affe, der Mitgliedern einer wissenschaftlichen Institution über seine Integration in die Menschenwelt berichten soll.

Alle drei Texte weisen jedoch auch Gemeinsamkeiten auf. In jedem Text gibt es eine sprechende Instanz, von der eine *ungebundene*, also nicht durch Reime oder Rhythmen „verschnürte" Rede ausgeht. Diese Rede – die im ersten Text von einem scheinbar allwissenden Berichterstatter, im zweiten Text von der Figur selbst, im dritten Text von einem nichtmenschlichen Ich-Erzähler ausgeht – stellt *Handlungen und Sachverhalte* dar: und zwar so, dass vor unserem inneren Auge eine Sequenz bewegter Bilder abläuft. Unsere Einbildungskraft mobilisierend, „sehen" wir, wie der Baron Eduard seine Gartengeräte zusammenlegt und stolz die Ergebnisse seiner Beschäftigung betrachtet. Wir erleben die Ungeduld eines Konzertbesuchers und sein verstohlenes Spähen nach der Uhr. Und wir können uns vorstellen, wie ein Schimpanse einen Rechenschaftsbericht über sein „äffisches Vorleben" und seine Sozialisation niederschreibt. Alle drei Textauszüge sind Anfänge, erste Sätze von prominenten Texten der deutschen Literatur. Mit dem Aufbau einer Versuchsanordnung durch einen allwissenden Erzähler beginnt Goethes 1809 veröffentlichtes Werk DIE WAHLVERWANDTSCHAFTEN, das die Gattungsbezeichnung EIN ROMAN trägt. Der Gedankenstrom im zweiten Text gehört zu LEUTNANT GUSTL, einer erstmals am 25. Dezember 1900 in der Wiener NEUEN FREIEN PRESSE abgedruckten Novelle von Arthur Schnitzler – sie wurde nicht zuletzt deshalb berühmt, weil sie den „inneren Monolog" als durchgehendes Darstellungsprinzip in die deutschsprachige Literatur einführte. Die Rede eines Schimpansen an die Mitglieder einer menschlichen Institution wurde unter dem Titel EIN BERICHT FÜR EINE AKADEMIE zum ersten Mal im November 1917 in der Wiener Zeitschrift DER JUDE veröffentlicht. Der Verfasser dieses Textes, in dem ein Affe namens Rotpeter von der afrikanischen Goldküste seine Erlebnisse erzählt, heißt Franz Kafka – was ein Beleg für den wichtigen Merksatz ist, dass der Erzähler eines narrativen Textes *nicht* mit seinem Autor identisch ist.

Die paratextuellen Markierungen „Ein Roman" bzw. „Novelle" und das befremdliche Faktum eines Bericht erstattenden Affen signalisieren: Alle drei Texte sollen nicht als überprüfbare Mitteilungen *faktischer Ereignisse* gelesen werden, sondern als Darstellungen *fiktiver* Geschehnisse. Mitgeteilt wird nicht, was wirklich geschah, sondern was geschehen (sein) könnte. Charakteristisch für diese Textauszüge sind aber nicht nur Markierungen ihrer **Fiktionalität**, sondern weitere übereinstimmende Merkmale. In jedem Textauszug finden wir eine *narrativen Instanz, die in ungebundener Rede Sachverhalte und Handlungen darstellt* – wobei unter *Handlungen* in einem weiten Sinne alle Zustandsveränderungen in der Form A–>B–>C verstanden werden. Diese übereinstimmenden Merkmale, die sich aus den Fragen nach Sprecherinstanz, Redeform und Redezweck ergeben, erlauben eine gattungstypologische Einordnung der Texte und so auch die Wahl eines bestimmten Beschreibungsinstrumentariums: Es handelt sich um **narrative (erzählende) Texte**, zu deren Beschreibung und Deutung die Verfahren der **Erzähltextanalyse** einzusetzen sind.

Wie bei der Analyse lyrischer und dramatischer Texte sind auch bei der Untersuchung narrativer Texte beschreibende und deutende Verfahren eng miteinander verbunden. Je präziser Texteigenschaften beobachtet werden können, desto genauer und sicherer lassen sich Bedeutungszuweisungen formulieren. Deshalb bildet die Einführung von *beschreibenden* Kategorien zur Analyse von Erzähltexten den ersten Schritt, dem Hinweise zur *Deutung und Erklärung* textueller und subtextueller Strukturen folgen. Exemplarisches Beispiel ist ein scheinbar einfacher, bei genauerer Be-

trachtung jedoch überaus raffiniert gebauter Text – Werthers Brief vom
16. Junius, in dem er seine erste Begegnung mit Lotte schildert und zu
dessen Anfang er die eigene Verwirrung artikuliert:

> Warum ich dir nicht schreibe? - Fragst du das und bist doch auch der Gelehr-
> ten einer. Du solltest raten, dass ich mich wohl befinde, und zwar - Kurz und
> gut, ich habe eine Bekanntschaft gemacht, die mein Herz näher angeht. Ich
> habe - ich weiß nicht. Dir in der Ordnung zu erzählen, wie's zugegangen ist,
> dass ich eins der liebenswürdigsten Geschöpfe habe kennen lernen, wird
> schwer halten. Ich bin vergnügt und glücklich, und also kein guter Historien-
> schreiber. [...] Ein andermal - nein, nicht ein andermal, jetzt gleich will ich
> dir's erzählen. Tu' ich's jetzt nicht, so geschäh' es niemals. Denn, unter uns, seit
> ich angefangen habe zu schreiben, war ich schon dreimal im Begriffe, die Fe-
> der niederzulegen, mein Pferd satteln zu lassen und hinauszureiten. Und doch
> schwur ich mir heute früh, nicht hinauszureiten, und gehe doch alle Augen-
> blick' ans Fenster, zu sehen, wie hoch die Sonne noch steht. - - - [...] Wenn ich
> so fortfahre, wirst du am Ende so klug sein wie am Anfange. Höre denn, ich
> will mich zwingen, ins Detail zu gehen.

Im weiteren Verlauf der so begonnenen Mitteilung schildert Werther
dann Vorgeschichte und Verlauf des ersten Treffens: Er hatte bereits den
Amtmann – Lottens Vater – kennengelernt und war von diesem eingela-
den worden, hatte die Einladung aber bislang nicht wahrgenommen. Erst
durch Zufall kommt Werther in das Haus, in dem Lotte mit dem Vater
und ihren Geschwistern wohnt. Gemeinsam mit zwei Bekannten will er
die ihm noch unbekannte Lotte zu einem Ball auf dem Lande abholen.
Auf der Fahrt warnt ihn seine Gesellschafterin, er solle sich in acht nehmen und sich nicht verlieben – das „schöne Frauenzimmer", das er ken-
nenlernen werde, sei bereits vergeben. Noch ist Werther die Nachricht
ziemlich gleichgültig. Dann sieht er Lotte, die gerade ihren sechs Geschwistern das Vesperbrot verabreicht: „... ein Mädchen von schöner
Gestalt, mittlerer Größe, die ein simples weißes Kleid, mit blaßroten Schleifen an Arm und Brust, anhatte". Überrascht tritt er mit ihr und den beiden anderen Ball-Besucherinnen die Weiterfahrt an und muss während
der Unterhaltung feststellen, dass Lotte nicht nur schön, sondern auch
geistvoll ist: „Ich fand so viel Charakter in allem, was sie sagte, ich sah mit
jedem Wort neue Reize, neue Strahlen des Geistes aus ihren Gesichtszü-
gen hervorbrechen, die sich nach und nach vergnügt zu entfalten schienen, weil sie an mir fühlte, daß ich sie verstand." Seine Begeisterung steigert sich, als man vom Gespräch über Romane zum Tanzen kommt und
Lotte ihre Leidenschaft dafür bekennt. Bereits völlig in ihrem Bann, erlebt Werther den Ball und die gemeinsamen Tänze: „Nie ist mir's so
leicht vom Flecke gegangen. Ich war kein Mensch mehr. Das liebenswür-
digste Geschöpf in den Armen zu haben und mit ihr herumzufliegen wie
Wetter, dass alles rings umher verging..."

Als eine ältere Frau mit dem Finger droht und den Namen Albert nennt, sieht sich Werther auf den Boden der Tatsachen zurückgeholt: „Was soll ich's Ihnen leugnen", sagt Lotte zu ihm, „Albert ist ein braver Mensch, dem ich so gut als verlobt bin." Wenn auch diese Nachricht für Werther nicht neu war – denn schon auf dem Wege hatte er davon erfahren – so löst sie nun eine folgeschwere Bestürzung aus: „Ich verwirrte mich, vergaß mich und kam zwischen das unrechte Paar hinein, dass alles drunter und drüber ging und Lottens ganze Gegenwart und Zerren und Ziehen nötig war, um es schnell wieder in Ordnung zu bringen." Der wieder geregelte Tanz ist noch nicht beendet, als ein Gewitter losbricht, das sich bereits auf dem Weg angekündigt hatte und von Werther bislang für ein Wetterleuchten ausgegeben wurde. Inmitten der allgemeinen Verwirrung bewahrt Lotte Ruhe und veranstaltet ein Zähl-Spiel, bei dem sie Ohrfeigen austeilt. Werther erhält zwei Maulschellen und glaubt „mit innigem Vergnügen" (!) zu bemerken, dass die ihm zugeteilten Schläge stärker als andere Ohrfeigen ausfallen. – Nach dem Gewitter stehen Werther und Lotte am offenen Fenster, sehen in den Regen und erinnern sich – ausgelöst durch Lottes Nennung des Namens „Klopstock!" – an die Ode DIE FRÜH-LINGSFEYER, deren letzte Strophen die Stimmung nach einem Gewitter beschreiben. Werther versinkt in einem „Strome von Empfindungen" und küsst mit Tränen in den Augen ihre Hand.

Der knapp wiedergegebene Brief Werthers stellt das exemplarische Beispiel dar, um im folgenden Kategorien der Erzähltextanalyse einzuführen. Ein genaues Lesen des Textes selbst ist damit nicht überflüssig – denn die jetzt gegebenen Erläuterungen beziehen sich auf diesen Text. Wenn noch nicht geschehen, ist eine Lektüre unbedingt nachzuholen. Es lohnt sich.

4.1 Beschreibung und Analyse narrativer Texte

Erzähltexte lassen sich in unterschiedlichen Perspektiven beschreiben und analysieren. Gehen wir von der einfachsten Bestimmung aus: Narrative Texte enthalten eine (oder auch mehrere) *Geschichte(n)* und eine *Instanz, die diese Geschichte(n) vermittelt* – den *Erzähler*. In Werthers Brief vom 16. Junius sind diese Bestimmungen ohne Probleme feststellbar: Der Briefschreiber Werther ist der *Erzähler*, der dem Freund Wilhelm die *Geschichte* seines ersten Zusammentreffens mit Lotte mitteilt.

Dieses zweigliedrige Modell lässt sich weiter differenzieren. So hat der französische Literaturtheoretiker Roland Barthes ein Schichtenmodell vorgeschlagen, das *Erzähleinheiten* als grundlegende Ebene eines narrativen Textes begreift. Aus der Verkettung von *Erzähleinheiten* geht die *Geschichte* hervor, die durch den *Erzähldiskurs* spezifisch modelliert wird.

In ähnlich schichtender Weise geht das Modell des deutschen Romanisten Karlheinz Stierle vor: Die elementare Basis von Erzähltexten bildet das *Geschehen*, dessen Momente unter Berücksichtigung von leitenden *Konzepten* ausgewählt und zu einer chronologisch geordneten *Geschichte* kombiniert werden. Durch Komposition, also durch Einsatz einer perspektivierenden Erzählerinstanz und einer spezifischen Organisation der erzählten Zeit, entsteht der *Text der Geschichte* – das „fertige" Werk, das wir schwarz auf weiß vor uns haben.

Da beide Schichtenmodelle ihre Stärken haben, soll im folgenden eine Vermittlung der von Roland Barthes und Karlheinz Stierle eingebrachten Kategorien zur Beschreibung narrativer Texte unternommen werden. Das zugrunde liegende Strukturmodell lässt sich schematisch veranschaulichen:

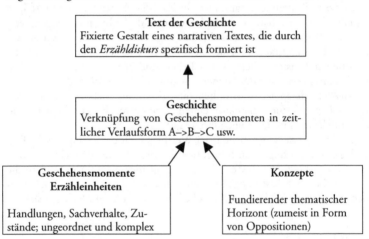

Text der Geschichte
Fixierte Gestalt eines narrativen Textes, die durch den *Erzähldiskurs* spezifisch formiert ist

Geschichte
Verknüpfung von Geschehensmomenten in zeitlicher Verlaufsform A–>B–>C usw.

Geschehensmomente Erzähleinheiten
Handlungen, Sachverhalte, Zustände; ungeordnet und komplex

Konzepte
Fundierender thematischer Horizont (zumeist in Form von Oppositionen)

Überführt man dieses Schema in einen prozessualen Vorgang, so lässt sich Werthers Schreibprozess rekonstruieren, in dessen Verlauf sein Brief entsteht. Aufgewühlt von Erlebnissen nimmt sich Werther (nach längerem Schweigen) vor, seinem Freund zu schreiben. Sein Bericht soll das erste Zusammentreffen mit Lotte schildern – also jene Begebenheiten, die in ihrer Gesamtheit als *Geschehen* bezeichnet werden können. Die einzelnen Phasen, Handlungen und Gefühle sind *Geschehensmomente*, die noch vollkommen ungeordnet seinen Kopf durchkreuzen. Dann nimmt er sich vor, „in der Ordnung zu erzählen" und „ins Detail zu gehen" – er will also eine sinnhafte, zusammenhängende und zugleich genaue Schilderung der Ereignisse liefern. Dazu muss er das *Geschehen* in einzelne Einheiten segmentieren und in einen nachvollziehbaren Kausalzusammenhang, in eine

„Ordnung" bringen. Diese sinnhafte Ordnung wird noch *vor* der eigentlichen Niederschrift des Briefes durch Konstruktion einer *Geschichte* realisiert: Indem der Briefschreiber Werther sich noch vor Abfassung seines Textes die einzelnen Etappen des Abends vergegenwärtigt und diese Abschnitte in eine sukzessive zeitliche Folge A–>B–>C bringt, rekonstruiert er die *Geschichte* mental in Form einer chronologischen Reihung von Geschehensmomenten. Zusätzlich bewegen ihn bestimmte Leitgedanken – wir bezeichnen sie mit Stierle als *Konzepte* – zu einer Auswahl und Begrenzung von Geschehensmomenten. Wenn im vorliegenden Fall die bewegende Bekanntschaft mit Lotte als das Thema des Briefes erscheint, ist klar, dass sich alle berichteten Geschehensmomente auf den Zusammenhang zwischen ihm und ihr beziehen. „Ich" (Werther) – „sie" (Lotte), „Mann" – „Frau", „unbekannt" – „vertraut" bilden denn auch jene *Binäroppositionen*, die als thematischer Horizont die *Geschichte* fundieren; zu ihnen treten noch weitere Oppositionen wie „Ruhe – Bewegung", „Gleichgültigkeit – Interesse" etc. Erst in der sprachlichen Realisierung bei der Niederschrift des Briefes entsteht der *Text der Geschichte*, der schwarz auf weiß vorliegt und von uns gelesen werden kann. Der fixierte *Text der Geschichte* ist Ergebnis einer individuellen Formung der noch abstrakten Geschichte durch den *Erzähldiskurs* und hat eine eigene Organisation von Zeit aufzuweisen. Wenn der Erzähler Werther in seinem Bericht schon auf der Hinfahrt drohende Wolken vermerkt, die das spätere Gewitter ankündigen, die Furcht seiner Begleiterinnen aber „mit anmaßlicher Wetterkunde" täuscht und sich später – beim tatsächlichen Ausbruch des Unwetters – daran erinnert, durchbrechen Vorausdeutung und Rückgriff eine chronologische Wiedergabe des Geschehens und tragen zur besonderen Dichte und Vernetzung des Erzählten bei.

Selbstverständlich kann diese verknappte Beschreibung der Genese eines Erzähltextes noch nicht als hinreichende Basis für eine Analyse narrativer Texte dienen. Sie zeigt jedoch die Möglichkeiten, die sich aus einer Segmentierung von Erzähltexten ergeben. Die Kategorien *Geschehen*, *Konzepte*, *Geschichte* und *Text der Geschichte* bilden als *Ebenen der Narration* deshalb den Leitfaden für die nachfolgenden Erläuterungen, die vom Elementaren zum Komplexen aufsteigen. Von den grundlegenden Ebenen der Narration – *Geschehensmomenten* und *Erzähleinheiten* – ausgehend, sollen weitere Strukturen vorgestellt und am Beispiel erläutert werden – wobei stets im Auge zu behalten ist, dass es sich hier um ein Modell und also um eine Abstraktionsleistung handelt. Als Modellierung übereinstimmender und typischer Merkmale erlauben die vorgestellten Kategorien jedoch eine auf unterschiedliche narrative Texte anwendbare Analyse der Bauformen des Erzählens – und damit nicht weniger als den Gewinn einer sicheren Ausgangsbasis für plausible Bedeutungszuweisungen.

4.1.1 Geschehensmomente und Erzähleinheiten

Geschehensmomente stellen die grundlegende, gleichsam „unterste" Ebene eines narrativen Textes dar. Als komplexe und noch sinnindifferente Zustandsveränderungen in der „Außenwelt" bilden sie die notwendige Bedingung einer Geschichte – erst wenn etwas geschehen ist, kann davon berichtet oder erzählt werden. Geschehensmomente sind ohne jede Auswahl und Zuordnung gegeben; sie sind diffus und können unter beliebigen Gesichtspunkten zusammenhängend organisiert werden. In sprachlicher Realisierung treten sie als *Erzähleinheiten* auf, die in einem ersten Schritt der Erzähltextanalyse zu isolieren sind.

Erzähleinheiten sind einzelne Handlungen, die in sich sinnvoll und zielgerichtet sind, sonst aber nur über einen begrenzten Sinn verfügen. Im Beispieltext wären das etwa die Verabredung junger Leute zu einem Ball auf dem Lande, die Fahrt zu Lottes Hause, die Warnung vor ihrer Schönheit, die Beobachtung ihres Umgangs mit den Geschwistern, die Unterhaltung während der Fahrt zum Ball etc. – Wenn eine solche Handlung mit anderen Handlungen zu einem sinnhaften Zusammenhang verknüpft wird, bezeichnen wir diese Erzähleinheiten im Anschluss an strukturalistische Überlegungen als **Funktionen**.

Als Erzähleinheiten treten aber nicht nur Handlungen bzw. verknüpfte Handlungsfolgen auf, sondern auch Beschreibungen von Zuständen, Stimmungen oder Sachverhalten. Diese Erzähleinheiten, die Auskünfte über Personen und Situationen geben, nennen wir **Indizien**. Im Beispieltext sind das Werthers Aussagen über Lottes äußere Gestalt, Augen und Kleidung; die Hinweise auf das sich länger ankündigende und schließlich ausbrechende Gewitter; die Beschreibung des Regens etc. Welch bedeutende Rolle Indizien spielen, wird nicht nur an dem elementaren Naturereignis des Gewitters sichtbar, das sinnbildlich die heftigen Gefühlsbewegungen Werthers zum Ausdruck bringt. Auch die „blaßroten Schleifen" an Lottes weißem Kleid werden im späteren Textverlauf wieder auftauchen – und erinnern uns als professionalisierte Leser an die Pflicht, jedes Textelement genau zu beobachten.

Schon hier wird deutlich, dass ein Element innerhalb eines Erzähltextes gleichzeitig zwei verschiedenen Klassen angehören kann – es kann sowohl *Funktion* als auch *Indiz* sein. So ist das Textelement des gemeinsamen Tanzes von Werther und Lotte *funktional* (denn es leitet auf der Handlungsebene vom geregelten Menuett zum freien Walzer über) wie *indizierend* (denn es weist auf die vertraute Nähe zwischen den Figuren hin) und trägt so zur „Verwebung" des Textes bei.

Als absichtsvolle und zielgerichtete Aktionen verfügen *Handlungen* für sich nur über einen begrenzten Sinn. Erst in der Verknüpfung mit anderen Handlungen ergeben sie den *Sinnzusammenhang der Geschichte*. Die *Funktion* einer Einzelhandlung bzw. einer Handlungssequenz besteht darin, eine andere Handlung einzuführen, die wiederum Handlungen nach sich zieht – was den Verlauf des Geschehens vom Ende her betrachtet zu einer kausalen Abfolge macht. Werthers Empfindungen für Lotte erweisen sich als gleichsam logische Folge der Gespräche (in denen er Übereinstimmung entdeckt), der Tänze (in denen er Gemeinsamkeit erlebt), der Maulschellen (in denen er besondere Aufmerksamkeit wahrzunehmen glaubt). So vermittelt die Verkettung von Handlungen den Eindruck, das erzählte Geschehen musste so und nicht anders ablaufen. Was als vermeintlich zwingende Kausalbeziehung zwischen den Ereignissen wahrgenommen wird, ist aber ein **Effekt** narrativer Texte – denn im geschlossenen Zusammenhang einer Erzählung erscheint die zeitliche Aufeinanderfolge von Ereignissen als eine vermeintlich stringente Kette von Ursache und Wirkung.

4.1.2 Konzepte und Geschichte

Wie schon erwähnt, geht aus der Verkettung von *Erzähleinheiten* unter Berücksichtigung von *Konzepten* die *Geschichte* hervor, die durch den *Erzähldiskurs* spezifisch modelliert und im *Text der Geschichte* formuliert wird. Unter **Geschichte** verstehen wir nun nicht das, was landläufig damit gleichgesetzt wird – etwa die Wiedergabe eines Ereignisses in einer Art Erzählung. Geschichte ist vielmehr das Ordnungsprinzip, das den *Geschehensmomenten* bzw. *Erzähleinheiten* einen sinnhaften Zusammenhang verleiht, indem diese ausgewählt, kombiniert und in eine zeitliche Abfolge A–>B–>C gebracht werden. Wir können die Werthers Brief zugrunde liegende *Geschichte* rekonstruieren, wenn wir den vorliegenden *Text der Geschichte* in Geschehensmomente segmentieren und diese Einheiten in chronologischer Folge aneinanderreihen – so dass sich eine *Achse der Narration* zwischen den Zeitpunkten Anfang und Ende ermitteln lässt.

| Bekannt-schaft mit Amtmann; Einladung; Verabredung zum Ball | Fahrt zu Lotte und Warnung; Gleichgül-tigkeit | Ankunft bei Lotte und Begegnung im Kreis der Geschwister | Gemeinsame Fahrt zum Ball; angeregte Unterhaltung; Staunen | Ball, Tänze, Warnung an Lotte; Aufklärung über Albert; Verwirrung | Gewitter und Panik; Pfänderspiel; Beruhigung; am Fenster: „Klopstock!"; Handkuss |

Wie zu bemerken, wurden nicht wenige Elemente des Textes unterschlagen. Auf der narrativen Achse fehlen zum einen die Erzähleinheiten der
Eröffnungspassage, die der gesamten Geschichte einen Rahmen geben
(der übrigens erst im folgenden Brief geschlossen wird). Es fehlen zum
anderen zahlreiche Indizien mit z.T. bedeutenden Qualitäten wie die Ankündigung des Gewitters, die Schleifen an Lottens Kleid, ihre schwarzen
Augen etc. Neben den Gründen der Darstellungsökonomie ist eine zu-
sammenfassende Darstellung von Handlungsschritten – die ihrerseits
mehrere Geschehensmomente beinhalten – und die Ausklammerung des
Rahmens vor allem deshalb notwendig, weil sich zu jeder Geschichte ein
immer weiter entwickeltes System von „Untergeschichten" vermuten
lässt, so dass also jede Geschichte zu einer unendlich langen Geschichte
entfaltet werden könnte.

Die *Geschichte* organisiert die *Geschehensmomente* bzw. die tendenziell
unübersichtliche Menge von *Erzähleinheiten*, indem sie die Handlungen,
Sachverhalte und Zustände so ordnet, dass ein Zusammenhang zwischen
Anfangspunkt und Endpunkt der Geschichte erkennbar wird. Wenn Werther in den Anfangssätzen seiner Mitteilung über das erste Zusammentreffen mit Lotte seine Gleichgültigkeit gegenüber der noch Unbekannten
äußert (Zustand A), so markieren die letzten Gehensmomente mit trä-
nenvollem Blick und Handkuss eine ganz andere Einstellung (Zustand
B). Diese auf einer Zeitachse abbildbare Differenz zwischen Zustand A
und Zustand B hat die *Geschichte* plausibel zu erklären. Dabei spielt nicht
nur die chronologische Anordnung eine zentrale Rolle. Geordnet wird eine Geschichte zugleich durch *bestimmende Leitgedanken*, die als *Konzepte*
eine thematische Fundierung des Erzähltextes vornehmen. Wollen wir
den bestimmenden Leitgedanken für die in Werthers Brief fixierte Geschichte seines ersten Zusammentreffens mit Lotte ermitteln, so hilft
schon ein Blick auf Anfang (Zustand A) und Endpunkt (Zustand B): Der
Rahmen, in dem sich die Geschichte entfaltet, ist die *konzeptuelle Opposition* von „unbekannt" – „vertraut" bzw. „gleichgültig" – „beteiligt" bzw.
„ruhig" – „heftig bewegt". Zahlreiche Geschichten leben von einer konzeptuellen Opposition, die an der Differenz zwischen Anfang und Ende
ablesbar ist: Im Märchen gelangt der Held von anfänglicher Armut am
Ende zu Glück und Reichtum; in religiöser Erbauungsliteratur wandelt
sich der Sünder zum Gläubigen; im Bildungsroman entwickelt sich ein
unvermitteltes Individuum zum kulturellen Subjekt.

Als Instanzen zur Herstellung eines Zusammenhangs der Geschichte
bereiten **Konzepte** also die semantische Organisation einer Erzählung vor,
indem sie einen Bedeutungshorizont bereitstellen, innerhalb dessen sich
ein Geschehenszusammenhang in besonderer Sinnhaftigkeit entfalten

kann. Der durch Binäroppositionen hergestellte Bedeutungshorizont artikuliert sich manchmal schon in Titeln wie in KRIEG UND FRIEDEN, SCHULD UND SÜHNE, ROT UND SCHWARZ oder KATZ UND MAUS. Wenn Konzepte nicht in dieser expliziten Weise greifbar sind, sondern anschaulich dargestellt werden, erweist sich eine Untersuchung handelnder *Figuren* und ihres Handlungstyps als hilfreich – wobei Figuren menschliche Personen, Tiere oder Götter sein können. Zu fragen ist nach den Konstellationen von Figuren und Situationen: In welcher Situationen werden Protagonisten und Antagonisten eingeführt und charakterisiert? Wie verändern sie sich? Sind Figuren an bestimmte Handlungsorte gebunden und über diese Orte mit Bedeutung ausgestattet? Zugleich ist eine mögliche Konfliktstruktur und ein davon ausgelöster Handlungsverlauf zu ermitteln: Gibt es einen handlungsauslösenden Konflikt? Wie wird er aufgebaut, entfaltet, gelöst?

Nun hatten wir als **konzeptuelle Opposition** von Werthers Geschichte seiner ersten Begegnung mit Lotte bereits die Antagonismen „unbekannt – vertraut", „gleichgültig – beteiligt", „ruhig – heftig bewegt" bestimmt. Ein genauer Blick auf Figuren und Situationen präzisiert diese Oppositionen und lässt zugleich ein vielschichtiges System von Gegensatzpaaren entdecken. Der Anfangspunkt zeigt Werther noch völlig ruhig – er charakterisiert die ihm zugeteilte Tänzerin als „gutes, schönes, übrigens unbedeutendes Mädchen" und konstatiert über die Verbindung der ihm noch unbekannten Lotte mit einem „braven Mann", dass ihm die Nachricht „ziemlich gleichgültig" war. Zugleich verweisen schon in dieser Situation bestimmte *Indizien* auf eine Veränderung der Situation: Natürliche Anzeichen wie die am Horizont aufziehenden Gewitterwolken lassen einen Umschlag von „Ruhe" zu „Bewegung" ahnen. In der Figur der Lotte, die Werther bei der Speisung ihrer sechs Geschwister erstmals erblickt, überlagern sich mehrere Bedeutungsebenen: Ihre Attribute („schöne Gestalt, mittlere Größe, simples weißes Kleid, mit blaßroten Schleifen an Arm und Brust") und ihre Handlung charakterisieren sie nicht nur als natürliche Schönheit, sondern als engelsgleiches Wesen. (Die Opposition „irdisch" – „himmlisch" wird im späteren Verlauf des Romans mehrfach wiederkehren.) Zugleich ist sie sowohl im Kreis ihrer Geschwister als auch auf dem Ball ein Pol der Ruhe – im Gegensatz zu Werthers zunehmender Bewegung: Als Werther während des Tanzes nochmals vom Status Lottens erfährt, ist ihm die Nachricht trotz Vorwissens „ganz neu" und er verwirrt sich so, „daß alles drunter und drüber ging, und Lottens ganze Gegenwart und Zerren und Ziehen nötig war, um es schnell wieder in Ordnung zu bringen". Die Opposition „Verwirrung – Ruhe" kehrt unmittelbar danach wieder, als die äußerlich ruhige Lotte mit einem Spiel die Panik beim Ausbruch des (lange angekündigten) Gewitters besänftigt.

Vergleicht man die vielschichtigen Binäroppositionen und die sich sich überlagernden Isotopien, ergibt sich eine elementare Struktur der Konzepte. Diese Elementarstruktur stellt das Thema der Geschichte dar und bildet – in der Entfaltung als Aussagesatz – einen Ausgangspunkt für textuell abgesicherte Interpretationen des Erzähltextes. Im Beispielfall wäre etwa eine strukturbestimmende Aussage möglich: In seinem Brief beschreibt Werther detailliert sein erstes Zusammentreffen mit der ihm bislang unbekannten Lotte. Vor der Begegnung ohne Emotionen und Erwartungen, führen verschiedene Stufen der Kommunikation zu immer stärkeren Gefühlen. Werther verkörpert also den Übergang von Gleichgültigkeit zu gesteigertem Interesse und Bewegung (bis zur Verwirrung), während die Figur der Lotte als Werthers zentraler Bezugspunkt für Ruhe und natürlichen Ausgleich steht.

Karlheinz Stierle hat darauf hingewiesen, dass die grundlegende Bedeutung der *achronischen*, also zeitenthobenen *Konzepte* zuerst durch den französischen Ethnologen Claude Lévi-Strauss erkannt wurde. Der Mythentheorie von Lévi-Strauss sei die folgenreiche Entdeckung zu verdanken, dass der narrative Verlauf selbst nicht schon die abschließende Sinnebene repräsentiert, sondern die hinter ihr liegende Ebene der *Konzepte* – und zwar gerade jener Konzepte, deren Oppositionsstruktur unaufhebbar und unvermittelbar zu sein scheint („männlich – weiblich", „tot – lebendig", „Himmel – Erde", „Pflanze – Tier" etc.). Es hat deshalb auch nicht an Versuchen gefehlt, die Mythentheorie von Lévi-Strauss auf „profane" Erzähltexte zu übertragen. Denn der französische Ethnologe machte deutlich, wie logisch nicht aufhebbare Gegensätze – etwa zwischen Leben und Tod – mit Hilfe andere Oppositionen in narrativ realisierbare Differenzen übersetzt werden können. Und er zeigte auch, wie durch Permutierbarkeit (also der Möglichkeit der Vertauschung und Umstellung) eine überaus komplexe narrative Struktur entstehen kann. Wenn hier darauf verzichtet wird, die von Levy-Strauss entwickelte Analysemethode näher vorzustellen, dann aus Gründen der Darstellungsökonomie und der Probleme, die aus einer Übertragung erwachsen. Schwierigkeiten entstehen zum einen daraus, dass in *mythischen Texten* besondere Formen der Vermittlung oppositioneller Konzepte wirksam sind. So gibt es im Mythos die Möglichkeit der Magie, des Wunderbaren und Übersinnlichen, während diese Möglichkeiten in „modernen" Erzähltexten auf bestimmte Genres beschränkt sind. Das andere Problem erwächst aus der unterschiedlichen Qualität konzeptueller Oppositionen: Versucht der Mythos, nach unserer Erfahrung unvermittelbare Oppositionen zu vermitteln, sind die Oppositionen in „modernen" Texten oftmals weniger grundsätzlich und daher auch schwerer zu erkennen.

Was aber aus der Mythenanalyse methodisch zu lernen ist, soll festgehalten und betont werden: Die erzählte Welt – ob im Mythos oder in anderen Erzähltexten – kann in **einzelne Geschehenseinheiten** zerlegt werden, deren Bestandteile zueinander in Beziehung treten, in dem sie **semantische Äquivalenzen** aufweisen. Geschehensmomente folgen in einem Text also nicht nur aufeinander, sondern weisen auch untereinander Ähnlichkeiten auf. Diese Ähnlichkeiten erlauben es, aus ihnen sinnvolle Gruppen zu bilden – selbst wenn sie in der Geschichte zeitlich weit voneinander entfernt liegen. Dadurch wird jeder narrative Text zweifach lesbar: Zum einen auf *syntagmatischer Ebene* – also in der mehr oder weniger chronologisch geordneten Abfolge von Geschehensmomenten; zum anderen auf *paradigmatischer Ebene* – also in einer Reihe von Ähnlichkeitsbeziehungen der Geschehensmomente untereinander. In unserem Beispieltext wäre die syntagmatische Ordnung die auf einer Zeitachse markierbare Folge einzelner Handlungssequenzen: Die Fahrt zu Lotte, das erste Zusammentreffen, die Unterhaltung auf dem Weg zum Ball, die Tänze etc. Ähnlichkeitsbeziehungen von Geschehensmomenten zeigen sich in den zentralen Figuren: Ist für Werther eine zunehmende Bewegung charakteristisch, verkörpert Lotte Ruhe und Ausgleich: Als ruhender Pol erscheint sie erstmals inmitten ihrer unruhigen Geschwister, dann beim – von Werther verwirrten – Tanz, noch einmal als ablenkende und beruhigende Instanz gegen die panische Gewitterfurcht. Alle Elemente der erzählten Welt können also bedeutungstragende Elemente sein und sind von uns entsprechend wahrzunehmen und auszuwerten.

4.1.3 Erzähldiskurs und Text der Geschichte

Erinnern wir uns noch einmal an das Modell des Vorgangs, in dessen Verlauf die literarische Figur Werther seine briefliche Erzählung vom ersten Zusammentreffen mit Lotte niederschreibt. Nachdem ihn eine Flut von Gefühlen überspült und er sich selbst ermahnt hatte, „in der Ordnung zu erzählen" sowie „ins Detail zu gehen", war diese Ordnung der Erlebnisse zunächst mental zu rekonstruieren. Der Briefschreiber Werther musste sich seine *Geschichte* so vergegenwärtigen, dass zwischen Anfang (also dem Zustand der Ruhe vor der Bekanntschaft mit Lotte) und Endpunkt (dem Zustand heftiger emotionaler Bewegung) ein Zusammenhang erkennbar wurde. Dazu waren die einzelnen Momente des *Geschehens* in eine chronologische Abfolge zu bringen und thematisch zu verknüpfen. Alle diese generischen Prozesse liefen noch vor der sprachlichen Realisierung, also vor der Niederschrift des Briefes ab. Indem Werther sich nun über das Papier beugt und die ersten Sätze seines Briefes niederschreibt, hat er die Ebene einer abstrakt-vorsprachlichen Ordnung verlassen und *erzählt* seine Geschichte. Als *Erzähler* seiner Erlebnisse (der in der 1. Person Singular spricht) arrangiert und komponiert er die Geschichte so, dass ein neuer und individueller Zusammenhang entsteht. Der so entstehende *Text*, der in Gestalt des formulierten Briefes vorliegt, kann von den strukturierenden Prinzipien der zugrunde liegenden Geschichte durchaus abweichen – was dadurch sichtbar wird, dass Werthers Brief nicht mit dem Anfang des Zusammentreffens beginnt (also den Regeln der chronologischen Ordnung folgt), sondern mit einer wortreichen Beschreibung des Endzustandes (der emotionalen Bewegtheit) einsetzt.

Die Übersetzung der narrativen Ordnung der *Geschichte* in die sprachliche Ordnung des „fertigen" Textes leistet der **Erzähldiskurs**. Dieser nimmt eine *Perspektivierung der Geschichte* durch eine *erzählende Instanz* vor, organisiert die *erzählte Zeit* und richtet den Erzähltext auf einen *Rezipienten* aus. Zugleich realisiert er die so gleichsam „tiefenstrukturell" fixierte Erzählung auf einer „Oberflächenebene": Indem er die Konventionen von Textsorte bzw. Gattung beachtet und syntaktischen wie semantischen Regeln folgt, produziert er die sprachlich konkrete Gestalt einer Erzählung, die schwarz auf weiß vorliegt und gelesen werden kann. Dieses Ergebnis bezeichnen wir mit Karlheinz Stierle als **Text der Geschichte**. Der im Ergebnis des Erzähldiskurses entstehende *Text der Geschichte* lässt sich mehrfach beschreiben und analysieren: Hinsichtlich der *Perspektivierung durch eine narrative Instanz* (Erzähler), hinsichtlich der *Zeitorganisation* und hinsichtlich der *Leserlenkung*. Die notwendig knappen Hinweise zu diesen Analysemöglichkeiten lassen sich durch Konsultation der unten angegebenen Referenzwerke zur Erzähltextanalyse ergänzen.

4.1.4 Text der Geschichte I: Die erzählende Instanz

Wie eine **erzählende Instanz** die Ordnung der Geschichte so arrangiert und komponiert, dass eine individuelle Perspektive entsteht, wurde bereits durch den Hinweis auf den Anfang des Briefes vom 16. Junius angedeutet: Werther beginnt seine Erzählung mit einer fast atemlosen Kaskade: „Warum ich dir nicht schreibe? - Fragst du das und bist doch auch der Gelehrten einer. Du solltest raten, dass ich mich wohl befinde, und zwar – Kurz und gut, ich habe eine Bekanntschaft gemacht, die mein Herz näher angeht. Ich habe – ich weiß nicht." Wenn *Erzähler* und *Figur* (über die erzählt wird) wie in diesem Fall *identisch* sind, wenn wir überwiegend Werthers *Innenperspektive* erfahren und ihn zugleich als *Erzählerfigur* präsent finden („Dir in der Ordnung zu erzählen, wie's zugegangen ist..."), liegt eine narrative Struktur vor, die wir mit dem österreichischen Anglisten Franz K. Stanzel als *Ich-Erzählsituation* bezeichnen.

Neben dieser Erzählsituation gibt es weitere Varianten für die Verfügungsmacht eines Erzählers über die zeitliche, perspektivische und sprachliche Anordnung der Erzähleinheiten. Treffen wir z. B. auf eine narrative Instanz, die als *Erzähler* aus der *Außenperspektive* über Vorgänge berichtet, an denen sie *nicht beteiligt* war, liegt eine **auktoriale Erzählsituation** vor. Einen allmächtigen und allgegenwärtigen Erzähler finden wir etwa in Goethes Roman DIE WAHLVERWANDTSCHAFTEN, dessen erster Satz lautet: „Eduard – so nennen wir einen reichen Baron im besten Mannesalter – Eduard hatte in seiner Baumschule die schönste Stunde eines Aprilnachmittags zugebracht..." Hier schiebt sich der auktoriale Erzähler als wahrnehmende, ordnende und mitteilende Instanz in den Vordergrund. Er kann nahezu alles: den Erzählvorgang unterbrechen, um Kommentare abzugeben, die direkte Rede seiner Figuren einleiten und sich so zwischen Figur und Leser stellen, die mitgeteilte Geschichte mit eigenen Wahrnehmungen und Urteilen vermischen. – Demgegenüber steht eine Erzählsituation, in welcher der *Erzähler verschwindet* und durch eine **Reflektorfigur** ersetzt wird, die über „fremde" (also nicht als Akteur wahrgenommene) Ereignisse berichtet. Die Wirkung dieser *personalen Erzählsituation* zeigt sich zum Beispiel in den ersten Sätzen aus Kafkas Roman DER PROZESS: „Jemand musste Josef K. verleumdet haben, denn ohne daß er etwas Böses getan hätte, wurde er eines Morgens verhaftet. Die Köchin der Frau Grubach, seiner Zimmervermieterin, die ihm jeden Tag gegen acht Uhr früh das Frühstück brachte, kam diesmal nicht."

Die Kategorien zur Bestimmung der Erzählsituation stammen aus den theoretischen Überlegungen von Franz K. Stanzel, der sie in der Beantwortung von drei Fragen nach der Konstitution des Erzählaktes gewann: „Wer erzählt?" – „Wie stehen Erzähler und Romanfiguren zueinander?" – „Wie wird das Erzählte präsentiert?" Entsprechend unterschied Stanzel zwischen den Konstituenten **Modus**, **Person** und **Perspektive**. Die Konstituente **Modus** legt fest, *wer* erzählt – ob ein *präsenter Erzähler*, der das Geschehen im Sinne der Mittelbarkeit kommentiert, oder ein *Reflektor*, der die fiktive Wirklichkeit unkommentiert spiegelt und dadurch die Illusion einer unmittelbaren Wahrnehmung erzeugt. (Eine Reflektorfigur, die aus der Innenperspektive über Seinsbereiche berichtet, denen er selbst angehört, ist etwa der Titelheld von Arthur Schnitzlers Novelle LEUTNANT GUSTL.) Die Konstituente **Person** kategorisiert die *Beziehung des Erzählers zur Welt der Figuren* und kann zwischen den Alternativen *innerhalb* und *außerhalb* entscheiden: Befindet sich die erzählende Instanz in einer Welt mit den handelnden Figuren des Textes (wie etwa Werther) oder steht sie außerhalb des Bereichs der Akteure und ihrer Situationen (wie der Erzähler der WAHLVERWANDTSCHAFTEN)? Die dritte Konstituente **Perspektive** fixiert den Standpunkt, von dem aus das Erzählte präsentiert wird: Liegt dieser Standpunkt innerhalb des Zentrums der Geschichte bzw. der Hauptfigur (*Innenperspektive*) oder liegt er außerhalb in einem Erzähler, der nicht Träger der Handlung ist, sondern als Zeitgenosse, unbeteiligter Chronist oder Beobachter berichtet (*Außenperspektive*)? Dieser Gegensatz ist bestimmend für die raum-zeitliche Orientierung des Lesers sowie für den Grad der Beteiligung der Mittlerfigur am Geschehen. Aus diesen Konstituenten ergeben sich nach Stanzel drei typische Erzählsituationen:

- Die **auktoriale Erzählsituation**, primär durch eine Dominanz der Außenperspektive und sekundär durch Präsenz eines Erzählers bei Nichtzugehörigkeit zur Welt der Figuren bestimmt, erzeugt den Eindruck von Allwissenheit und Allgegenwärtigkeit. Die Möglichkeiten des Erzählers zur totalen Steuerung und Kommentierung bewirken eine Distanz zwischen Figur und Leser. Beispiele sind die Romane WILHELM MEISTERS LEHRJAHRE (Goethe), EFFI BRIEST (Th. Fontane), DER ZAUBERBERG (Th. Mann).

- Die **Ich-Erzählsituation**, primär durch Zugehörigkeit zur Erzählinstanz zur Figurenwelt und sekundär durch Präsenz einer Erzählerfigur mit dominanter Innenperspektive definiert, erzielt den Effekt einer stärkeren Beteiligung des Lesers am mitgeteilten Geschehen: Der narrativ eingeschränkte Zugriff auf die erzählte Welt macht neugierig. Realisiert im Roman DIE DEUTSCHSTUNDE (Siegfried Lenz).

- Die **personale Erzählsituation**, durch Verschwinden eines Erzählers und Einführung einer Reflektorfigur sowie Innenperspektive und Nichtidentität der Seinsbereiche gekennzeichnet, führt ebenfalls zu einer gesteigerten Aufmerksamkeit. Die verknappten Informationen über die Erzählwelt erzeugen Spannung, obwohl der Reflektor nicht der Welt der Figuren angehört. Nachlesbar in den Romanen DER PROZESS und DAS SCHLOSS von Franz Kafka.

Selbstverständlich sind diese Erzählsituationen als idealtypische Konstruktionen zu begreifen, zwischen denen *Mischformen* bzw. *Zwischenformen* existieren. Ebenso selbstverständlich sind diese Erzählsituationen keine fixierten und unveränderlichen Paradigmen: Innerhalb eines Erzähltextes kann die Erzählsituation wechseln – unter Umständen sogar mehrfach, wie es etwa Franz Kafkas Novelle DIE VERWANDLUNG mit dem Changieren der Perspektive zwischen Außensicht des Berichterstatters und Innensicht des erlebenden Subjekts demonstriert. Deshalb soll an dieser Stelle nochmals darauf hingewiesen werden, dass Beschreibung und Analyse von Erzähltexten ein Vorgehen in kleinen Schritten erforderlich machen – und jeder scheinbar geringen, in ihren Wirkungen aber nicht zu unterschätzenden Veränderung entsprechende Aufmerksamkeit zu widmen ist.

4.1.5 Text der Geschichte II: Die Organisation der Zeit

Wenn Werther sich vornimmt, „in der Ordnung zu erzählen", hat er einen Umstand zu beachten, der konstitutiv für narrative Texte als Darstellungen von Handlungen und Sachverhalten ist: Er muss seine **Geschichte in einem kausalen Zusammenhang organisieren**, d. h. die zwischen Anfangspunkt (Zustand A) und Endpunkt (Zustand B) geschehenen Zustandsveränderungen in ihrer sukzessiven Folge darstellen. Wie sich auf der Ebene der noch vorsprachlichen Strukturierung der Geschichte diese sukzessive Anordnung von Geschehensmomenten gestaltete, macht ein Blick auf die schematisierte Achse der Narration deutlich. Zwischen der Fahrt zur noch unbekannten Lotte bis zu den gleichen „Körperströmen" beim Blick in den rinnenden Regen geschehen Handlungen. Diese sind Folge vorangegangener und Ursache nachfolgender Handlungen und erzeugen so den Eindruck einer kausal notwendigen Kette von Geschehnissen. Beim Lesen des fertigen Briefes – also des *Textes der Geschichte* – verstärkt sich dieser Eindruck: Wir nehmen eine scheinbar lückenlose Folge von Ereignissen wahr.

Dabei weist schon ein genauere Wahrnehmung der Zeitverhältnisse auf eine Diskrepanz hin: Während Werthers Brief eine (fiktive) Wirklichkeit schildert, die in ihrer temporalen Ausdehnung mehrere Stunden – zwischen frühem Abend und Mitternacht – umfasst, benötigen wir für eine Lektüre des Textes selbst bei langsamer Lesegeschwindigkeit nicht länger als eine halbe Stunde. Zwischen der Zeit der Textlektüre, die wir in Aufnahme eines Terminus von Günther Müller und Eberhard Lämmert **Erzählzeit** nennen, und der **erzählten Zeit** bestehen Korrespondenzverhältnisse. Während in Dialogen bzw. szenischen Passagen die Dauer des Gesprächs und die Dauer des Erzählens annähernd gleich sind, weichen Erzählzeit und erzählte Zeit in Zusammenfassungen z.T. erheblich voneinander ab. Durch *Raffungen* und *Auslassungen* wird die Erzähldauer wesentlich kürzer als die tatsächliche Dauer der erzählten Ereignisse; durch detaillierte *Beschreibungen* und immer kleinere Zerlegung von Handlungen dehnt sich das Erzählen länger als das erzählte Geschehen selbst. Von Bedeutung für eine Beschreibung und Analyse sind dabei vor allem die durch unterschiedliche Sprachgestaltung erzielten Effekte: Während ein *referentielles Erzählen* die Aufmerksamkeit ganz auf die mitzuteilende Geschichte lenkt und sprachliche Besonderheiten und Abweichungen zurückstellt, fokussiert das *literale Erzählen* die Aufmerksamkeit auf sprachliche Verfahren der Darstellung und Bedeutungserzeugung. Es sind vor allem beschreibende und reflektierende Passagen, die das mehr oder weniger fließende Erzählen einer Ereignisfolge unterbrechen und ein Bild fixieren – so etwa die Schlusspassage in Werthers Brief, in der Lotte und er nebeneinander am Fenster stehen: „Es donnerte abseitwärts, und der herrliche Regen säuselte auf das Land, und der erquickendste Wohlgeruch stieg in aller Fülle einer warmen Luft zu uns auf. Sie stand auf ihren Ellenbogen gestützt, ihr Blick durchdrang die Gegend; sie sah gen Himmel und auf mich, ich sah ihr Auge tränenvoll, sie legte ihre Hand auf die meinige und sagte: ‚Klopstock!'"

Raffung, *Auslassung* und *Dehnung* sind keinesfalls die einzigen Möglichkeiten, die eine Erzählinstanz hat, um die zeitliche Abfolge einer Geschichte zu organisieren. So kann der Anfang des Erzählens an verschiedenen Punkten auf der Achse der Geschehensmomente ansetzen und die Textstruktur unterschiedlich gestalten: Er kann mit einer Vorgeschichte beginnen und von hier aus die eigentliche Geschichte entfalten – so wie es Werther in der Binnenerzählung seines Briefes durch den Bericht von der länger zurückliegenden Einladung des Amtmannes tut. Das Erzählen kann mitten in der Geschichte ansetzen oder aber das Ende der Geschichte vorziehen, so dass das Geschehen vom Schluss her aufgerollt wird – der klassische Kriminalroman mit der Suche nach einem Täter und seinem Motiv für ein am Anfang stehendes Verbrechen wäre ein Beispiel dafür.

Zahlreiche weitere Mittel tragen zur internen zeitlichen Strukturierung eines Erzähltextes bei. *Vorausdeutungen* – die in *einführende* oder *abschließende Vorausdeutungen* unterschieden werden können – orientieren den Rezipienten auf kommende Ereignisse bzw. markieren mit einem Hinweis auf die Zukunft den Endpunkt der erzählten Zeit. *Rückgriffe* und *Rückwendungen* liefern Informationen zu Figuren und Motivationen nach, konzentrieren die akkumulierte Spannung des Erzählens oder lösen sie auf. Als Unterbrechung des Erzählverlaufs durch vorausgesetzte Ereignisse können Rückwendungen aufbauend oder auflösend wirken. *Aufbauende* bzw. *expositorische Rückwendungen* finden sich meist kurz nach dem Handlungseinsatz: Sie liefern Informationen nach, die das Erzählte in einen verständlichen Zusammenhang einfügen. *Auflösende Rückwendungen* bilden den Abschluss einer Erzählung und klären über bisher rätselhaft gebliebene Geschehnisse auf. Zu retardierenden, also spannungsmindernden *Rückwendungen* zählen *Rückschritt* und *Rückgriff*. Der Rückschritt lässt durch den Umfang seines eingeschobenen Materials die Haupthandlung zwischenzeitlich in den Hintergrund treten, während der Rückgriff nur kleinere Hinweise aus der Vergangenheit in die Erzählung einstreut. Der *Rückblick* wirkt nicht retardierend, sondern gehört meist zum Höhepunkt der Handlung, da er einen markanten Punkt des inneren Vorganges durch einen Blick in die Vergangenheit unterstützt und steigert.

In ihrer Gesamtheit tragen alle diese Mittel zur *Gliederung* wie zur *Verwebung* des Erzähltextes bei. Ein Beispiel für komplexe Gestaltungsmöglichkeiten zeitlicher Bezugnahmen ist in Werthers Brief das am Anfang erwähnte Gewitter, das zuerst am Horizont droht, während des Balls ausbricht und in den gemeinsam erlebten Regen übergeht. Der Hinweis auf die ferne Ansammlung weiß-grauer Wolken deutet voraus; der Ausbruch des Unwetters löst diese Vorausdeutung ein. Doch mehr noch: Der frühe Hinweis auf das drohende Gewitter verweist zugleich auf den späteren Umschlag der beschriebenen drückenden Schwüle; die losbrechenden Naturgewalten mit Blitz und Donner gehen über das Faktum einer natürlichen Spannungsentladung hinaus und weisen symbolische Qualität auf.

4.1.6 Text der Geschichte III: Die Lenkung des Lesers

Wenn Werther die Geschichte des ersten Zusammentreffens mit Lotte niederschreibt, richtet er seine Erzählung pragmatisch auf einen Leser aus: Es ist sein Freund Wilhelm, der sich – offenbar beunruhigt durch längeres Schweigen – nach Werthers Befinden erkundigt hatte und nun von einem emphatischen Gefühlsausbruch überschüttet wird. „Warum ich dir nicht schreibe? - Fragst du das und bist doch auch der Gelehrten einer. Du solltest raten, daß ich mich wohl befinde... - Kurz und gut, ich habe eine Bekanntschaft gemacht, die mein Herz näher angeht."

Mit dieser direkten Anrede an einen **expliziten Leser** (der eine fiktive Gestalt ist!) gibt der Erzähler Werther bestimmte Muster vor, die den weiteren Lesevorgang steuern. Die Wendung an einen teilnehmenden Freund signalisiert eine Intimität, an der auch wir als Leser partizipieren. Die Teilhabe an einer vertraulichen Kommunikationssituation wird umso stärker, je weniger der explizite Leser als konturierter Charakter in Erscheinung tritt – als reale Leser vertreten wir den Leser Wilhelm, fühlen uns angesprochen und zu emotionalen Stellungnahmen herausgefordert.

Explizite bzw. fiktive Leser begegnen uns in literarischen Texten nicht selten. Das Spektrum reicht von einer direkten Ansprache mit Vermutungen über das Leseverhalten („Lieber Leser, du glaubst nicht, mit welcher innigen Wehmut ich dich diese Blätter in die Hand nehmen sehe, denn ich weiß es voraus, dass du sie wieder wegwerfen wirst, sobald du nur einige flüchtige Blicke hineingetan hast."[17]) bis zur Konstruktion von Erzählrunden wie etwa in E.T.A. Hoffmanns Sammlung DIE SERAPIONSBRÜDER, in der eine Unterhaltung von Freunden verschiedene Erzählungen miteinander verknüpft und außer den so mitgeteilten Schöpfungen zugleich Reflexionen und Urteile darüber ausgesprochen werden.

---

17 Ludwig Tieck: Peter Lebrecht. Eine Geschichte ohne Abenteuerlichkeiten. In: L. Tieck: Werke in vier Bänden. Nach dem Text der „Schriften" von 1828-1854 unter Berücksichtigung der Erstdrucke hrsg. von Marianne Thalmann. München 1963. Bd. 1, S. 75.

Neben diesen sichtbaren Signalen steuern weitere Attribute die Rezeption eines Erzähltextes: Paratextuelle Markierungen wie Gattungsbezeichnungen („Roman", „Erzählung"), Motti und Widmungen sind ebenso wie Titel und Nebentitel („Eine Geschichte ohne Abenteuerlichkeiten", „Ein Buch für alle und keinen") rasch erkennbare Möglichkeiten zur Wahrnehmungslenkung. Ebenso rasch identifizieren wir Kapitel und Kapitelüberschriften, die den Text und damit auch unser Leseverhalten gliedern und anleiten. Schwieriger zu entdecken sind textinterne Strategien, den Leser auf bestimmte Fährten zu locken (etwa durch Vorausdeutungen, Ahnungen und Träume von Figuren). Alle diese rezeptionssteuernden Momente – die sowohl den paratextuellen „Rahmen" eines Erzähltextes als auch seine interne Kommunikationsebene betreffen – sind das Werk eines **impliziten bzw. abstrakten Autors**, der weder mit der Figur eines Erzählers noch mit der textexternen historischen Person des Verfassers verwechselt werden darf. Der durch den amerikanischen Literaturwissenschaftler Wayne C. Booth eingeführte Begriff „implied author" meint nichts anderes als die abstrakte Instanz, der *alle Textstrategien* – also alle Formen einer absichtsvollen Gestaltung vom Titel bis zum letzten Satzzeichen – zuzuschreiben sind. *Implizit* ist diese Instanz, weil sie – anders als eine Erzählerfigur – im Text nie ausdrücklich auftritt, sondern nur indirekt (jedoch durchgehend) anwesend ist. *Abstrakt* ist diese Instanz, weil sie als ein textuell erschließbares Bewusstsein nie die konkrete Individualität einer textexternen historischen Verfasserperson haben kann. Denn *aus* dem Text erfahren wir nur, was *für* den Text von Bedeutung ist – jeder Rückschluss auf einen konkreten Verfasser und seine sozialen, psychischen u. a. Dispositionen birgt hohe Risiken und bedarf zusätzlicher Überbrückungsannahmen und Argumente.

Vielleicht lässt sich die Kategorie des impliziten Autors gedanklich leichter nachvollziehen, wenn wir uns an Texte ohne Erzählerfigur erinnern. In Texten wie Arthur Schnitzlers Novelle LEUTNANT GUSTL finden wir einen scheinbar ungefilterten Strom von Gedanken. Wenn hier Geschehensmomente ohne Erzähler vermittelt werden, tritt der *implizite Autor* als abstrakte Instanz in Erscheinung, die durch Mittel wie die Wahl des Titels, monologische Präsentation und Einsatz von Dialogpartien Gestaltungaufgaben übernimmt.

Tritt bei der Produktion eines Textes ein *impliziter Autor* als eine abstrakte Steuerungsinstanz aller Texteigenschaften in Erscheinung, so gibt es eine analoge Erscheinung auch auf Seiten der Rezeption. Der **implizite Leser** lässt sich nach den Überlegungen von Wolfgang Iser und der von ihm mitbegründeten Rezeptionsästhetik als eine abstrakte Wahrnehmungsinstanz begreifen, die *alle* Orientierungen eines fiktionalen Textes realisiert. Um es knapp zu sagen: Der *implizite Leser* ist jener hypothetische Rezipient, der *alle* Eigenschaften, Anspielungen und Verweise eines Textes erfasst und versteht – sichtbare wie unsichtbare, dem Autor bewusste wie unbewusste. Diese Forderungen kann ein empirischer Leser wohl kaum erfüllen. Wie die Kategorie *impliziter Autor* fungiert der Begriff des *impliziten Lesers* als eine abstrakte Größe zur besseren Beschreibung von Wirkungspotentialen und Effekten, die in einem Text enthalten sind und im realen Akt des Lesens entdeckt werden können.

4. 2 Interpretation narrativer Texte

In den vorangegangenen Abschnitten wurden zentrale Kategorien zur Beschreibung von Erzähltexten vorgestellt und exemplarisch auf Werthers Brief vom 16. Junius bezogen. Zwischen den Begriffen *Geschehen – Konzepte – Geschichte – Text der Geschichte* ließ sich ein Fundierungsverhältnis konstatieren: Das *Geschehen* als Gesamtheit diffuser und noch sinnindifferenter Momente, die in sprachlicher Realisierung als *Erzähleinheiten* (Handlungen, Funktionen und Indizien) auftreten, bildet im Verbund mit abstrakten *Konzepten* das Fundament einer *Geschichte*. Von den oppositionell strukturierten *Konzepten* thematisch fundiert, hat die *Geschichte* die Fülle von *Geschehensmomenten* bzw. *Erzähleinheiten* zu selektieren, zu kombinieren und auf einer narrativen Achse anzuordnen. Die als Resultat der Selektion und Kombination von Geschehensmomenten entstehende *Geschichte* bildet die Voraussetzung für den *Text der Geschichte* – also für jene durch den *Erzähldiskurs* formierte Gestalt eines Textes, die entsprechend den Gegebenheiten des gewählten Mediums formiert ist und in Perspektivierung, Zeitorganisation und Rezipientenlenkung eine individuelle Prägung aufweist.

Alle Begriffe dieses Schichten- bzw. Ebenen-Modells erlauben eine detaillierte Beobachtung und Beschreibung von Erzähltexten. Doch machte bereits eine Bestimmung der *Konzepte* deutlich, dass schon im Prozess dieses textorientierten Beobachtens und Beschreibens bestimmte Bedeutungszuweisungen notwendig werden: Wenn die Beobachtung von Anfangs- und Endpunkt der Narration in Werthers Brief die Antagonismen „unbekannt – vertraut", „Desinteresse – Anteilnahme", „Ruhe – Bewegung" als *konzeptuelle Oppositionen* herausarbeitet, ist damit mehr geleistet als eine Benennung jener abstrakten Größen, zwischen denen sich die *Geschichte* entwickelt. Konzeptuelle Oppositionen fundieren als thematischer Horizont die narrative Ordnung des vorliegenden Erzähltextes – und bilden zugleich den Ausgangspunkt für Aussagen, die als Interpretation entfaltet werden können. Als zentrale Fragestellungen für eine textuell abgesicherte Deutung und Erklärung narrativer Texte lassen sich also Fragen nach den konzeptuellen Oppositionen formulieren:

- Worin bestehen die strukturierenden Oppositionen des vorliegenden Erzähltextes und seiner Geschichte?
- Wie sind diese strukturierenden Oppositionen mit Figuren und Situationen verbunden?
- Führen die strukturierenden Oppositionen zu einem handlungsauslösenden Konflikt? Wie wird der Konflikt aufgebaut, entfaltet, gelöst?

Beantworten lassen sich diese Fragen durch bereits erläuterte Techniken der Textbeobachtung. In einem ersten Schritt sind die Geschehensmomente bzw. Erzähleinheiten zu segmentieren. Dabei kann sich ein Blick auf Anfang und Endpunkt der Narration als besonders hilfreich erweisen. Denn schon in den expositorischen Abschnitten eines Textes – wie übrigens auch in den ersten Szenen eines Dramas oder Filmes – werden wichtige Signale gegeben: Sie lokalisieren das Geschehen, führen handelnde Figuren in einer bestimmten Umgebung ein, eröffnen eine mehr oder weniger verbindliche Perspektive und markieren den kulturellen, sozialen oder ökonomischen Status von Akteuren und Situationen.

Zugleich setzt die Exposition die handelnden Figuren in spezifischen Gruppierungen in Szene und enthält jene ersten Worte, die eine bestimmte Rezeptionshaltung aufbauen. Vergleichen wir diese Signale der Exposition mit analogen Attributen des Endpunktes, lassen sich präzisere Aussagen über konzeptuelle Oppositionen formulieren. Im exemplarischen Brief Werthers entsprechen die Antagonismen „unbekannt – vertraut", „Desinteresse – Anteilnahme", „Ruhe – Bewegung" einer Veränderung des Ortes. Die handelnden Figuren wechseln ihre Umgebung und treten in eine veränderte Konstellation zueinander. Ist Werther am Anfang ohne Bezug zu Lotte, zeigt ihn der Endpunkt neben und in vertrauter Nähe mit ihr. Die im Rahmen dieser Narration gleichfalls mitgelieferten Informationen über ihren sozialen und familiären Status setzen einen Konflikt frei, von dem die weiteren Entwicklungen des Textes vorangetrieben werden – Lotte ist so gut wie verlobt und für Werther deshalb unerreichbar. Damit sind Umstände benannt, die weitergehende Fragen notwendig machen:

- Welche möglicherweise gegensätzlichen Einstellungen, Interessen und Verhaltensweisen werden auf der Handlungsebene präsentiert?
- Welche (subtextuell formulierten) Konflikte lassen sich mit Blick auf gesellschaftliche Normen zur Entstehungszeit des Textes erkennen?

Diese Fragen können weiter aufgefächert werden. Zu thematisieren sind dabei die sozialen Dimensionen, in denen Figuren eines narrativen Textes agieren (und die sie zugleich repräsentieren), sowie die kulturellen bzw. symbolischen Ordnungen des Textgeschehens:

- Wie werden Figuren sozial gruppiert? (Individuum – Gesellschaft, Oberschicht – Unterschichte, Innen – Außen etc.)
- Durch welche Merkmale werden Gruppen- oder Schichtenzugehörigkeit definiert? (Sprache, Kleidung, Statussymbole etc.)
- Reflektieren bzw. kommentieren die Figuren ihre sozialen Beziehungen? In welcher Form?
- Wird der präsentierte status quo innerhalb des Textes affirmiert oder kritisiert? Von wem und mit welcher Begründung?
- Ist der Schluss des Textes eindeutig oder mehrdeutig? Wird eine Parteinahme für eine Figur oder Gruppe markiert?

Selbstverständlich lassen sich diese Fragen nicht durch Konsultation ausgewählter Textstellen, sondern nur durch den Bezug auf den Gesamttext und umfassende Kontextualisierung beantworten. Eine möglichst genaue Beschreibung aller Texteigenschaften (von den Geschehensmomenten und strukturierenden Konzepten bis zur Steuerung des Leserverhaltens) leistet dabei unverzichtbare Dienste. Sie bildet die sichere Grundlage für weiterführende Fragen nach den Verhältnissen zwischen Figuren und ihren kulturellen Ordnungen wie für interpretative Aussagen, die sich auf unterschiedliche Aspekte des Textes und der in ihm artikulierten sozialen, kulturellen, wissensgeschichtlichen etc. Probleme beziehen können.

Die Überzeugungskraft interpretativer Aussagen steht in einem proportionalen Verhältnis zum Beobachtungs- und Beschreibungsvermögen: Je präziser die Deskriptionen, um so plausibler die Deutungen.

Grundlegende und weiterführende Literatur:

Roland Barthes: Einführung in die strukturale Analyse von Erzählungen. In: R. Barthes: Das semiologische Abenteuer. Frankfurt/M. 1988, S. 102-143
Wayne C. Booth: Die Rhetorik der Erzählkunst. 2 Bde. Heidelberg 1974
Wolfgang Iser: Der Akt des Lesens. Theorie ästhetischer Wirkung. München 1976
Eberhard Lämmert: Bauformen des Erzählens. Stuttgart 1955
Hans-Werner Ludwig (Hrsg.): Literaturwissenschaft im Grundstudium. Arbeitsbuch Romananalyse. Eine Einführung. Tübingen 1982
Matias Martinez, Michael Scheffel: Einführung in die Erzähltheorie. München 1999
Günther Müller: Erzählzeit und erzählte Zeit. In: G. Müller: Morphologische Poetik. Gesammelte Aufsätze. Tübingen 1968, S. 269-286
Franz K. Stanzel: Theorie des Erzählens. Göttingen 1979; 6. Aufl. 1995
Karlheinz Stierle: Text als Handlung. München 1975

5 Wie lesen, verstehen, interpretieren wir lyrische Texte?

Über allen Gipfeln	Dem Bürger fliegt vom spitzen Kopf der Hut.
Ist Ruh,	In allen Lüften hallt es wie Geschrei,
In allen Wipfeln	Dachdecker stürzen ab und gehn entzwei
Spürest du	Und an den Küsten – liest man – steigt die Flut.
Kaum einen Hauch;	
Die Vögelein schweigen im Walde.	Der Sturm ist da, die wilden Meere hupfen
Warte nur, balde	An Land, um dicke Dämme zu zerdrücken.
Ruhest du auch.	Die meisten Menschen haben einen Schnupfen.
	Die Eisenbahnen fallen von den Brücken.

Zwei Texte, wie sie unterschiedlicher nicht sein könnten: Der erste Text beschreibt den Blick über einen abendlichen Wald und setzt die empfundene Stille in Beziehung zum Subjekt dieser Empfindung; der zweite Text führt scheinbar zusammenhanglose Erschütterungen und Katastrophen vor. Der erste Text bringt Ruhezustände zur Sprache: Ruhe über den Gipfeln, annähernde Bewegungslosigkeit in den Wipfeln, Stillesein der Vögel, künftige Ruhe des Menschen. Der zweite Texte kombiniert Bilder disparater Bewegungen: fliegender Hut, abstürzende Dachdecker, steigende Flut etc. Der erste Text weist mit der Binäropposition [Ruhe der Natur] vs. [Nicht-Ruhe des Menschen] ein strukturierendes Schema auf. Im zweiten Text sind semantische Ordnungsprinzipien scheinbar aufgehoben oder zumindest durcheinandergewirbelt.

Dennoch weisen beide Texte Gemeinsamkeiten auf: Wir finden eine besondere typographische Anordnung versförmiger Zeilen, einen wiederkehrenden Rhythmus und Reime – also eine Sprache, die wir als „gebunden" bezeichnen und die das Ausgesagte in besonderer Weise „verdichtet" bzw. „verschnürt". Beide Texte berichten nicht über Handlungsverläufe in der Struktur A–>B–>C, sondern liefern Bilder bzw. Momentaufnahmen. Und beide Texte gehen von einem Einzelsubjekt als einer emotional affizierten Instanz aus, was im ersten Text – Goethes Gedicht EIN GLEICHES aus dem Jahre 1780 – deutlicher sichtbar wird als im zweiten Text. Dennoch ist auch das 1911 entstandene Gedicht WELTENDE von Jakob van Hoddis als Äußerung eines „lyrischen Ich" aufzufassen: Denn obwohl die erste Person Singular nicht explizit erscheint, ist die simultane Integration der heterogenen Ereignisse die Leistung eines Einzelsubjekts und seiner Rede.

Aufgrund dieser Attribute können wir beide Textvorkommnisse als **lyri-sche Texte** bezeichnen. Um einen Text der literarischen Gattung **Lyrik** zuordnen zu können, sind Eigenschaften nachzuweisen, die sich aus Fragen nach der Rede-Instanz („Wer spricht?"), der Rede-Form („Wie wird gesprochen?") und dem Rede-Inhalt („Warum und zu welchem Zweck wird gesprochen?") ergeben. Trotz des Risikos, bestimmte Text-sorten auszuschließen, lassen sich drei charakteristische Eigenschaften von Lyrik markieren:

- die Präsenz einer Einzelrede;
- eine versförmig gebundene Sprache;
- die Deskription von Zuständen, Einstellungen, Emotionen.

Lyrische Texte sind also – vereinfacht gesprochen – **Einzelreden in Ver-sen.** Ihre wesentlichen Kennzeichen ergeben sich durch die Unterschei-dung von narrativen Texten: Weisen Erzähltexte eine narrative Instanz – also einen Erzähler – und handelnde Figuren auf, treten in lyrischen Tex-ten keine Erzähler und handelnde Akteure in Erscheinung. Es spricht ein Einzelsubjekt, das als ein „lyrisches Ich" den Text organisiert und sich durch Formen wie „du", „er", „man" austauschen lässt, keinesfalls aber mit dem Autor des Textes verwechselt werden sollte. Nun kennen wir zahlreiche Gedichte, in denen sich kein „Ich" artikuliert – der zitierte Text WELTENDE wäre ein Beispiel dafür. Doch zeigt sich bei genauerer Betrachtung, dass auch in solchen Äußerungen ein organisierendes Zent-rum vorliegt, das disparate Beobachtungen zusammenführt und in ihrer simultanen Präsentation verdichtet. Gegen eine Bestimmung von Lyrik als Gattung ohne Handlung lässt sich zwar einwenden, dass auch in Ge-dichten handelnde Akteure erscheinen können – so wie etwa in Goethes Gedicht WILLKOMMEN UND ABSCHIED, in dem ein Liebender mit Herz-klopfen zur Geliebten reitet. Trotzdem bleibt festzuhalten, dass Handlun-gen für narrative und dramatische Texte von konstitutiver Bedeutung sind und in lyrischen Texte nur auslösende, katalysierende oder retardie-rende Funktion aufweisen. Erzähltexte und Dramen „leben" davon, eine Handlung in Szene zu setzen, bei der ein Zustand A in einen Zustand B überführt wird. Dagegen fixieren lyrische Texte momentane Zustände, mentale Einstellungen oder Emotionen und nehmen Zustandsverände-rungen als funktionale Elemente auf – so wie in Goethes Gedicht der ja-gende Ritt nur den Anlass zum Ausdruck von vielfältigen Empfindungen bietet. Lyrische Texte liefern primär **Beschreibungen** (Deskriptionen) in Form verdichteter Momentaufnahmen und bedienen sich dazu sprachli-cher bzw. typographischer Ordnungskriterien, die als erste und markante Merkmale ins Auge fallen: Versform, regelmäßiger Rhythmus, Reime und Strophen signalisieren eine besondere „Bindung" der Sprache im Gegen-satz zur „ungebundenen" Prosa von Erzähltexten oder Dramen.

Solche Bestimmungen müssen literarische Formen problematisieren, die bislang der Lyrik zugeordnet wurden: Die in Versen und Strophen verfasste *Ballade*, bei der die Darstellung von Handlung dominiert und Dialogpartien an die Unmittelbarkeit des Dramas erinnern, bildet eine an Lyrik, Epik, Dramatik partizipierende Grenzgattung (und wurde gerade aufgrund dieser Vereinigung von Goethe als „Ur-Ei" der Poesie bezeichnet[18]). Die Versform allein bildet also noch kein hinreichendes Kriterium für die Klassifikation eines Textes als Lyrik; auch die Epen des Mittelalters wie das Nibelungenlied waren versförmig gebunden. Von zentraler Bedeutung für die Zuordnung zur „Lyrik" und die damit verbundene Wahl eines Beschreibungs- und Erklärungsinstrumentariums ist vielmehr der Einsatz einer *gebundenen Einzelrede* zur besonderen Realisierung der *poetischen Sprachfunktion*, die wie erwähnt die Aufmerksamkeit auf die Mitteilung selbst bzw. auf die Form dieser Mitteilung lenkt.

Wie aber realisiert Lyrik diese poetische Funktion von Sprache? Zwei der wichtigsten Sätze Roman Jakobsons lauten: „Die poetische Funktion projiziert das Äquivalenzprinzip von der Achse der Selektion auf die Achse der Kombination. Äquivalenz wird zum bestimmenden Mittel einer Sequenz."[19] Diese Aussage soll im folgenden erklärt werden. *Selektion* und *Kombination* stellen zwei wesentliche Schritte dar, um sprachliche Äußerungen zu produzieren. Um etwas mitzuteilen, müssen zuerst Worte gefunden werden, die – als Zeichen für etwas – eine Aussage ermöglichen. Die ermittelbaren Sprachzeichen weisen eine bestimmte *semantische Äquivalenz* auf. Semantisch äquivalent sind etwa die Elemente der Wortreihe „Autor – Dichter – Poet – Schriftsteller – Schreiber – Verseschmied". Wollen wir über das Hervorbringen literarischer Texte etwas aussagen, muss zuerst ein Begriff dieser Wortreihe ausgewählt und dann mit einem sinnverwandten Element aus einer anderen Wortreihe kombiniert werden. Wir wählen das Wort „Dichter" und könnten es nun mit einem beliebigen Verb aus der Wortreihe „schreiben – dichten – verfassen – produzieren" kombinieren. Verbinden wir zwei sprachliche Einheiten aus diesen Wortreihen zur Kombination „Ein Dichter verfasst (einen Text)", entsteht eine *Sprechreihe*, ein sog. *Syntagma*. Im Alltag bilden wir ständig solche Syntagmen. Die Besonderheit von Lyrik kommt dadurch zustande, dass diese Kombinationen nicht wahllos erfolgen – Wörter werden vielmehr so kombiniert, dass eine *lautliche Äquivalenzbeziehung* unter ihnen entstehen kann.

[18] Johann Wolfgang Goethe: „Ballade". Betrachtung und Auslegung. In: J. W. Goethe: Sämtliche Werke (Münchner Ausgabe). Bd. 13, S. 505.
[19] Roman Jakobson: Linguistik und Poetik. In: R. Jakobson: Poetik. Ausgewählte Aufsätze 1921-1971. Hrsg. von Elmar Holenstein und Tarcisius Schelbert. Frankfurt/M. 1979, S. 83-121, hier S. 94.

Erinnern wir uns nun daran, dass *Äquivalenz* als Ähnlichkeit bzw. Gleichheit von mindestens zwei Größen in einer sprachlichen Äußerung eingeführt wurde, dann wird rasch klar, worin die Besonderheit *poetischer* Kombinationen besteht: Hören wir die Aussage „Ein Autor hat einen Text zu schreiben" und die Aufforderung „Dichter, dichte uns Gedichte!", so zieht die von Alliterationen geprägte Sprechreihe eine ungleich stärkere Aufmerksamkeit auf sich als die sachliche Mitteilung. Alliterationen beruhen aber auf nichts anderem als dem *Prinzip der Äquivalenz*: die Phoneme der betonten Anfangssilbe werden wiederholt. Sind wiederkehrende Merkmale in einem Syntagma vorhandenen, spricht man von einem *Paradigma*, also einer Organisation von sprachlichen Einheiten aufgrund von *Ähnlichkeitsmerkmalen*. Das Vorhandensein von *Paradigmen* begründet die *poetische Funktion* von Sprache und ist in Werbesprüchen („Geiz ist geil") wie in Gedichtzeilen anzutreffen („Lieb' und Leid im leichten Leben/ Sich erheben, abwärts schweben,/ Alles will das Herz umfangen/ Nur verlangen, nie erlangen..."[20]).

Was Gedicht und Werbespruch unterscheidet, ist ein *kommunikativer Rahmen*, in dem die poetische Struktur von Sprache in veränderter Gestalt wirkt. Paratextuelle Markierungen wie die Gattungsbezeichnung „Gedicht" und ein Autorname, typographische Gestaltung und andere Attribute schaffen eine Kommunikationssituation, in der die poetische Funktion nun *frei* und *dominant* gesetzt ist.

5.1 Beschreibung und Analyse lyrischer Texte
Die Ebene der Signifikanten

Mit der Erläuterung der *poetischen Funktion* von Sprache befinden wir uns bereits mitten in der Beschreibung und Analyse lyrischer Texte. Denn als sprachliche Zeichensysteme lassen sich lyrische Texten auf zwei verschiedenen Ebenen untersuchen: Zum einen auf der Ebene der **sprachlichen Signifikanten** (Ausdrucksebene); zum anderen auf der Ebene der **sprachlichen Signifikate** (Bedeutungsebene).

Hat sich nach einer Untersuchung gattungsspezifischer Merkmale die begründete Zuordnung eines gegebenen Textes zur Lyrik ergeben, kann in einem nächsten Schritt die Ausdrucksebene, also die Ebene der sprachlichen Signifikanten beschrieben und analysiert werden. Mit einer mög-

---

[20] Clemens Brentano: Lieb' und Leid im leichten Leben... In: C. Brentano: Werke. Hrsg. von Friedhelm Kemp. Bd. 1. München 1963, S. 130.

lichst genauen Beschreibung der „Oberfläche" eines lyrischen Textes lässt
sich nicht nur erfassen, welche lautlichen Besonderheiten den Text aus-
zeichnen. Eine exakte und jedes Detail erfassende Beobachtung der
sprachlichen Zeichen erlaubt zugleich eine Erklärung, wie und warum bestimmte Wirkungen im Akt der Lektüre und Bedeutungszuweisung erzeugt werden – womit bereits Anhaltspunkte für die Analyse der Bedeutungen (also der sprachlichen Signifikate) gegeben sind.

Soll die **Ebene der sprachlichen Signifikanten**, also die Ausdruckse-
ne eines Textes erfasst und beschrieben werden, sind vor allem *lautliche
Äquivalenzen* in den Blick zu nehmen – beruht doch auf ähnlichen oder
gleichen Merkmalen innerhalb einer Sprechreihe jene Dominanz der
„Form" gegenüber dem „Inhalt" einer Nachricht, die als Wirkung der poetischen Funktion bestimmt wurde. Zu den wichtigsten *Paradigmen* (Einheiten aufgrund von Ähnlichkeitsmerkmalen) auf der Ebene der sprachlichen Signifikanten zählen die *Alliteration*, die *Assonanz*, der *Reim* und das
Metrum. Wie nachfolgend gezeigt wird, beruht jedes dieser Mittel zur
„Bindung" der Sprache auf *lautlichen Äquivalenzen* bzw. *Ähnlichkeiten*.

Die **Alliteration** ist die wahrscheinlich markanteste Form der klangli-
chen Bindung innerhalb einer Verszeile. Sie basiert auf der Rekurrenz des
Phonems am Anfang einer betonten Silbe in einem Syntagma: „Staunen-
de Stimmen störten die Stille dieser Stunde." Das paradigmatische Ord-
nungskriterium besteht im gleichen konsonantischen oder vokalischen
Anlaut mehrerer Lexeme in einer Sprechreihe. Die Alliteration steigert die
Klangintensität und kann die Aufmerksamkeit auf koordinierte Begriffe
lenken: „Himmel und Hölle", „Lieb und Leid", „Feuer und Wasser".

Die **Assonanz** ist der Alliteration in der Form ähnlich. Die Rekurrenz
betrifft jedoch nicht den Anfangslaut der Lexeme, sondern bezieht sich
auf den Vokal betonter Silben. In den Lexemen der Sprechreihe bleibt der
Vokal konstant, während die restlichen Phoneme variieren können: „Keine Heiterkeit heilte ihr Leid."

Unter den „Binde-Mitteln" lyrischer Texte ist der **Reim** wohl das be-
kannteste. Aus diesem Grund wird er zuweilen auch fälschlicherweise als
Kriterium für Lyrik angesehen; vor allem Kinder sind der Ansicht, dass
sich ein Gedicht reimen müsse. Der Reim bewirkt eine besonders starke
Verfremdung der Sprache, da in pragmatischer Kommunikation nur selten und meist zufällig gereimt wird. Ein Reim basiert auf der Äquivalenzbeziehung zwischen konstant bleibenden Phonemgruppen, die sich am
Ende von Lexemen befinden: „Zum Sehen geboren,/ Zum Schauen be-
stellt,/ Dem Turme geschworen,/ Gefällt mir die Welt..." Man unterscheidet verschiedene Reimformen: Ist der sog. *reine Reim* durch eine
Phonemgruppe gekennzeichnet, die in vollständiger klanglicher Überein-

stimmung immer wieder in verschiedenen Lexemen vorkommt ("Kl<u>ein</u> und f<u>ein</u> – ja, so sollt' das Städtchen s<u>ein</u>"), so stimmen im sog. *unreinen Reim* die Phonemgruppen in einzelnen Wörtern in einer oder zwischen mehreren, aufeinanderfolgenden Sprechreihen lediglich annähernd überein ("Als er kam zur<u>ück</u>, bedacht' sie ihn mit keinem Bl<u>ick</u>"). Neben dem sog. *reichen Reim* – bei dem sich der betonte Vokal und zudem die vor dem Vokal stehenden und alle nachfolgenden Phoneme wiederholen ("er-t<u>ragen</u>, fr<u>agen</u>, Kr<u>agen</u>; betr<u>agen</u>) – existieren weitere Reimformen, die in den aufgeführten Referenzwerken erläutert sind und deshalb nicht weiter vorgestellt werden.

Auf dem Äquivalenzprinzip, also der Wiederholung gleicher oder ähnlicher Eigenschaften sprachlicher Signifikanten, beruht ebenfalls der **Rhythmus**, der sich als Abfolge von akzentuierten (d. h. betonten) Silben, nicht-akzentuierten Silben und Pausen realisiert und vor allem beim lauten Lesen eines Textes spürbar wird. Ist der Rhythmus unseres Sprechens in der Alltagssprache gewöhnlich sehr unregelmäßig, weichen lyrische Texte davon ab: In den meisten Gedichten, Sonetten, Oden und anderen Formen lyrischer Texte treten betonte und nichtbetonte Silben *regelmäßig* auf. Die Äquivalenzbeziehung besteht in diesem Fall in einer geregelten Abfolge akzentuierter und nicht-akzentuierter Silben. Die Regelmäßigkeit von Betonungen – wir können auch "regelmäßige Akzentrekurrenz" dazu sagen – wird als **Metrum** bezeichnet. (Nur hinzuweisen ist an dieser Stelle auf Veränderungen im Umgang mit metrischen Formen. Vor allem im 20. Jahrhundert wurden zunehmend Gedichte verfasst, die eher den Rhythmusregeln der Alltagssprache entsprachen und nicht darauf achteten, metrisch stimmig zu sein. In diesem Fall sprechen wir von *prosanaher Lyrik*.) In lyrischen Texten, in denen ein regelmäßiger Rhythmus vorzufinden ist, unterscheiden wir die Metren:

Trochäus	Einer betonten Silbe folgt eine unbetonte Silbe: „Hat der alte Hexenmeister Sich doch einmal wegbegeben..."
Jambus	Einer unbetonten Silbe folgt eine betonte Silbe: „Am grauen Strand, am grauen Meer Und seitab liegt die Stadt..."
Daktylus	Einer betonten Silbe folgen zwei unbetonte Silben: „Es lacht in dem steigende jahr dir Der duft aus dem garten noch leis..."
Anapäst	Auf zwei unbetonte Silben folgt eine betonte Silbe: „Sie nahen, sie kommen, die Himmlischen alle Mit Göttern erfüllt sich die irdische Halle."

Die metrische Bindung von Verszeilen sorgt nicht nur dafür, dass viele lyrische Texte melodisch oder musikalisch wirken. Im Verbund mit den bereits erläuterten Äquivalenzbeziehungen Alliteration, Assonanz und Reim
erzielt ein geregelter Rhythmus auch Wirkungen, die eine Textbedeutung
nahelegen und verstärken können. Lesen wir etwa die erste Strophe von
Theodor Storms Gedicht DIE STADT:

> Am grauen Strand, am grauen Meer
> Und seitab liegt die Stadt;
> Der Nebel drückt die Dächer schwer,
> Und durch die Stille braust das Meer
> Eintönig um die Stadt.

Schon der geregelte Rhythmus jeder Zeile macht das Gleichmaß des Lebens in der Nordseestadt Husum geradezu körperlich spürbar. Die Ge-
dichtstrophe spricht die Monotonie der immer gleichen Abläufe nicht nur
wörtlich aus, sondern vermittelt sie mit dem jambischen Versmaß und
den alliterierenden Wiederholungen auch jenseits der expliziten Benennung. Wenn lautliche Äquivalenzen eine eigene Aussagekraft gewinnen,
sprechen wir von der **Semantisierung der Ausdrucksebene**. Dies kann
verschiedene Folgen haben: Unterstützt eine besondere Gestaltung der
Ausdrucksebene die Wortbedeutung – wie im Falle des oben abgedruckten Storm-Gedichtes – liegt *Stimmigkeit* vor. Treten lautliche Äquivalenzen aber so gehäuft auf, dass die Deutlichkeit des denotierten Sinns ab-
nimmt und die Wortbedeutung in den Hintergrund gedrängt wird,
spricht man von *Desemantisierung der Inhaltsebene*. Was geschieht, wenn
lautliche Strukturen den durch die Worte denotierten Sinn „untergraben", wird in Ludwig Tiecks Gedicht SEHNSUCHT wie auch im Song
MFG der Hip-Hop-Band Die Fantastischen Vier deutlich:

Warum Schmachten?	ARD, ZDF, C&A
Warum Sehnen?	BRD, DDR und USA
Alle Tränen	BSE, HIV und DRK
Ach! sie trachten	GbR, GmbH – ihr könnt mich mal
Weit nach Ferne,	THX, VHS und FSK
Wo sie wähnen	RAF, LSD und FKK […]
Schönre Sterne.	ADAC, DLRG – ojemine
Leise Lüfte	EKZ, RTL und DFB
Wehen linde,	ABS, TÜV und BMW,
Durch die Klüfte	KMH, ICE und Eschede
Blumendüfte,	PVC, FCKW – is nich OK
Gesang im Winde,	MfG – mit freundlichen Grüßen.
Geister scherzen,	Die Welt liegt uns zu Füßen, denn wir stehen drauf.
Leichte Herzen!	Wir gehen drauf für ein Leben voller Schall und Rauch.
	Bevor wir fallen, fallen wir lieber auf.

5.2 Interpretation lyrischer Texte
Die Ebene der Signifikate

Sind die Oberflächenstrukturen lyrischer Texte beschrieben, kann der letzte Schritt in Angriff genommen werden – die Untersuchung der Bedeutungsebene. Wie die Ausdrucksebene lässt sich auch die semantische Ebene eines Textes in Bezug auf **paradigmatische Ordnungskriterien** analysieren, wobei neben *Äquivalenzen* vor allem *Relationen* und *Oppositionen* zwischen den einzelnen Elementen von besonderer Wichtigkeit sind.

Wollen wir die **Ebene der sprachlichen Signifikate** beschreiben und deuten, sind zuerst einmal zwei Bereiche von bedeutungstragenden Elementen zu unterscheiden: *denotative* und *konnotative* Bedeutungsträger. Unter **Denotationen** (Bezeichnungen) verstehen wir feststehende Bedeutungen der im Text enthaltenen Signifikanten, also der Worte und Wortverbindungen. Ein erster Schritt zur Beschreibung der Bedeutungsebene besteht also darin, eine mehr oder weniger konventionelle Perspektive einzunehmen und das *Thema* des gegebenen Textes zu ermitteln – wobei sich die Suche nach strukturierenden Binäroppositionen als hilfreich erweisen kann. Lesen wir etwa einen Text, der in Goethes Roman WILHELM MEISTERS LEHRJAHRE enthalten ist, sich durch bestimmte Gattungssignale aber relativ eindeutig als „Lyrik" klassifizieren lässt:

> Kennst du das Land, wo die Zitronen blühn,
> Im dunkeln Laub die Goldorangen glühn,
> Ein sanfter Wind vom blauen Himmel weht,
> Die Myrte still und hoch der Lorbeer steht,
> Kennst du es wohl? Dahin! Dahin
> Möcht ich mit dir, o mein Geliebter, ziehn.

> Kennst du das Haus? Auf Säulen ruht sein Dach,
> Es glänzt der Saal, es schimmert das Gemach,
> Und Marmorbilder stehn und sehn mich an:
> Was hat man dir, du armes Kind, getan?
> Kennst du es wohl? Dahin! Dahin
> Möcht ich mit dir, o mein Beschützer, ziehn.

> Kennst du den Berg und seinen Wolkensteg?
> Das Maultier sucht im Nebel seinen Weg;
> In Höhlen wohnt der Drachen alte Brut;
> Es stürzt der Fels und über ihn die Flut,
> Kennst du ihn wohl? Dahin! Dahin
> Geht unser Weg; o Vater, laß uns ziehn!

Das Thema des Textes ist unschwer zu ermitteln: Die ersten beiden Strophen fragen nach der Kenntnis von Dingen, die als Ziele einer unerklär-
ten Sehnsucht imaginiert werden – ein südlich-warmes Land, ein festlich
schönes Haus. Die dritte Strophe beschreibt den Weg zum Sehnsuchtsziel. Wiederkehrende Elemente sind die zum Anfang jeder Strophe artikulierten Fragen und Aufrufe, die sich an wechselnde Partner („Geliebter",
„Beschützer", „Vater") richtet.

Zugleich finden wir Worte und Wortverbindungen, die über die konventionelle Sachbedeutung eines Begriffes hinausgehen und assoziativ zu
erschließen sind: Die Wendung vom säulengetragenen Haus mit glänzen-
dem Saal und rätselhaft schauenden Marmorbildern erinnert an einen antiken Tempel; die Metapher vom „Wolkensteg" verweist auf ein gefährlich
hochragendes Gebirge, in dem mythische Gestalten wie „Drachen" leben.
Mehrdeutig sind nicht zuletzt die Personen, an die die refrainhaft wiederholten Aufrufe zu gemeinsamer Reise adressiert sind: Gehören die Begriffe
„Geliebter" und „Beschützer" in den Bereich intimer Kommunikation, so
ist das Wort „Vater" mehrfach konnotiert; es meint nicht nur den biologi-
schen Erzeuger, sondern auch den Erzieher und – in religiöser Dimension
– den Garanten einer sinnhaften Weltordnung. Werden durch Assoziation
zusätzliche Signifikate zu Worten und Wortverbindungen ermittelt, die
nicht einer konventionalisierten Bedeutung des Lexems entsprechen, befinden wir uns auf der *konnotativen Ebene* des Textes.

Konnotationen oder **Konnotate** (Mitbezeichnungen) basieren auf dem
Umstand, dass ein Sprachzeichen mehrere Bedeutungen tragen kann, aus
denen unter Berücksichtigung des Kontextes eine mehr oder weniger sichere Bedeutung ausgewählt wird. In diesem Zusammenhang gehören
Tropen, die bereits im Kapitel zur Beschreibung der Literarizität von Texten erwähnt wurden und die eigentlich *semantische Anomalien* darstellen –
sie verbinden zwei an sich inkompatible Ausdrücke miteinander. Wie die
in Goethes Text anzutreffende Metapher „Wolkensteg" zeigt, erklären wir
diese Kombination aber nicht für sinnlos oder absurd, sondern versuchen
ihre eine erweiterte, komplexe Bedeutung zuzuweisen: Da wir wissen, dass
Wolken als sichtbare und durch Kondensation entstandene Ansammlungen von Wasser- und Eispartikeln in der Luft keine festen Wege tragen
können, muss etwas anderes gemeint sein – wahrscheinlich ein in besondere Höhen führender Weg durch das umnebelte Gebirge.

Aufgrund der Art der Ersetzung eines Begriffs lassen sich Tropen unterscheiden. Während die **Metonymie** auf einem realen Zusammenhang
zwischen den Begriffen beruht („Unser täglich Brot" = Nahrung), stammen die bei der **Metapher** zusammengefügten Begriffe aus disparaten
Seinsbereichen. Metaphorische Wendungen wie „Wolkenkratzer" oder

„Wolkensteg" zeigen, dass die Ersetzung eines eigentlichen Begriffes durch einen neuen Ausdruck *semantisch* motiviert ist – die zusammengeführten Begriffe besitzen eine gemeinsame Eigenschaft, die über *Ähnlichkeitsbeziehungen* erschlossen wird.

Sehen wir das abgedruckte Goethe-Gedicht näher an, lassen sich nur wenige mehrfach konnotierte Worte und Wendungen ermitteln. Dafür fällt eine eindringliche Bildhaftigkeit auf: blühende Zitronen, im dunklen Laub glühende Goldorangen, sanfter Wind vom blauen Himmel, stille Myrte, hoher Lorbeer... Diese Textelemente lassen sich als Bild vorstellen, in dem die sprachlichen Symbole einen **quasi-visuellen Zeichenkomplex** bilden. Diesen nennen wir mit Jürgen Link **Pictura** (und können an dieser Stelle nur knapp auf die lange poetologische Tradititon des aus dem Lateinischen kommenden Begriffs verweisen: „ut pictura poesis" [„Dichtungen gleichen Gemälden"] heißt es in der POETIK des Horaz. Das Gedicht sei ein redendes Gemälde und das Gemälde ein stummes Gedicht, lautet ein unter dem Namen des Simonides überlieferter Satz in der einflussreichen Schrift RHETORICA AD HERENNIUM. Die barocke Emblematik verschränkte Bild und Aussage in sog. „Sinnbildern", in denen eine Überschrift [lat. inscriptio] über einem Holz- oder Kupferstich [pictura] steht; unter der Graphik findet sich ein Epigramm [subscriptio] zur Auslegung und Erklärung des Gezeigten.)

Diese Bestimmungen lassen sich auf die Analyse der Bedeutungsträger in lyrischen Texten anwenden. Hier besteht ein quasi-visueller Zeichenkomplex aus mehreren, sinnhaft miteinander verbundenen Elementen. Jedem dieser **Pictura**-Elemente entspricht eine komplexe Bedeutung, die nach Link mit dem emblematischen Terminus **Subscriptio** (lat. „Unterschrift") benannt werden soll. Werden Elemente aus dem quasi-visuellen Zeichenkomplex mit komplexen Signifikaten verbunden, die über die Denotationen hinausgehen, lässt sich die **Symbolstruktur** des lyrischen Textes ermitteln. Auch wenn diese Verbindung von Pictura- und Subscriptio-Elementen durch konnotative Zuordnungen erfolgen kann, unterliegt sie doch bestimmten Bedingungen:

-   Die Zuordnung von Elementen aus dem quasi-visuellen Zeichenkomplex (Pictura) zu komplexen Signifikaten (Subscriptiones) muss motiviert, also begründet sein: entweder sprachlich (metaphorisch) oder auf Basis einer logischen Beziehung (metonymisch).
-   Die komplexen Signifikate müssen eine in sich stimmige syntagmatische Ordnung aufweisen.
-   Pictura- und Subscriptio-Elemente müssen adäquat sein – jedes Element der Subscriptio hat einem Element der Pictura zu entsprechen; es dürfen keine zusätzlichen, dem Text nicht entsprechende Signifikate gebildet werden.

–   Die hergestellten Relationen zwischen Pictura- und Subscriptio-
    Elementen müssen isomorph sein: Jedes Element aus dem quasi-visuellen
    Zeichenkomplex hat sich zu seinem paradigmatisch entsprechenden Be-
    deutungskomplex ebenso zu verhalten wie ein anderes Element zu seinem
    paradigmatisch entsprechenden.

Aus Goethes Gedicht lässt sich für jede Strophe ein quasi-visueller Zeichenkomplex (Pictura) angeben, dem ein komplexes Signifikat (Subscriptio) zugeordnet werden kann:

Pictura (= quasi-visueller Zeichenkomplex)	Subscriptio (= Bedeutungskomplex)
p1: blühende Zitronen, im dunklen Laub glühende Goldorangen, sanfter Wind aus blauem Himmel	s1: südliche, schöne Natur, die nicht als Gegensatz des Menschen, sondern als seine harmonische Umwelt erscheint
p2: von Säulen getragenes Haus mit glänzendem Saal, Marmorbilder mit fragenden Blicken	s2: ein besonders gestalteter Raum – möglicherweise ein Tempel; Ort von Schutz, Trost und Reflexion
p3: Berg und Wolkensteg; Maultier im Nebel seinen Weg suchend; alte Brut der Drachen in Höhlen; stürzende Felsen, Flut	s3: schroffe Hochgebirgslandschaft als Hindernis, das auf der Reise zu überwinden ist; Gefahren durch mythische Bedrohungen und Wasserfälle

Zu beachten ist, dass an einen quasi-visuellen Zeichenkomplex in der Regel mehrere Bedeutungskomplexe anschließbar sind. Das heißt aber nicht,
dass die Ermittlung der Symbolstruktur beliebig ist. Im vorliegenden Fall
könnte etwa aus den zusammengetragenen Pictura-Elementen weiter ge-
folgert werden, dass es sich bei dem lyrisch geschilderten Land um Italien
handelt und die in der letzten Strophe beschriebene Hochgebirgsland-
schaft die Alpen sind, die auf dem Weg vom nördlichen Deutschland in
das südliche Mittelmeerland zu überqueren sind. Diese aus unserem
Weltwissen gespeiste Bedeutungszuweisung hat jedoch bestimmte Plausi-
bilitätskriterien zu berücksichtigen – ist also nicht von der Willkür des Interpreten abhängig.

Formulieren wir das *Thema* eines lyrischen Textes sowie die Beziehungen zwischen quasi-visuellen Zeichenkomplexen und ihren komplexen
Signifikaten als Sätze, erhalten wir begründete Aussagen über die „Botschaft" des lyrischen Textes, die als *Interpretationen* bezeichnet werden
können. Im vorliegenden Fall wäre folgender Satzverbund eine mögliche
Basis für weitergehende Erklärungen: „Der liedhafte Text beschreibt Ziele
einer Sehnsucht – eine harmonische Natur mit der Einheit von Mensch
und Umwelt sowie einen schützenden sozialen Raum, der als Ort der Ruhe und der Reflexion fungiert. Der Text beschreibt zugleich den Weg zu

diesem Sehnsuchtsziel und fordert zur Reise auf. Besonderen Nachdruck erfahren die Beschreibungen dieser Sehnsuchtsziele durch ihre sprachliche Realisierung, die vor allem Wiederholung und Steigerung einsetzt: Jede Strophe beginnt und schließt mit der direkten Ansprache eines Partners, der als ‚Geliebter', ‚Beschützer', ‚Vater' bezeichnet wird; jede Strophe variiert Bilder in einer von maximalen Äquivalenzbeziehungen geprägten Sprache."

Mit diesen drei Schritten – Bestimmung der Gattung, Beschreibung der Signifikanten, Erklärung der Symbolstrukturen – stehen Verfahren bereit, die sich für einen produktiven Umgang mit lyrischen Texten eignen. Unabhängig davon, wie die erläuterten Verfahren bewertet werden: sie zwingen auf jeden Fall dazu, *jede Zeile* und *jedes Wort* des Textes genau zu beobachten und nach dessen Sinn zu fragen. Jedes noch so kleine Element des Textes kann so untersucht und beschrieben, analysiert und gedeutet werden. Und das ist nicht wenig.

Grundlegende und weiterführende Literatur:

Bernhard Asmuth: Aspekte der Lyrik. Mit einer Einführung in die Verslehre. Düsseldorf 1972; 7. ergänzte Aufl. Opladen 1984
Dieter Burdorf: Einführung in die Gedichtanalyse. Stuttgart, Weimar 1995; 2. überarb. u. akt. Aufl. 1997
Wolfgang Kayser: Kleine deutsche Versschule. Bern 1946; 26. Aufl. Tübingen, Basel 1999
Gerhard Kurz: Macharten. Über Rhythmus, Reim, Stil und Vieldeutigkeit. Göttingen 1999
Dieter Lamping: Das lyrische Gedicht. Definitionen zu Theorie und Geschichte der Gattung. Göttingen 1989
Jürgen Link: Das lyrische Gedicht als Paradigma des überstrukturierten Textes. In: Helmut Brackert, Jörn Stückrath (Hrsg.): Literaturwissenschaft. Ein Grundkurs. Reinbek bei Hamburg 1981, S. 192-219
Ludwig Völker: Lyriktheorie. Texte vom Barock bis zur Gegenwart. Stuttgart 1990
Christian Wagenknecht: Deutsche Metrik. Eine historische Einführung. München 1981; 4. Aufl. 1999

6 Wie lesen, verstehen und interpretieren wir dramatische Texte?

Erster Aufzug. Erster Auftritt
Der Schauplatz ist ein Saal im Gasthofe.
Sir William Sampson und Waitwell treten in Reisekleidern herein.
SIR WILLIAM. Hier meine Tochter? Hier in diesem elenden Wirtshause?
WAITWELL. Ohne Zweifel hat Mellefont mit Fleiß das Allerelendeste im ganzen Städtchen zu seinem Aufenthalte gewählt. Böse Leute suchen immer das Dunkle, weil sie böse Leute sind. Aber was hilft es ihnen, wenn sie sich auch vor der ganzen Welt verbergen könnten? Das Gewissen ist doch mehr, als eine ganze uns verklagende Welt. – Ach, Sie weinen schon wieder, schon wieder, Sir! – Sir!
SIR WILLIAM. Laß mich weinen, alter ehrlicher Diener. Oder verdient sie etwa meine Tränen nicht?
WAITWELL. Ach! sie verdient sie, und wenn es blutige Tränen wären.
SIR WILLIAM. Nun so laß mich.
WAITWELL. Das beste, schönste, unschuldigste Kind, das unter der Sonne gelebt hat, das muss so verführt werden! Ach Sarchen! Sarchen! [...]

[1] Freies Feld. Die Stadt in der Ferne.
WOYZECK und Andres schneiden Stöcke im Gebüsch.
WOYZECK. Ja Andres; den Streif da über das Gras hin, da rollt Abends der Kopf, es hob ihn einmal einer auf, er meint' es war' ein Igel. Drei Tag und drei Nächt und er lag auf den Hobelspänen. *Leise* Andres, das waren die Freimaurer, ich hab's, die Freimaurer, still!
ANDRES *singt.*
Saßen dort zwei Hasen,
Fraßen ab das grüne, grüne Gras...
WOYZECK. Still! Es geht was!
ANDRES. Fraßen ab das grüne, grüne Gras
Bis auf den Rasen.
WOYZECK Es geht hinter mir, unter mir *stampft auf den Boden* hohl, hörst du? Alles hohl da unten. Die Freimaurer!
ANDRES. Ich fürcht mich.
WOYZECK. S' ist so kurios still. Man möcht den Athem halten. Andres!
ANDRES. Was?
WOYZECK. Red was! *Starrt in die Gegend.* Andres! Wie hell! Ein Feuer fährt um den Himmel und ein Getös herunter wie Posaunen. Wie's heraufzieht! Fort. Sieh nicht hinter dich. *Reißt ihn ins Gebüsch.*
ANDRES *nach einer Pause.* Woyzeck! hörst du's noch?

Wieder liegen zwei unterschiedliche Textausschnitte vor. Bereits durch ihre äußerliche Gestaltung unterscheiden sie sich von den bisher behandelten lyrischen und narrativen Texten. Wir finden Angaben wie „Aufzug" und „Auftritt", kursiv gesetzte Angaben über den „Schauplatz" und Anweisungen für namentlich bezeichnete Figuren, die direkt und ohne Vermittlung eines Erzählers agieren. Dieses Agieren beschränkt sich nicht auf den Austausch von Reden. Im ersten abgedruckten Textausschnitt betreten zwei Reisende einen Raum, sehen sich um und geben eine Wertung ab. Im zweiten Ausschnitt arbeiten zwei Männer in einem Gebüsch. Wie aus den Worten des Dieners im ersten Ausschnitt zu entnehmen ist, weint sein Herr. Regieanweisungen im zweiten Textauszug lassen eine Figur singen, die andere Figur mit den Füßen stampfen und ins Gebüsch springen.

Beide Texte senden durch paratextuelle Markierungen eindeutige *Gattungssignale* aus. Beim ersten der abgedruckten Ausschnitte handelt es sich um Gotthold Ephraim Lessings Werk MISS SARA SAMPSON, das erstmals 1757 mit dem Nebentitel EIN BÜRGERLICHES TRAUERSPIEL IN FÜNF AUFZÜGEN erschien. Der zweite Textausschnitt ist der Beginn des unvollendet gebliebenen Dramas WOYZECK von Georg Büchner – wobei auf den Umstand hinzuweisen ist, dass nur eine Reihe von Entwürfen (H1, H2, H3) und eine unvollständige Reinschrift mit vorläufigem Charakter (H4) überliefert sind, die nicht einmal die endgültige Abfolge der Szenen erkennen lassen. Die in beiden Textausschnitten feststellbaren Elemente – ohne Vermittlungsinstanz agierende **Figuren**, die sich mit Rede und Gegenrede in einer **szenischen Aktion** befinden und in einem bühnentechnisch modellierten **Raum** handeln – gestatten nicht nur ihre gattungstypologische Zuordnung zur Sorte dramatischer Texte. Die Elemente **Raum**, **Figur** und **Handlung** stellen zugleich zentrale Kategorien zur Beschreibung dramatischer Texte bereit, an denen sich die nachfolgende Darstellung orientiert.

Zuvor ist noch knapp auf eine Besonderheit einzugehen, welche die nun zu erläuternde Gattung zum Objekt zweier wissenschaftlicher Disziplinen macht. Das **Drama**, das kultisch-rituelle Wurzeln aufweist und im europäischen Kulturkreis in der griechischen Antike entstand, ist als Simulation von *Handlung* – denn nichts anderes heißt der griechische Terminus „drama" – mehrfach präsent: Zum einen als fixierter Text, der als gedruckt vorliegt und gelesen werden kann; zum anderen als realisiertes Spiel auf der Bühne eines Theaters, in dem Schauspieler das dramatische Geschehen vor einem Publikum aufführen und dazu verbale und nonverbale Mittel (Sprache, Mimik, Gestik etc.) einsetzen.

Den **Text eines Dramas**, der unabhängig von seiner Realisierung auf einem Theater vorliegt, bezeichnen wir als **Stück**. Seine Rezeption ist individuell (und der Wahrnehmung anderer literarischer Texte ähnlich): Der

Leser eines Stücks imaginiert vor seinem inneren Auge die Szenen, Handlungen und Aktionen; er kann während der Lektüre vor- und zurückblättern, innehalten oder vorauseilen. Ganz anders ergeht es dem Zuschauer einer **Aufführung**, also einer **theatralen Realisierung des dramatischen Textes**: Ihm wird eine *Inszenierung* angeboten, die bereits eine *Interpretation* durch den Regisseur und den Theaterapparat ist. Denn bei Aufführung des Dramas im Theater – die gleichzeitig mit der Rezeption abläuft – wird der zu Grunde liegende Primärtext bestimmten Ausdrucksinteressen entsprechend umgesetzt. In der kollektiven Wahrnehmung (durch das Publikum) einer kollektiven Produktion (durch das Ensemble von Regisseur, Schauspielern, Theaterapparat) können sich mehrfache Rückkopplungseffekte ergeben: Bereits bei der Konzeption der Aufführung sind die Rezeptionsbedingungen zu berücksichtigen; die Aufführung selbst wird durch das Verhalten des Publikums beeinflusst. Zugleich erweisen sich die Intentionen des Regisseurs als abhängig von der Unterstützung des Theaterapparats und den Erwartungen der Öffentlichkeit; auch die Reaktion des einzelnen Zuschauers kann von medial geprägten Erwartungen sowie vom Verhalten des übrigen Publikums gelenkt werden.

Aus diesen Dimensionen folgen unterschiedliche analytische Zugriffe: Während sich die Literaturwissenschaft der Beschreibung, Deutung und Erklärung des Dramentextes widmet, rückt die Theaterwissenschaft die Umsetzung des Stückes in der Aufführung ins Zentrum. Dabei konzentriert sie sich auf eine Eigenart der Kunstform, die als *Plurimedialität des Dramas* bezeichnet wird und die Gesamtheit von verbalen und nonverbalen Codes meint, mit denen Inhalte vermittelt werden. In der Tat lassen sich bei einer Aufführung drei Kanäle der Informationsvermittlung an den Zuschauer feststellen:

Aktion ("performativer Text")	Szene ("szenischer Kontext")	Stimme ("sprachlicher Text")
Mimik, Gestik, Raumbewegung	Bühnenform, Bühnenbild, Beleuchtung, Musik, Geräusche	Stimme, gesprochenes Wort, Gesang

Für einen literaturwissenschaftlichen Zugriff ist die Untersuchung dieser Formen von *Plurimedialität* nur begrenzt möglich. Ertragreicher als diese Kategorien scheinen die bereits erwähnten Elemente **Raum**, **Figur** und **Handlung** zu sein, die sich in gedruckt vorliegenden Texten auffinden und analysieren lassen. Zuvor sollen noch knapp jene Eigentümlichkeiten dramatischer Texte vorgestellt werden, die bereits beim Aufschlagen des Trägermediums Buch ins Auge fallen: *Personenverzeichnis*, die Gliederungseinheiten *Akt, Szene, Auftritt* sowie *Bühnen- und Regienanweisungen*. Als "Formatierungen" dramatischer Texte können sie nicht ignoriert wer-

den, vermitteln sie doch wesentliche rezeptionssteuernde Signale, die in
der genauen Beobachtung und Beschreibung wie in der Deutung und Erklärung zu berücksichtigen sind.

Das **Personenverzeichnis**, des zumeist den vorangestellten Angaben des
Titelblattes folgt, bietet eine Übersicht über die im Drama vorkommenden Figuren; analog dazu listet das Programmheft im Theater die auftretenden Charaktere und ihre Darsteller auf. Das Personenverzeichnis orientiert über Anzahl und Namen der handelnden Figuren und meistens
auch über ihre Gewichtung – trägt doch die Reihenfolge der genannten
Figuren meist eine vom Autor beabsichtigte Anordnung, die aufgrund der
Bedeutung der Personen, ihrer Ranghöhe, der Auftrittsabfolge oder ihrer
Gruppenzugehörigkeit vorgenommen wird. Manchmal liefert ein Personenverzeichnis Angaben zur optischen Erscheinung oder zur Charakteristik einer Person. Es kann aber auch schon Beziehungen zwischen Figuren
andeuten (wie etwa in Wolfgang Borcherts 1947 uraufgeführtem Drama
DRAUSSEN VOR DER TÜR, wo sich unter der Überschrift „Die Personen
sind" folgende Auflistung findet: „BECKMANN, einer von denen; seine
FRAU, die ihn vergaß; deren FREUND, der sie liebt; ein MÄDCHEN,
dessen Mann auf einem Bein nach Hause kam; ihr MANN, der tausend
Nächte von ihr träumte; [...] der ANDERE, den jeder kennt...")

Äußere Gliederungseinheiten des Dramas sind *Akt, Szene, Auftritt*.
Der *Akt*, seit dem 17. Jahrhundert auch mit dem deutschen Begriff *Aufzug* übersetzt, stellt die größte handlungsgliedernde Einheit des Dramas
dar. *Szene* bezeichnet das Geschehen zwischen zwei Schauplatzwechseln.
Die kleinste Gliederungseinheit der dramatischen Handlung ist der *Auftritt*, der den Personenwechsel auf der Bühne bezeichnet. Die seit dem 18.
Jahrhundert im deutschen Drama zur Regel gewordene Zählung von
Handlungsabschnitten nach Auftreten oder Abgehen eines Schauspielers
wurde im modernen Drama aufgegeben.

Eine weitere Gliederungsebene des Dramentextes ist seine Trennung in
Haupttext und **Nebentext**. Enthält der Haupttext die Redepartien der Figuren, liefert der graphisch durch Einklammerungen, Fett- oder Kursiv-
druck markierte Nebentext Angaben zu Personen, Kennzeichnung der
Handlungteile (Akt, Szene) sowie Bühnen- und Regieanweisungen. Diese Instruktionen informieren über Ort und Zeit der Handlung, geben
Hinweise für die Szeneneinrichtung und die innere und äußere Handlung
von Figuren. Ebenso können sie Informationen über den Standort einer
Person in der Szene, über ihre Bewegungsrichtung, die Gesprächssituation
und das Auf- bzw. Abtreten von Figuren geben.

6.1 Beschreibung und Analyse dramatischer Texte

6.1.1 Raum und Bühne

Figuren und *Handlungen* finden wir auch in Erzähltexten. Dagegen erweisen sich die Elemente *Raum* und *Bühne* – trotz ihres partiellen Vorkommens in Bereichen der Epik – als konstitutiv für dramatische Texte. *Lokalisierungstechniken,* die sowohl in *Bühnenanweisungen* wie auch in der *Wortkulisse* zu finden sind, verleihen dem Drama nicht nur die besondere Qualität der Aufführbarkeit. Sie markieren zugleich den Rahmen für eine Imagination des dramatischen Textes, der soziale Kommunikationen simuliert und dazu an spezifizierte Handlungsorte gebunden ist.

Erinnern wir uns an die erste Szene von Johann Wolfgangs Goethes Tragödie FAUST. Unter der Szenenbezeichnung *Nacht* befindet sich die Regieanweisung: *In einem hochgewölbten, engen gotischen Zimmer.* FAUST *unruhig auf seinem Sessel am Pulte.* Dieser Beschreibung folgt der Eingangsmonolog des Titelhelden mit der berühmten Klage:

> Habe nun, ach! Philosophie,
> Juristerei und Medizin,
> Und leider auch Theologie
> Durchaus studiert, mit heißem Bemühn.
> Da steh' ich nun, ich armer Tor,
> Und bin so klug als wie zuvor!
> Heiße Magister, heiße Doktor gar,
> Und ziehe schon an die zehen Jahr'
> Herauf, herab und quer und krumm
> Meine Schüler an der Nase herum -
> Und sehe, dass wir nichts wissen können!
> Das will mir schier das Herz verbrennen. [...]

Der in der Regieanweisung nur knapp beschriebene **Raum** erfüllt mehrere wichtige Funktionen. Zum einen ist er *Handlungsort,* der seinen kompositorischen Zweck erfüllt, indem er den Schauplatz einer nachfolgenden Handlungssequenz markiert und zugleich den Schauplatzwechsel als Strukturmuster für den Aufbau der Dramenhandlung möglich macht. Zum anderen ist er ein *Indiz* – bereits der Hinweis auf das „enge gotische Zimmer" und das „Pult" stellt die handelnde Figur in historische und kulturelle Dimensionen. Der Raum ist so gewählt, dass er die charakteristische Umgebung einer Figur und zugleich ihre innere Befindlichkeit verdeutlicht.

Die Gesamtheit der textuellen Hinweise auf eine bestimmte Raumgestaltung nennen wir **Lokalisierungstechniken**. Diese finden sich zum einen im *Nebentext*, der als Bühnen- bzw. Regieanweisung zu verstehen ist und in der konkreten Aufführung nach Intentionen des Regisseurs umgesetzt wird. Vorstellungen vom Schauplatz werden jedoch auch durch Aussagen der handelnden Figuren im Haupttext erzeugt. Diese *Wortkulisse* finden wir häufig – in Goethes FAUST schon im weiteren Verlauf des Anfangsmonologs, in dem der Titelheld des Dramas nach seiner Klage über die Vergeblichkeit seiner Bemühungen ausruft:

> Weh! steck' ich in dem Kerker noch?
> Verfluchtes dumpfes Mauerloch,
> Wo selbst das liebe Himmelslicht
> Trüb durch gemalte Scheiben bricht!
> Beschränkt von diesem Bücherhauf,
> Den Würmer nagen, Staub bedeckt,
> Den, bis ans hohe Gewölb' hinauf,
> Ein angeraucht Papier umsteckt;
> Mit Gläsern, Büchsen rings umstellt,
> Mit Instrumenten vollgepfropft,
> Urväter-Hausrat drein gestopft -
> Das ist deine Welt! das heißt eine Welt!

Auch dieses **verbale Raumkonzept** geht über die bloße Markierung eines Handlungsortes hinaus. Es zeigt nicht nur die Welt, die Faust sieht (weil er in ihr lebt), sondern auch, *wie* er sie sieht. Denn seine Beschreibung von Wohnraum und Utensilien des Gelehrten – die in einer illusionistischen Aufführung durch entsprechend realistische Bühnengestaltung, Beleuchtung und Requisiten präsent wären – nimmt drastische Wertungen vor: „Kerker", „dumpfes Mauerloch", würmerbenagter „Bücherhauf" und verkohltes „Papier" verweisen auf eine lebensferne Existenz, die als bedrückend, eng und einseitig empfunden wird.

Raumgestaltung, Bühne und Requisiten – ob als *Regieanweisungen* im Nebentext oder als *Wortkulisse* im Haupttext – stellen mehr als nur Attribute der Handlung dar. Jedes Element auf der Bühne oder in der Wortkulisse ist ein *Zeichen* und muss als solches interpretiert werden. Das betrifft im optischen Bereich die Gesamtheit der visuell wahrnehmbaren Eigenschaften (von Angaben zur Beleuchtung bis hin zu den Requisiten der Akteure); im akustischen Bereich alle Geräusche, Klangeffekte sowie Musik. – Zu beachten ist dabei stets die Abhängigkeit der Raumkonzeption eines Dramas von den theatralischen Normen und Konventionen der Entstehungszeit. Denn als *Simulation sozialer Kommunikationen* hat ein Drama stets zwischen Möglichkeiten der *Betonung* oder der *Verwischung* seines simulativen Charakters zu wählen: Zum einen kann ein dramatischer Text permanent auf seinen theatralischen Charakter hinweisen und sich so als artifizielles Spiel ausstellen – Ludwig Tiecks „Kindermärchen in drei Akten, mit Zwischenspielen, einem Prologe und Epiloge" DER GESTIEFELTE KATER ist dafür ein exemplarisches Beispiel. Zum anderen kann das Drama versuchen, seinen künstlichen Charakter illusionistisch zu überspielen – wie etwa in dem Stück DIE FAMILIE SELICKE der „Naturalisten" Arno Holz und Johannes Schlaf, dessen erster Aufzug mit einer detaillierten Regie--anweisung beginnt:

> Das Wohnzimmer der Familie Selicke. Es ist mäßig groß und sehr bescheiden eingerichtet. Im Vordergrunde rechts führt eine Tür in den Korridor, im Vordergrunde links eine in das Zimmer Wendts. Etwas weiter hinter dieser eine Küchentür mit Glasfenstern und Zwirngardinen. Die Rückwand nimmt ein altes, schwerfälliges, großgeblumtes Sofa ein, über welchem zwischen zwei kleinen, vergilbten Gipsstatuetten »Schiller und Goethe« der bekannte Kaulbachsche Stahlstich »Lotte, Brot schneidend« hängt. [...] Außerdem noch...[21]

Das Programm einer illusionistischen Aufhebung der Grenzen von Schein und Sein folgt nicht zuletzt der normativen Poetik des Aristoteles, die das Drama als *Nachahmung* („mimesis") von Handlungen definierte und *drei Einheiten* festlegte, um das Dargestellte „wahrscheinlich" zu machen: Die Handlung sollte auf einem Grundmotiv beruhen und Episoden vermeiden (Einheit der Handlung). Das dargestellte Geschehen sollte einen Sonnenumlauf nicht überschreiten und also an einem Tag stattfinden (Einheit der Zeit). Dieses Geschehen war an einen Ort gebunden; häufige Szenenwechsel sollten vermieden werden (Einheit des Ortes). Waren weitere Aktionsfelder außerhalb des durch Kulissen begrenzten Bühnenraumes zu vergegenwärtigen, setzte man spezielle Techniken ein: Über gleichzeitig stattfindende Ereignisse informierte die sog. *Mauerschau* (Teichoskopie), zwischenzeitlich an einem anderen Ort Geschehenes wurde durch einen *Botenbericht* geschildert.

Ein illusionistisch konstruiertes Stück korrespondiert einem Leser, der nicht mehr sieht und versteht, als der Dramentext vorgibt. Wird ein solches Stück entsprechend inszeniert, befindet sich der Zuschauer als Zeuge mitten im Geschehen, ohne direkt einzugreifen. Technisch möglich wurde ein *szenischer Illusionismus* durch die im 17. und 18. Jahrhundert entwickelte *Guckkastenbühne* als ein dreiseitig abgeschlossener Kasten, dessen vierte Seite nach vorn geöffnet ist und dem Publikum den Eindruck vermittelt, als zufälliger Zeuge an einem realen Geschehen teilzunehmen.

---

[21] Arno Holz, Johannes Schlaf: Die Familie Selicke. In: Ursula Münchow (Hrsg.): Naturalismus. Dramen. Lyrik. Prosa. Berlin und Weimar 1970. Bd. 1, S. 340f.

6.1.2 Figuren

Nochmals erinnern wir uns an die Szene *Nacht* in Goethes Tragödie FAUST. Der knappen Regienanweisung im Nebentext folgend, haben wir den Schauplatz der Szene („hochgewölbtes, enges gotisches Zimmer") erfasst. Lesen wir jetzt weiter, nehmen wir eine Figur wahr, die etwas sagt bzw. tut – einen Mann, der von sich behauptet, vier Studiengänge absolviert zu haben und die akademischen Grade „Magister" und „Doktor" zu besitzen. Dennoch ist dieser Mann offenbar nicht glücklich; er nennt sich selbst „armer Tor" und bedauert alle seine Anstrengungen als vergeblich.

Wir lesen die Klage der dramatischen Figur und verhalten uns dazu: Zuerst wollen wir Gründe und Ursachen erfahren, dann erwarten wir Schritte zur Verbesserung der Situation. Unser Zugang zum Dramengeschehen erfolgt also über eine Einfühlung in *handelnde Charaktere*. Als Leser (und noch stärker als Zuschauer) versetzen wir uns in Akteure, die nicht nur als *literarische Figuren*, sondern (besonders bei einer Aufführung) zugleich als reale Menschen wahrgenommen werden. Dabei handelt es sich auch bei den im Dramentext zugewiesenen Figurenmerkmalen trotz aller realitätsanalogen Wirklichkeit niemals um einen realen Charakter. Diese Differenz ist jedem Rezipienten bewusst: Wenn die Dramenfigur Faust seine vier Studiengänge und erworbenen Titel erwähnt, werden wir kaum nach Immatrikulationsbescheinigungen und Promotionsurkunden fragen. Behauptet dagegen eine Person unserer realen Welt dasselbe, sind diese Aussagen durch entsprechende Dokumente zu beglaubigen.

Wenn Figuren als zentrale Instanzen des Dramas in Erscheinung treten, die durch ihr Reden und Agieren das Geschehen in Gang setzen und vorantreiben, ist ihre Beschreibung eine Hauptaufgabe bei der Analyse dramatischer Texte. Dabei können zwei Ebenen unterschieden werden:

-   die Ebene der *sprachlichen und außersprachlichen Merkmale von Figuren*, die im Dramentext (bzw. in der Aufführung) durch beobachtbare *Techniken der Figurencharakterisierung* realisiert werden. *Charakterisierungen* werden von den Figuren selbst (etwa durch eigene bzw. fremde Kommentare, Mimik oder dialektales Sprechen) und durch den Autor (etwa durch Anweisungen im Nebentext oder sprechende Namen) vorgenommen.
-   die Ebene der *semantischen Merkmale*, die einer Figur zugewiesen werden und die durch ein System von Oppositionen und Äquivalenzen sowie durch die Differenz zu anderen Figuren bestimmt sind. Die Zuweisung semantischer Merkmale führt dazu, dass Figuren in Kontrast- oder Korrespondenzrelationen zu anderen Figuren bzw. in einer *Konfiguration* erscheinen und als Träger von Bedeutung(en) identifiziert werden.

Nehmen wir die erste Ebene vor.   In Aufnahme eines von Manfred Pfister entwickelten Verzweigungsschemas können die prägnantesten sprachlichen und außersprachlichen Merkmale zur Charakteristisierung von Figuren folgendermaßen differenziert werden:

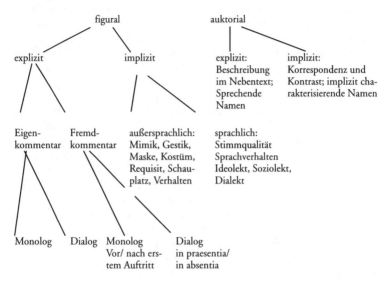

Als Beispiel, an dem sich diese Techniken der Figurencharakterisierung nachvollziehen lassen, kann ein Ausschnitt aus dem bereits erwähnten Dramenfragment WOYZECK dienen. In der „Vorläufigen Reinschrift" (H 4) ist es die Szene [2], in der zwei Frauen aufeinandertreffen:

> Marie mit ihrem Kind am Fenster. Margreth.
> Der Zapfenstreich geht vorbey, der Tambourmajor voran.
> MARIE *das Kind wippend auf dem Arm.* He Bub! Sa ra ra ra! Hörst? Da komme sie.
> MARGRETH. Was ein Mann, wie ein Baum.
> MARIE. Er steht auf seinen Füßen wie ein Löw.
> *Tambourmajor grüßt.*
> MARGRETH. Ey, was freundliche Auge, Frau Nachbarin, so was is man an ihr nit gewöhnt.
> MARIE *singt.* Soldaten das sind schöne Bursch ...
> MARGRETH. Ihre Auge glänze ja noch.
> MARIE. Und wenn! Trag Sie Ihre Auge zum Jud und laß Sie sie putze, vielleicht glänze sie noch, daß man sie für zwei Knöpf verkaufe könnt.

MARGRETH. Was Sie? Sie? Frau Jungfer, ich bin eine honette Person, aber Sie, Sie guckt 7 Paar lederne Hose durch.
MARIE. Luder! *Schlägt das Fenster zu.* Komm mein Bub. Was die Leut wollen. Bist doch nur en arm Hurenkind und machst deiner Mutter Freud mit deim unehrliche Gesicht. Sa! Sa! *Singt.*
Mädel, was fangst du jezt an?
Hast ein klein Kind und kein Mann.
Ey was frag ich danach,
Sing ich die ganze Nacht
Heyo popeio mein Bu. Juchhe!
Giebt mir kein Mensch nix dazu. [...]

In diesem kurzen Textauszug finden wir zahlreiche sprachliche und außersprachliche Mittel zur Charakterisierung der handelnden Figuren. Von den *Figuren* gehen *explizite* Signale aus: Wir finden *Eigenkommentare* in den Dialogpartien („...ich bin eine honette Person") und im monologischen Gesang der Marie, in dem sie ihre familiäre und soziale Lage offenlegt, sowie im Dialog mitgeteilte *Fremdkommentare* („Ihre Auge glänze ja noch..", „Sie guckt 7 Paar lederne Hose durch"). Zugleich stellen sich die Figuren *implizit* dar: Außersprachlich durch gestisches Handeln (am Fenster stehen und wippen, Fenster zuschlagen); sprachlich durch besondere Formen ihrer Performanz: Marie spricht im hessischen Dialekt, singt und reagiert mit groben Schimpfworten auf den Vorwurf ihrer Gesprächspartnerin. Vom Autor vorgegeben – also *auktorial* – sind explizite Zuweisungen im Nebentext: Wenn Marie am Fenster steht, während der Aufzug von Soldaten vorbeimarschiert, befindet sie sich in einer Kommunikationssituation, die weitergehend entfaltet wird. Ebenfalls vom Autor vorgegeben, doch nicht explizit im Nebentext vermerkt ist das Verhältnis von Korrespondenz und Kontrast: Beide Frauen beziehen sich in ihren Wahrnehmungen und Äußerungen auf ein Ereignis, nehmen aber sehr rasch gegensätzliche und sogar feindselige Positionen ein. In der alliterierenden Namensgebung (Marie, Margreth) könnte ein Hinweis auf dieses Verhältnis gesehen werden.

Schon diese Zuweisung von charakterisierenden Merkmalen macht deutlich, dass sich dramatische Figuren – wie die Figuren eines Erzähltextes auch – in bestimmten Beziehungen zueinander befinden. Jede Figur weist *semantische Merkmale* auf, die den Merkmalen anderer Personen ähnlich oder entgegengesetzt sind. Als Rezipienten entdecken wir ein System von *Äquivalenzen* und *Oppositionen* und damit auch *Korrespondenz- und Kontrastrelationen*, die sich an Kriterien wie Geschlecht (männlich – weiblich), Alter (jung – alt), Stand (hoch – niedrig), Herkunft (fremd – heimisch) und Gruppenintegration (innen – außen) orientieren. In der Beispielszene aus Büchners WOYZECK korrespondieren die Figuren Marie und Margreth in Bezug auf ihr Geschlecht, stehen sich aber hinsichtlich ihres familiären und sozialen Status als Opponenten gegenüber: Vertritt Margreth die scheinbar moralisch gefestigte Bürgerwelt mit Normen und Reglementierungen, weist sich Marie selbst explizit als Hure und gesellschaftliche Randfigur aus. Norm vs. Abweichung, Regel vs. Regelverletzung bilden *konzeptuelle Oppositionen*, zwischen denen sich das dramatische Geschehen der Szene entfaltet. Sie sind zugleich elementare Bausteine für die spätere Deutungsarbeit. Um diese Deutung und Erklärung dramatischer Texte aber auf sichere Füße zu stellen, bedarf es weitergehender Beschreibungen von Aspekten der *Figur*. Zum einen sind Eigenschaften und Funktionen ihrer *Sprache* präzise zu klassifizieren (wozu auch eine Benennung von Gesprächsprinzipien und ihren dramenspezifischen Verletzungen gehört); zum anderen müssen Begriffe eingeführt werden, um die Präsenz von Figuren auf einer Bühne und ihr Verhältnis deskriptiv erfassen zu können.

Die **Funktionen dramatischer Sprache** werden bei einer kurzen Erinnerung an die WOYZECK-Szene und den Eingangsmonolog der Szene *Nacht* in Goethes FAUST rasch klar: Die Art der Sprache und ihre Verwendung charakterisieren die Figuren und treiben die Handlung voran. Fausts Klage über die in vier Studien vergeblich investierte Lebenszeit setzt den wissbegierigen und unzufriedenen Wissenschaftler in Szene und motiviert das weitere Geschehen, das sich auf eine Beseitigung dieses Missstandes richtet. Die in Dialekt und Wortwahl bezeichnende Sprache von Büchners Dramenfigur Marie markiert ihre soziale Position und setzt eine Kommunikation in Gang, die mit einer Eskalation von Vorwürfen und dem Abbruch des Gesprächs endet. Insbesondere der Dialog zwischen Marie und Margreth zeigt, dass die in dramatischen Texten verwendete Sprache primär *adressatenbezogen* ist – sie simuliert alltägliches Sprachhandeln vor den Augen eines Lesers bzw. Zuschauers. Damit aber weist die dramatische Sprache eine doppelte Dimension auf: Ihr *Aussagegehalt* ist zugleich ein *Handlungsgehalt*. Mit jeder Aussage wird stets auch Handlung vollzogen – was durch verschiedene Sprachfunktionen geschehen kann. Die *referentielle* Sprachfunktion treibt durch Berichte (etwa durch Wiedergabe bisheriger Entwicklungen wie in Fausts Monolog, aber auch durch Botenberichte und Mauerschau) die Handlung voran. Die *emotive* Sprachfunktion signalisiert durch die Handlung des Für-wahr-Haltens und Bewertens die Einstellungen von Sprechern (wie etwa in den wechselseitigen Reaktionen der Frauen Marie und Margreth). *Konative* und *appellative* Funktion versuchen etwas zu bewirken; *phatische* und *metasprachliche* Funktion erhalten durch Rekurs auf die Kommunikationskomponenten Kontakt und Beziehung ein Gespräch aufrecht.

Nun hatten wir bereits festgestellt, dass dramatische Figuren in ihren sprachlichen und außersprachlichen Handlungen soziale Kommunikationen simulieren. Sie agieren auf einer imaginierten bzw. realen Bühne und führen scheinbar „echte" Interaktionen vor, die als kommunikative Vorgänge zwischen Personen aufzufassen sind. Die meisten Kommunikationsakte in unserer sozialen Wirklichkeit folgen Prinzipien, die auf eine möglichst reibungslose und effektive Verständigung zielen: Wie der Sprachphilosoph H. Paul Grice gezeigt hat, erwarten wir in Gesprächen *informative, wahrheitsgemäße, relevante* und *klare* Aussagen – wir orientieren uns an den **Konversationsmaximen**
-    der Quantität (maximale Informativität),
-    der Qualität (Wahrheit),
-    der Relation (Relevanz) und
-    der Modalität (Art und Weise; Klarheit).

Diese Maximen basieren auf einem zu Grunde liegenden „Kooperationsprinzip", ohne das Kommunikation nicht vorstellbar wäre. Wie aber ist angesichts dieser Prinzipien der dramatische Dialog zwischen Marie und Margreth in Büchners WOYZECK einzuschätzen? Geht es hier um wahrheitsgemäße Informationen, die in eindeutiger Sprache mitgeteilt werden? Wie bewerten wir die in der ersten Szene dieses Fragments auftauchenden Äußerungen des Titelhelden Woyzeck, der in Reaktion auf das Lied seines Freundes Andres den Boden stampft und feststellt: „Es geht hinter mir, unter mir ... hohl, hörst du? Alles hohl da unten. Die Freimaurer!"?
Offenkundig verletzen diese dramatischen Reden die *Konversationsmaximen* des sprachlichen Handelns. Gerade aber diese Verletzung macht aufmerksam: Als Leser bzw. Zuschauer – die ebenfalls Adressaten der Äußerungen von Dramenfiguren sind – fragen wir, *warum* eine Figur so und nicht anders spricht. Und wir ziehen unsere Schlüsse. Verletzt eine dramatische Figur das *Qualitätsprinzip*, vermuten wir einen Täuschungsversuch, weil eine Figur nicht umsonst Unwahres sagt. Etwas anderes als *unwahre* Aussagen sind *uneigentliche*, also *ironische* oder *metaphorische Ausdrücke* und *Übertreibungen*. Unterstellt etwa die Bürgersfrau Margreth ihrer Gesprächspartnerin Marie, „sie guckt 7 Paar lederne Hose durch", dann zielt diese Verletzung des Qualitätsprinzips darauf, dass Marie ihre Anspielung durchschaut und entsprechende Folgerungen zieht. Doch nicht nur Marie zieht ihre Schlüsse, in dem sie „Luder!" ausruft und das Fenster zuschlägt. Auch der Leser bzw. Zuschauer weiß jetzt, woran er ist. (Durchschaut zwar der Leser bzw. Zuschauer die Täuschung, eine handelnde Figur aber nicht, dann sprechen wir von *dramatischer Ironie*.) Verletzt eine Figur durch Schweigen oder irrelevante Wortkaskaden das *Quantitätsprinzip* – so wie etwa Woyzeck in der ersten Szene des Dramenfragments – dann

stellt sich die Frage, was sie in ihrem Inneren verbirgt oder zu verbergen sucht. Ähnliche Fragen entstehen bei einer Verletzung des *Relevanzprinzips*: Ist alles wesentlich, was die Figur berichtet? Differenzen in der Informationsvergabe zwischen Figuren und Zuschauern – wie sie etwa durch das *Beiseitesprechen* produziert werden – erzeugen Spannung und weiteres Nachdenken. Einen besonders starken Abweichungseffekt erzielen schließlich Verstöße gegen das *Modalitätsprinzip*, also gegen das Gebot von Klarheit und Deutlichkeit. Wenn Büchners Marie mit hessischem Dialekt und in Jargon spricht („Trag Sie Ihre Auge zum Jud und laß Sie sie putze, vielleicht glänze sie noch, daß man sie für zwei Knöpf verkaufe könnt"), dann werden auf Leser- bzw. Zuschauerseite zusätzliche Bedeutungen der Figurenrede aktualisiert.

Nach diesen knappen Hinweisen auf die Bedeutung von Gesprächsprinzipien soll noch kurz auf einen letzten Schritt der Figurenanalyse eingegangen werden – die deskriptive Erfassung des Auftretens von Personen und der Beziehung, in der sie zueinander stehen. Aufgrund der Präsenz auf der Bühne und der Gesprächsanteile lassen sich **Haupt- und Nebenfiguren** unterscheiden. Die oft auftretenden und im Mittelpunkt des Beziehungsgeflechts stehenden Hauptfiguren machen durch ihre Funktion für die Handlung deutlich, welche Person im Stück den *Protagonisten* (Helden) und welche den *Antagonisten* (Gegenspieler) verkörpert. Durch das Agieren von Figuren auf einer Bühne ergibt sich ein ständiger Wandel, der als Wechsel von **Konstellationen** beschrieben werden kann. Unter einer *Konstellation* verstehen wir das zu einem bestimmten Zeitpunkt auf der Bühne befindliche Personal eines Stückes, das sich mit jedem Auf- und Abtritt verändert. Die Beziehung aller im Drama vorkommenden Figuren, die mit- oder gegeneinander handeln, wird durch den Begriff *Konfiguration* zusammengefasst. Eine quantitative Untersuchung des Figurenwechsels – etwa in Form einer Konstellationstabelle – gibt Aufschlüsse über Haupt- und Nebenfiguren sowie ihre Stellung zueinander; ebenso lassen sich gesicherte Aussagen über ihre Verteilung im Verlauf der Handlung treffen.

6.1.3 Handlung

Dramatische Texte und narrative Texte haben nicht nur die Präsenz von *Figuren* gemeinsam. Sie teilen auch die Eigenschaft, *Handlungen* darzustellen – wobei Handlungen in einem weiten Sinne als Zustands- bzw. Situationsveränderungen zu begreifen sind. Und wie bei narrativen Texten beruhen die Vorgänge in einem Drama auf *Geschehensmomenten*, die durch Reduktion bzw. Selektion und Konzentration zu einer *Geschichte* geordnet werden. Auch *strukturierende Konzepte* können wir entdecken, die jedoch – im Unterschied zu Erzähltexten – keine abstrakten und zeitenthobenen Größen, sondern mit *konkreten Interaktionen* untrennbar verknüpft sind. Ein Beispiel für den Zusammenhang zwischen Konzepten und konkreter Interaktion hatten wir bereits kennengelernt: Wenn die Hure Marie und die „honette Person" Margreth angesichts vorbeimarschierender Soldaten verbal kollidieren, stoßen soziale Muster aufeinander, die auf der Opposition „Norm" vs. „Abweichung" beruhen. Die Konfrontation der zwei Frauen erinnert nicht zufällig an eine Alltagssituation. Vor allem Georg Büchners Dramen beziehen ihre starke Wirkung aus einer intensivierten und ästhetisch formierten **Repräsentation von lebensweltlichen Interaktionen**, die bereits im Alltag eine bestimmte „Theatralik" aufweisen. Es sind Typen von Kommunikationen, die sich durch einen bestimmten Rahmen und eine spezifische Struktur von anderen Kommunikationssituationen unterscheiden. Wir können sie mit dem Anglisten Dietrich Schwanitz deshalb als bevorzugte dramatische *Interaktionsprogramme* bezeichnen. In der Geschichte dramatischer Texte hat Schwanitz fünf bevorzugte Interaktionsprogramme erkannt:

Riten	= Rituale, Zeremonien und Riten mit erhöhtem symbolischen Repräsentationswert
Intrigen	= Simulationen, Intrigen, Täuschungen Konzeptuelle Opposition: Handlung 1 – Handlung 2 bzw. Vorderbühne – Hinterbühne bei asymmetrischer Sichtbarkeit der Rahmung (Intrige ist für Betrogene unsichtbar)
Manieren / doppeldeutige Kommunikation	= Demonstrativ regelkonformes oder abweichendes Handeln; konzeptuelle Opposition: Regel – Regelverstoß, Norm – Abweichung, offiziell – inoffiziell bei symmetrischer Sichtbarkeit der Darstellungsqualität
Konflikt	= Eskalation, die Rahmen sprengt und neuen Rahmen bildet; konzeptuelle Opposition: Differenz zwischen unvereinbaren sozialen, kulturellen, familiären u. a. Positionen
Spiel im Spiel	= Thematisierung des dramatischen Geschehens auf der Bühne selbst; Selbstreferenz. Konzeptuelle Opposition: äusseres Drama als Wirklichkeitsfiktion – inneres Drama als Fiktion eines Dramas

Dass sich Interaktionsprogramme auch überlagern und durchkreuzen können, belegt etwa die Konfrontationsszene zwischen Marie und Margreth aus Büchners Büchners Dramenfragment WOYZECK. Im Vorbeimarsch der Soldaten und des Tambourmajors wird ein Geschehen mit erhöhtem symbolischen Repräsentationswert vorgeführt, das die doppeldeutige Kommunikation zwischen zwei Frauen auslöst, die in einen expliziten Konflikt und den Abbruch des Gesprächs mündet.

Die Szene zeigt aber nicht nur eine gleichzeitige Präsenz mehrerer Interaktionsprogramme. Sie demonstriert zugleich die Bindung dieser – zumeist als konzeptuelle Oppositionen vorliegenden – Interaktionsprogramme und ihrer figuralen Präsentanten an vermittelnde Formen: Nicht schon abstrakte Programme und Handlungen, sondern erst ihre *Vermittlung* in einem *dramatischen Vorgang* bildet das Organisationsprinzip des Dramas. Für diese *Vermittlung* in einem *dramatischen Vorgang* sind mehrere Faktoren konstitutiv, wie wir sie in ähnlicher Form bereits aus der Erzähltextanalyse kennen: Die Konstruktion einer *Zeitstruktur* (mit Spannung als Resultat), die *Perspektivierung* und die *theatralische Notation*.

Wenden wir uns der *Zeitstruktur* zu. Aufgrund des dramenkonstitutiven Zusammenspiel aus vergangenem, gegenwärtigem und vorweggenommenem Geschehen lassen sich **analytische und synthetische Dramen** unterscheiden. Im **analytischen Drama** (Enthüllungsdrama) wird das Bühnengeschehen durch ein zurückliegendes Ereignis bestimmt, das sich im Verlauf der Handlung allmählich aufklärt – paradigmatisches Beispiel dafür ist Sophokles' Tragödie KÖNIG ÖDIPUS, über die Friedrich Schiller prägnant schrieb: „Der Ödipus ist gleichsam nur eine tragische Analysis. Alles ist schon da, und es wird nur herausgewickelt."[22] Das **synthetische Drama** (Entscheidungsdrama) beginnt nach der Exposition der Vorgeschichte mit dem Konfliktgeschehen, um es nach dem Höhepunkt in einer Katastrophe enden zu lassen. Auch hier entsteht Spannung, nämlich in Erwartung des Dramenausgangs, wobei die Zukunft durch etwaige Vorgriffe vorweggenommen werden kann. Beispiele für synthetische Dramen sind etwa Friedrich Schillers „bürgerliches Trauerspiel" KABALE UND LIEBE oder sein „dramatisches Gedicht" DON CARLOS – insbesondere das letztgenannte Stück hält durch mehrfache Wendungen den Leser bis zuletzt in Atem.

Da im Drama eine offenkundige Vermittlungsinstanz fehlt, die in narrativen Texten durch einen Erzähler oder Reflektor realisiert wird, erfolgt eine Lenkung des Geschehens durch die **Perspektivstruktur**. Man unterscheidet zwischen *offener* und *geschlossener* Struktur. Das **geschlossene Drama** ist wesentlich bestimmt durch begrenzte Zeit der durchgängigen Haupthandlung (bei der alle Ereignisse in einem Zusammenhang stehen), eine Beschränkung auf wenige Schauplätze, eine kleine Zahl von Figuren (die in einem offensichtlichen Beziehungsgeflecht stehen) und einen einheitlichen Sprachstil. Die Kompositionsstruktur weist einen pyramidalen

---

[22] Siegfried Seidel (Hrsg.): Der Briefwechsel zwischen Schiller und Goethe. Bd. 1: Briefe der Jahre 1794 – 1797. Leipzig 1984, S. 422.

Aufbau in zumeist fünf Akten auf, bei der jeder Akt eine Aufgabe erfüllt. Der erste Akt hat die Funktion der Exposition; er stellt die wichtigsten Figuren vor und gibt über Handlungshintergründe Auskunft. Im zweiten Akt wird die Handlung in Gang gebracht (erregender Moment) und das Geschehen entwickelt sich in eine bestimmte Richtung (steigende Handlung). Im dritten Akt erreicht der Konflikt seinen Höhepunkt (Klimax); es folgt eine dramatische Wende Richtung Ende. Der vierte Akt steigert die Spannung durch Verzögerung (fallende Handlung, retardierendes Moment). Im fünften Akt vollzieht sich in der *Tragödie* der Untergang des Helden als katastrophische Lösung des Konflikts; in der *Komödie* lösen sich die Missverständnisse auf und ein glückliches Ende tritt ein. Beispiele für diese bereits durch Aristoteles fixierte und im 19. Jahrhundert durch Gustav Freytag aktualisierte Struktur sind die „klassischen" Tragödien der griechischen Antike, Schillers Dramen u. a.

Der Begriff des **offenen Dramas** fungiert eher als Sammelbegriff für alle Stücke, die nicht dem geschlossenen Typ entsprechen. Ganz verschiedene Dramen aus mehreren Jahrhunderten lassen sich ihm zuordnen. Dennoch existieren einige gemeinsame Kriterien: Es gibt eine Vielzahl von Räumen und Figuren aus unterschiedlichen Schichten; Hauptfiguren (häufig ohne Gegenspieler), die sich gegen ihre Umwelt verteidigen müssen, sowie ein Geschehen, das aus variierenden Handlungsteilen mit episodischer Struktur besteht. Die Dramenhandlung erstreckt sich über größere Zeitspannen und spielt an verschiedenen Orten. Stilmischungen verdrängen den einheitlichen Sprachgebrauch; Parataxen und Prosa herrschen vor. Ein exemplarisches Beispiel ist Georg Büchners Revolutionsdrama DANTONS TOD von 1835, das ganze Szenen auf der Basis von Originalzitaten aus den Reden der Revolutionäre montierte. Die offene Form des vieraktigen Dramas mit ihrem Verzicht auf Wertung und Sympathielenkung entsprach der Absicht des Autors, eine tragische oder zielgerichtete Gesamtperspektive zu vermeiden. (Der Begriff des „offenen" oder auch „epischen Dramas" ist nicht zu verwechseln mit dem durch Bertolt Brecht und Erwin Piscator geprägten Konzept des „epischen Theaters", das sich gegen den Illusionismus der Guckkastenbühne und die Einfühlungsästhetik richtete und deren Ziel in der „Wiederherstellung der Realität des Theaters als Theater" bestand. Durch verschiedene Techniken der „Verfremdung" sollte dem Zuschauer der mediale Charakter der Theatervorführung und damit auch die Differenz zwischen Kunst und Leben bewusst gemacht werden – um zur kritischen Urteilsbildung über das Gesehene anzuregen.)

Eine extreme Variante der dramatischen Vermittlung bildet die **a-perspektivische Struktur**, in der eine Trennung von innerer und äußerer Kommunikation nicht mehr möglich ist und die Figuren nur zur Übermittlung der Ansichten des Autors dienen. Als Sprachrohr auktorialer Intention appellieren Personen unmittelbar an das Publikum; historische Beispiele sind mittelalterliche Oster- und Passionsspiele.

6.2 Interpretation dramatischer Texte

Die Kunstform Drama, so wurde eingangs festgestellt, liegt in zwei Manifestationen vor: Zum einen in Gestalt eines gedruckten und lesbaren Textes; zum anderen in theatralischer Umsetzung, bei der Regisseur und Schauspielerensemble eine Aufführung des dramatischen Textes vor einem Publikum produzieren. Schon diese Aufführung ist eine Interpretation – denn Regisseur und Theaterapparat zeigen, wie sie den dramatischen Text verstanden haben. Ein literaturwissenschaftliches Verstehen und Interpretieren dramatischer Texte bezieht sich weniger auf diese Inszenierungen – die sich mit den Kategorien und Verfahren der Theaterwissenschaft beschreiben und deuten lassen – als vielmehr auf die vorliegenden Stücke, d. h. auf Textvorkommnisse, die aufgrund bestimmter gattungstypologischer Merkmale als Dramen klassifiziert werden.

Gattungskonstitutive Merkmale wie **Interaktionen handelnder Figuren auf einer Bühne** geben nicht nur Orientierungspunkte für detaillierte Beschreibungen dramatischer Texte vor, sondern richten zugleich auch unser Verständnis aus. In den Parametern *Bühne*, *Figur* und *Handlung* erfassen wir deskriptiv den Raum von Handlungen, sprachlich wie außersprachlich vermittelte Konstellationen und Interaktionen zwischen Figuren – zugleich nehmen wir Deutungen vor, die interpretative Aussagen ermöglichen. Wie untrennbar Deskription und Interpretation verbunden sind, zeigt ein nochmaliger Blick auf die Eingangsszene *Nacht* von Goethes Tragödie FAUST: Beobachtbare Bühnen- und Regieanweisungen in Nebentext und Wortkulisse, die dramatische Sprache des monologisierenden Titelhelden und seine verbale Selbstdarstellung markieren den Ort einer Handlung, die kultur- und sozialgeschichtliche Position der Figur und seine spezifische Wahrnehmungsweise. Sie *charakterisieren* den Titelhelden als einen Akteur in Beziehungsgefügen, die von uns *beschrieben* und zugleich *gedeutet* werden können. Dies geschieht, indem wir die Elemente des Bühnenraums, die Bewegungen der Figuren und ihre Interaktionen als Bestandteile einer beschreibbaren Situation *und* als Zeichen auffassen. Das enge gotische Zimmer des Doktor Faust, von ihm selbst „verfluchtes dumpfes Mauerloch" genannt, ist Handlungsort *und* Bedeutungsträger: Es führt eine sozial und kulturell markierte Figur in einer Situation vor, die sowohl Ausgangspunkt für weitere dramatische Entwicklungen als auch Einsatzpunkt für Bedeutungszuweisungen ist. Jedes Element auf der durch Regieanweisungen und Wortkulisse entworfenen Bühne als Requisit *und* Zeichen wahrnehmend, schreiben wir seinen Aussagen weitergehende Bedeutungen zu. Da Dramen als Simulation sozialer Kommunikationen bzw. lebensweltlicher Interaktionen definiert wurden, beziehen sich sprachliche und außersprachliche Handlungen dramatischer Figuren vor allem auf Positionierungen in einem Beziehungsnetz – damit auf Status-Markierungen und -veränderungen, den Gewinn neuer Handlungsräume oder die Aufhebung bestehender Beschränkungen. Deshalb erkennen wir im Eingangsmonolog der dramatischen Figur Faust nicht nur die Beschreibung eines frustrierten Gelehrtendaseins in frühneuzeitlichen Umständen, sondern gleichzeitig die Markierung eines Konflikts, der weitere Handlungen auslösen wird. Indem wir bei der Beschreibung und Erklärung dieser Konfliktsituation – die natürlich die Kenntnis des gesamten Monologs notwendig macht – über den Wortlaut der Paraphrase hinausgehen, formulieren wir Bedeutungszuweisungen, die als Interpretationen gelten können. – In analoger Weise wurde bei der Szene aus WOYZECK vorgegangen: Indem die Figuren Marie und Margreth als Repräsentanten sozialer Ordnungen angesehen und beschrieben wurden, die angesichts vorbeimarschierender Soldaten verbal kollidierten, lassen sich Binäroppositionen „Norm vs. Abweichung", „Regel vs. Regelverstoß" als strukturierende Konzepte ermitteln, zwischen denen sich der dramatische Vorgang entfaltete. Wird die so erkannte Binäropposition als Satz formuliert, haben wir einen ersten Schritt zur Interpretation vollzogen – dem nun argumentative Begründungen folgen müssen.

Versuchen wir, das Verstehen und Interpretieren dramatischer Texte mit einer Abfolge von Fragen zu operationalisieren, so sind in einem ersten Schritt die in Haupt- und Nebentext markierten *Dispositionen* der handelnden Figuren zu ermitteln:

- Welche Signale werden durch Personenverzeichnis, Regieanweisungen und Wortkulisse zur Lokalisierung handelnder Figuren in einer bestimmten Umgebung sowie zur Markierung ihres sozialen, familiären etc. Status gegeben?
- Mit welchen Attributen werden handelnde Figuren gekennzeichnet? Sind diese Attribute konstant oder ändern sie sich im Verlauf des dramatischen Vorgangs?
- Wie erfolgt eine Gruppierung der Figuren und eine Veränderung dieser Beziehungen? In welchen Konstellationen wird die Konfiguration des Dramas realisiert?

In weiteren Schritten sind die Beziehungen zwischen handelnden Figuren als Repräsentation von Interaktionsprogrammen zu deuten:

- Welche strukturierenden Oppositionen lassen sich in bzw. zwischen handelnden Figuren beobachten? Wie sind diese Oppositionen an Situationen/ Akteure gebunden?
- Führen die Oppositionen zu einem handlungsauslösenden Konflikt? Wie wird er aufgebaut, entfaltet, gelöst?
- Um welche Konflikte geht es unterhalb der denotierten Handlungsebene? Welche Subtexte lassen sich mit Blick auf soziale, kulturelle u. a. Bedingungen der Entstehungszeit des Dramas erkennen?

Wie schon bei der Interpretation narrativer Texte setzt eine umfassende Beantwortung dieser Fragen eine genaue Lektüre des gesamten Dramentextes und eine gründliche Kenntnis des Kontextes voraus. Eine genaue Lektüre des Primärtextes ist nicht zuletzt deshalb notwendig, weil ein Vergleich zwischen Exposition und Endpunkt des dramatischen Vorgangs weitreichende Beobachtungen über den thematischen Rahmen des Stückes erlaubt. Zugleich wird jeder Versuch einer Deutung und Erklärung zeigen, dass ohne detaillierte Beschreibungen von Raum und Bühne, von Figurencharakteristika und dramatischer Sprache sowie von Handlungsmustern und Interaktionen nicht viel aus einem Text herauszuarbeiten ist – so wie genaue Deskriptionen nicht ohne Aussagen über Bedeutungen der beobachteten Textphänomene auskommen.

Grundlegende und weiterführende Literatur:

Aristoteles: Poetik. Übersetzt und hrsg. von Manfred Fuhrmann. Stuttgart 1982
Bernhard Asmuth: Einführung in die Dramenanalyse. Stuttgart 1980;
  5. überarb. Aufl. Stuttgart, Weimar 1997
Erika Fischer-Lichte: Semiotik des Theaters. 3 Bde. Tübingen 1983
Erika Fischer-Lichte: Geschichte des Dramas. 2 Bde. Tübingen 1990
Gustav Freytag: Die Technik des Dramas. Leipzig 1863. Neudruck Darmstadt
  1965
Volker Klotz: Geschlossene und offene Form im Drama. München 1960;
  Neuauflage 1999
Manfred Pfister: Das Drama. Theorie und Analyse. München 1977; 10. Aufl.
  2000
Peter Pütz: Die Zeit im Drama. Zur Technik dramatischer Spannung. Göttingen
  1970; 2. Aufl. 1977
Dietrich Schwanitz: Systemtheorie und Literatur. Ein neues Paradigma. Opladen
  1990
Peter Szondi: Theorie des modernen Dramas (1880-1950). Frankfurt/M. 1956;
  24. Aufl. 2002
Horst Turk (Hrsg.): Theater und Drama. Theoretische Konzepte von Corneille bis
  Dürrenmatt. Tübingen 1991

II Das Literatursystem in seiner historischen Entwicklung

Literarische Texte liegen nicht als zeitenthobene und abstrakte Größen vor. Sie haben einen personalen Urheber, d. h. einen zumeist namentlich bekannten und identifizierbaren *Verfasser*. Sie werden unter historisch konkreten Umständen *produziert* und *verbreitet, rezipiert* und *diskutiert*. Sie werden vergessen oder finden Eingang in einen *Kanon*, der als Auflistung von gleichsam mustergültigen Werken das „Bleibende" fixieren soll und dabei mehr über die Wertmaßstäbe seiner Produzenten verrät als über die Wertigkeit der in ihm versammelten Texte. Und sie antworten in ihrer Weise – nämlich durch ästhetische Imagination und Simulation eines symbolischen Probehandelns – auf Fragen ihrer Entstehungszeit, mithin auf ungelöste Probleme ihrer jeweiligen *Gesellschaft*.

Diesen Dimensionen der Produktion, Distribution und Rezeption literarischer Texte widmet sich der zweite Teil des vorliegenden Studienbuches. In ihm werden Begriff und Funktion des *Autors* innerhalb der historischen Entwicklung des Literatursystems ebenso dargestellt wie die nicht unproblematische Kategorie der *literarischen Generation* und die Kategorie der *Literaturepoche*, die durch eine retrospektive Konstruktion von Text-Kontext-Beziehungen die tendenziell unüberschaubare Menge literarischer Produktionen ordnen soll. Einen weiteren Schwerpunkt bildet die Frage nach den Beziehungen zwischen *Literatur, Medien* und *Gesellschaft*.

Die nachfolgend zu behandelnden Begriffe und Modelle dienen nicht nur zur historischen Einordnung von Texten und Autoren. Kategorien und Verfahren zur Erfassung der komplexen Zusammenhänge von Autorschaft und Werkherrschaft, von medialen Voraussetzungen der literarischen Produktion und gesellschaftlichen Bedingungen ihrer Rezeption weisen weitergehende Funktionen auf. Als Wissensbestände über Autoren, literarische Generationen und Literaturepochen steuern sie nicht allein unseren Umgang mit Texten. Sie spielen zugleich eine unverzichtbare Rolle bei der Formulierung und argumentativen Begründung von interpretativen Aussagen.

1 Was ist ein Autor?

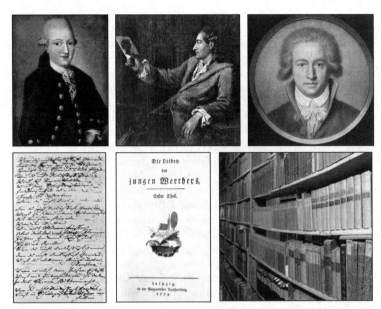

Ohne Angabe eines Verfassernamens erschien zur Michaelismesse, am 29. September 1774 in der Weygandschen Buchhandlung in Leipzig ein Buch mit dem Titel DIE LEIDEN DES JUNGEN WERTHERS. Am 1. November desselben Jahres wurde in den FRANKFURTER GELEHRTEN ANZEIGEN eine vermutlich von Heinrich Leopold Wagner stammende Rezension veröffentlicht, die mit folgenden Sätzen begann:

> Die Leiden des jungen Werthers? - ein sonderbarer Titel! - und von wem? - Von wem? das könnt ich Ihnen wohl sagen, wenn ich mich berechtigt dazu glaubte, so aber mag ich nicht: - und wofür thät ichs? - Das Buch wird gesucht, gelesen, und geschätzt, von einer sympathetischen Seele auch durchgefühlt werden - ohne daß es den Nahmen seines Verfassers zur Empfehlung nöthig hätte. - -

Schon bald aber verbreitete sich – mit emphatischen Stellungnahmen für und gegen das Buch – auch der Name seines Autors: Johann Wolfgang Goethe. Doch nicht nur das. 1775 publizierte ein K. W. von Breidenbach, Hannoverscher Gardeleutnant und Rechtspraktikant in Wetzlar, eine BERICHTIGUNG DER GESCHICHTE DES JUNGEN WERTHERS, in der er die „Wahrheit" der im Roman geschilderten Ereignisse aufdeckte. Alle im Buch enthaltenen Vorfälle hätten sich „ohne Ausnahme" in und um Wetzlar zugetragen, dem Ort des Reichskammergerichts, an dem Goethe zwischen Mai und September 1772 als Praktikant arbeitete. Akribisch genau listete Breidenbach Stätten und Personen auf, die unter partieller Veränderung ihrer Namen in den literarischen Text eingegangen wären: vom Dorf Garbenheim, das im Roman als Wahlheim erscheint, bis zur Person der Charlotte, die schon im fünfzehnten Lebensjahr dem Bremischen Gesandschafts-Sekretär Kestner versprochen gewesen war und die Goethe bei einem Ball am 9. Juni 1772 kennengelernt hatte. Allerdings zog Breidenbach bei seinen Recherchen nach Parallelen zwischen Leben und Werk keine Identität von Autor Goethe und dem Briefschreiber Werther in Betracht: „Ob der Verfaßer das alles für Charlotten, und sie wieder für ihn so vieles gefühlt, als das Werk zu verrathen scheinet, ist mir unbekannt. Es scheint auch unwahrscheinlich, und ich hoffe nicht, daß Ke[stne]r hierüber unruhig ist."[23]

Goethes Zeitgenossen und spätere Leser haben sich dieser Vorsicht nicht immer angeschlossen. In seiner Autobiographie AUS MEINEM LEBEN. DICHTUNG UND WAHRHEIT berichtete der Autor von der „unleidlichen Qual", die ihm nach der Veröffentlichung bereitet wurde. Anstelle substantieller Wertungen wollte man nur wissen, „was denn eigentlich an der Sache wahr sei". Neben der Vorbildgestalt für die Figur des Werther – die rasch in der Person des Legationssekretärs Karl Wilhelm Jerusalem gefunden wurde, der sich aus unglücklicher Liebe zur Gattin eines Freundes das Leben genommen hatte – bewegte die Frage nach der Identität der Lotte und der Beziehung des Autors zu ihr die Gemüter. Nach eigenem Bekenntnis hatte Goethe in der literarischen Figur Lotte disparate Züge unterschiedlicher Frauen kompiliert. Als das forschende Publikum „Ähnlichkeiten von verschiedenen Frauenzimmern" entdeckte, brachten „diese mehreren Lotten" weitere „unendliche Qual" – „weil jedermann, der mich nur ansah, entschieden zu wissen verlangte, wo denn die eigentliche wohnhaft sei?"[24]

Die Hinweise auf die Probleme des Verfassers Goethes nach der Veröffentlichung seines – ihm Weltruhm sichernden – Briefromans haben auf zentrale Bezugsgrößen des Begriffs **Autor** aufmerksam gemacht. Ist der

---

[23] K. W. von Breidenbach: Berichtigung der Geschichte des jungen Werthers. Zweite verbeßerte Auflage. Frankfurt und Leipzig 1775, hier zitiert nach der Wiedergabe in Karl Eibl, Fotis Jannidis, Marianne Willems (Hrsg.): Der junge Goethe in seiner Zeit. Sämtliche Werke, Briefe, Tagebücher und Schriften bis 1775. Frankfurt/M. 1998, CD-Komponente.
[24] Johann Wolfgang Goethe: Aus meinem Leben. Dichtung und Wahrheit. In: J. W. Goethe: Sämtliche Werke (Münchner Ausgabe). Bd. 16. Hrsg. von Peter Sprengel. München 1985, S. 626.

Autor einerseits als real existierender Produzent einer literarischen Äußerung mit feststellbaren Merkmale zu identifzieren, tritt er andererseits als
abstrakte Steuerungsinstanz der lyrischen Aussprache, der Narration oder
der dramatischen Rollenrede in Erscheinung. Vermag der *implizite Autor*
als unsichtbare, doch durchgängig anwesende Steuergröße des Textes
zwischen Haltungen oder Rollen situations- und kontextabhängig zu
wechseln (und etwa als Herausgeber für angeblich aufgefundene Schriften
zu agieren oder als Protokollant von scheinbar ungefilterten Gedankenströmen zu wirken), ist der *empirische Autor* als tatsächlich existente Person
durch messbare Indizien festgelegt. Diese Dualität aber sorgt nicht selten
für Konfusionen. Der Name des empirischen Autors verbürgt die Authentizität eines „Werkes", dessen Einheit mit dem „Leben" seines Urhebers
von Lesern wie von Literaturwissenschaftlern immer wieder vorausgesetzt
und gesucht wird. Eben weil die schon zeitgenössischen Leser der LEIDEN
DES JUNGEN WERTHERS hinter dem literarischen Text die reale Person
Goethes als Schöpfer sahen und einen Zusammenhang zwischen „Leben"
und „Werk" vermuteten, stellten sie die den Autor quälende Frage, „was
denn eigentlich an der Sache wahr sei".

Die „unendliche Qual", die schon Goethe bei diesen Erkundigungen
empfand, soll hier nicht vermehrt werden. Deshalb erweisen sich analytische Trennungen als notwendig. Zum einen ist zwischen den **empirischen
Daten der Autor-Existenz** und den **Formen auktorialer Selbstdarstellung**
in Texten zu trennen. Wenn der Briefroman DIE LEIDEN DES JUNGEN
WERTHERS mit den Zeilen beginnt „Was ich von der Geschichte des armen Werther nur habe auffinden können, habe ich mit Fleiß gesammelt
und lege es euch hier vor, und weiß, dass ihr mir's danken werdet", so redet hier nicht der 25jährige Jurist Johann Wolfgang Goethe. Hier spricht
vielmehr ein *impliziter Autor*, der als Herausgeber fingierter Briefe und
später als auktorialer Erzähler in Erscheinung treten wird, um selbst über
die letzten Tage und Stunden Werthers zu berichten.

Zum anderen ist zwischen der **Wirkungsabsicht des Autors** *(Autor-
Intention)* und der **Wirkung seiner Texte** *(Text-Intention)* zu unterscheiden – vor allem bei Versuchen, aus Texten bestimmte Aussagen über den
Autor zu gewinnen. Was Goethe mit Niederschrift und Veröffentlichung
seines Briefromans tatsächlich wollte, können wir nur partiell aus Selbstzeugnissen und Aussagen dritter Personen rekonstruieren – und diese tragen wie alle Formen performativer Darstellung ein nicht geringes Risiko
der unbewussten Fehleinschätzung oder der absichtlichen Verzeichnung.
Ermittelbar sind dagegen Wirkungsabsichten des Textes – und zwar aus
dem Text selbst. Wir finden sie im WERTHER zum Teil bereits in der Vorrede des fiktiven Herausgebers ausgesprochen: „Und du gute Seele, die du

eben den Drang fühlst wie er, schöpfe Trost aus seinem Leiden und laß das Büchlein deinen Freund sein, wenn du aus Geschick oder eigener Schuld keinen nähern finden kannst." Der literarische Text wird hier als „Freund" und Partner einer gleichberechtigten Kommunikation angeboten. Über andere Text-Intentionen aber lässt sich streiten. Schon die zeitgenössischen Rezipienten debattierten über die Stellungnahme des Textes zu Werthers Selbstmord, der nach christlicher Auffassung eine besonders furchtbare Sünde darstellte, da Reue und somit Vergebung unmöglich waren. Weil das Buch eine „Apologie des Selbstmordes"[25] genannt werden könne, wurden Druck und Vertrieb in Leipzig am 30. Januar 1775 verboten, was aufgrund oberflächlicher Durchführung aber keine Folgen hatte. Noch im gleichen Jahr veranstaltete der Leipziger Verleger Weygand äußerlich identische Doppeldrucke der Erstauflage und eine „zweyte ächte Auflage". (Nur knapp ist auf die Reaktionen des Autors Goethe hinzuweisen, der rasch erkannte, dass sein neuartiger Text auf ein Publikum ohne ästhetische Distanz zum poetischen Gegenstand gestoßen war. Um die Differenz zwischen Kunst und Leben zu markieren, stellte er der zweiten rechtmäßigen Ausgabe von 1775 Titelstrophen voran, die eine „fehlgehende" Rezeption verhindern sollten. Die Titelstrophe zum zweiten Teils wandte sich an die männliche Jugend, unter der das „Werther-Fieber" mit angeblich mehrfacher Nachahmung der Selbsttötung grassierte: „Du beweinst, du liebst ihn, liebe Seele,/ Rettest sein Gedächtniß von der Schmach;/ Sieh, dir winkt sein Geist aus seiner Höhle:/ Sey ein Mann, und folge mir nicht nach.")

1.1 Dimensionen des Autor-Begriffs

Von den analytischen Trennungen zwischen empirischer Autor-Existenz und Formen auktorialer Selbstdarstellung sowie zwischen Autor-Intention und Textintention ausgehend, lassen sich vier Festlegungen formulieren, die weitergehend zu präzisieren sind:

-    Ein Autor tritt als der **personale** (und zumeist individuelle) **Urheber literarischer Texte** in Erscheinung, der durch Übergabe von Texten an zumindest

---

[25] Antrag der Theologischen Fakultät der Univsersität Leipzig auf ein Verbot der Leiden des jungen Werthers vom 28. Januar 1775. Hier zitiert nach der Wiedergabe in Karl Eibl, Fotis Jannidis, Marianne Willems (Hrsg.): Der junge Goethe in seiner Zeit. Sämtliche Werke, Briefe, Tagebücher und Schriften bis 1775, CD-Komponente.

einen Leser oder Hörer bzw. an die Distributionsinstanz Verlag die Rezeption seiner Äußerungen ermöglicht und dadurch ein Verhältnis zu einem Publikum gewinnt.

- Als Urheber von literarischen Äußerungen ist der Autor **Träger von Ausdrucksinteressen**, die aus dem Text bzw. aus dem Kontext erschlossen werden können. In seinen Äußerungen hat der Autor zwischen *Distinktionsinteressen*, *Regeln der gewählten Gattung* und *Publikumserwartungen* zu vermitteln, um sich auf einem vorstrukturierten literarischen Feld plazieren zu können.

- Ein Autor ist der Produzent von literarischen Äußerungen, der in seinen Texten als **Steuerungsinstanz** von lyrischen Aussagen, Narrationen bzw. Rollenreden agiert. Als *impliziter Autor* ist er innerhalb des Textes durchgängig anwesend, wenn auch nicht immer direkt präsent – und nicht mit dem *realen Verfasser* gleichzusetzen.

- Ein Autor ist der Produzent literarischer Äußerungen, die im Prozess der Herstellung, Zirkulation und Rezeption ein **Werk** konstituieren. Im Urheberrecht bezeichnet der juristische Terminus „Werk" das Produkt eines Autors; in literaturwissenschaftlicher Perspektive umgreift der Begriff „Werk" den *Zusammenhang zwischen Text, mitgeteilten Intentionen* und den durch Reproduktion und Verbreitung ermöglichten *Bedeutungs- und Sinnkonstruktionen*.

Diese Bestimmungen sind wie alle anderen Parameter des Literatursystems *keine überzeitlich gültigen Größen*. Sie sind vielmehr das Resultat einer langwierigen Entwicklung, in deren Verlauf sich sowohl die Vorstellungen von der Produktion und Gestaltung literarischer Texte wie auch die Auffassungen von der Rolle des Autors in diesem Gestaltungsprozess grundlegend wandelten. Eine entscheidende Rolle in dieser Entwicklung spielte jener Text, der 1774 ohne Nennung eines Verfassernamens erschienen war und folgenreiche Veränderungen im Verständnis von Literatur, Autorschaft und Werk zusammenführte: Johann Wolfgang Goethes Briefroman DIE LEIDEN DES JUNGEN WERTHERS. Was der 25jährige Autor mit der literarischen Gestaltung mehrerer Tabubrüche realisierte, war in der Tat ein Novum. Sein Werk markierte nicht nur die Entstehung einer Literatur, die sich von der Illustration fixierter didaktischer Prinzipien trennte und nun die ungelösten Probleme einer sich ausdifferenzierenden Gesellschaft reflektierte. Die Wahl der literarischen Textsorte (die eine Vergegenwärtigung von Geschehen und die unmittelbare Aussprache von Gefühlen erlaubte) wie ihre radikale Ausgestaltung waren das Ergebnis eines neuartigen *Autor-Bewusstseins*, das sich in der zweiten Hälfte des 18. Jahrhunderts herausbildete und eine noch heute gültige Vorstellung vom kreativen und regelbefreiten „Genie" prägte.

Denn bis dahin dominierten ganz andere Vorstellungen vom Autor als dem Urheber literarischer Texte. Was in der Antike, im Mittelalter und in der Frühen Neuzeit als *Poet* oder *Autor* (von lat. auctor, „Förderer" bzw. augeo, „etwas entstehen lassen") bezeichnet wurde, war dem emphatischen Schöpfer-Begriff des 18. Jahrhunderts entgegengesetzt. Zwar findet sich in der griechischen Antike und namentlich in Platons Dialog ION die Auffassung vom Autor als einem gleichsam unbewussten Medium mythischer Wahrheiten. Der inspirierte Dichter („poeta-vates") wird hier aufgrund von göttlichen Eingebungen zur Instanz einer Offenbarung. Eigentlicher Urheber seiner Äußerungen ist ein göttlicher Wille, nicht der Autor. Dagegen vertraten Platons Schüler Aristoteles und die römischen Poeten die Meinung, der Autor sei der Kenner eines Fachwissens, der mit Kompetenz und Technik das Schreiben als ein Handwerk beherrsche. Dabei stellte die *Rhetorik* in systematisierter Weise erlernbare Regeln bereit, die in kunstfertiger Weise auf bekannte Stoffe und Motive anzuwenden waren. Bis in das 18. Jahrhundert blieb dieses Verständnis dominant: Durch Aneignung mittels Unterweisung („lectio"), Übung („exercitatio") und Nachahmung vorbildlicher Muster („imitatio") bildete sich der *poeta doctus*. Von besonderer Bedeutung war das ausgewogene Verhältnis zwischen „natura" oder „ingenium" (als den angeborenen, nicht erlernbaren Fähigkeiten) und „ars" (der rhetorischen und praktischen Kunstfertigkeit): Handwerkliches Können, Anschluss an Traditionen und individuelle Fertigkeiten bildeten keinen Gegensatz. Diesem Ausgleich korrespondierte die Stellung des Dichters in der ständischen Gesellschaft: Der *poeta doctus* setzte sein poetisches Können situationsspezifisch ein und integrierte sein Dichten in einen umfassenderen beruflichen und sozialen Lebensentwurf. Einer der prominentesten „gelehrten Poeten" war der 1487 durch Kaiser Friedrich III. zum „poeta laureatus" gekrönte Conrad Celtis (1459-1508), der als Universitätsprofessor Poetik lehrte und Elegien, Oden, Epigramme sowie Festspiele veröffentlichte. Zu denken ist aber auch an Hans Sachs (1494-1576), der als Schuhmacher und Dichter in Nürnberg lebte. Die Bindung an eine normative Regelpoetik ließ die Verfertigung von literarischen Texten zu einem Programm werden, dessen angegebene Einzelschritte bei genauer Befolgung zu analogen Resultaten führen sollten, so dass – wie der als Professor für helvetische Geschichte lehrende Johann Jakob Bodmer 1740 formulierte – „ein jeder anderer Mensch in gleichmäßigen Umständen eben dergleichen Werk hätte verfertigen können".[26]

Dieses Verhältnis änderte sich seit dem 18. Jahrhundert. Im Zuge einer fortschreitenden gesellschaftlichen Differenzierung und der Emanzipation des **Individuums von bisher geltenden Normen und Konventionen entstand** auch der freie Autor als der Schöpfer einmaliger und individueller Werke.

---

[26] Johann Jakob Bodmer: Critische Abhandlung von dem Wunderbaren in der Poesie. Nachdruck der Ausgabe von 1740. Stuttgart 1966, S. 6.

Diese „Freiheit" des Autors wies mehrere Aspekte auf. Zum einen erfuhr die Rolle des Dichters bzw. Schriftstellers im Gegensatz zu anderen Berufen keine Professionalisierung. Während für Tätigkeiten im sich ausbreitenden Verwaltungsapparat, im Bildungswesen und im Militär feste Berufsbilder mit geregelten Zugangsvoraussetzungen und Laufbahnmustern entstanden, blieb die Existenz des Autors literarischer Texte ohne formale Regulierung. Zum anderen wurde diese Freisetzung der Autorpersönlichkeit durch eine schrittweise Infragestellung der rhetorischen Kultur mit ihrer regelgeleiteten Theorie und Praxis des Schreibens begleitet. Die Erhebung des „Genies" in der Ästhetik des Sturm und Drang markierte den entscheidenden Einschnitt, von dem an sich der Schaffensvorgang individualisierte und der Ausdruck subjektiver Empfindungen zum Maßstab von originaler Autorschaft wurde. Dichter in der ständischen Gesellschaft nutzten in ihren Texten den Spielraum von Normerfüllung und Variation, den vorgegebene poetische Muster und Regeln absteckten, und richteten sich mit ihren (zum Teil auf Bestellung entstandenen) Werken an Kenner von Geschmack. Der *freie Autor* wandte sich an alle mitfühlenden Individuen und gegen die gelehrte Poesie mit ihren einschränkenden Normen und Traditionen: „Ich zweifelte keinen Augenblick dem regelmäßigen Theater zu entsagen", verkündete der junge Goethe 1771 seinen Straßburger Freunden in seiner Rede ZUM SCHÄKESPEARS TAG:

> Es schien mir die Einheit des Orts so kerkermäßig ängstlich, die Einheiten der Handlung und der Zeit lästige Fesseln unsrer Einbildungskraft. Ich sprang in die freie Luft und fühlte erst, dass ich Hände und Füße hatte. Und jetzo da ich sahe wieviel Unrecht mir die Herrn der Regeln in ihrem Loch angetan haben, wie viel freie Seelen noch drinne sich krümmen, so wäre mir mein Herz geborsten wenn ich ihnen nicht Fehde angekündigt hätte, und nicht täglich suchte ihre Türme zusammenzuschlagen.[27]

Waren Dichter in der ständischen Gesellschaft noch durch ein gesellschaftliches Amt sozial eingeordnet, wurde für *freie Autoren* ein spannungsvolles Nebeneinander von poetischer und gesellschaftlicher Existenz charakteristisch. Deshalb kann als freier Autor nicht erst derjenige Schriftsteller bezeichnet werden, der als Verfasser von literarischen Texten allein von seinen Publikationen leben konnte. Aufgrund der sozialökonomischen Rahmenbedingungen konnten (und können) nur wenige Schriftsteller eine wirklich freie Existenz führen; zumeist waren (und sind) Autoren als Dramaturgen, Herausgeber, Journalisten, Kritiker, Lektoren

---

[27] Johann Wolfgang Goethe: Zum Schäkespears Tag. In: J. W. Goethe: Sämtliche Werke (Münchner Ausgabe). Bd. 1.2: Der junge Goethe, S. 411-414, hier S. 412.

tätig oder gingen (bzw. gehen) einem Brotberuf als Arzt, Jurist, Lehrer, Pfarrer, Verwaltungsbeamter nach.

Begleitet und befördert wurde die *Individualisierung des Autors* von einer **Dynamisierung und Differenzierung des literarischen Lebens**. Zwischen Autor und Leser trat ein expandierender Buchmarkt mit einem anonymen Publikum. Davon zeugen signifikante Daten. Waren zur Leipziger Ostermesse 1765 noch insgesamt 688 deutsche Originalschriften erschienen, waren es 1775 bereits 1056, zehn Jahre später schon 1581. In den 1790er Jahren schätzten Zeitgenossen die Produktion des deutschen Sprachraums ohne das Habsburgerreich auf rund 5000 Novitäten pro Jahr. Besonders deutlich zeigt sich die tiefgreifende Umwälzung der Marktstruktur am quantitativen Zuwachs von „Poesie", d. h. „schöner Literatur". Nahm sie 1740 mit knapp 6% in der Rangordnung der Sachgruppen den sechsten Platz ein, so stand sie 1770 mit 16,5% bereits an zweiter Stelle; im Jahr 1800 hatte sie mit 21,45% den ersten Rang erreicht und die Theologie überflügelt. Diese Zahlen dokumentieren einen historischen Vorgang mit weitreichenden Folgen: die Entstehung einer Nationalliteratur für ein zumeist bürgerliches Lesepublikum, das kulturelle (und das hieß: literarische) Bildung als soziales Distinktionsmerkmal auffasste und verwirklichte.

Von kaum zu unterschätzender Bedeutung erwies sich in diesem Zusammenhang die juristische Fassung des **Urheberrechts** als Persönlichkeitsrecht, das sich in Europa im 18. Jahrhundert durchsetzte. 1709 in England, 1793 in Frankreich und mit dem Preußischen Landrecht 1794 auch in Deutschland eingeführt, sollte das Urheberrecht eine unkontrollierte und willkürliche Vervielfältigung der Texte ausschließen. Einzelne Vervielfältigungen zum Eigengebrauch wie für wissenschaftliche und schulische Zwecke waren gestattet; Veränderungen, Übersetzungen und Bearbeitungen durften nur mit Einverständnis des Urhebers veröffentlicht werden. Auf eine Schutzfrist von 70 Jahren (beginnend mit dem Tod des Autors) beschränkt, sichert das Urheberrecht bis heute den ökonomischen Status des Autors und macht den freien Schriftsteller als sozialen Akteur überhaupt erst möglich. Die juristische Regulierung rückt den Autor aber auch in eine nicht unproblematische Rolle: Unter wirtschaftlichem Gesichtspunkt ist er ein *Produzent*, der literarische Texte als Waren herstellt und das Publikationsrecht für sein „geistiges Eigentum" gegen Honorar veräußert.

Auf die **Existenz als freier Autor** haben Poeten und Schriftsteller seit dem 18. Jahrhundert in unterschiedlicher Weise reagiert: Johann Gottlieb Klopstock prägte den Typus des *hohen Dichters*, der sein Leben ganz in den Dienst am Werk stellt. Das religiöse Muster von Prophet und Gemeinde wurde von ihm auf das literarische Leben übertragen: Der Autor

verkündete einer ausgewählten Schar seine poetischen Wahrheiten. (Ein
ähnliches Verständnis findet sich bei Friedrich von Hardenberg, Friedrich
Hölderlin, Stefan George u. a.) Demgegenüber positionierte sich seit
Gotthold Ephraim Lessing und Christoph Martin Wieland der Typus des
Schriftstellers als Katalysator einer kritischen Öffentlichkeit: Dem sich
entwickelnden Journalismus aufgeschlossen gegenüberstehend, verstand
und versteht sich der Schriftsteller als Autor seiner Zeit für seine Zeit, be-
vorzugt Prosa und kleinere literarische Formen und bildet feuilletonisti-
sche Schreibweisen aus. Mit Gottfried August Bürger und den von Johann Gottfried Herder initiierten Bemühungen romantischer Autoren um
die „Volksdichtung" kam es zu ersten Bestrebungen, die Rolle des Autors
zugunsten eines *schöpferischen Kollektivs* aufzuheben und literarische Texte
in den Zusammenhang einer übergreifenden Poesie zu verorten – die
durch Achim von Arnim und Clemens Brentano herausgegebene Sammlung DES KNABEN WUNDERHORN wie auch die KINDER- UND HAUS-
MÄRCHEN der Brüder Grimm sind ein Ergebnis. Paradigmatisch für die
Vorstellung der durch mustergültige Autoren realisierten *Einheit von Leben und Werk* wurde das Schaffen Goethes und Schillers – wobei zu beachten ist, dass ihre besondere Auratisierung zu „Klassikern" ein Produkt
der späteren Rezeptionsgeschichte ist, die eigene (und zumeist gruppenspezifische) Werte und Bestrebungen auf wehrlose Dichter projizierte.
Welche Vorstellung dabei vom „Genie" des Dichters vermittelt wurden, illustrieren die nachfolgenden Abbildungen. In Figurenanordnung, Gestik
und Blickachsen zeigen sie ein – partiell noch heute anzutreffendes – Bild
vom Dichter und seiner besonderen Stellung innerhalb der Gesellschaft.

Goethe beim Schlittschuh-   Schiller beim Vortrag seines   Goethe im Jahre 1790
lauf auf dem Main   Dramas *Die Räuber*

1.2 Der Tod des Autors...

Es waren wohl vor allem diese nachträglichen Zuschreibungen und Projektionen, die den Begriff des Autors zu einem problematischen Terminus machten. Prominente und provokante Wortmeldungen kamen – nicht zufällig in den Jahren 1968 und 1969 – von Michel Foucault und Roland Barthes. In seinem Vortrag QU'EST-CE QU'UN AUTEUR? vor der Französischen Gesellschaft für Philosophie kritisierte Foucault spezifische Umgangsweisen mit dem Begriff des Autors: In der Wissenschaft sei die Nennung von Autorennamen oftmals mit dem Wunsch verbunden, bestimmte Schriften in einen Kontext einzuordnen oder sie durch das Konzept einer „Autorenfamilie" miteinander zu verbinden, ohne dass sich diese Relationen aus den Texten selbst ergeben würden. Nach Foucault ist ein Autorname nicht einfach nur ein Element in einem bestimmten Redezusammenhang, sondern Träger einer „klassifikatorischen Funktion". Mit einem Autornamen gruppiere man Texte, grenze bestimmte Texte von anderen ab, schließe aus und stelle gegenüber. Zugleich richteten sich die Fragen nach dem Autor auf irrelevante Aspekte: „Wer hat eigentlich gesprochen? Ist das auch er und kein anderer? Mit welcher Authentizität oder welcher Originalität? Und was hat er vom tiefsten seiner selbst in seiner Rede ausgedrückt?"[28] Demgegenüber plädierte Foucault für eine Thematisierung von *Diskursen*, die als regelgeleitete Produktion von Äußerungen etwas über die Verteilung von Macht- und Herrschaftsansprüchen verraten sollten. Zu fragen sei nicht, wer spreche, sondern: „Welche Existenzbedingungen hat dieser Diskurs? Von woher kommt er? Wie kann er sich verbreiten, wer kann ihn sich aneignen? Wie sind die Stellen für mögliche Stoffe verteilt?" Es geht Foucault also darum, Diskursregeln zu erfassen. Dazu sei der Autor als Konstrukt zur Reglementierung von Äußerungen zu betrachten.

Während Foucault noch zwischen dem individuellen Verfasser eines Textes und der Autorfunktion in Texten unterschied, ging Roland Barthes in seinem Text LA MORT DE L'AUTEUR weiter. Nach Barthes leistet der Autor in einem Text nicht viel mehr als die stets epigonale Selektion und Kombination der ihn umgebenden Diskurse: „Der Text ist ein Gewebe von Zitaten, die ihren Ursprung in zahllosen Bereichen der Kultur haben. [...] Der Schreibende kann nur einen Gestus imitieren, der immer schon vorhanden ist [...] Bevor er den Versuch macht, sein ‚Innerstes' zu äußern, sollte er zumindest wissen, dass das ‚Innerste', das er zu übersetzen glaubt, selbst nur ein fertiges Wörterbuch ist, dessen Wörter nur durch andere

---

[28] Michel Foucault: Was ist ein Autor? In: M. Foucault: Schriften zur Literatur. Frankfurt/M. 1993, S. 7-31, hier S. 31.

Wörter erklärbar sind usw. ad infinitum."[29] Diese Postulate haben kaum zu unterschätzende Folgen für die Beschreibung und Interpretation von Texten. Denn fassen wir einen Text mit Barthes als „Gewebe" aus anderen Text(teil)en auf und verstehen jedes Wort als Zitation anderer Wörter (die wiederum Spuren anderer Wörter in sich tragen), dann vervielfältigt sich jeder Text zu einem unendlichen und letztlich uninterpretierbaren Netz von Zeichen. Der Text kann in seiner Unendlichkeit nicht als Einheit verstanden werden; genauso wenig hat der Autor ein Recht auf eine bestimmte Interpretation seiner Texte. Denn sind Texte erst einmal geschrieben, so „weben" sich selbst weiter fort und sind interpretativ nicht mehr einzuholen.

Von ähnlicher Radikalität sind auch die Einwände gegen den Begriff des *Werkes*: Da es keine sichere Theorie gebe, die über die Zugehörigkeit von Texten zu einem „Werk" entscheiden könnte, seien die Begriffe *Werk* und *Autor* als Orientierungspunkte von Interpretationen zu verwerfen. Wenn sich die Einheit des literarischen Werkes als eine fragwürdige Konstruktion erweise, bleibe nur der Text in seiner unendlichen Dimension. – Die Auflehnung gegen einen bestimmten Umgang mit den aufgeladenen Begriffen *Autor* und *Werk* wird hier noch einmal offensichtlich: Mit der Rückführung des Autors auf ein Konstrukt zur Reglementierung von Diskursen (Foucault) bzw. einen intertextuellen Repetitor fremder Rede (Barthes) soll die Vorstellung von der überindividuellen Autorität eines genialen Urhebers und seines Werkes gebrochen werden. Für Foucault und Barthes (und die ihnen folgenden Literaturwissenschaftler) gibt es keinen „Autor-Gott" mehr, sondern nur eine reglementierende „Funktion" bzw. eine epigonale Instanz der „Verknüpfung" vorgefertigter Zitate. Der Autor als eigenschöpferisches Ingenium existiert nicht, sondern nur ein Universum von aufeinanderbezogenen Texten, in dem der Autor als Arrangeur bereits vorliegender Textbestandteile agiert.

1.3 ... und seine Wiederkehr

Der radikalen Auflösung der Begriffe Autor und Werk ist die Literaturwissenschaft nur bedingt gefolgt. Und das nicht nur aufgrund interner Inkonsistenzen der Postulate vom „Tod des Autors", die auch bei radikaler Negation des Autorbegriffs auf Wissensbestände über einen Verfasser zurückgreifen (und sei es zur raumzeitlichen Markierung der Entstehungszeit eines Textes). Viel wichtiger ist der Umstand, dass sich viel-

---

[29] Roland Barthes: La mort de l'auteur [1968]. In: R. Barthes: Essais critique IV. Le bruissement de la langue. Paris 1984, S. 61-67, hier S. 65; Übertragung von Thomas Eicher.

leicht auf den **Begriff** „**Autor**" verzichten lässt, kaum aber auf die **Funktionen**, die er in unterschiedlichen Praxisbereichen wie Literaturtheorie, Interpretation, Literaturgeschichtsschreibung und Editionsphilologie einnimmt. Mit den Kategorien *Autor, Werk* und *Autorschaft* kann praktikabel operiert werden – wenn man genau sagt, was und in welchen Zusammenhängen gemeint ist. Bezieht man sich auf den Autor, um gesicherte Texte zu erstellen, Bedeutung(en) zu ermitteln oder Werke historisch einzuordnen, muss man den jeweiligen Bezugsaspekt angeben. Es ist deutlich zu machen, welche Dimension gemeint wird – spricht man über den Autor als

-   historisch identifizierbaren Urheber von Texten, der zu diesen Produkten ein bestimmtes Verhältnis hat;
-   eine intentionale (oder intentionsfähige) Instanz, die aus einem Text erschlossen werden kann;
-   eine in Texten durchgängig anwesende Steuerungsfunktion, die für alle Texteigenschaften – von Gattungswahl über Titelgebung bis zum letzten Satzzeichen – verantwortlich ist.

In der **Editionsphilologie** als dem Fachbereich mit der Aufgabe, gesicherte Texte zu erstellen, nahm und nimmt der Begriff des Autors als *Verfasser* einen zentralen Platz ein – was schon dadurch ersichtlich wird, dass in der Regel sein Name auf Titelseite und Buchrücken erscheint. Unter einem „gesicherten Text" verstand man bis in die 1970er Jahre eine dem Willen des Verfassers entsprechende oder eine diesem Willen möglichst nahe kommende Wiedergabe des von ihm konzipierten Werkes. Um einen solchen authentischen Text zu erhalten, wurde ein autorisierter Textzeuge – also etwa eine vom Autor noch selbst verantwortete Ausgabe – zur Grundlage der Edition ausgewählt. War ein solcher autorisierter Textzeuge nicht überliefert (wie bei Schriften aus der Antike oder aus dem Mittelalter) musste ein Überlieferungsstammbaum – ein sog. Stemma – konstituiert werden, das eine möglichst große Nähe zur Intention des Autors aufweisen sollte. Die Probleme eines solchen Verfahrens liegen auf der Hand: Woher „weiß" der Editor, was der Autor „wollte"? Lässt sich die Autorintention aber tatsächlich in so eindeutiger Weise ermitteln, wie es die Gestalt des „autorisierten Textzeugen" nahelegt und die doch stets Ergebnis eines redaktionellen Prozesses ist? Markant sichtbar werden diese Probleme etwa im Falle von Texten, die durch Fremdredaktion literaturgeschichtliche Bedeutung erlangten: Wollte Goethe die Aphorismensammlung MAXIMEN UND REFLEXIONEN, die nicht durch ihn, sondern durch die kompilatorische Arbeit des Herausgebers Max Hecker entstand? Wäre Franz Kafka einverstanden mit der Textgestalt seiner Romane, die durch ihren ersten Herausgeber Max Brod bestimmt wurde? Aufgrund dieser Überlegungen soll nunmehr der *überlieferte Text* als Ausdruck der Autorintention bewahrt werden; alle scheinbar verbessernden oder sinn-stiftenden Eingriffe editorischen Charakters müssen als solche sichtbar gemacht werden.

Welcher Aufwand (und welche Umgewöhnung auf Leserseite) damit notwendig werden, zeigt die 1997 erschienene Edition von Franz Kafkas Roman DER PROCESS in der durch Roland Reuß und Peter Staengle veranstalteten „Historisch-Kritischen Ausgabe sämtlicher Handschriften, Drucke und Typoskripte". Anstelle eines fortlaufenden Lesetextes präsen-tiert sie Kafkas Manuskripte als fotomechanische Reproduktion der origi-nalen Handschrift mit diplomatischer Umschrift, d. h. einer genauen Wiedergabe der Handschrift mit sämtlichen Eigenheiten und Fehlern im ursprünglichen Zusammenhang der Überlieferung. Dabei hat es insbe-sondere die Reproduktion des Textzusammenhangs in sich: Ohne eine Entscheidung über den Status der Kapitel und ihre vermutliche Anord-nung der Handlung werden die faksimilierten Textkonvolute als Hefte in einem Schuber versammelt – ganz wie man die Originale im Deutschen Literaturarchiv in Marbach am Neckar vorfindet. Jeder Leser muss über den Zusammenhang der mehr oder weniger abgeschlossenen Abschnitte nun selbst entscheiden und kann damit auch überprüfen, ob die Editi-onsvorschläge von Max Brod und Malcolm Pasley mit ihrer Anordnung plausibel sind.

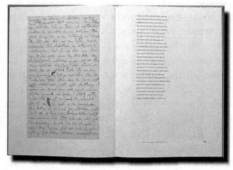

Welche Folgen eine solche Fakimile-Edition für Fragen nach dem Autor nach sich zieht, kann hier nur angedeutet werden. Zum einen erscheint der Autor durch seine Handschrift mitsamt ihren materialen Eigenschaf-ten, Gebrauchsspuren und Verschreibungen in einer Weise präsent, die nicht nur seine Todeserklärungen dementiert, sondern auch die Integrität der ursprünglichen und auktorial beglaubigten Überlieferung gegenüber wirkungsgeschichtlich vielleicht höchst bedeutsamen Eingriffen späterer

Herausgeber verteidigt. Zum anderen enthält das technisch reproduzierte Abbild des handschriftlichen Urtextes eine Menge von auswertbaren Informationen: Eigenschaften des Trägermediums können ebenso wie die Art des Schreibgeräts und Gebrauchsspuren als Indizien für Dispositionen des Schreibens und des Schreibenden ausgewertet werden. Aus der Handschrift lässt sich auf die Verfassung des Autors schließen; gestrichene oder verbesserte Stellen lassen sich als Zeugnisse verworfener Schreibabsichten entziffern und erlauben u. U. weitreichende Folgerungen für die Beschreibung und Deutung des Textes.

In der **Literaturgeschichtsschreibung** rangiert der Begriff *Autor* neben der Einteilung von *Epochen* als der wichtigste Begriff zur Auswahl, Bewertung und Beschreibung von Texten. Von der Maxime ausgehend, dass der *Autor* ein *Werk* für *Leser* produziert, erlauben Autornamen eine historisch perspektivierte Ordnung der tendenziell unüberschaubaren Menge von Texten. Autorennamen verdichten biographische Informationen über die Verfasser von Texten zu Charakteristiken, die dann sowohl die empirische Person als auch seine Texte näher bestimmen. Eine besondere Rolle spielt der Autor-Begriff in einer sozialhistorisch orientierten Literaturgeschichtsschreibung und in der Literatursoziologie. Hier fungiert der Verfasser von Texten als zentraler Gegenstand von Untersuchungen, die seine soziale Herkunft, Berufsfelder und den Zugang zu Ressourcen in den Blick nehmen, um den Zusammenhang zwischen Literatur und Gesellschaft zu modellieren.

Für die **Interpretation** von literarischen Texten sind die Begriffe Autor und Autorschaft nach wie vor bedeutsam. Berücksichtigen wir das Spannungsverhältnis zwischen (a) dem Verfasser als historischer Person, (b) einer intentionsfähigen Instanz und (c) seiner Rolle als durchgängig anwesender Steuerungsinstanz in Texten, können wir mehrere Dimensionen des komplexen Autor-Begriffs angeben. Eine Minimalfunktion erfüllt der Autor in *strukturbestimmenden Interpretationen*, die ein zugrunde liegendes Schema des Textes ermitteln: Ein Verfasser – etwa die durch die Lebensdaten 1749-1832 markierte Person Johann Wolfgang Goethe – tritt als diejenige Instanz auf, die einen Text – etwa den Briefroman DIE LEIDEN DES JUNGEN WERTHERS – als Träger von Bedeutung raum-zeitlich fixierte, d. h. in vier Wochen des Jahres 1774 niederschrieb. Die bedeutungtragende Struktur aber ist allein durch Beobachtung von Binäroppositionen im Text selbst zu ermitteln. Eine stärkere Beachtung findet der Autor als Verfasser in *stilbestimmenden Interpretationen*, in denen nach der spezifischen *Form* eines Textes gefragt wird und andere Texte des jeweiligen Urhebers zum Vergleich hinzugezogen werden. Bei einer *Rekonstruktion von im Text dargestellten Normen* ist der implizite Autor als Steuerungsinstanz zu rekonstruieren. Bei einer *psychologischen Interpretation* geht es darum, ver-

deckte Aussagen des Textes aufzuspüren und zu erklären, wobei man gegebenenfalls auf Selbstaussagen des Autors zurückgreift. Die *autorphilolo-
gische Interpretation* betrachtet Texte im Kontext eines Gesamtwerkes und
hat dabei Beziehungen zwischen dem empirischem Verfasser, seinen Texten und seinem Erscheinen in ihnen zu thematisieren. Außerdem stehen
Aussagen des Autors zur Bestätigung oder Widerlegung von Deutungshypothesen zur Verfügung. Eine dazu notwendige Einordnung von Texten
in historische, ideen- und mediengeschichtliche Kontexte wird sich ebenfalls auf den Verfasser beziehen.

Die Konsequenzen eines reflektiert verwendeten Autor-Begriffs für die
Überlieferungssicherung wie für die Beschreibung und Deutung von Texten sind also weitreichend. Als Faustregel für alle Verwendungen kann gelten, dass historische, kultur- und wissensgeschichtliche, psychologische
sowie alle anderen Informationen über einen Autor, die Entstehungszeit
seiner Texte und mögliche Einflüsse einen **Kontext** für die Begründung
von deskriptiven und interpretativen Aussagen bereitstellen, die *aus dem
Text selbst zu gewinnen* sind. Die Dimensionen des Autorkonzepts haben
dann die Funktion, Kontextsegmente als primär bzw. subsidiär auszuwählen und diese Wahl zu legitimieren. Auf diese Weise wird die mögliche
Vielzahl von Deutungsmöglichkeiten eingeschränkt und präzisiert. Das
macht eine überzeugende Erklärung von Textbeobachtungen wahrscheinlicher. So tragen Argumentationen in Bezug auf den Autor dazu bei, Deutungshypothesen zu *plausibilisieren*, zu *illustrieren* oder sie nochmals auf
ihre Gültigkeit zu *kontrollieren*. Denn Beobachten und Deuten ist gut –
Kontrolle besser.

Grundlegende und weiterführende Literatur:

Heinrich Bosse: Autorschaft ist Werkherrschaft. Über die Entstehung des Urhe-
berrechts aus dem Geist der Goethezeit. Paderborn 1981
Fotis Jannidis, Gerhard Lauer, Matias Martinez, Simone Winko (Hrsg.): Rück-
kehr des Autors. Historische Modelle und systematische Perspektiven. Tübin-
gen 1999
Fotis Jannidis, Gerhard Lauer, Matias Martinez, Simone Winko (Hrsg.): Texte zur
Theorie der Autorschaft. Stuttgart 2000
Erich Kleinschmidt: Autorschaft. Konzepte einer Theorie. Tübingen, Basel 1998

2 Was sind literarische Generationen?

Man kann zum Vorteile der Regeln viel sagen, ungefähr was man zum Lobe der bürgerlichen Gesellschaft sagen kann. Ein Mensch, der sich nach ihnen bildet, wird nie etwas Abgeschmacktes und Schlechtes hervorbringen, wie einer, der sich durch Gesetze und Wohlstand modeln lässt, nie ein unerträglicher Nachbar, nie ein merkwürdiger Bösewicht werden kann; dagegen wird aber auch alle Regel, man rede was man wolle, das wahre Gefühl von Natur und den wahren Ausdruck derselben zerstören! [...]

Der Autor: *1749 in Frankfurt am Main
Vater: Kaiserlicher Rat, Dr. jur.
Ausbildung: Privatunterricht, u. a. in Latein, Griechisch, Englisch und Italienisch; Jurastudium in Leipzig und Straßburg; Vorlesungen in Philosophie und Philologie, u. a. bei Christian Fürchtegott Gellert und Johann Christoph Gottsched
Berufliche Tätigkeiten: Praktikant am Reichskammergericht; Rechtsanwalt; Minister

Wir werden geboren – unsere Eltern geben uns Brot und Kleid – unsere Lehrer drücken in unser Hirn Worte, Sprachen, Wissenschaften – irgend ein artiges Mädchen drückt in unser Herz den Wunsch es eigen zu besitzen, es in unsere Arme als unser Eigentum zu schließen, wenn sich nicht gar ein tierisch Bedürfnis mit hineinmischt – es entsteht eine Lücke in der Republik wo wir hineinpassen – unsere Freunde, Verwandte, Gönner setzen an und stoßen uns glücklich hinein – wir drehen uns eine Zeitlang in diesem Platz herum wie die andern Räder und stoßen und treiben – bis wir wenn's noch so ordentlich geht abgestumpft sind und zuletzt wieder einem neuen Rade Platz machen müssen – das ist, meine Herren! ohne Ruhm zu melden unsere Biographie – und was bleibt nun der Mensch noch anders als eine vorzüglich künstliche kleine Maschine, die in die große Maschine, die wir Welt, Weltbegebenheiten, Weltläufte nennen besser oder schlimmer hineinpaßt. [...]

Der Autor: * 1751 in Seßwegen, Livland
Vater: Pastor, Generalsuperintendent
Ausbildung: Lateinschule; Studium der Theologie an der Universität Königsberg; Vorlesungen über Logik, Metaphysik und Naturphilosophie bei Immanuel Kant
Berufliche Tätigkeit: Hofmeister (nach Abbruch des Studiums); freier Schriftsteller, Hauslehrer

Mir ekelt vor diesem tintenklecksenden Säkulum, wenn ich in meinem Plutarch lese von großen Menschen. [...] Der hohe Lichtfunke Prometheus' ist ausgebrannt, dafür nimmt man itzt die Flamme von Bärlappenmehl - Theaterfeuer, das keine Pfeife Tabak anzündet. Da krabbeln sie nun wie die Ratten auf die Keule des Herkules, und studieren sich das Mark aus dem Schädel, was das für ein Ding sei, das er in seinen Hoden geführt hat? Ein französischer Abbé doziert, Alexander sei ein Hasenfuß gewesen, ein schwindsüchtiger Professor hält sich bei jedem Wort ein Fläschchen Salmiakgeist vor die Nase und liest ein Kollegium über die Kraft. Kerls, die in Ohnmacht fallen, wenn sie einen Buben gemacht haben, kritteln über die Taktik des Hannibals - feuchtohrige Buben fischen Phrases aus der Schlacht bei Cannä, und greinen über die Siege des Scipio, weil sie sie exponieren müssen.

Der Autor: *1759 in Marbach am Neckar
Vater: Leutnant, Wundarzt
Ausbildung: Lateinschule; Ausbildung an der „militärischen Pflanzschule" des Herzogs Karl Eugen (spätere Karlsschule); hier Studium der Rechte, später der Medizin
Berufliche Tätigkeit: Militärarzt, dann freier Schriftsteller (unterstützt durch fürstliche Mäzene) und Universitätsprofessor

Drei Textauszüge, drei Autoren. Und einige Gemeinsamkeiten: Alle drei Texte sprechen über eine eingerichtete Welt, die als problematisch empfunden wird. Der erste Text opponiert gegen die Regeln der „bürgerlichen Gesellschaft" und ihre Zerstörung des „wahren Gefühls". Der zweite Text beschreibt die Anpassung des gemodelten Individuums an das Regelwerk von Konventionen metaphorisch als Einpassung eines „Rades" in die „große Maschine Welt". Der dritte Text beschimpft das eigene Jahrhundert und seine Bildungsmuster als „tintenklecksend" und verlogen. So konstruieren alle drei Texte binäre Oppositionen: Eine eingerichtete und gleichsam wie ein Uhrwerk funktionierende Wirklichkeit steht dem gegenüber, was nicht fixiert und konventionell festgelegt ist.

Es sind die potentiellen (bzw. schon aktuellen) Betroffenen dieser normierten Wirklichkeit, die hier ihren Einspruch gegen ein vorgeprägtes System artikulieren. Zweimal begegnet uns ein im Singular sprechendes Subjekt. Im ersten Text schreibt Werther, die literarische Figur aus Johann Wolfgang Goethes Briefroman, zu dessen häufig gebrauchten Vokabeln nicht zufällig die Kontrastbegriffe „Herz" und „Vernunft", „Gefühl" und „Einschränkung" zählen. Im dritten Text verwirft ein offenkundig gebildetes Subjekt die Bildungsmuster seiner Zeit: Hier spricht Karl Moor, ehemals Student und bald Hauptmann einer Bande von Studienabbrechern, die in Friedrich Schillers dramatischem Erstling DIE RÄUBER in die böhmischen Wälder ziehen. Das kollektive Erfahrung beschreibende „Wir" im zweiten Text ist schwerer zu verorten. Zum einen redet hier der Verfasser, der 24jährige Jakob Michael Reinhold Lenz, der 1775 vor Straßburger Freunden die Rede ÜBER GÖTZ VON BERLICHINGEN hielt. Zum anderen artikuliert sich in diesem „Wir" ein Kollektiv, deren gleichaltrige Angehörige aufgrund gemeinsamer Prägungen in ihrer Formationsphase zu ähnlichen Wahrnehmungsmustern und Einstellungen gelangt sind. Zur Bezeichnung dieser durch benachbarte Geburtenjahrgänge, gemeinschaftliche Bildungserlebnisse und übereinstimmende Urteile konstituierten Einheit verwenden wir den Begriff der **Generation**. Seit einer Untersuchung des Soziologen Karl Mannheim (1893-1947) hat sich dieser Terminus auch in der Wissenschaft eingebürgt – obwohl seine Definition wie seine Verwendung nicht unproblematisch sind.

Mit welchen Schwierigkeiten der Generationen-Begriff und seine Leistungen zur Beschreibung, Deutung und Erklärung kulturellen Wandels verbunden ist, zeigt sein nahezu inflationärer Gebrauch in den Medien der Gegenwart: Wir kennen die Bezeichnung „68er" für eine Altersgemeinschaft, die zwischen 1940 und 1950 geboren wurde und die Emanzipationsbestrebungen seit Ende der 1960er Jahre als prägendes Moment weitreichender gesellschaftspolitischer und kultureller Einstellungen erfuhr. Bereits zwei Bücher von Florian Illies suggerieren, ein Kleinwagen sei das verbindende Symbol einer Generation, die zwischen 1965 und 1975 (im Westen Deutschlands) zur Welt kam und mit den Modellen dieses Fahrzeugtyps groß wurde.[30] Während die Unbekannte in der Bezeichnung „Generation X" eher für das Fehlen von Gemeinsamkeiten steht, wird die durch Techno-Musik sozialisierte „Generation XTC" mit dem Akronym für eine Partydroge markiert.[31] Und das Label „Generation @" meint wohl alle diejenigen, die mit dem Medium Internet aufwachsen sind.[32] In allen diesen Varianten dient der Generationsbegriff zur Etikettierung eines immer rascheren Wechsels von Anschauungen und Lebensstilen – er ist ein Marketing-Instrument mit dem Ziel, durch Stiftung von Gruppen-Identitäten die knappe Ressource Aufmerksamkeit zu gewinnen und davon in irgendeiner Weise zu profitieren.

Wenn hier dennoch der Versuch unternommen wird, den Begriff **literarische Generation** zur Beschreibung und Erklärung von Veränderungen

---

[30] Florian Illies: Generation Golf. München 2000; ders.: Generation Golf zwei. München 2003.

[31] Friedhelm Böpple, Ralf Knüfer: Generation XTC. Techno und Ekstase. Berlin 1996, München 1998.

[32] Horst Opaschowski: Generation @. Die Medienrevolution entläßt ihre Kinder: Leben im Informationszeitalter. Hamburg 1999.

innerhalb des Literatursystems einzuführen, dann geschieht das unter zwei
Prämissen. Zum einen soll dem unklaren und ungeklärten Gerede über
Generationen eine hinreichend explizite Begriffsbestimmung gegenüber-
gestellt werden. Zum anderen gilt es, die Schwierigkeiten und Probleme
eines Begriffes zu reflektieren, der in seiner Eigenschaft als performative
Kategorie zur Selbstdarstellung innerhalb eines vorstrukturierten kulturellen Feldes stets der Gefahr unterliegt, komplexe Verhältnisse unzulässig zu
reduzieren und einseitig darzustellen.

2.1 Parameter des Generationsbegriffs

Sehen wir zur Gewinnung einer Explikationsbasis für den Begriff „literarische Generation" einmal die knappen Angaben zu den Autoren der drei
abgedruckten Textauszüge an: Der 1749 geborene Johann Wolfgang
Goethe, der 1751 geborene Jakob Michael Reinhold Lenz und der 1759
geborene Friedrich Schiller gehörten durch ihre Geburtsdaten einer
Altersgemeinschaft an, die bestimmte historische Ereignisse und Konstellationen als formbildende Entwicklungskräfte erfuhr. Der ähnliche Geburts-
zeitraum und die damit verbundene Gleichzeitigkeit des Aufwachsens
und Lernens bedingte analoge Einwirkungen, denen diese Individuen insbesondere in den Jahren der größten Aufnahmebereitschaft, d. h. in ihrer
Adoleszenz- und Formationsphase ausgesetzt waren. Ähnliche Erfahrungen mit kulturellen und gesellschaftlichen Zuständen können jedoch
nur aufgrund übereinstimmender oder ähnlicher Dispositionen und Voraussetzungen gemacht werden. Karl Mannheim nennt diesen Aspekt „soziale Lagerung". Er kennzeichnet die Zugehörigkeit von altersgemein-
schaftlich verbundenen Individuen zu bestimmten sozialen Schichten oder
oder Klassen und beschreibt die Möglichkeit der Teilhabe unterschiedlicher Personen an einer gemeinsamen Kultur.

Der für die Autoren Goethe, Lenz und Schiller gemeinsame *historisch-
soziale Lebensraum* war die Zeit folgenreicher Umstellungen. Fort-
schreitende gesellschaftliche Arbeitsteilung und Differenzierung trennte
nicht nur Subsysteme wie Wirtschaft, Wissenschaft, Kunst als eigengesetz-
liche Sphären voneinander ab, sondern beförderte auch die Ausbildung
einer zwischen Adel und Klerus stehenden Schicht, die wir als Bürgertum
bezeichnen und die sich als sozial überaus heterogene Gruppe des Kultur-
und Bildungsbereiches zur Herstellung eigener Identität versicherte. Im Zuge
dieser Ausdifferenzierungsprozesse entstand ein modernes Subjektivitäts-
konzept, das auf zunehmende Freisetzung und Desintegration mit erhöhtem
Kontingenzbewusstsein und einer Selbstbeschreibung der Person als
reflektierter Individualität antwortete. „Bürgerliche" Herkunft und Sozialisation

in einer nach Autonomie, Selbstbewusstsein und Selbstvergewisserung
strebenden Kultur können als zentrale *Formations-* bzw. *Bildungserlebnisse*
von Goethe, Lenz und Schiller und ihrer Altersgenossen angesehen werden.
(Dass „bürgerliche Herkunft" wie auch Sozialisation in den jeweiligen
Fällen differenziert zu betrachten ist, braucht nicht eigens betont zu werden. Zwischen Goethes Universitätsstudium und Schillers Ausbildung an
der despotisch organisierten „militärischen Pflanzschule" des Württem-
berger Herzogs bestanden gravierende Unterschiede; dennoch partizipier-
te auch der Karlsschüler durch den Lehrer Jakob Friedrich Abel an den
Ideen der Aufklärung.) Im Verbund mit einer humanistischen Schulbil-
dung – die nicht nur die alten Sprachen, sondern auch Kenntnisse des
rhetorischen Systems vermittelte – wurden die in den Universitätsstädten
Königsberg, Leipzig und Straßburg vermittelten Imperative der Aufklärung zu Grundlagen eines neuen, generationsspezifischen Selbstbewusstseins.
Diese Imperative zielten auf die Befähigung zum Selbstdenken und führten zu
einem bewusstseinsgeschichtlichen Wandel, dessen Tragweite nicht zu überschätzen ist: zum Gedanken von der Veränderbarkeit der Welt. Heute fast
selbstverständlich, war dieser Gedanke im 18. Jahrhundert neu und geradezu revolutionär. Denn er stellte nicht nur die bis dahin herrschende
Auffassung von einer göttlichen Ordnung und der notwendigen
Anpassung des Einzelnen an diese Ordnung in Frage. Der Gedanke,
dass die Verhältnisse in dieser Welt veränderbar seien, setzte zugleich eine
Trennung von Ich und Welt und den Gewinn einer kritischen Position
voraus – was einerseits zum Bewusstsein der Kontingenz („Alles könnte
auch anders sein") und andererseits zum Verlust orientierender Fixpunkte
(„Es gibt keine letzten Sicherheiten mehr") führte.
  Die Partizipation der Autoren Goethe, Lenz und Schiller an einer his-
torisch-sozialen wie kulturellen Konstellation macht aus der verwandten
Generationslagerung einen **Generationszusammenhang**. Dieser Zusam-
menhangs wird durch eine weitere Verbindung zwischen den Individuen
Goethe, Lenz und Schiller gestützt. Alle drei Autoren folgten zunächst
dem Bildungsgang der Väter, wandten sich jedoch später davon ab: Johann Wolfgang Goethe studierte die Rechte, um wie sein Vater Johann
Caspar Goethe Jurist zu werden; Lenz studierte Theologie, weil sein Vater
Pastor (und später sogar Generalsuperintendent von Livland) war; Schiller
wurde Militärarzt und folgte ebenfalls dem Beruf des Vaters.
  Die **Generationslagerung** als Zugehörigkeit zu einer historisch wie sozial spezifizierten Kohorte und der **Generationszusammenhang** als gemeinsame Partizipation an historischen Konstellationen und Ereignissen
bilden nur die Voraussetzungen für das sichtbare Hervortreten einer Generation. Erst wenn die gleichsam virtuellen Gemeinschaften von Gleichaltrigen zu *gemeinsamen* und *aufeinander bezogenen Orientierungs- und*

Handlungsmustern finden und diese artikulieren, lässt sich von einer **Generationseinheit** sprechen. Ihre Artikulation weist ein weites Spektrum auf: Es reicht von der Propagierung eines *gemeinsamen ästhetischen Ideals* in der Kommunikation mit der literarischen Öffentlichkeit über die *Erzeugung von Visibilität* durch Manifeste, Anthologien und Zeitschriften bis zu manifesten *Gruppenbildungen,* wobei sich Zirkel mit zumindest nomineller Gleichberechtigung von den durch Führerstruktur und formelle Exklusivität dominierten „Dichterkreisen" unterscheiden.

Alle Elemente dieses Spektrums lassen sich bei Goethe, Lenz, Schiller und ihren Altersgenossen entdecken. Die emphatische Rede vom regelbefreiten „Genie" verkündete das Credo einer durch keine Zwänge mehr gebundenen Poesie. Als fester Topos eines generationsspezifischen Selbst-Bewusstseins bildete es den Kern eines ästhetischen Ideals, das junge Autoren in Göttingen, Frankfurt und Straßburg verband und sich explizit gegen die normative Regelpoetik der „Alten" richtete. Periodika wie die Frankfurter Gelehrten Anzeigen und der Göttinger Musenalmanach sorgten für Sichtbarkeit innerhalb des literarischen Feldes. Von besonderer Bedeutung wurde die direkte Kommunikation zwischen gleichaltrigen Poeten, die insbesondere in Universitätsstädten zusammentrafen. In Straßburg versammelte sich ab 1771 in der „Tischgesellschaft" des literarisch interessierten Johann Daniel Salzmann ein Freundschaftsbund von „Original-Genies", die sich auf der Plattform des Münsters in der Reihenfolge Goethe, Schlosser, Kaufmann, Lenz, Herder, Lavater verewigten. In Göttingen begründeten der 21 Jahre alte und Philologie studierende Johann Heinrich Voß gemeinsam mit seinem 24jährigen Kommilitonen Ludwig Christoph Heinrich Hölty, dem 22jährigen Theologie-Studenten Johann Martin Miller und dessen Vetter Gottlob Dietrich Miller sowie dem 19jährigen Theologie-Studenten Johann Friedrich Hahn am 12. September 1772 den Dichterbund „Göttinger Hain". Die Praxis dieses Bundes – dessen Mitglieder sich mit Vorliebe in mondhellen Nächten im Eichenhain vor der Stadt trafen – ist aus mehreren Gründen für eine Beobachtungen von Generationsverhältnissen aufschlussreich. Denn die jungen Autoren, die sich an Johann Gottlieb Klopstock und dessen Vorstellungen vom „hohen Dichter" orientierten und nur für die Ewigkeit dichten wollten, beobachteten sehr genau den literarischen Markt. Der im Spätherbst 1772 hinzukommende Friedrich Leopold von Stolberg behauptete zwar: „Den Pöbel verachtend dachten wir uns nur den Beifall großer Männer und der Nachwelt"; sein Bundesbruder Johann Heinrich Voß jedoch überlegte: „Klopstocks Oden sind göttlich. Aber könnte man sich nicht noch zwischen Klopstock und Ramler hineinschieben?"[33] Entspre-

---

[33] Johann Heinrich Voß: Briefe. Hrsg. von Abraham Voß. Bd. 1. Halberstadt 1829, S. 88.

chend fielen Themen und Textverfahren aus: Im Mittelpunkt der Oden
und Hymnen, die in dem von Heinrich August Boie herausgegebenen
MUSENALMANACH erschienen, stand der „Bund", der immer wieder als
„heilig" und „ewig" beschworen sowie als Quelle vaterländischer Erwe-
ckung besungen wurde. Besonders radikal gebärdeten sich die Jung-
Autoren, wenn es um die Bestätigung des eigenen ästhetischen Ideals und
die Abwehr von „Gegnern" ging. Zum Geburtstag des verehrten Klopstock am 2. Juli 1773 wurde eine Feier mit symbolischer Prägnanz veranstaltet: Man deklamierte Oden, trank und rauchte, wobei der Fidibus –
ein Papierstreifen zum Anzünden der Pfeifen – aus Christoph Martin
Wielands Schriften gemacht war. Wer nicht rauchte, musste auf den zer-
rissenen Seiten von Wielands Werk IDRIS herumstampfen. Nach mehrfachen Trinksprüchen u. a. auf Klopstock, Luther, Hermann und den Bund
wurde gesungen und zuletzt Wielands Werk und Bildnis verbrannt.

Der „Bundesschwur" der Altersgenossen, die sich am 12 .9. 1772 zum
„Göttinger Hain" vereinten

Die Verbrennung von Wielands Werk

Warum ausgerechnet Christoph Martin Wieland zur Inkarnation des
„Feindes" wurde, kann durch einen Blick auf die Kräfteverhältnisse im literarischen Feld erschlossen werden. Der 1733 geborene Wieland besetzte
zentrale Positionen innerhalb des sich ausbildenden Marktes und hatte
seinen Erfolg beim Publikum nach Meinung der Hain-Bündler vor allem
aufgrund „schlüpfriger" Themen zu verdanken. Im September 1772 als
Prinzenerzieher und Hofpoet nach Weimar berufen, galt Wieland auch in
dieser Hinsicht als Antipode des „freien" Klopstock und eignete sich für
die Freiheitsattitüden des Hain-Bundes als besondere Projektionsfläche
für einen Identitätsgewinn durch Abgrenzung und Negation.

Trotz emphatischer Beschwörungen des „ewigen Bundes" und rabiater
Unterscheidung von Freund und Feind hielt die in Göttingen versammelte Generationsgemeinschaft nicht lange. Das „Bundesjournal" dokumen-

tiert Treffen für die Zeit zwischen September 1772 und Dezember 1773.
Freundschaftlich verbunden, aber ohne Rituale und Zeremonien einer
Gruppe blieben die meisten Mitglieder bis 1775 und veröffentlichten im
GÖTTINGER MUSENALMANACH, der jährlich als kleine Anthologie erschien. Mit dem Verlassen der Universitätsstadt trennten sich dann zumeist die Wege – und aus ehemaligen Bundesbrüdern wie dem 1800 kon-
vertierten Friedrich Leopold zu Stolberg und dem Homer-Übersetzter Johann Heinrich Voß wurden erbitterte Feinde.

2. 2 Verwendungsweisen des Generationsbegriffs

Welche Folgerungen lassen sich aus den bisherigen Beobachtungen für
die Bestimmung literarischer Generationen ziehen? Zuerst einmal zeigen
sie, wie begrenzt und präzisierungsbedürftig der Generations-Begriff für
die Beschreibung und Erklärung von literarischen Verhältnissen ist. Als
Kategorie zur Beobachtung und Deutung von Ähnlichkeiten und wiederkehrenden Mustern in der biographischen Entwicklung und Positionierung von Autoren innerhalb eines vorstrukturierten literarischen Feldes
kann er dennoch verwendet werden – wenn man ihn entsprechend limitiert und vorsichtig gebraucht. Dazu ist zwischen (a) einer **performativen**
und (b) einer **retrospektiven Verwendungsweise** des Begriffs zu unterscheiden:

- *Performative Verwendung* findet der Generationsbegriff durch Akteure,
  die mit der Propagierung von gruppenspezifisch geteilten Werten wie
  „Jugend", „Neuheit" sowie der Opposition gegen das „Alte" Unterscheidungen vornehmen und Positionen in einem vorgeprägten Feld zu
  besetzen suchen.
- *Retrospektiv* wird der Begriff der Generation in ex post vorgehenden Rekonstruktionen verwendet, die nach übergreifenden historisch-sozialen
  sowie kulturellen Primärerfahrungen fragen, um aus diesen prägenden Erlebnissen der Formationsphase bestimmte Rückschlüsse auf gemeinsame
  bzw. ähnliche Wahrnehmungs- und Handlungsmuster von Akteuren zu
  ziehen.

Klar dürfte sein, dass eine performative Verwendung des Generations-
begriffs nicht für eine wissenschaftliche Erfassung literarischer Gemeinschaften
in Betracht kommt – die Risiken der subjektiven Verzeichnung sind zu
hoch. Deshalb wird nachfolgend eine Bestimmung vorgeschlagen, die den
Begriff der literarischen Generation als Ergebnis retrospektiver Rekonstruktionen mit begrenzten heuristischen Funktionen auffasst. **Literarische Generationen** sind in dieser Perspektive **Autorengruppen**, die aufgrund **übereinstimmender bzw. ähnlicher Sozialisationserfahrungen in
der Formationsphase** in so signifikanter Weise geprägt wurden, dass spe-

zifizierte **Gemeinsamkeiten** in Bezug auf ein ästhetisches Ideal und seine Präsentation in der Öffentlichkeit festgestellt und untersucht werden können. Diese Übereinstimmungen hinsichtlich eines ästhetischen Ideals führen zu gruppenspezifischen Habitusformen, Ähnlichkeiten in präferierten Gattungen, Themen und Motiven sowie zu einer besonderen (und vor allem in der Anfangsphase generationeller Kristallisationen feststellbaren) Art der Sprachverwendung, die sich von Ausdrucksformen vorangegangener oder auch gleichzeitiger Autoren unterscheidet.

Retrospektiv vorgehend, kann der Begriff der literarischen Generation also übereinstimmende Konstellationen und damit verbundene soziale, kulturelle, ästhetische etc. Prägungen beschreiben. Eine Erklärung von Ähnlichkeiten und Mustern in Themen, Motiven, Stilen muss über generationsspezifische Faktoren hinausgehen und weitere Ursachen des literarischen Strukturwandels berücksichtigen.

Von besonderer Bedeutung erweisen sich dabei die Möglichkeiten, literarische bzw. kulturelle Veränderungen als Ergebnis von Auseinandersetzungen zwischen Generationen zu deuten. Der **Generationskonflikt** erscheint in dieser Perspektive als das Resultat von Diskrepanzen zwischen den kulturellen Inhalten, die von einer älteren Generation erworben und weitergegeben werden, und veränderten Norm- und Wertvorstellungen der jüngeren Generation. Die Erfahrungen der etablierten „Alten" kollidieren mit Ansprüchen der „Jungen", die auf sozialen Wandel rascher reagieren. Ausgelöst und verstärkt wird der Generationskonflikt durch strukturelle Asymmetrien in Chancenverteilung und Sanktionsmöglichkeiten: Während die ältere Generation vorhandene Positionen besetzt, über einen „Informationsvorsprung" sowie über die Macht des Belohnens und Strafens verfügt, leidet die jüngere Generation unter dem Fehlen entsprechender Möglichkeiten. Wird dieses Leiden bewusst und ausgesprochen, entstehen Jugendbewegungen, die einen kaum zu unterschätzenden Einfluss auf die Dynamik des literarischen Strukturwandels haben – vom „Sturm und Drang" als dem Prototyp der modernen Jugendbewegung über die Generation der Frühromantiker, die um 1770 zur Welt kamen und um 1800 eine „Epochenschwelle" inszenierten, bis hin zu den Expressionisten, die zwischen 1880 und 1895 geboren wurden und zwischen 1910 und 1925 das kulturelle Feld veränderten. Übereinstimmendes Merkmal aller dieser generationsspezifischen Bewegungen ist die Radikalität, mit der eine Opposition zwischen „jung" und „alt", „neu" und „überlebt" gestaltet wird. Die jugendliche Kohorte nimmt für sich höhere Werte in Anspruch und setzt sie der schlechten Wirklichkeit entgegen. Sie operiert im Namen eines höheren Wissens gegen ein borniertes Establishment. Und sie kritisiert das Bestehende als Ergebnis von Kompromissen, die durch Berufung auf den eigenen, „reinen" Wertekanon der Heuchelei überführt und verurteilt werden. Drei Beispiele aus drei Jahrhunderten dokumentieren diese allgemeinen Elemente des Kohorten-Aufstands gegen etablierte Autoritäten:

Johann Wolfgang Goethe (*1749): Prometheus (1773-75)

Bedecke deinen Himmel, Zeus,
Mit Wolkendunst
Und übe, dem Knaben gleich,
Der Disteln köpft,
An Eichen dich und Bergeshöhn;
Mußt mir meine Erde
Doch lassen stehn
Und meine Hütte, die du nicht gebaut,
Und meinen Herd,
Um dessen Glut
Du mich beneidest.

Ich kenne nichts Ärmeres
Unter der Sonn, als euch, Götter!
Ihr nähret kümmerlich
Von Opfersteuern
Und Gebetshauch
Eure Majestät,
Und darbtet, wären
Nicht Kinder und Bettler
Hoffnungsvolle Toren. [...]

Georg Herwegh (*1817): Die Jungen und die Alten (1840)

„Du bist jung, du sollst nicht sprechen!
Du bist jung, wir sind die Alten!
Laß die Wogen erst sich brechen
Und die Gluten erst erkalten!

Du bist jung, dein Tun ist eitel!
Du bist jung und unerfahren!
Du bist jung, kränz' deinen Scheitel
Erst mit unsern weißen Haaren!

Lern', mein Lieber, erst entsagen,
Laß die Flammen erst verrauchen,
Laß dich erst in Ketten schlagen,
Dann vielleicht kann man dich brauchen!"

Kluge Herren! Die Gefangnen
Möchten ihresgleichen schauen;
Doch, ihr Hüter des Vergangnen,
Wer soll denn die Zukunft bauen?

Sprecht, was sind euch denn verblieben,
Außer uns, für wackre Stützen?
Wer soll eure Töchter lieben?
Wer soll eure Häuser schützen? [...]

Schmähet, schmäht mir nicht die Jugend,
Wie sie auch sich laut verkündigt!
O wie oft hat eure Tugend
An der Menschheit still gesündigt!

Franz Josef Degenhardt (*1931): Für wen singe ich (1967)

Ich singe nicht für euch,
Ihr, die ihr eure Riemen enger schnallt, wenn es um Höheres geht.
Ihr, bis zum Rand voller Gefühlsmatsch,
Ihr, die ihr nichts so haßt wie eure eigenen verschwärten Leiber,
Die ihr euch noch in Fahnen wickelt,
Hymnen singt, wenn euch der Strahlengürtel schnürt.
Und nicht für euch, ihr High-Life-Spießer mit der Architektenideologie,
Ihr frankophilen Käselutscher,
Ihr, die ihr nichts so liebt wie eure eigenen parfümierten Köter,

Ihr, die ihr euch nicht schämt den Biermann aufzulegen,
weil er so herrlich revolutionär ist. Nein, für euch nicht. [...]

Ich singe für euch, die ihr die feige Weisheit eurer Heldenväter
vom sogenannten Lauf der Welt in alle Winde schlagt.
Und einfach ausprobiert, was richtig läuft.
Die ihr den Lack, mit dem die Architekten überpinseln, runterbrennt
von allem rissigen Gebälk.
Für euch, die ihr die fetten Köter in die Sümpfe jagt, nicht schlafen könnt,
wenn ihr an damals denkt, und alle Allesfresser schnarchen hört.
Und nicht auf Tempelstufen hocken wollt,
solang der Schlagstock noch die weiße Freiheit regelt,
Napalm noch die Speise für die Armen ist, ich singe für euch.

Dass die Auseinandersetzungen zwischen Generationen im Literatursystem jedoch differenzierter und komplizierter verlaufen, zeigen *Sprache* und *Stil* als zentrale Felder für die Artikulation von gruppenspezifischen Identitäten. Während Autoren in der frühesten Phase ihrer literarischen Produktion die aktuelle und erfolgreiche Literatur zunächst nachahmen und sich an einen etablierten Stil anpassen, kommt es aufgrund enttäuschender Konfrontationen mit dem Literaturbetrieb und durch gemeinsame Verarbeitung von Generationserlebnissen zu Veränderungen. Das Schaffen von Neuem wird als Aufgabe betrachtet. In der Gemeinschaft von Schicksalsgenossen – die zumeist Altersgenossen sind – entwickeln Autoren ihren eigenen Stil, verschaffen sich mit der gesteigerten Kraft der Gruppe Gehör und streben nun bewusst eine Auseinandersetzung mit der älteren Generation an. (Prägnant lässt sich dieses Phänomen beim jungen Goethe beobachten: Während er in seiner Leipziger Zeit noch ganz dem Motiv-Arsenal und dem Stil der Anakreontik verhaftet war, leitete die Gruppenbindung in Straßburg den Durchbruch zur eigenen Sprachgestaltung ein.)

2. 3 Generationen in der deutschen Literatur

Um „literarische Generationen" bestimmen und beschreiben zu können, sind für eine Gruppe von Autoren folgende Merkmale anzugeben und nachzuweisen:

- Zugehörigkeit zu einer Altersgemeinschaft und gemeinsame Erfahrung gesellschaftlicher, sozio-kultureller, ästhetischer etc. Prägungen;
- übereinstimmende Überzeugungen in Reaktion auf vorfindliche Strukturen des literarischen Feldes; Bildung und Akzeptanz eines gemeinsamen ästhetischen Ideals;

-     Propagierung und Verteidigung dieses gemeinsamen ästhetischen Ideals in der Kommunikation mit der literarischen Öffentlichkeit; Erzeugung von Sichtbarkeit durch Manifeste, Zeitschriften, Anthologien etc.;
-     Binnenstrukturierung einer Gruppe mit nomineller Gleichberechtigung (im Gegensatz zu den durch Führerstruktur und formelle Exklusivität ausgezeichneten „Dichterkreisen").

Von diesen Parametern ausgehend, lassen sich in der neueren deutschen Literaturgeschichte mehrere Generationseinheiten unterscheiden. Gleichsam prototypisch für die Artikulation eines Kohortenbewusstseins sind die Autoren der nach einem Drama von Friedrich Maximilian Klinger benannten Literaturbewegung **Sturm und Drang**, die zwischen 1740 und 1759 geboren wurden, ihre Sozialisierung in den 1760er Jahren durch Aufklärung und Empfindsamkeit erfuhren und ab 1770 nach Positionen innerhalb eines sich ausdifferenzierenden literarischen Marktes suchten: Gottfried August Bürger (*1747); Johann Wolfgang Goethe (*1749); Johann Gottfried Herder (*1744); Friedrich Maximilian Klinger (*1752); Jakob Michael Reinhold Lenz (*1751); Friedrich Schiller (*1759); Heinrich Leopold Wagner (*1747) u. a.

Bürger   Herder   Wagner   Lenz

Das durch diese Autoren vorgefundene kulturelle Feld wurde durch einen sich rasant entwickelnden literarischen Markt bestimmt, auf dem – Goethes WERTHER hatte es 1774 eindrucksvoll demonstriert – vor allem durch Tabubrüche und provokante Themen ein Gewinn von Aufmerksamkeit zu erzielen war. Der generationelle „Nachzügler" Friedrich Schiller führte diese Konstellation in seinem Erstlingsdrama DIE RÄUBER vor. Zwischen 1779 und 1780 entstanden, präsentierte es schon mit historischer Distanz die Kraft- und Original-Genies der 1770er Jahre als eine akademische, mit der Welt der Väter in Konflikt geratene Jugend. Denn was im Personenverzeichnis „Libertiner" genannt wird, sind ehemalige Studenten, die Sprüche in Latein klopfen, sich in antiker Mythologie auskennen und angesichts verbauter Karrieren eine Tätigkeit als freie Literaten erwägen. „Wie wärs", schlägt der Libertiner Roller seinen Kameraden vor, „wenn ihr euch hinsetzet und ein Taschenbuch oder einen Almanach oder so was ähnliches zusammensudeltet und um den lieben Gro-

schen rezensiertet, wie's wirklich Mode ist?"[34] Sein Kumpan Grimm
nimmt den Gedanken auf und reichert ihn mit dem Erfolgsrezept der
kalkulierten Skandal-Produktion an: „Wir könnten die vier Evangelisten
aufs Maul schlagen, ließen unser Buch durch den Schinder verbrennen,
und so gings reißend ab."[35] – So ist es kaum verwunderlich, dass zu den
präferierten Themen dieser „ersten deutschen Jugendbewegung" (Karl
Eibl) das Motiv des Generationenkampfes, das Motiv der feindlichen
Brüder sowie das Motiv des ungewollt geschwängerten Mädchens zählen
und alle diese Konflikte zwischen Autorität und individueller Selbstbe-
hauptung zumeist tragisch enden. Weil Provokation, Schockierung und
Tabubruch dominierende Textverfahren sind, hat die Literatur des
„Sturm und Drang" auch die höchste Selbstmord- und Selbstverstümme-
lungsrate der deutschen Dichtungsgeschichte aufzuweisen.

Dieser rasch vergehenden Bewegung folgte eine Generation, die ihre
Bestrebungen nach Erfolg innerhalb des Literatur- und Kunstsystems zu
einer umfassenden kulturellen Bewegung ausweitete – die Gruppe der
zwischen 1770 und 1785 Geborenen, die zwischen 1795 und 1820 in Li-
teratur und Philosophie (zeitversetzt auch in Malerei und Bildender
Kunst) dominierende **Romantik** prägten. Zu den Autoren der literari-
schen Romantik gehören u. a. Achim von Arnim (*1781), Bettina von
Arnim *1785, Clemens Brentano (*1778), Joseph von Eichendorff (*1788),
E.T.A. Hoffmann (*1776), Novalis (*1772), August Wilhelm Schlegel
(*1767), Dorothea Schlegel (*1763), Friedrich Schlegel (*1772), Ludwig
Tieck (*1773), Wilhelm Heinrich Wackenroder (*1773) und Zacharias
Werner (*1768).

F. Schlegel   A.W. Schlegel   Novalis   E.T.A. Hoffmann

34 Friedrich Schiller: Die Räuber. In: Friedrich Schiller: Sämtliche Werke. Auf Grund der
Originaldrucke herausgegeben von Gerhard Fricke und Herbert G. Göpfert in Verbindung
mit Herbert Stubenrauch. München ³1962. Bd. 1, S. 511.
35 Ebenda.

C. Brentano   A. von Arnim   B. von Arnim   D. Schlegel

Wurden für die um 1750 geborenen „Stürmer und Dränger" die Normen
eines aufgeklärten Vernunftgebrauchs und die empfindsamen Versuche
zur Rehabilitierung von Emotionalität zu zentralen Erfahrungen, stellte
sich die Situation für die um 1770 geborene Altersgruppe anders dar. Ihre
intellektuelle Sozialisation erfuhren die „Romantiker" durch die kritische
Philosophie Kants und durch die Ich-Philosophie Fichtes; im literarischen
Bereich wurden die Werke Goethes und Schillers zu einer Initial-
Zündung. Der schon als Schüler zum Schreiben angehaltene Ludwig
Tieck bekannte, DIE RÄUBER hätten sein Gemüt ausschließlich be-
herrscht; Friedrich Schlegel bezeichnete Goethes Bildungsroman WIL-
HELM MEISTERS LEHRJAHRE, die Französische Revolution und Fichtes
WISSENSCHAFTSLEHRE als die „größten Tendenzen des Zeitalters".[36] Cha-
rakteristischerweise schwand diese Bewunderung für Goethe und Schiller
mit dem Eintritt in einen Altersverbund, der die Weimarer Klassiker bei
aller Verehrung als Konkurrenten wahrnahm. So vollzog Tieck mit dem
Roman FRANZ STERNBALDS WANDERUNGEN eine Ablösung von den
bisherigen Vorbildern und fand dafür entsprechende Anerkennung durch
die Generationsgenossen und insbesondere durch Friedrich Schlegel, der im
April 1799 schrieb: „Es ist ein göttliches Buch, und es heißt wenig, wenn
man sagt, es sei Tieck's bestes. Es ist der erste Roman seit Cervantes, der
romantisch ist und darüber, weit über Meister".[37] Das zentrale
Bildungserlebnis der um 1770 geborenen Altersgemeinschaft aber wurde
ein Ereignis, das außerhalb der deutschen Kleinstaaten stattfand: die
Revolution in Frankreich. Diese Umwälzung verwirklichte den Gedanken
von der Veränderbarkeit der Welt radikal; ohne sie ist die romantische
Proklamation einer „Epochenschwelle" nicht denkbar. – Ausgangspunkt
der romantischen Generationsbewegung waren Universitätsstädte und
Residenzen wie Berlin (mit den Salons von Henriette Herz, Sara Levy

---

[36] Friedrich Schlegel: Athenäum-Fragment 216. In: F. Schlegel: Kritische Ausgabe. Hrsg.
von Ernst Behler unter Mitwirkung anderer Fachgelehrter. Paderborn, München, Wien Zürich 1958ff. 1. Abt. Bd. 2, S. 198.
[37] Friedrich Schlegel: Kritische Ausgabe. Abt. 3, Bd. XXIV, S. 260.

und Rahel Varnhagen) und Halle (wo neben dem klassischen Philologen
Friedrich August Wolf die Naturforscher Johann Christian Reil und
Heinrich Steffens sowie der Theologe Friedrich Schleiermacher lehrten).
Zum Zentrum des ersten Romantikerkreises aber wurde Jena. Hier
formierte sich schon 1794 eine „Gesellschaft freier Männer" aus den
Generationsgenossen Kasimir Ullrich Boehlendorff, Johann Friedrich
Gries, Johann Friedrich Herbart und August Ludwig Hülsen. Seit
Sommer 1796 lebten auch August Wilhelm und Friedrich Schlegel in der
Stadt – der ältere Bruder auf Einladung Schillers, der jüngere mit dem
Versuch, sich als Hochschullehrer zu profilieren. Als das von Schiller
gegründete Periodikum DIE HOREN nicht mehr erscheinen konnte,
nutzten sie ihre Chance: Zu Ostern 1798 veröffentlichten sie das erste
Stück der Zeitschrift ATHENAEUM, das mit Friedrich Schlegels Aufsatz
ÜBER GOETHES MEISTER und den BLÜTHENSTAUB-Fragmenten
Friedrich von Hardenbergs sichtbare Signale einer neuen Generation
enthielt. Friedrich Schlegels Rezension von Goethes Bildungsroman
demonstrierte die Kompetenz eines Literaturkritikers, der mit dem
Bruder und den 1798/99 in Jena versammelten Freunden ein Ziel
verfolgte: Gemeinsam wollten sie die „kritischen Diktatoren
Deutschlands" werden und die literarische Öffentlichkeit dominieren.
    Zur Durchsetzung dieses Ziels nutzte die Generationsgruppe
provokative Strategien. Um wahrgenommen zu werden, brachen die
Schlegels publizistische Auseinandersetzungen mit angesehenen Autoren
wie Schiller und Wieland vom Zaun. Der Überproduktion von
empirischem Wissen in der Spätaufklärung stellte man teils direkte, teils
allegorische Kritik gegenüber. Eine subtile Variante dieser Kritik an der
Wissensproduktion des aufgeklärten Zeitalters artikulierte Friedrich von
Hardenbergs Märchen von Hyacinth und Rosenblüth in seinem
„ächtsinnbildlichen Naturroman" DIE LEHRLINGE ZU SAÏS: Nachdem der
durch einen „Mann aus fremden Landen" und sein Buch eingepflanzte
Erkenntnistrieb das unschuldige Dasein des jungen Hyacinth zerstört hat,
kann nur das Verbrennen dieses Buches und suchende Wanderschaft den
Frieden wiederherstellen. Das Streben nach der „Mutter der Dinge", der
„verschleierten Jungfrau" aber führt zu keinen lehrbaren Formeln,
sondern enthüllt „die Geheimnisse des liebenden Wiedersehens" im
Wieder-Finden des vertrauten Rosenblüthchen. Beglaubigt wird diese
Wieder-Entdeckung des Vertrauten durch eine Ehe mit „unzähligen
Enkeln", die der bücherverbrennenden alten Frau „für ihren Rath und ihr
Feuer" danken.[38]

---

[38] Novalis: Die Lehrlinge zu Saïs. In: Novalis: Schriften. Die Werke Friedrich von Hardenbergs. Hrsg. von Paul Kluckhohn und Richard Samuel unter Mitarbeit von H. Ritter und

Diese Strategien wurden in der Öffentlichkeit sehr wohl wahrgenommen. 1803 erschien in Berlin die anonyme Flugschrift ANSICHTEN DER LITERATUR UND KUNST UNSERES ZEITALTERS, die eine aussagekräftige Karikatur enthielt. Unter dem Titel *Versuch auf den Parnaß zu gelangen* wurde hier die Anstrengungen der jungen Generation zur Besetzung von Positionen im kulturellen Raum vorgeführt:

Versuch auf den Parnaß zu gelangen.

Hinter dem voranmarschierenden August Wilhelm Schlegel mit Pistole, Säbel und Kreuz (die auf Militanz und katholische Tendenzen anspielen) zieht die Kohorte: Friedrich Daniel Schleiermacher im Ornat des Geistlichen und mit seinen REDEN ÜBER DIE RELIGION in der Hand; der Dramatiker Wilhelm von Schütz mit Pfeil und Bogen; Ludwig Tieck (Autor des Dramas DER GESTIEFELTE KATER) auf einem Kater reitend; der bereits verstorbene Novalis auf Stelzen und von einem Heiligenschein umflort, Friedrich Schlegel kopfüber auf einer Kuh stehend und das Skandal-Buch LUCINDE schreibend. Antipode der den Parnaß – also das Reich der Dichtkunst – bestürmenden Kohorte ist der Vielschreiber August von Kotzebue, der mit einem Dreschflügel seine Position auf einer Wolke zu verteidigen sucht.

Weitere mögliche Generationseinheiten in der deutschen Literaturge-schichte können nur knapp aufgelistet werden. Das **Junge Deutschland**, eine nach der Juli-Revolution von 1830 in Erscheinung tretende litera-risch-publizistische Bewegung lässt sich als Kohorte von zwischen 1800 und 1815 geborenen Schriftstellern beschreiben, die gegen die Bildungs-macht Romantik und gegen politische Einschränkungen Stellung bezo-gen. Zu diesen Autoren gehören u. a. Karl Gutzkow (*1811), Georg Her-wegh (*1817), Heinrich Laube (*1806), Theodor Mundt (*1808) und

---

G. Schulz. Bd. 1: Das dichterische Werk. 3., nach den Handschriften ergänzte, erw. und verb. Aufl. Stuttgart 1960, S. 95.

Ludolf Wienbarg (*1802). Fraglich bleibt, ob die Zusammenfassung disparater Autoren unter dem von Ludolf Wienbarg geprägten Begriff „Junges Deutschland" realen Gemeinsamkeiten oder nicht vielmehr einem Zensurbeschluss folgt – denn es war das Verbotsdekret des Deutschen Bundestages vom 10. Dezember 1835, das Gutzkow, Laube, Wienbarg und Mundt wie auch den 1797 geborenen Heinrich Heine durch explizite Nennung zu einer Gruppe vereinte.

Deutliche generationsspezifische Züge kennzeichnen auch den **Expressionismus.** Als eine in Literatur, Malerei sowie im jungen Medium Film gleichermaßen radikale Bewegung ist er die Leistung von Altersgenossen, die um 1885 geboren wurden, in den Jahren des Kaiserreichs die Gymnasien und Universitäten besuchten und ab 1910 auf einen umkämpften literarischen Markt drängten: Johannes Robert Becher (*1891), Gottfried Benn (*1886), Albert Ehrenstein (*1886), Yvan Goll (*1891), Emmy Hennings (*1885), Georg Heym (*1887), Jakob van Hoddis (*1887), Georg Trakl (*1887), Franz Werfel (*1890) u. a. Die explizite Gegenüberstellung von „neuer" und „alter" Kunst mit ihren kollektiven Trägern Avantgarde und Konservative erwies sich als Kennzeichen einer Bewegung, die im Namen höherer Werte gegen die schlechte Gegenwart protestierte: „Wir sind Expressionisten", behauptete Kurt Hiller 1911, „es kommt uns wieder auf den Gehalt, das Wollen, das Ethos an." [39]

Ein ebenso performativ gebrauchter – und damit gleichfalls nicht unproblematischer – Generationsbegriff findet sich bei weiteren Autoren und Autorengruppen des 20. Jahrhunderts. Der 1903 geborene Peter Huchel apostrophierte seine Altersgenossen als „Generation Neunzehnhunderttraurig" und brachte damit weltanschaulich und künstlerisch konträre Autoren wie Erich Maria Remarque (*1898), Bertolt Brecht (*1898), Günther Eich (*1907), Ernst Glaeser (*1902), Ernst Jünger (*1895), Erich Kästner (*1899), Marieluise Fleißer (*1901), Wolfgang Koeppen (*1906), Klaus Mann (*1906) und Anna Seghers (*1900) auf einen Nenner. Die Gruppenbezeichnung verweist zwar auf die gemeinsame Erfahrung radikaler gesellschaftspolitischer Umbrüche, die durch Ersten Weltkrieg und Novemberrevolution markiert wurden. Sie vermag jedoch weder die individuelle Verarbeitung dieser Krisen (zu denen in den 1920er Jahren Inflation und Depression kamen), noch die Polarisierungen innerhalb des literarischen Feldes zu beschreiben: Denn wie lassen sich der nationalistische Ästhet Ernst Jünger und die der kommunistischen Bewegung nahestehende Anna Seghers miteinander vergleichen?

---

[39] Kurt Hiller: Die Jüngst-Berliner. In: Literatur und Wissenschaft. Monatliche Beilage der Heidelberger Zeitung vom Juli 1911.

Auch die von Hans Werner Richter im Herbst 1947 ins Leben gerufene
Vereinigung von westdeutschen Schriftstellern, Redakteuren und Verle-
gern mit dem Namen „Gruppe 47" basierte auf der Gemeinschaft von Al-
tersgenossen mit übereinstimmenden Erfahrungen. Carl Amery (*1922),
Alfred Andersch (*1914), Heinrich Böll (*1917), Wolfgang Bächler (*1925),
Hans Magnus Enzensberger (*1929); Günther Grass (*1927), Walter
Höllerer (*1922), Siegfried Lenz (*1926) u. a. teilten das Erlebnis von
NS-Diktatur, Krieg und Nachkrieg. Gegen die pathetische Verlogenheit
der Vergangenheit setzten die Autoren programmatisch auf eine gleichsam
„nackte" Sprache und die äußerste Verknappung der Form. Die radikale
Abgrenzung von der bis dahin dominierenden Literatur führte im Verbund mit der Institutionalisierung der „Generationsgruppe" zum Durchbruch: Die „Gruppe 47", deren Jahrestagungen mediale Ereignisse waren
und im Rundfunk übertragen wurden, stieg zu einer auf dem Literatur-
markt erfolgreich operierenden Autorenvereinigung auf. Dass ein analoger
Gruppenbildungsprozess in der DDR trotz ähnlich geprägter Autoren wie
etwa Franz Fühmann (*1922), Günther Kunert (*1929), Heiner Müller
(*1929) oder Christa Wolf (*1929) ausblieb, verweist noch einmal auf die
Ambivalenz des Begriffs der literarischen Generation, der stets auch ein
performativ verwendeter „Kampfbegriff" zur Markierung eigener Positionen innerhalb eines Konkurrenzraumes ist und eine Pluralität von Pro-
grammen bzw. Stilen einschließt. An einen literarischen Markt und eine
entsprechende Vielfalt von Angeboten gebunden, dient die Herstellung
von generationsspezifischen Gruppenidentitäten (wie andere Formen der
„Vernetzung" von Autoren durch Schriftstellerverbände, Dichterkreise,
Salons etc.) einem zweifachen Ziel:
- innerhalb eines bereits strukturierten und durch erfolgreiche Autoren be-
  setzten Feldes sichtbar und unterscheidbar zu werden – was in der Gruppe besser funktioniert als allein;
- durch die Erhebung gruppenspezifischer Erfahrungen zu allgemeinen
  Werten die eigenen literarisch kommunizierten Inhalte zu universalisieren
  und damit entsprechend zahlreiche Interessenten zu finden.

Weitere Recherchen zeigen einen schwer zu deutenden Befund. Einerseits
scheinen die Wirkungschancen von Generationsgruppen mit der Ausbreitung und Stärkung von Institutionen des literarischen Lebens zu sinken.
Den Gestus der Revolte übernimmt im ausgehenden 19. Jahrhundert die
Bohème als Lebensform und kopiert von der Generationsgruppe zugleich
die Inszenierungen des Anders-Seins, der bewussten Selbstausgrenzung
und Marginalisierung. Andererseits neigen Literatursystem und Öffentlichkeit immer wieder zur Zusammenfassung von Autoren zu generatio-
nellen Einheiten, z.T. über die Köpfe der Akteure hinweg – wie etwa die
Wochenzeitschrift DER SPIEGEL, die im Oktober 1999 auf dem Titelblatt

unter der Überschrift DIE ENKEL VON GRASS & CO. die mit Oskar Matzeraths Blechtrommel bewehrten Nachwuchsschriftsteller Thomas Brussig, Karen Duve, Jenny Erpenbeck, Benjamin Lebert und Thomas Lehr abbildete. Laut „Hausmitteilung" wussten die auf dem Titelbild posierenden Autoren z.T. noch nicht einmal selbst voneinander, als sie zum Fototermin nach Hamburg reisten. Volker Hages Titelgeschichte u.d.T. „Die Enkel kommen" führte die zwischen 17 und 41 Jahre alten und in Themen wie Ausdrucksformen überaus disparaten Schriftsteller unter dem Label der Kohorte dennoch zusammen: „Es gibt eine neue Generation, die lustvoll erzählt."

Um diese Zusammenhänge weiter zu verfolgen, müssen Fragen nach den Verlaufsformen literarischer Gruppenbildungen beantwortet werden, die zugleich den Prozess des literarischen Lebens erhellen:

- In welcher Weise wirken Bildungselemente auf Angehörigen von Kohorten, die sich in Zentren des kulturellen Lebens sammeln und in oftmals kollektiven Artikulationsformen das literarische Feld zu besetzen suchen?
- Mit welchen Praktiken und Ritualen vollziehen sich generationelle Gruppenbildungsprozesse? Welche Muster lassen sich im gemeinsamen Auftreten, in der Gründung bzw. Gestaltung von Publikationsorganen, vor allem aber in der Generierung von Inhalten und Formen nachweisen?
- Welche Erfolge haben die von der jungen Generation in Reaktion auf Strukturen des literarischen Feldes entwickelten Distinktionsstrategien, die nicht nur zu neuen Motive und Textverfahren führen, sondern vor allem auch den Anspruch von Literatur betreffen, Artikulationsmedium gesellschaftlicher Probleme zu sein?

Zusammenfassend lässt sich der Begriff der „literarischen Generation" als nicht unproblematisches Konzept kennzeichnen, das partielle Stärken hat. Mit ihm lassen sich Formen der Selbstdarstellung von Akteuren innerhalb des Literaturbetriebs ebenso beobachten und beschreiben wie analoge Strategien der Positionierung. Denn auf asymmetrische Chancenverteilungen innerhalb eines vorstrukturierten kulturellen Feldes antworten Autoren und Autorengruppen mit der Ausbildung von Identitäten und Verhaltensweisen, die vom 18. bis zum 21. Jahrhundert ähnliche Muster aufweisen: Eine Poetik der Provokation soll die zunehmend knappe Ressource Aufmerksamkeit mobilisieren; die Berufung auf „höhere" Werte den Anspruch auf Universalität der literarisch kommunizierten Inhalte untermauern. Zentrale Kampfmittel gegen die strukturelle Asymmetrie hinsichtlich des akkumulierten symbolischen Kapitals werden kollektive Performativa: Mit der Organisation in altersspezifischen Gemeinschaften und einem auratischen Gruppenbewusstsein lassen sich – zumindest partiell und kurzzeitig – die Mechanismen von Reputationsvergabe und Gratifikation aushebeln, welche die Älteren aufgrund ihrer längeren Präsenz im literarischen Feld in quasi natürlicher Weise begünstigen. Von den Variationen dieser wiederkehrenden Muster können wir nur profitieren – ob als interessierte Leser, die in literarischen Gestaltungen eigene Erfahrungen ausgesprochen finden, oder als Philologen, die Texte beobachten und untersuchen.

Grundlegende und weiterführende Literatur:

Karl Eibl: Die erste deutsche Jugendrevolte: Sturm und Drang. In: Norbert Hinske, Meinhard Schröder (Hrsg.): Der Generationenkonflikt. Trier 1987, S. 36-43; ders.: Die Entstehung der Poesie. Frankfurt/M., Leipzig 1995, S. 113-133: Der Aufbruch der Kohorte
Karl Mannheim: Das Problem der Generationen [1928]. In: K. Mannheim: Wissenssoziologie. Berlin, Neuwied 1964, S. 509-565
Julius Petersen: Die literarischen Generationen. In: Emil Ermatinger (Hrsg.): Philosophie der Literaturwissenschaft. Berlin 1930, S. 130-187
Walter Schmitz: Literaturrevolten: Zur Typologie von Generationsgruppen in der deutschen Literaturgeschichte. In: Rudolf Walter Leonardt (Hrsg.): Das Lebensalter in einer neuen Kultur? Zum Verhältnis von Jugend, Erwerbsleben und Alter. Köln 1984, S. 144-165
Walter Schmitz: „Die Welt muss romantisiert werden..." Zur Inszenierung einer Epochenschwelle durch die Gruppe der ‚Romantiker' in Deutschland. In: Henrik Birus (Hrsg.): Germanistik und Komparatistik. Stuttgart, Weimar 1995, S. 290-308

3 Was ist eine Literaturepoche?

Auf einer CD-ROM kann man sie kaufen: Die deutsche Literatur von Lessing bis Kafka. Die computerlesbare Silberscheibe mit einer Speicherkapazität von 639 Megabyte enthält auf 170.000 Bildschirmseiten die Werke von 108 Autoren. Die Textsammlung beginnt (im Gegensatz zur Titelaussage) nicht erst mit Lessing, sondern schon mit dem 1715 geborenen Christian Fürchtegott Gellert; über Kafka hinausgehend, endet sie mit dem 1887 geborenen und 1914 gestorbenen Georg Trakl.

Das Inhaltsverzeichnis offeriert die Autoren und ihre Werke in alphabetischer Ordnung – von Peter Altenberg (1859-1919) bis Johann Joachim Winckelmann (1717-1768). Diese Anordnung folgt einem simplen, doch wenig aussagekräftigen Prinzip: Sie sortiert *Texte* nach den Anfangsbuch-

staben der Familiennamen ihrer Verfasser. Öffnet der interessierte Leser
das in der „Einführung" zu findende Kapitel „Zur Textauswahl", kann er
dort lesen:

> Die Sammlung setzt zu einem Zeitpunkt ein, als die Literatur der *Aufklä-*
> *rung* den Zirkel der Gelehrsamkeit verließ und ein breites Lesepublikum
> zu erreichen begann, und führt von dort über die Dichtungen und Schrif-
> ten des *Sturm und Drang*, der *Weimarer Klassik* und der *Romantik*, des
> *Biedermeier* und des *poetischen* und *kritischen Realismus* zu klassischen
> Dichtungen der frühen *Moderne*.[40]

Ähnliche Begriffe wie die kursivierten Termini begegnen uns auch in Literaturgeschichten. Hier finden sich chronologische Einheiten wie „Dichtung des Spätmittelalters" und „Literatur der Reformationszeit", Begriffe
aus der Kunst- bzw. Stilgeschichte wie „Barock", „Impressionismus",
„Neue Sachlichkeit" oder ideengeschichtliche Einheiten wie „Aufklärung". Hinzu kommen zeit- bzw. gesellschaftsgeschichtliche Markierungen, die literarische Entwicklungen einklammern: „Zwischen Revolution
und Restauration", „Vom Nachmärz zur Gründerzeit" oder auch nur
„Jahrhundertwende" lauten Band-Titel einer von Horst Albert Glaser herausgegebenen SOZIALGESCHICHTE DER DEUTSCHEN LITERATUR.

Die aufgelisteten Begriffe aus unterschiedlichen Herkunftsbereichen
verweisen auf einen ebenso unverzichtbaren wie problematischen Umgang
mit Literatur. Um sinnvoll über die tendenziell unüberschaubare Menge
von literarischen Texten und Autoren sprechen zu können, erweist sich ihre **Ordnung und Zusammenfassung** als notwendig. Die dafür unabdingbare Bildung von **Textgruppen** kann verschiedenen Prinzipien folgen.
Mehrere Varianten haben wir bereits kennengelernt. Eine erste Form der
Textgruppenbildung besteht in der Zusammenfassung von Texten eines
Autors. Die Person des Verfassers erlaubt die zeitliche und räumliche Ver-
ortung von literarischen Produktionen; als organisierendes Zentrum eines
Werkes soll er Einheit und Authentizität der Überlieferung garantieren. –
Eine weitere Variante der Ordnung und Zusammenfassung von literari-
schen Texten ist ihre Einteilung in **Gattungen**. Diese Klassifikation fasst
Texte aufgrund externer und interner Merkmale (Paratexte, Rede-Instanz,
Sprachform und -funktion, Druckbild, Eröffnungsformeln etc.) zu Einheiten zusammen, um Rezeptionshaltungen und Produktionsstrategien
beschreiben und erklären zu können. Gattungsbegriffe subsumieren Texte
ohne nähere Berücksichtigung ihrer Entstehungszeit und ihrer Autoren:
Goethes 1771 entstandenes Gedicht WILLKOMMEN UND ABSCHIED gehört gattungstypologisch ebenso zur Lyrik wie das Gedicht WELTENDE

---

[40] Einführung. In: Mathias Bertram (Hrsg.): Deutsche Literatur von Lessing bis Kafka. CD-
ROM. Berlin 2000 (Digitale Bibliothek 1), S. 5.

von Jakob van Hoddis aus dem Jahr 1911. – Während Gattungsbegriffe vorrangig textbezogene Kriterien anlegen, nimmt die Kategorie der **literarischen Generation** die durch gemeinsame Dispositionen und Erfahrungen konstituierte Gemeinschaft von Autoren in den Blick. Was den Generationsbegriff für die Beschreibung und Deutung literarischer Entwicklungen so problematisch machte, zeigte das vorangegangene Kapitel: Die Rede über Generationsgruppen folgt zumeist den Selbstdarstellungen beteiligter Akteure und teilt damit alle Risiken, die aus performativen Äußerungen erwachsen. Eine retrospektive Rekonstruktion generationsspezifischer Gemeinsamkeiten in literarischen Inhalten und Formen hat deshalb äußerst vorsichtig vorzugehen und darf der Selbstinszenierung von Akteuren nicht blind vertrauen.

3.1 Funktionen und Parameter des Epochenbegriffs

Eine bekannte und bereits aus dem schulischen Deutschunterricht vertraute Kategorie zur Zusammenfassung von Texten und Autoren ist die Kategorie der **Literaturepoche**. Historische Darstellungen operieren mit Zuweisungen wie „Die Dichtung der Klassik im engeren Sinne, die Hochklassik, beginnt mit Goethes italienischer Reise...“[41] und unterstellen dabei, dass es sich bei den Begriffen „Klassik“ und „Hochklassik“ um ebenso reale Sachverhalt handelt wie bei Goethes Reise, die durch Zeugnisse beglaubigt ist. Dabei sind weder der terminologische noch der ontologische Status von Epochenbegriffen eindeutig. Denn der aus dem Griechischen kommende Begriff „epoché“ [Einschnitt] bezeichnet eigentlich eine Zäsur, von der aus Zeit berechnet werden kann. Erst seit dem 18. Jahrhundert meint der Begriff nicht mehr einen Zeitpunkt, sondern einen Zeitabschnitt, der durch ein „epochemachendes“ Ereignis geprägt wird. Weil aber jede Zeitmessung bzw. -berechnung das Ergebnis einer durch den Menschen vorgenommenen Setzung von Einheiten ist, beruht auch die Festlegung von historischen Zeiträumen auf rekonstruktiven Bestimmungen.

Die Einteilung von historischen Abschnitten vollzieht sich dennoch nicht willkürlich. Sie basiert vielmehr auf der Feststellung von Gemeinsamkeiten, die es tatsächlich gab – von beteiligten Akteuren aber nicht in dieser Form intendiert oder bewusst produziert wurden. „Literaturepochen“ können von Schriftstellern nicht ausgerufen oder geschaffen werden (auch wenn es Inszenierungen von Brüchen oder Neuanfängen gab).

---

[41] Herbert A. und Elisabeth Frenzel: Daten deutscher Dichtung. Chronologischer Abriß der deutschen Literaturgeschichte. Bd.1: Von den Anfängen bis zum Jungen Deutschland. München [26]1991, S. 30.

Epochenbegriffe sind vielmehr das Ergebnis **retrospektiver Rekonstruktionen**, die drei Funktionen erfüllen sollen:

-   Epochenbegriffe gliedern die Abfolge von Autoren und Werken in historischer Dimension, in dem sie Texte eines spezifizierten Zeitabschnitts aufgrund feststellbarer Äquivalenzen und Oppositionen zu Textgruppen zusammenfassen.
-   Epochenbegriffe ermöglichen die Beschreibung von Veränderungen und Entwicklungen innerhalb des Literatursystems. Denn um Abweichungen und Innovationen fixieren und bewerten zu können, müssen Texte und Textkorpora zu anderen Texten in Beziehung gesetzt werden. Ohne das System einer Periodisierung wäre eine solche Herstellung von Beziehungen kaum zu leisten.
-   Epochenbegriffe tragen dazu bei, die Beziehungen von Texten bzw. Textgruppen zur außerliterarischen Umwelt zu erklären. Denn die Zusammenfassung von Texten konturiert nicht nur literaturinterne Gemeinsamkeiten, sondern zeichnet auch einen spezifischen historischen, sozialgeschichtlichen, kulturellen etc. Kontext für diese Textgruppen aus.

Als ein erster Merksatz bleibt festzuhalten, dass Epochenbegriffe keine natürlich gegebenen Größen darstellen, sondern als begründete Periodisierungseinheiten Aussagen über dominierende Entwicklungen des Literatursystems innerhalb eines bestimmten Zeitraumes treffen. Ihre Problematik wird deutlicher, wenn wir uns die Vielzahl von Epochenbegriffen und ihre Herkunftsbereiche näher ansehen. Wir finden:

-   selbst gewählte Parteinamen wie „Sturm und Drang" (Titel eines Dramas von F. M. Klinger und von beteiligten Akteuren wie Goethe zur Bezeichnung der literarischen Jugendbewegung zwischen 1771 und 1776 verwendet) oder „Junges Deutschland" (aus Ludolf Wienbargs Manifest AESTHETISCHE FELDZÜGE von 1834);
-   historische Normbegriffe wie „Klassik" (ursprünglich ein finanztechnischer Fachterminus der altrömischen Verwaltung, der die höchste Steuerklasse meinte; später Charakteristik der antiken Dichtung als unüberbietbares Maximum, das es zu kopieren galt);
-   Begriffsübernahmen aus Kunst-, Religions-, Philosophie- oder politischer Geschichte wie „Reformation", „Barock", „Aufklärung" oder „Vormärz";
-   unspezifische Bezeichnungen mit ungenauer Ausdehnung wie „Frühe Neuzeit", „Moderne", „Postmoderne";
-   unspezifische chronologische Termini wie „Nachkriegsliteratur", „Gegenwartsliteratur".

Die aus diesen Umständen resultierenden Probleme von literaturhistorischen Epochenbegriffen lassen sich nicht übersehen. Es sind zum einen Schwierigkeiten, die aus einer performativen Verwendung des Epochenbegriffs erwachsen. Es sind zum anderen die komplizierten Beziehungen zwischen literarischer Entwicklung und Geistes- und Mediengeschichte sowie ihr Zusammenhang mit der Gesellschaftsgeschichte, die eine Reflexion der Verbindung von Literatursystem und seinen Umwelten erfordern. Ein weiteres Problem ist die durch Epochenbegriffe invisibilisierte Gleichzeitigkeit des Ungleichzeitigen. Zu jedem Zeitpunkt der neueren Literaturgeschichte lassen sich mehrere Strömungen feststellen, deren trennscharfe Abgrenzung nur eingeschränkt möglich ist und die Bildung übergreifender Epochencharakteristika erschwert. Wenn sich etwa im Jahrzehnt zwischen 1790 und 1800 in der deutschsprachigen Literatur ein Nebeneinander von „Spätaufklärung", „Klassik" und „Frühromantik" beobachten lässt, kann eine literaturgeschichtliche Darstellung diese Parallelität nur in einem optischen Nacheinander auflösen – was dann den Eindruck einer scheinbar festgefügten Abfolge nahelegt.

Alle diese Probleme müssen berücksichtigt und geklärt werden, um Epochenbegriffe benutzen zu können. Sie (wie bisweilen gefordert) gänzlich zu verwerfen, scheint auch aufgrund ihrer kulturellen Verständigungsfunktion nicht geboten – denn Deutschunterricht, Literaturkritik und Feuilleton werden ohne Epochenbegriffe nicht auskommen. Ihre klare Definition und die Angabe von Regeln zur begründeten Zuordnung stellt sich deshalb als zentrale Aufgabe.

3.2 Die Bildung von Epochenbegriffen

Kommen wir zum ersten Problem – zur Bildung und Konstitution von Epochenbegriffen. Schwierigkeiten erwachsen vor allem aus dem Umstand, dass Epochenbegriffe mehrfach eingeführt, definiert und benutzt wurden: zum einen *performativ*, d. h. durch beteiligte Akteure; zum anderen *rekonstruktiv*, d. h. durch retrospektiv vorgehende Literaturforscher. Unterschiede betreffen jedoch nicht nur die Weise ihrer Verwendung, sondern auch die Art ihrer Bildung. Einerseits werden Epochenbegriffe durch den *Bezug auf außerliterarische Ereignisse* konstituiert (wie z. B. der Begriff „Vormärz" für literarische Texte der 1840er Jahre mit Bezug auf die bürgerlich-demokratische Revolution von 1848), andererseits durch den *Rekurs auf Entwicklungen im Literatur- und Kunstsystem* festgelegt (z. B. der Begriff „Realismus").

Wie Epochenbegriffe durch Literaten zur performativen Markierung eigener Positionen benutzt wurden, illustrieren historische Exempel. Friedrich Schlegel klassifizierte nicht nur Tiecks Werk als „echt romantisch", sondern bezeichnete sich auch selbst als „romantischen" Autor. Ähnlich lag der Fall 1911, als Kurt Hiller behauptete: „Wir sind Expressionisten!" Performative Zuordnungen wurden auch ex negativo vollzogen

– so z. B. durch Georg Büchner, der klarstellte, er gehöre nicht zum „sogenannten Jungen Deutschland, der literarischen Partei Gutzkows und Heines".[42] Die Muster aller dieser Selbstaussagen ähneln sich: Akteure innerhalb des literarischen Feldes belegen sich selbst mit einem Begriff zur Markierung ihrer Position und grenzen sich so von anderen Akteuren und Gruppen ab. Sie fixieren ihr Selbstverständnis und ihr eigenes Literaturprogramm durch Selbstinterpretationen, Manifeste, kritische Stellungnahmen und schreiben ihre Identität fest. Diese Zuschreibungen dienen zur Selbstvergewisserung („Wo stehe ich als Autor?") und Unterscheidbarkeit („Wie möchte ich wahrgenommen werden?"). Die Erklärungsleistungen dieser Bestimmung sind begrenzt: Es handelt sich um Selbstbilder von von Autoren, die eigene Interessen haben und ein stets subjektiv bestimmtes Bild der Literaturgeschichte vermitteln. Gemeinsamkeiten und Unterschiede werden in Eigendarstellungen aus unterschiedlichen Gründen ausgeblendet oder besonders betont; andere (und möglicherweise wesentliche) Faktoren und Relationen geraten nicht oder spezifisch modelliert in den Blick.

Deshalb erweist sich die **retrospektive Konstruktion von Epochen** durch spätere Literaturhistoriker als ertragreichere Variante, um Ordnung in die Flut von Texten und Autoren zu bringen. Im historischen Rückblick, also nachträglich und unter steter Reflexion der zugrunde liegenden Untersuchungsziele und -methoden, werden Textkorpora zusammengefasst, verglichen und in Bezug zu sozialhistorischen, kultur- oder wissensgeschichtlichen Rahmenbedingungen der Literaturproduktion gebracht. Um diese epochenspezifische Textkorpora zu gewinnen und gesicherte Aussagen über ihre Gemeinsamkeiten machen zu können, sind in einem ersten Schritt folgende Fragen zu klären:

(a) Welche Gattungen und Texttypen dominieren in einem spezifizierten Zeitabschnitt?

(b) Welche dominierenden Klassen von Handlungselementen oder Strukturen des Textverlaufs lassen sich in der Literatur eines bestimmten Zeitabschnitts beobachten?

(c) Welche sprachlich-stilistischen Merkmalskomplexe herrschen in der Literatur eines bestimmten Zeitabschnitts vor?

(d) Welche von den Texten interpretatorisch abstrahierbaren semantischen Strukturen lassen sich auffinden?

Sind auf der Basis dieser Fragestellungen bestimmte Textmengen gebildet und in ihren thematischen bzw. stilistischen Äquivalenzen charakterisiert, können diese Ähnlichkeiten bzw. Übereinstimmungen aufgrund von **Zusammenhangsannahmen** interpretiert werden.

---

[42] Georg Büchner: Brief an die Familie vom 1. Januar 1836. In: Georg Büchner: Werke und Briefe. Hrsg. von Karl Pörnbacher u. a. München 1988, S. 313.

Wie diese vorerst abstrakten Regeln in der Praxis aussehen, soll nachfolgend an einem Beispiel demonstriert werden. Dabei kann es selbstverständlich nicht um die umfassende Rekonstruktion einer literaturgeschichtlichen Konstellation gehen. Angestrebt ist vielmehr exemplarische Prägnanz, um die Schritte zur Bildung von Epochenbegriffen explizit und nachvollziehbar zu machen.

3.3 Exemplarische Epochenbestimmung
Das Jahrzehnt 1795 – 1805

Vergleichen wir etwa die literarischen Produktionen des Jahrzehnts zwischen 1795 und 1805, so lassen sich mehrere Textkorpora mit übereinstimmenden Merkmalen entdecken. Wir finden zum einen die Werke der seit Juni 1794 freundschaftlich verbundenen Autoren Johann Wolfgang Goethe und Friedrich Schiller: Goethes RÖMISCHE ELEGIEN (1795 in Schillers Zeitschrift DIE HOREN veröffentlicht); Schillers Briefe ÜBER DIE ÄSTHETISCHE ERZIEHUNG DES MENSCHEN (ebenfalls 1795 in der Zeitschrift DIE HOREN veröffentlicht), Goethes Novellenkranz UNTERHALTUNGEN DEUTSCHER AUSGEWANDERTEN (1795 in der Zeitschrift DIE HOREN veröffentlicht); Goethes Roman WILHELM MEISTERS LEHRJAHRE (1795/96); Goethes Versepos HERMANN UND DOROTHEA (das in neun Gesängen 1797 erschien), die gemeinsam für den MUSENALMANACH FÜR DAS JAHR 1797 verfertigten XENIEN (satirische Distichen als Reaktion auf nörgelnde Kritiker nach Veröffentlichungen der HOREN) und zahlreiche Balladen in Schillers MUSENALMANACH FÜR DAS JAHR 1798... Zu diesen und zahlreichen weiteren Werken, die in teilweise sehr enger Zusammenarbeit bis zu Schillers frühem Tod im Mai 1805 entstanden, kommen die Briefe einer überaus intensiven Korrespondenz. Hinzuzurechnen sind weitere Texte wie etwa Johann Gottfried Herders BRIEFE ZU BEFÖRDERUNG DER HUMANITÄT, die zwischen 1793 und 1797 gedruckt wurden oder Wilhelm von Humboldts Abhandlung ÜBER GÖTHE'S HERRMANN UND DOROTHEA, die 1798 erschien.

Die aufgelisteten Texte weisen bei deutlicher Heterogenität der Gattungen eine Vielzahl von Ähnlichkeiten auf. **Dominierende Handlungselemente bzw. Textstrukturen** sind der Bildungsgang des unvermittelten Individuums zum kulturellen und selbstbestimmten Subjekt, das als Persönlichkeit nach Vollendung und als Teil der Gesellschaft nach Humanität strebt. Übereinstimmende **sprachlich-stilistische Merkmalskomplexe** sind eine „hohe" Sprache in antikisierenden Versmaßen, die Einschränkung des freien Rhythmus, die Beachtung dramatischer Einheiten – kurz: die Anpassung an klassische Formprinzipien. Die **semantischen Strukturen** erweisen sich ebenfalls als ähnlich: Opposition und Affirmation werden vermittelt; Ganzheitlichkeit in Kunst und Leben ist angestrebt; Einschränkungen erfahren durch wechselseitige Ergänzung ihre Aufhebung. Um die konstatierten Ähnlichkeiten bzw. Übereinstimmungen interpretieren zu können, sind **Zusammenhangsannahmen**, also Hypothesen über intertextuelle wie Text-Kontext-Beziehungen notwendig. Einen Schlüssel dazu liefern die festgestellten Übereinstimmungen in sprachlich-stilistischen Aspekten, d. h. die Annäherung an klassische Formprinzipien, die sich selbst in Goethes Roman WILHELM MEISTERS LEHRJAHRE mit seinen Vers- und Liedeinlagen beobachten lassen. Die Anpassung an klassische Formprinzipien, dominierende Handlungselemente und semantische Strukturen in den Texten von Goethe und Schiller erlauben es, die zwischen 1795 und 1805 entstandene Literatur als Realisierung eines weitreichenden *Programms* zu deuten, das auf die Restitution vollendeter Humanität im „ästhetischen Staat" (Friedrich Schiller) abzielte. Weil man glaubte, dass diese vollendete Humanität in der (ideal projektierten) Antike realisiert worden sei, musste seine Wiedererrichtung unter den Bedingungen moderner Entzweiung an die normativen Postulate der antiken Klassik anknüpfen. Goethe und Schiller begründeten mit ihren Produktionen der Jahre 1795 bis 1805 also eine literarische Epoche, die retrospektiv als „Klassik" bezeichnet werden konnte – obwohl sich die beteiligten Akteure selbst keineswegs als „Klassiker" sahen. („Wir wollen die Umwälzungen nicht wünschen, die in Deutschland klassische Werke vorbereiten könnten", wandte sich Goethe in seinem Aufsatz ÜBER LITERARISCHEN SANSCULOTTISMUS 1795 nachdrücklich gegen die Forderungen nach einer „klassischen Nationalliteratur" – weil eben diese nach seiner Meinung nur infolge politischer Umbrüche möglich sei.[43])

Wenn also die Autoren Goethe und Schiller nicht daran dachten, sich selbst als „Klassiker" und ihre Zeit als „Klassik" zu bezeichnen, ist nach den Motiven der späteren Geschichtsschreiber zu fragen, die gegen das Selbstverständnis der beteiligten Akteure einen Epochentitel wie „Deutsche Klassik" oder „Weimarer Klassik" schufen. Wie rezeptionsgeschichtliche Untersuchungen gezeigt haben, waren es primär politische Motive, die seit den 1830er Jahren zur Installation eines solchen Epochenbegriffs führten. Die GESCHICHTE DER POETISCHEN NATIONAL-LITERATUR DER DEUTSCHEN des Historikers Georg Gottfried Gervinus (1805-1871), die in fünf Bänden zwischen 1835 und 1842 erschien und sich explizit nicht an „gelehrte Kenner", sondern an die „Nation" wandte, stellte die Größe der deutschen Literatur als Vorbild und Versprechen einer erhofften poli-

---

[43] Johann Wolfgang Goethe: Literarischer Sansculottismus. In: J. W. Goethe: Sämtliche Werke (Münchner Ausgabe). Bd. 4.2: Wirkungen der Französischen Revolution 1791-1797. Hrsg. von Klaus H. Kiefer u. a. München 1986, S. 15-20, hier S. 17.

tischen Reformbewegung heraus – und exponierte zu diesem Zweck den „Doppelgipfel" Goethe-Schiller als „Klassik", von der nicht nur die Deutschen, sondern alle anderen europäischen Völker lernen könnten. Bis zu den nationalistischen Verengungen in der zweiten Hälfte des 19. Jahrhunderts und lange darüber hinaus wurde die „Weimarer Klassik" als Wert- und Oppositionsbegriff bestimmt. Sie galt als Höhepunkt der deutschen Literatur und „zweite Blüte" nach den Leistungen der hochmittelalterlichen Autoren des 13. Jahrhunderts. Zugleich erklärte man die „Klassik" zum Garanten nationaler Identität und zum deutschen Einspruch gegen eine angeblich „westeuropäische Aufklärung". Eine kaum zu unterschätzende Rolle spielten dabei populäre Literaturgeschichten, namentlich die erstmals 1845 veröffentlichten VORLESUNGEN ÜBER DIE GESCHICHTE DER DEUTSCHEN NATIONAL-LITERATUR des Marburger Gymnasialdirektors August Friedrich Christian Vilmar (1800-1868), die bis 1905 insgesamt 26 Auflagen erlebte und überarbeitet noch bis 1936 gedruckt wurde. Es dominierten Exklusionen und Verzeichnungen: Die Reduktion der Klassik auf den Bund zwischen Goethe und Schiller grenzte Autoren wie Wieland und Herder aus; die Dichotomie von „deutscher Klassik" und „westeuropäischer Aufklärung" vernachlässigte alle Verbindungslinien, die zwischen der Perfektibilitätsidee der französischen Enzyklopädisten und Projekten in Jena und Weimar bestanden.

Andere Oppositionskonstruktionen stellten der nach „Vollendung" strebenden „Klassik" die auf „Unendlichkeit" zielende „Romantik" gegenüber. Exemplarisch dafür war der erstmals 1922 veröffentlichte Vergleich DEUTSCHE KLASSIK UND ROMANTIK ODER VOLLENDUNG UND UNENDLICHKEIT des Literaturhistorikers Fritz Strich (1882-1963). Die antithetische Gegenüberstellung von „Klassik" und „Romantik" wurde hier in anthropologische Dimensionen gesteigert, indem Strich die Polarität von „Vollendung" und „Unendlichkeit" aus dem Antagonismus von Charaktertypen („klassischer" vs. „romantischer Mensch") ableitete.

Für die meisten dieser Konstrukte blieb die Ausblendung historischer Rahmenbedingungen symptomatisch. Dabei sind die zwischen 1794 und 1805 entstandenen Texte Goethes und Schillers ohne Berücksichtigung der Französischen Revolution und ihrer europäischen Folgen nicht zu denken. Die revolutionären Ereignisse in Frankreich demonstrierten eine Krise, die Schiller in den Briefen ÜBER DIE ÄSTHETISCHE ERZIEHUNG DES MENSCHEN zum Ausgangspunkt seiner Überlegungen machen sollte. Die Zusammenarbeit der Autoren Goethe und Schiller kann zudem nicht abgelöst werden von der politischen Situation des Herzogtums Sachsen-Weimar nach dem Separatfrieden von Basel 1795. Von den Großmächten weitgehend unabhängig, gewann der Weimarer „Musenhof" bis 1806 ein wertvolles Jahrzehnt relativer Ruhe und schöpferischer Autonomie – die

freilich mit einem in der Vorrede zur Zeitschrift DIE HOREN verkündeten
Verzicht auf Stellungnahmen zu politischen Fragen verbunden war. „Mitten in diesem politischen Tumult soll sie für Musen und Charitinnen einen engen vertraulichen Zirkel schließen, aus welchem alles verbannt sein
wird, was mit einem unreinen Parteigeist gestempelt ist", betonte der
Herausgeber Friedrich Schiller in einer am 10. Dezember 1794 von der
ALLGEMEINEN LITERATURZEITUNG abgedruckten Ankündigung seiner
Zeitschrift DIE HOREN (die im 1. Heft des Periodikums wiederabgedruckt
wurde). Aber indem sich die Zeitschrift „alle Beziehungen auf den jetzi-
gen Weltlauf und auf die nächsten Erwartungen der Menschheit" expres-
sis verbis verbot, konnten andere Dinge in den Blick genommen werden:
insbesondere die „Ideale veredelter Menschheit", die durch den „stillen
Bau beßrer Begriffe, reinerer Grundsätze und edlerer Sitten" verwirklicht
werden und eine „wahre Verbesserung des gesellschaftlichen Zustandes"[44]
ermöglichen sollten.

Trotz der nur angedeuteten Vielfalt der literarischen Produktion Goethes und Schillers lassen sich Gemeinsamkeiten benennen, die einen Zusammenhang der zwischen 1794 und 1805 entstandenen dichterischen
Werke und theoretischen Arbeiten herstellen und in Bezug zu literaturex-
ternen Entwicklungen gebracht werden können: (a) das Konzept der ästhetischen Autonomie, das von der strikten Negation aller zweckgerichteten Bestimmungen der Kunst ausgeht; (b) die Humanitätsidee, die auf das
projektive Ideal der griechischen Antike zurückgreift und das durch Kunst
zu wahrer Menschlichkeit führen will; (c) das Konzept der „Bildung", das
von der Unverwechselbarkeit und Entwicklungsfähigkeit des Individuums
ausgeht und gegen eine zweckgerichtete „Ausbildung" der pädagogischen
Aufklärung (mit dem Ziel der „Brauchbarkeit") nun die allseitige und
ganzheitliche Vervollkommnung des Subjekts als Voraussetzung für den
Fortschritt der Menschheit favorisiert. – Diese **Zusammenhangs-**
annahmen stellen zwischen den Texten von Goethe und Schiller (und anderer Autoren) nicht nur intertextuelle Verbindungen her. Sie bieten
vielmehr die Chance, den Epochenbegriff durch die Berücksichtigung ge-
sellschaftsgeschichtlicher, kultureller oder wissensgeschichtlicher Kontexte
abzusichern. Das Konzept der ästhetischen Autonomie kann etwa als eine
Reaktion auf die Erfahrungen der Französischen Revolution wie auf län-
gerfristige Entwicklungen innerhalb des Kunstsystems gedeutet werden;
das neuhumanistische Konzept der „Bildung" ließe sich durch Rekonstruktion der geschichtsphilosophischen wie der pädagogischen Debatten
des ausgehenden 18. Jahrhunderts detaillierter konturieren.

---

[44] Friedrich Schiller: Die Horen. In: F. Schiller: Sämtliche Werke. Auf Grund der Originaldrucke hrsg. von Gerhard Fricke u. a. München ³1962. Bd. 5, S. 871.

Ist so – in notwendig stark verkürzter – Weise ein limitierter Begriff von der literaturgeschichtlichen Konstellation gewonnen, die als „Weimarer Klassik" bezeichnet werden kann, haben wir keineswegs das gesamte Panorama der literarischen Entwicklung zu dieser Zeit erfasst. Denn im Jahrzehnt zwischen 1795 und 1805 produzierten nicht nur Goethe und Schiller und mit ihnen verbundene Autoren wie Johann Gottfried Herder und Wilhelm von Humboldt. Fast zeitgleich mit den Programmschriften und dichterischen Werken der „Klassik" erschienen poetologische und poetische Texte von Autoren einer neuen Generation: Die von Wilhelm Heinrich Wackenroder und Ludwig Tieck verfassten HERZENSERGIES-SUNGEN EINES KUNSTLIEBENDEN KLOSTERBRUDERS (1797), die von Tieck unter dem Pseudonym Peter Leberecht veröffentlichten VOLKS-MÄRCHEN (1797), Friedrich Schlegels Fragment gebliebener Aufsatz ÜBER DAS STUDIUM DER GRIECHISCHEN POESIE (1797). Zwischen 1798 und 1800 wurde die Zeitschrift ATHENAEUM zur publizistischen Plattform eines neuen literarischen Selbstverständnisses, das sich selbst auch einen Namen gab – „romantisch". Im ATHENAEUM erschienen Fragmentsammlungen von Friedrich Schlegel und Friedrich von Hardenberg (Novalis), programmatische Stellungnahmen wie August Wilhelm Schlegels DIE KÜNSTLER und Friedrich Schlegels GESPRÄCH ÜBER DIE POESIE sowie polemisch-parodistische Attacken gegen Vertreter der älteren Literaturtradition. Friedrich Schlegels Liebesroman LUCINDE (1799) und Tiecks Künstlerroman FRANZ STERNBALDS WANDERUNGEN (1798) bemühten sich, den entworfenen Theorien poetischen Ausdruck zu verleihen. Dichterischer Höhe- und Schlusspunkt der sich schon bald auflösenden Autorenvereinigung wurde der unvollendete Roman HEINRICH VON OFTER-DINGEN des Friedrich von Hardenberg, der durch die Freunde Tieck und Schlegel 1802 aus dem Nachlass herausgegeben wurde.

Alle diese poetologischen Überlegungen und poetischen Texte weisen ebenfalls starke Gemeinsamkeiten auf. Wir finden explizite Plädoyers für die Mischung von Gattungen in einer „progressiven Universalpoesie" (und entsprechende Umsetzungen). Wir finden die Erhebung der Kunst zur Religion und des Künstlers zum Propheten dieser Kunstreligion. Und wir entdecken eine bewusst verrätselte „Hieroglyphen-Sprache" zur hermetischen Kommunikation innerhalb eines Kreises von Initiierten sowie stark dezisionistische Unterscheidungen zwischen Kunst und Alltag, Künstlertum und Bürgerwelt. Es fällt sicher nicht schwer, dieser Gemeinsamkeit von Texten und Autoren eine Epochenbezeichnung zuzuweisen: Wir haben es hier mit der „Romantik", genauer: der sog. „Frühromantik", zu tun. Die bekanntesten Definitionen von „Romantik" und „Romantischem" haben die Vertreter der Bewegung selbst geliefert: Im berühmten ATHENAEUM-Fragment 116 aus dem Jahre 1798 bestimmte Friedrich

Schlegel die romantische Poesie als „progressive Universalpoesie", die nicht nur alle bisherigen Kunstformen vereinige, sondern alle Lebens- und Erfahrungsformen umfasse und durchdringe. Hier – wie auch in August Wilhelm Schlegels Formulierung aus der 25. Vorlesung ÜBER DRAMATISCHE KUNST UND LITTERATUR von 1809 – wurde Romantik zu einem gesamtkulturellen Programm erhoben, das auf die „unauflösliche Mischung" der Gegensätze von Natur und Kunst, Poesie und Prosa, Scherz und Ernst, Geistigkeit und Sinnlichkeit, Irdischem und Göttlichem abziele. Festgeschrieben wurde der Begriff der „Romantik" und des „Romantischen" aber nicht zuletzt durch seine Kritiker. Goethe stellte in einem berühmt-berüchtigten Diktum der „gesunden" Klassik die „kranke" Romantik gegenüber (wobei er sich jedoch explizit auf die französische Romantik bezog). Hegel behandelte die Romantik in seiner PHÄNOMENOLOGIE DES GEISTES (die während seiner Jenaer Zeit in unmittelbarer Berührung mit dem Schlegel-Kreis entstand) als Ausdruck eines „unglücklichen Bewußtseins". Heinrich Heine (der bei August Wilhelm Schlegel studiert und auch sonst viel von den Strategien wie von den Formen der Romantiker gelernt hatte) führte mit seiner erstmals im Frühjahr 1833 in der Pariser Zeitschrift L'EUROPE LITTÉRAIRE veröffentlichten Darstellung DIE ROMANTISCHE SCHULE Perspektiven und Wertungsmuster ein, die weitreichende Wirkungen haben sollten. Erst die junghegelianische Literaturkritik führte zu einer versachlichten Auseinandersetzung mit der romantischen Bewegung.

Was zeigt nun die offenkundige Gleichzeitigkeit von literarischen Konstellationen, die wir mit den eingeführten Begriffen „Frühromantik" und „Weimarer Klassik" bezeichnen? Sie dokumentiert zum einen die Komplexität des literarischen Lebens, das nicht als sukzessive Abfolge von trennscharf geschiedenen „Literaturepochen" verläuft und beschrieben werden kann. Epochenbegriffe sind und bleiben homogenisierende Konstruktionen, die eine Vielfalt von literarischen Produktionen und Autoren ordnen, strukturieren und in bestimmte Zusammenhänge bringen – und dabei zahlreiche andere Erscheinungen aus Gründen notwendiger Reduktionen ausblenden. Sie legt zum anderen einen reflektierten Gebrauch begrifflicher Einordnungen nahe. Da es sich bei Epochen- und Periodenbezeichnungen um geschichtlich gewachsene Begriffe handelt, können divergierende Verwendungsweisen nicht allein durch Festlegung formaler und genau definierter Kriterien zur Epochenbildung entschärft werden. Welche Merkmale und Strukturen für dominant erklärt und damit einer Epochenkonstruktion zugrunde gelegt werden, hängt schließlich von der Bestimmung eines Untersuchungsgegenstandes durch den jeweiligen Literaturwissenschaftler ab. So erweist sich die Festlegung von Epochen als

Konstruktionsleistung, die auf einem Konsens über Merkmale und Strukturen beruht und strengen Begründungspflichten unterliegt.

Das diesen knappen Durchgang abschließende Fazit kann lauten: Epochenbegriffe sind weder objektive Gegebenheiten noch subjektive Konstrukte, sondern das intersubjektiv nachvollziehbare Produkt von retrospektiven Modellbildungen, bei denen empirische Gegebenheiten des historischen Prozesses unter übergreifenden Zusammenhangsannahmen gegliedert und korreliert werden. Die so modellierten Epochenbegriffe erfüllen grundlegende ordnende, strukturierende und wertende Funktionen bei der Kommunikation über Literatur: Sie gliedern die Abfolge von Autoren und Werken in historischer Dimension durch die Feststellung von Äquivalenzen und Oppositionen zwischen Texten, die auf diese Weise zu Textgruppen zusammengefasst werden können. So ermöglichen sie die Beschreibung von Veränderungen und Entwicklungen innerhalb des Literatursystems – denn um Abweichungen und Innovationen fixieren und bewerten zu können, müssen Texte und Textkorpora zu anderen Texten in Beziehung gesetzt werden. Ohne das System einer Periodisierung wäre eine solche Herstellung von Beziehungen kaum zu leisten. Zum anderen tragen begründete Epochenbegriffe und -einteilungen dazu bei, die Beziehungen eines Textes bzw. einer Textgruppe zur außerliterarischen Umwelt zu erhellen. Denn die Zusammenfassung von Texten und Autoren konturiert nicht nur literaturinterne Gemeinsamkeiten, sondern zeichnet weitergehend auch einen spezifischen historischen, sozialgeschichtlichen, kulturellen etc. Kontext aus, der für die Begründung von interpretativen Aussagen verwendet werden kann. So erweisen sich Epochenbegriffe als hilfreiche Ordnungsprinzipien, um die literarische Produktion einer Zeit zu strukturieren – wenn sie in reflektierter Weise unter Berücksichtigung ihrer Leistungen und Grenzen angewendet werden.

Grundlegende und weiterführende Literatur:

Dieter Borchmeyer: Weimarer Klassik. Porträt einer Epoche. Weinheim 1994
Hans-U. Gumbrecht, Ursula Link-Heer (Hrsg.): Epochenschwellen und Epochenstrukturen im Diskurs der Literatur- und Sprachhistorie. Frankfurt/M. 1985
Reinhart Herzog, Reinhart Koselleck (Hrsg.): Poetik und Hermeneutik. Bd. XII: Epochenschwelle und Epochenbewußtsein. München 1987
Gerhard Plumpe: Epochen moderner Literatur. Ein systemtheoretischer Entwurf. Opladen 1995
Michael Titzmann: Epoche. In: Klaus Weimar (Hrsg.): Reallexikon der deutschen Literaturwissenschaft. Bd. 1. Berlin, New York 1997, S.476-480

4 Was ist literarische Kommunikation?

Buchdrucker   Buchbinder   Buchhändler

Erster Bücher-Meß-Katalog;
Frankfurt 1564

Autor, Text und Leser bilden die Elemente eines Zusammenhangs, der etwas voreilig als *Literatursystem* bezeichnet wurde. Voreilig war die Bezeichnung deshalb, weil sie zentrale Instanzen der *Herstellung* und *Verbreitung* literarischer Werke unberücksichtigt ließ. Denn bevor ein Text im Zeitalter des Buchdrucks einen Leser erreicht, hat er mehrere Stationen zu durchlaufen: Von seinem personalen Urheber geht er einem *Verleger* zu, der dieses Manuskript nach bestimmten Kriterien prüft, zur Veröffentlichung annimmt, redigieren und vervielfältigen lässt. Vom herstellenden Buchhandel (*Verlag*) reproduziert, d. h. gesetzt, gedruckt und gebunden, kann das in Buchform vorliegende Werk nun unter die Leute gebracht werden – was im und durch den verbreitenden Buchhandel (*Sortiment*) geschieht. Um bekannt zu machen, was an gedruckten Büchern vorliegt und gelesen werden kann, müssen sich Verleger und Sortimenter einiges einfallen lassen. Anzeigen und Kataloge, Buchmessen und Bibliographien sichern seit dem 15. Jahrhundert die Sichtbarkeit und den Austausch literarischer Güter in Expertenkulturen und Öffentlichkeit.

Bücheranzeige 1480   Buchmesse Leipzig 1820   Verlagskatalog 2003

Aus dem Jahre 1480 ist eine gedruckte Bücheranzeige mit der Auflistung lieferbarer Titel der Zainerschen Offizin überliefert. Zur Frankfurter Herbstmesse 1564 erschien erstmals ein Meßkatalog als Verzeichnis der durch den Augsburger Großsortimenter Georg Willer gehandelten Bücher; rasch entwickelte sich diese Form eines allgemeinen Verzeichnisses von Neuigkeiten zum offiziellen Organ des deutschen Verlagsbuchhandels. Einen offiziellen Messekatalog gab es bis 1860, obwohl die Frankfurter bereits 110 Jahre durch die Leipziger Buchmesse ersetzt worden war. (Erst 1949 sollte nach fast 200 Jahren Unterbrechung wieder eine Buchmesse in Frankfurt am Main stattfinden). Seit 1971 informiert das vom Börsenverein des deutschen Buchhandels herausgegebene *Verzeichnis lieferbarer Bücher*, das seit einigen Jahren auch auf CD-ROM vorliegt und einen sekundenschnellen Zugriff auf über 100.000 Titel erlaubt.

Diese Fakten bestätigen eine bereits durch Friedrich Schiller getroffene Feststellung: „Die Zerstreuung eines Buches durch die Welt ist fast ein ebenso schwieriges und wichtiges Werk als die Verfertigung desselben." Die bei dieser „Zerstreuung durch die Welt" in vielfältiger Weise beteiligten Institutionen und Personen – zu denen literaturvermittelnde Institutionen wie Literaturkritik, schulischer Deutschunterricht und akademische Literaturforschung kommen – bilden jene komplexen Interaktionsverhältnisse aus, die wir als **literarische Kommunikation** bezeichnen und die im folgenden näher beschrieben werden sollen.

4.1 Elemente der literarischen Kommunikation

Unter **literarischer Kommunikation** werden alle durch Personen und Institutionen realisierten Interaktionen verstanden, in deren Verlauf literarische Texte produziert, technisch vervielfältigt und verbreitet, rezipiert und diskutiert werden. Innerhalb dieser Interaktionsverhältnisse lassen sich zu analytischen Zwecken unterschiedliche Instanzen abgrenzen und differenziert untersuchen:

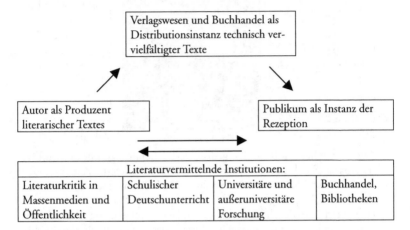

Die Teilnehmer und Träger der Austauschprozesse, in denen literarische Texte hergestellt und verbreitet, diskutiert und kanonisiert werden, lassen sich entsprechend ihrer Beziehungen zum zentralen Gegenstand einteilen: Autoren stellen Texte her, die von Verlagen und Buchhändlern technisch vervielfältigt und ihren Lesern übermittelt werden. Literaturkritiker, Lehrer und Wissenschaftler kommunizieren ihre Erkenntnisse und Meinungen über literarische Texte in spezifischer Weise und vermitteln dadurch Wissen und Wertungen. Deshalb ist der verwendete Interaktionsbegriff keinesfalls nur metaphorisch gemeint. Er beschreibt einen wechselseitigen Zusammenhang, an dem unterschiedliche Akteure teilnehmen und in aktiver Partizipation das literarische Leben realisieren.

Autoren und Leser, Verleger und Kritiker konstituieren nicht nur die sprachlich erzeugte Welt der Literatur. Sie bilden zugleich Gemeinschaften aus, die durch einen spezifischen Bezug auf das Medium Literatur gekennzeichnet sind und im wechselseitigen Austausch jenes Beziehungsgeflecht erzeugen, das wir als literarisches Leben unter medialen Bedingungen wahrnehmen und beschreiben können. Verstehen wir unter den medialen Aspekten von Literatur die Strukturen und Funktionen zur *Aufzeichnung*, *Speicherung* und *Übertragung* von (ästhetisch formierten) Nachrichten, so wird deutlich, welche vielfältigen Zusammenhänge hier zu untersuchen sind: Schriftsysteme und -institutionen, Techniken zur Fixierung und Speicherung, Transmissionskanäle und Instanzen zu Bewertung bzw. fortlaufender Aktualisierung...

Die Geistes- bzw. Kulturwissenschaften haben diese Forderungen mit unterschiedlichen Präferenzen angenommen. Eine historische Medienforschung, die mit Namen wie Eric Havelock, Harold Innes, Marshall McLuhan verbunden ist, widmet sich Kulturen unter besonderer Beobachtung der Kapazitäten ihrer Medien, d. h. ihrer Aufzeichnungs-, Speicherungs- und Übertragungstechnologien. An die hier entwickelte Technikgeschichte von Kommunikation schloss Friedrich Kittler an; seine resonanzreichen Untersuchungen thematisieren „Aufschreibesysteme" und „romantische Datenverarbeitung", „Medienstrategien" und „Nachrichtenfluß" in bzw. als Literatur. – Eine andere, nicht weniger einflussreiche Forschungsrichtung profilierte sich auf der Seite der Ethnologie. Hier fragten vor allem Jack Goody und Walter Ong in kulturanthropologischer und entwicklungssoziologischer Perspektive nach „Mündlichkeit" und „Schriftlichkeit" sowie nach der Logik des Schreibens und ihren Folgen für die Organisation traditionaler bzw. moderner Gesellschaften. – Eine dritte, mit dem französischen Poststrukturalismus verbundene Richtung (für die vor allem Jacques Derrida steht) interessiert sich weniger für Medien(technik) und die historischen Ausprägungen literarischer Kommunikation, als vielmehr allgemein und grundsätzlich für die unhintergehbare Medialität von Schrift.

Wenn im Folgenden die Einheiten der literarischen Kommunikation segmentiert und vorgestellt werden, sind die von den o.g. Forschungseinsätzen gemachten Gewinne einzubeziehen. Vor allem aber ist nach den historisch konkreten Formierungen der Produktions-, Distributions- und Rezeptionsprozesse zu fragen, die stets von gesellschaftlichen Rahmenbedingungen sowie von technischen und medialen Voraussetzungen abhängen: um präziser beschreiben und erklären zu können, *wie* und unter welchen medialen, technischen, sozialen *Voraussetzungen* literarische Äußerungen in ihrer Figuration entstehen, verbreitet werden und in Wirkung treten. Hinzuweisen bleibt noch auf den Umstand, dass die hier modellierten Prozesse literarischer Kommunikation keineswegs nur in synchroner Dimension ablaufen. Gerade weil schriftsprachlich fixierte Texte die in besonderer (ästhetischer) Weise „verschnürten" Botschaften über Jahrzehnte und Jahrhunderte hinweg transportieren können, ist literarische Kommunikation stets auch das Gespräch mit längst dahingegangenen Autoren und die – immer wieder und für jede Generation aufs Neue notwendige – Aneignung von Äußerungen, die lange vor dem Zeitpunkt unserer Lektüre erzeugt und fixiert wurden. Genau diesen Umstand beschreibt der bereits eingeführte Begriff der **zerdehnten Kommunikation**: Sprecher/Autor und Hörer/Leser einer Nachricht sind räumlich und zeitlich voneinander getrennt; um eine Verständigung dennoch möglich zu

machen, bedarf es der *Zwischenspeicherung ihrer Rede*. Diese Speicherung
kann zum einen *oral*, d. h. in mündlicher Form erfolgen. Die personalen
Träger mündlich gespeicherter Botschaften waren Boten oder Rhapsoden.
Ein Bote memorierte die Mitteilung eines Absenders (zumeist im Wortlaut) und überbrachte sie einem Empfänger, der sie an einem anderen Ort
zu späterer Zeit aufnehmen konnte. Rhapsoden, also fahrende Sänger,
bewahrten Berichte über die Taten von Göttern und Menschen in ihrem
Gedächtnis und übermittelten sie ihren Zuhörern. Eine weitaus mächtige-
re Möglichkeit der Zwischenspeicherung von Rede bot die Schrift, die als
körperexternes Notationssystem Mitteilungen (a) außerhalb und unabhängig von personalen Trägermedien fixieren, (b) langfristig speichern
und (c) zu einem beliebigen Zeitpunkt wieder einschalten konnte.
Schriftliche Aufzeichnungen, die den Produzenten einer Botschaft zum
Autor machen und ihren Empfänger zum Leser, stellen Überlieferungen
durch externe (und technisch beständig perfektionierte) Speicherung auf
Dauer. Im Gegensatz dazu bedarf eine mündliche Sicherung von Überlieferungen der beständigen Wiederholung.

Damit lässt sich die bereits getroffene Unterscheidung von **mündlichen**
und **schriftlichen Gesellschaften** weiter präzisieren. In oralen Gesellschaften beruht die kommunikationsnotwendige Speicherungstechnik auf
Wiederholung, d. h. auf Speicherung in einem „lebendigen" Gedächtnis,
das periodisch (etwa bei Riten und Festen) aufgefrischt werden muss.
Schriftliche Kulturen verfügen mit dem körperexternen Notationssystem
von Schriftzeichen über eine dauerhafte Fixierung von Inhalten und Formen, die eine vom Wiederholungszwang der Riten unabhängige Präsenz
schafft. Wird die kulturelle Kontinuität oraler Gesellschaften vorrangig
durch Riten und Rituale gesichert, erlangen schriftliche Kulturen ihren
Zusammenhang durch *Texte*. Um aber Gesellschaften dauerhaft durch
Texte und durch die schriftsprachliche Überlieferung von Wissen, Normen, Traditionen zu binden, bedarf es einer entsprechenden *Auslegungskultur* – also einer kulturell verankerten Bereitschaft, die einmal gespeicherte Zeichen wieder in Sinn (zurück) zu übersetzen und damit aktuell
zu halten. Denn Schrift als solche ist nur ein Notationssystem zur Aufzeichnung von Botschaften. Erst wenn schriftsprachliche Zeichen gelesen,
ausgelegt und kommentiert werden, können sie Recht und Sitte und Verhalten fundieren, die Ordnung der Welt narrativ entfalten sowie die Stellung des Menschen in ihr darstellen. (Nur knapp hingewiesen werden
kann in diesem Zusammenhang auf den Umstand, dass die Ausbildung
einer solchen Auslegungskultur das Ergebnis einer langen und keineswegs
zwangsläufigen Entwicklung war: Auch die altägyptische Kultur verwendete über Jahrtausende hinweg Schrift, ohne die Bindung an rituelle Kon-

tinuitätssicherung aufzugeben und sich auf Texte als kanonisierten Garanten von Tradition zu verlassen. In Israel, Griechenland und China entstanden dagegen Formen von Schriftkultur mit Institutionen zur Fixierung und Aktualisierung des Textsinns.)

Was ergibt sich daraus für die Beobachtung literarischer Kommunikationsverhältnisse? Zum einen das geschärfte Bewusstsein für die Dimensionen von Austauschprozessen, in denen materielle Faktoren – von der Art des Schreibwerkzeugs bis zur Gestaltung von Buchumschlägen – eine ebenso wichtige Rolle spielen wie Ausdrucksinteressen, Genreregeln und Publikumserwartungen. Zum anderen die Einsicht, dass die Produktion, Distribution und Rezeption von Literatur in zeitlich wie örtlich unterschiedenen Situationen stattfinden kann und deshalb stets genau anzugeben ist, welche Prozesse des Austauschs beschrieben, gedeutet und erklärt werden sollen. So ist ein Autor stets innerhalb eines je *aktuellen* Bezugssystems (aus Verlegern, Lesern, Kritikern) und zugleich auch als Gegenstand *späterer* Verleger, Leser und Kommentatoren zu untersuchen. Weil schriftlich fixierte Texte ihre ästhetisch „verschnürten" Botschaften über Jahrzehnte, Jahrhunderte oder gar Jahrtausende hinweg transportieren können, sind ihre kommunikativen Funktionen nur unter Berücksichtigung ihrer historischen Bezugsgrößen zu erfassen.

4.2 Die produzierende Instanz: Autor

Erinnern wir uns an die schematische Darstellung der literarischen Kommunikation. Die erste und gleichsam als Ausgangspunkt auftretende Instanz ist der **Autor als Produzent eines Textes.** Seine literarische Aussage hat zwischen individuellen Ausdrucksinteressen, Gesetzmäßigkeiten des gewählten Genres sowie Publikumserwartungen zu vermitteln und durch Regelbruch oder Regelbefolgung auf Strukturen eines vorgeprägten kulturellen Feldes zu reagieren. Die individuellen Ausdrucksinteressen sind aber keineswegs so einzigartig und unverwechselbar, wie ihr Begriff nahelegt: Sie verarbeiten private und kollektive (generationsspezifische) Erfahrungen, Erwartungen und Hoffnungen und modellieren diese entsprechend expliziter bzw. impliziter Tabus, Kontrollen und Machteffekte (die ihrerseits von gesellschaftlichen Konventionen abhängen).

Wie dieses komplizierte Wechselspiel aus individuellen Intentionen, Gattungsmustern und Publikumserwartung *erfolgreich* funktioniert, zeigt das Beispiel des Autors Johann Wolfgang Goethe. Folgt man dem dreizehnten Buch von Goethes autobiographischen Aufzeichnungen AUS MEINEM LEBEN. DICHTUNG UND WAHRHEIT, so entstand der Briefroman DIE LEIDEN DES JUNGEN WERTHERS in vier Wochen, ohne dass ein Schema des Ganzen oder einzelne Teile vorher fixiert worden waren. Goethes

(nachträglich ausgesprochene) Absicht bestand darin, sich von emotionalen Erschütterungen und bedrängenden Erlebnissen zu befreien – namentlich von „Lebensüberdruß" und der „Grille des Selbstmords", welche
sich nach seiner Wahrnehmung „bei einer müßigen Jugend eingeschlichen
hatte" und auch ihn selbst eine Zeitlang nur mit einem „wohlgeschliffenen Dolch" zu Bett gehen ließ.[45]

Das zur poetischen Bewältigung gewählte Genre war bereits eingeführt: Den empfindsamen Briefroman, der auf die Rolle eines auktorialen
Erzählers zugunsten der Poly-Perspektivität berichtender und reflektierender Figuren verzichtete, hatte Samuel Richardson mit seinem Werk PA
MELA von 1741 und vor allem mit dem 1748 erschienenen und fünfmal
ins Deutsche übersetzten Briefroman CLARISSA vorgeprägt. Schon hier
gab es Korrespondenzen mehrerer Personen, die von keiner übergeordneten Erzählinstanz überformt waren; dieser Text verlangte einen Leser, der
sich sein kaleidoskopisches Bild selbst zusammensetzte. Der Autor Goethe
nutzte also vorgeprägte Muster und überbot sie auf bis dahin ungekannte
Weise. Denn die durch einen fiktiven Herausgeber vorgelegten Briefe
Werthers blieben ohne Erwiderung und damit ohne Korrektiv; sie vermittelten nur *eine* Perspektive und radikalisierten auf diese Weise die empfindsame Aussprache zu einem Monolog.

Die formale Innovation wurde durch Tabubrüche auf der Inhaltsebene
nochmals gesteigert. Der Selbstmord als nicht zu bereuende (und darum
besonders furchtbare) Sünde schien hier literarisch gerechtfertigt; die lebhafte Polemik wie das Leipziger Verbot entzündeten sich vor allem an dessen vermeintlicher „Apologie". Wirkungslos war das Verbot von Nachdruck und Verkauf des Buches deshalb, weil es offenkundig nicht kontrolliert und durchgesetzt wurde. Noch 1774 veranstaltete der Verleger Christian Friedrich Weygand unbehelligt einen Doppeldruck der Erstausgabe;
1775 erschienen acht verschiedene unberechtigte Nachdrucke sowie eine
„zweite ächte Auflage". War schon die Praxis des Doppeldrucks ein Vergehen des Verlegers an seinem Autor (denn für diese äußerlich identischen
Reproduktionen erhielt der Verfasser keine Vergütung), so demonstrierten
die rasch erschienen Raubdrucke in besonders auffälliger Weise die Anarchie literarischer Kommunikationsverhältnisse im 18. Jahrhundert. Die
Urheber literarischer Texte besaßen nach der Übergabe ihrer Manuskripte
an einen Verleger keinerlei Rechte mehr. Erst das 1794 eingeführte Preu
ßische Landrecht sollte eine Mitsprache bei Nachauflagen, Bearbeitungen,
Übersetzungen sichern; nach langen Debatten verbot ein Bundesbeschluss
1835 den unerlaubten Nachdruck.

---

[45] Johann Wolfgang Goethe: Aus meinem Leben. Dichtung und Wahrheit. In: J. W. Goethe: Sämtliche Werke (Münchner Ausgabe). Bd. 16, S. 615-620.

Wie sich Rolle, Funktion und Selbstverständnis des Autors zwischen seiner Integration in einen überlieferten Regelkanon („poeta doctus") und einer weitgehend entprofessionalisierten und scheinbar normbefreiten Existenz als „freier Schriftsteller" gestalteten, wurde bereits gezeigt. Um die Position eines Autors als Produzent einer stets mehrfach dimensionierten literarischen Äußerung innerhalb einer historisch konkreten Kommunikationssituation bestimmen zu können, erweisen sich folgende Fragen als hilfreich:

- Welche individuellen Ausdrucksinteressen eines Autors lassen sich in der Beobachtung seiner Texte und unter Heranziehung von Selbstaussagen, Eigenkommentaren und anderer Kontextelemente ermitteln?
- Welches – sich möglicherweise wandelndes – Verhältnis eines Autors zu Gesetzmäßigkeiten und Regeln der gewählten Gattungen bzw. Genres kann beobacht werden?
- Welche impliziten bzw. expliziten Signale des Verhältnisses zum Publikum, zur Kritik sowie zu anderen literaturvermittelnden Instanzen werden durch einen Autor gegeben und wie sind diese – möglicherweise widersprüchlichen – Positionierungen zu bewerten?
- Mit welchen literarischen und außerliterarischen Strategien (Regelbefolgung oder Regelbruch; Gruppenbildung oder Marginalisierung etc.) reagiert ein Autor auf Strukturen des vorgeprägten kulturellen Feldes? Wie ändern sich diese Strategien bei Erfolg bzw. Misserfolg?

Selbstverständlich decken diese Fragen nicht alle Aspekte der Positionierung eines Autors innerhalb der komplexen Zirkulationsprozesse ab, die wir als literarische Kommunikation beschreiben. Sie skizzieren jedoch wesentliche Parameter einer Instanz, die trotz diverser „Todesanzeigen" lebendig bleibt und sich (wie etwa ein Blick auf Slam Poetry und Vorlesebühnen zeigt) schöpferisch weitervermehrt. Zu beachten bleibt – wie schon bei der Rekonstruktion anderer Einheiten des literarischen Feldes – ein differenzierender Blick auf Aussagen von Akteuren, die aufgrund ihrer Beteiligung stets von eigenen Interessen geleitet sind und performativen Charakter tragen. Allein durch eine Berücksichtigung wechselseitiger und historisch spezifischer Abhängigkeitsverhältnisse lassen sich dann so widersprüchliche Stellungnahmen eines Autors zu seinen Lesern auflösen, wie sie etwa bei Friedrich Schiller zu finden sind: Hatte dieser in der Vorrede zu seiner Zeitschrift RHEINISCHE THALIA 1784 das Publikum noch als „mein Souverain" und „mein Vertrauter" bezeichnet, erklärte er später: „Das einzige Verhältnis gegen das Publikum, das einen nicht reuen kann, ist der Krieg".

4.3 Distributive Instanzen: Verlagswesen und Buchhandel

Noch einmal ist auf den erfolgreichen Autor Johann Wolfgang Goethe
zurückzukommen, der als 25jähriger mit den LEIDEN DES JUNGEN WER-
THERS einen Bestseller verfasst hatte. Von dem Erfolg seines Skandalro-
mans profitierte weniger der Autor. Den großen monetären Gewinn
machte der Leipziger Buchhändler Christian Friedrich Weygand (1742-
1807), der 1774 als erstes Buch mit Goethes Namen auf dem Titelblatt
bereits das Drama CLAVIGO veröffentlicht hatte.

Mit einer Witterung für vielversprechende junge Autoren ausgestattet,
hatte sich der Verlagsbuchhändler Weygand bereits den Talenten des
Dichterbundes „Göttinger Hain" als großzügiger Freund angedient und
von ihnen Manuskripte erhalten. Dann aber feilschte und knauserte er
mit Honoraren in einer Weise, dass er zu einem der meistgeschmähten
Verleger des 18. Jahrhunderts avancierte und als „Knicker" und „Leipziger
Filz" bezeichnet wurde – was seinem kommerziellen Erfolg jedoch keinen
Abbruch tat. Auch an Goethes Erfolgsbuch hielt Weygand sich schadlos:
Er veranstaltete Doppeldrucke, also zusätzliche Auflagen, die äußerlich
identisch mit der Erstausgabe waren – bis hin zum zurückdatierten Erscheinungsjahr. Solche Doppeldrucke, die oft ein Vielfaches der dem Autor fest und im voraus honorierten ersten Auflage ausmachten, ersparten
dem Verleger lästige Nachforderungen des Verfassers. Da der Briefwechsel
zwischen Goethe und Weygand verschollen ist, wissen wir über das Honorar für den WERTHER nicht Bescheid. Es deckte aber doch die Schul-
den für das im Selbstverlag herausgebrachte Schauspiel GÖTZ VON BER-
LICHINGEN MIT DER EISERNEN HAND, das im Juni 1773 auf Kosten Goethes und seines Freundes Johann Heinrich Merck durch einheimische
Drucker vervielfältigt worden war. (Damals hatte der noch unerfahrene
Autor immense Probleme: Die Frankfurter Stube voller Bücherpakete,
wusste er nicht, wie er die Exemplare vertreiben und die Druckkosten
wieder hereinbringen sollte. An Freunde gingen beschwörende Briefe:
„Hört wenn ihr mir wolltet Exemplare vom Götz verkauffen ihr thätet
mir einen Gefallen [...] Verkauft sie alsdenn für zwölf gute groschen..."[46]
Ein paar Dutzend Exemplare nahmen Buchhändler ab, doch änderte das
nichts am finanziellen Debakel. Als sich die Nachricht von dem Stück
verbreitete, profitierten Nachdrucker: In kürzester Zeit erschienen fünf
Raubdrucke – ohne Entschädigung für den Dichter.)

---

[46] Johann Wolfgang Goethe an Johann Christian Kestner. Brief vom Juli 1773. In: Karl
Eibl, Fotis Jannidis, Marianne Willems (Hrsg.): Der junge Goethe in seiner Zeit. Bd. 1, Nr.
174.

Am WERTHER verdiente der Autor trotz seines Erfolges nicht; und er selbst resümierte im Dezember 1774 gegenüber der Freundin Sophie von La Roche: „Mir hat meine Autorschafft die Suppen noch nicht fett gemacht...“[47] Dennoch hatte er etwas gewonnen: Eine Erfahrung im Umgang mit Verlegern und Buchhändlern, die ihn die Höhe seines Honorars künftig selbst bestimmen ließen. Einzelwerke oder Gesamtausgaben bot Goethe nun für hohe Summen an, ohne dass der interessierte Verleger das Manuskript überhaupt einsehen durfte. Akzeptierte er nicht, hatte er keine Chance mehr. So etwas hatte noch kein Autor gewagt. Der erste Verleger, bei dem Goethe diese neue Taktik ausprobierte, reagierte entsprechend ungehalten. Es war August Mylius, dem das Schauspiel STELLA für die runde Summe von 20 Reichstalern angeboten wurde – ein Betrag, dem heute etwa 500 Euro entsprechen und den Johann Fürchtegott Gellert 1746 für seine FABELN UND ERZÄHLUNGEN (eines der meistgelesenen Bücher des 18. Jahrhunderts!) erhalten hatte. Mylius taktierte, nahm aber – ein Geschäft erhoffend – an; 1776 erschien STELLA. EIN SCHAUSPIEL FÜR LIEBENDE in Berlin.[48]

Mit den Hinweisen auf die Beziehungen eines Autors zu seinen Verlegern geraten jene Institutionen in den Blick, die seit Gutenbergs Erfindung des Buchdrucks 1455/56 eine unverzichtbare Vermittlungsfunktion zwischen Autor und Publikum ausüben: der **Verleger** als Instanz des herstellenden Buchhandels und der **Buchhändler bzw. Sortimenter** als Instanz des vertreibenden Buchhandels. Agiert der Autor seit dem Entstehen eines „literarischen Marktes" in der zweiten Hälfte des 18. Jahrhunderts in ökonomischer Perspektive als *Produzent einer Ware*, so verhält sich der *Verleger als Kaufmann*, der von Autoren produzierte Texte als knappe Güter erwirbt, um sie mit Gewinn an ein lesendes Publikum weiterzuverkaufen. Verleger und Buchhändler beurteilen literarische Texte also primär aus wirtschaftlicher Sicht und ordnen zugesandte Manuskripte bzw. zu verkaufende Bücher in ein System von Überlegungen ein, bei denen vor allem die Wünsche des kaufenden Publikums eine dominierende Rolle

---

[47] Johann Wolfgang Goethe an Sophie von La Roche. Brief vom 22. Dezember 1774. In: Karl Eibl, Fotis Jannidis, Marianne Willems (Hrsg.): Der junge Goethe in seiner Zeit. CD-Komponente, Nr. 297.

[48] Die Geschichte von Goethes Beziehungen zu seinen Verlegern ist damit noch nicht zu Ende. Sie reicht von der nachfolgenden Zusammenarbeit mit dem Leipziger Verleger Georg Joachim Göschen (der zwischen 1787 und 1790 GOETHE'S SCHRIFTEN als erste rechtmäßige Werkausgabe veröffentlichte und dem Dichter dafür die stolze Summe von 2.000 Reichstalern, nach heutiger Kaufkraft etwa 50.000 Euro zahlte) über die „Versteigerung" des noch unbekannten HERMANN UND DOROTHEA-Manuskripts an Friedrich Vieweg in Berlin bis zur seit 1824 vorbereiteten AUSGABE LETZTER HAND, für die Souveräne sämtlicher deutscher Bundesstaaten erstmals ein umfassendes Schutzprivileg gegen jeglichen Nachdruck gewährten und um die ein hektisches Wetteifern von 22 Verlegern begann.

spielen. Verleger und Sortimenter reagieren primär profitorientiert auf das Leserverhalten (und steuern damit in kaum zu unterschätzender Weise literarische Entwicklungen). Während sich Romane seit dem letzten Drittel des 18. Jahrhunderts immer besser verkauften und deshalb einen besonderen Status unter den von Verlegern angekauften Texten gewannen, geriet Lyrik in die Randexistenz einer Marktnische, aus der sie bis heute nicht mehr herausgekommen ist.[49]

Sind *Autor* und *Verleger* durch ein ökonomisches Verhältnis (mit entsprechenden wechselseitigen Erwartungen) verbunden, bleiben die distributiven Institutionen *Verlag* und *Sortiment* stets auch auf Innovationen seitens der Autoren angewiesen. Zwar gab und gibt es eine Fülle von Verlagen, die sich der Verbreitung von Schema-Literatur widmen und dabei Texte reproduzieren, deren zentrales Charakteristikum in der Wiederaufnahme bzw. minimalen Variation vorgeprägter Konfigurationen und Muster besteht. Seit der Entstehung eines literarischen Marktes mit entsprechenden Konkurrenzverhältnissen bilden aber *wahrnehmbare Abweichungen* einen Wettbewerbsvorteil. Ein Blick in die Geschichte der Buchproduktion und des Buchhandels zeigt, dass die schwierige Aufgabe von Verlegern in der oftmals schwierigen Balance von *Profitabilität, literarischen Innovationen* und *qualitativen Standards* bestand und besteht – und dass Aussagen über historische Entwicklungen des Literatursystems nicht ohne deren Berücksichtigung getroffen werden sollten. Welche Bedeutung die distributiven Institutionen Verlag und Buchhandel für die Entwicklung von literarischen Kommunikationsverhältnissen gewonnen haben, kann hier nicht detailliert entfaltet werden. Zu benennen sind jedoch die wichtigsten Funktionen des herstellenden wie des vertreibenden Buchhandels, die als Vermittler zwischen Autor und Leser unabdingbare Aufgaben der *Auswahl* und *Vervielfältigung, Verbreitung* und *Plazierung* von Texten übernehmen.

(a) Der **Verleger** bzw. **Verlag** vermittelt in doppelter Hinsicht: Zum einen zwischen Textproduzenten (Autoren) und Rezipienten (Lesern), zum anderen zwischen Buchproduzenten (Druckern) und Händlern (Sortimentern). Seine zentralen Funktionen bestehen in der *Selektion eingegangener Manuskripte* nach kommerziellen und nicht-kommerziellen Kriterien sowie in der *Bereitstellung materieller Ressourcen* für deren *technische*

---

[49] Vom Bedeutungszuwachs der „schönen Literatur" in der zweiten Hälfte des 18. Jahrhunderts profitierte vor allem der bislang verpönte Roman: Hatten Romane im Jahr 1740 nur 2,6% zum gesamten Buchangebot beigesteuert, waren es 1770 schon 4 % und 1800 fast dreimal soviel, nämlich 11,7 %. Im Ostermeßkatalog des Jahres 1800 waren 300 neue Romane, 64 neue Schauspielen und 34 Gedichtbände verzeichnet; vgl. Reinhard Wittmann: Geschichte des deutschen Buchhandels. München 1991, S. 123.

Vervielfältigung. (Von dieser Funktion leitet sich auch die Berufsbezeichnung ab: Ein Verleger war im frühneuzeitlichen Wirtschaftsleben derjenige, der einem Gewerbe den Bedarf an Rohstoffen oder Kapital vorschoss bzw. „vorlegte". Während das Berufsbild des Verlegers aus anderen Sektoren weitgehend verschwunden ist, hat es sich im Fall der Buchproduktion bis heute als unentbehrlich erwiesen. Denn nicht nur zur Gründung einer Offizin waren beträchtliche Geldmittel vonnöten, sondern auch für die Herstellung umfangreicherer Schriften.) Der Verleger bringt die Mittel für die technische Herstellung der Ware Buch auf und geht damit ein hohes Risiko ein. Stets abhängig von den Angeboten der geistigen Urheber wie von unkalkulierbaren Absatzaussichten, sind Vorhersagen über den Erfolg seiner Produkte nur eingeschränkt möglich. Daraus resultieren weitere Schwierigkeiten: Der Kapital- und Arbeitsaufwand des Druckens lohnt sich erst bei einer ausreichend hohen Auflage, deren Festlegung bis heute ein Kernproblem jedes verlegerischen Unternehmens ist. Entscheidet sich der Verleger für eine hohe Auflage, so sinken zwar die Entstehungskosten des Einzelexemplars und mit sinkendem Preis steigt die Absatzfähigkeit – doch bringt eine zu hohe und damit unverkäufliche Stückzahl entsprechende Verluste. Zudem bedeutete der Druck eines Buches noch bis ins 19. Jahrhundert einen ganzheitlichen Herstellungsprozess. Es war also bereits vorher zu entscheiden, ob die Satzform aufbewahrt werden sollte (was bei erfolgreichem Absatz schnelle Neuauflagen zuließ, jedoch Kapital für einen längeren Zeitraum band) oder abgelegt wurde, so dass für weitere Ausgaben ein kostspieliger Neusatz notwendig war. Da die Vervielfältigung eines Buches nicht exakt dem Absatz angepasst werden kann, bleibt die Ermittlung eines jeweils herzustellenden Optimums auf Schätzungen angewiesen und belastet das Unternehmen mit einem beträchtlichen Risiko. Nicht zuletzt aus diesen Gründen gibt es heute ein als *book on demand* bezeichnetes Herstellungsverfahren, das die Potenzen elektronischer Datenverarbeitung zur Produktion von Büchern auf Bestellung nutzt: Aus digitalen Datensätzen wird entsprechend eingehender Order ein „Papierbuch" erzeugt und dem Kunden zugesandt. Ob diese bislang vor allem im Wissenschaftsbereich anzutreffende Praxis auch für die „schöne Literatur" eine Rolle spielen kann, wird die Zukunft zeigen.

(b) Für den Absatz der drucktechnisch vervielfältigten Bücher ist seit Gutenberg **der Vertrieb** von entscheidender Bedeutung. Da die Gesamtauflage nur in Ausnahmefällen an einen kirchlichen oder staatlichen Auftraggeber abgesetzt werden konnte, nahm die Vermittlung zwischen Produktion und Rezeption schon in der Frühdruckzeit eine Schlüsselfunktion ein; noch heute spielt die Wechselbeziehung von *Herstellung und Vertrieb* für die Ware Buch eine zentrale Rolle. Das Verhältnis zwischen beiden Vorgängen ist spannungsvoll: Bücher werden in größeren Mengen hergestellt, doch in einzelnen Exemplaren verkauft. Gleichsam spiegelbildlich zu diesem Spannungsverhältnis von *massenhafter Herstellung* und *individuellem Vertrieb* bzw. *stückweisem (und jeweils nur einmaligem) Absatz* verhält sich die Beziehung zwischen *Einzelverleger und Buchhandel.* Während die frühen Druckerverleger und Verlegersortimenter zunächst eigene Vertriebsnetze aufzubauen suchten, wurde bald eine gemeinsame Organisation notwendig, die der territorialen Zersplitterung des deutschen Sprachraums wie der Dezentralisierung der Produktions- und Absatzorte einen Zusammenhalt entgegensetzen sollte. Diese Aufgabe wurde im Laufe der Jahrhunderte auf unterschiedliche Weise gelöst. Peter Schöffer, der mit Johannes Fust die Druckerei Gutenbergs übernahm, war zugleich der erste Großbuchhändler; er wählte 1462 den Messeplatz Frankfurt als Mittelpunkt für seinen Aktionsradius, der sich bis Paris und zur Ostsee erstreckte. Sein Druckprogramm, das hauptsächlich theologische und juristische Werke umfasste, war an den wichtigsten Handelsorten in Bücherlagern vorrätig und wurde durch angestellte „Buchhausierer" vertrieben, die in seinem Auftrag auch Erzeugnisse befreundeter Offizinen (Druckereien) mit sich führten. Schöffer und die anderen frühen Drucker-Verleger nahmen sich nicht die Vertriebsformen der Handschriftenhändler zum Vorbild, sondern orientierten sich am Fernhandel: Die Zentren des frühen Drucks und Verlages wurden deshalb nicht die Bischofssitze, Universitäts- oder Residenzstädte, sondern die Metropolen des europäischen Fernhandels – Frankfurt am Main, später Leipzig.

Von der Frühdruckzeit bis zum Ausgang des 17. Jahrhunderts waren herstellender und vertreibender Buchhandel zumeist in einer Firma bzw. in einer Person des „Verlegersortimenters" vereinigt. Mit der Ablösung des Meß- und Tauschsystems – das als weitgehend ohne Geldverkehr betriebener Austauschs von kostengünstig produzierten Novitäten zwischen persönlich verbundenen Partnern insbesondere im Jahrhundert von 1650 bis 1750 blühte – durch das modernere Konditionssystem trennten sich die Wege. Jetzt übermittelten sich Verlagsbuchhändler nicht nur beim persönlichen Treffen in Leipzig oder Frankfurt, sondern das ganze Jahr über ihre Neuerscheinungen „pro novitate". Konnte der Empfänger diese in einer vereinbarten, meist jährlichen Frist nicht absetzen, ließ er sie zurückgehen wie beim heute gebräuchlichen Remissionsrecht oder „disponierte" für ein weiteres Jahr. Erst nach der Remittierung wurde abgerechnet und, wenn nötig, bar bezahlt. – Mit Philipp Erasmus Reich (1717-1787), der seit 1745 als Geschäftsführer des Leipziger Großverlegers Weidmann wirkte und als umstrittener „Fürst des deutschen Buchhandels" in die Geschichte einging, kam es zu großen Umwälzungen. Mit strategischem Geschick setzte er anstelle des Tauschverkehrs den zuvor

vereinzelt geübten Nettohandel (auch „Kontanthandel") als Geschäfts-
prinzip durch. Kollegen, die seine Verlagswerke beziehen wollten, mussten
bar bezahlen, ohne Rückgaberecht und mit nur geringem Rabatt. Damit
war der endgültige Übergang von der Tausch- zur Geldwirtschaft im deutschen Buchhandel eingeleitet und die Anonymität des buchhändlerischen
Warenverkehrs begann. Zugleich setzte die noch heute bestehende Trennung von Verlag und Sortiment ein. Mit zunehmender Konkurrenz zwischen Verlegern, einer rasanten Zunahme des lesenden Publikums und einem signifikanten Anstieg der Zahl von Autoren entstanden seit Mitte des
18. Jahrhunderts jene Strategien, die wir noch in der gegenwärtigen Ver-
lagslandschaft entdecken können: Vereinheitlichtes Produktdesign (Almanach, Reihe, Taschenbuch, literarische Zeitschrift etc.), Bindung bestimmter Autoren und gezielte Werbemaßnahmen dienen zur Plazierung
von Büchern auf einem zunehmend engeren Markt; Mehrfachverwertun-
gen von Texten (die erst in separaten Ausgaben und Anthologien, später
in Werkausgaben veröffentlicht werden) mindern die geschäftlichen Risiken und erhöhen die Visibilität.

4.4 Rezipienten: Leser und Publikum

Wie erwähnt war die Wirkung des zur Herbstmesse 1774 erschienenen
Briefromans DIE LEIDEN DES JUNGEN WERTHERS groß. Nach Goethes
eigenen Worten war sie sogar „ungeheuer" – vor allem deshalb, weil das
anonym veröffentlichte Büchlein „genau in die rechte Zeit traf": „Denn
wie es nur eines geringen Zündkrauts bedarf, um eine gewaltige Mine zu
entschleudern, so war auch die Explosion, welche sich hierauf im Publikum ereignete, deshalb so mächtig, weil die junge Welt sich schon selbst
untergraben hatte, und die Erschütterung deswegen so groß, weil ein jeder mit seinen übertriebenen Forderungen, unbefriedigten Leidenschaften
und eingebildeten Leiden zum Ausbruch kam."[50] Rasch folgten Rezensionen (die emphatisch zum Verhalten des Titelhelden Stellung bezogen und
sich für oder gegen das Recht auf Selbsttötung aussprachen), richtigstel-
lende Aufklärungen (über die „tatsächlichen" Vorgänge in Wetzlar), Parodien (wie Friedrich Nicolais FREUDEN DES JUNGEN WERTHERS) sowie
ein (wirkungsloses) Verbot der weiteren Vervielfältigung und Verbreitung. Mit dem Abstand von fast 40 Jahren resümierte der Autor Goethe
die Verwirrungen seiner damaligen Leser:

---

[50] Johann Wolfgang Goethe: Aus meinem Leben. Dichtung und Wahrheit. In: J. W. Goethe: Sämtliche Werke (Münchner Ausgabe). Bd. 16, S. 623.

„Man kann von dem Publikum nicht verlangen, daß es ein geistiges Werk geistig aufnehmen solle. Eigentlich ward nur der Inhalt, der Stoff beachtet [...], und daneben trat das alte Vorurteil wieder ein, entspringend aus der Würde eines gedruckten Buchs, daß es nämlich einen didaktischen Zweck haben müsse. Die wahre Darstellung aber hat keinen. Sie billigt nicht, sie tadelt nicht, sondern sie entwickelt die Gesinnungen und Handlungen in ihrer Folge und dadurch erleuchtet und belehrt sie."[51]

Goethes Äußerungen erlauben mehrere instruktive Beobachtungen. Sie betreffen zum einen das Publikum als kollektive Instanz, an die sich literarische bzw. künstlerische Produktionen richten und die über diese Erzeugnisse urteilt. Sie betreffen zum anderen das Verhältnis zwischen Lesererwartungen und Autorschaft, das in Goethes Jugendzeit einen tiefgreifenden Wandel erlebte.

(1) Wenn Goethe die Aufnahme seines ersten Romans als eine „Explosion" mit vielfältigen (und von ihm selbst nicht vorhergesehenen) Folgen beschreibt, so wird der *aktive Charakter von Rezeptionsprozessen* deutlich. **Leser** und **Publikum** als individuelle bzw. kollektive Adressaten der von Autoren verfassten, von Verlagen reproduzierten und vom Buchhandel verbreiteten Werke sind keine passiven Zeugen, sondern aktive Partner in kommunikativen Zusammenhängen. Erst durch die aktiven Tätigkeiten des *Lesens, Verstehens* und *Beurteilens* werden die Potentiale literarischer Texte erschlossen. Diese Rezeptionsprozesse sind tendenziell unabschließbar – denn natürlich gehen sie über die Wahrnehmung zur Zeit der Erstveröffentlichung hinaus und werden im günstigen Fall von jeder nachwachsenden Generation (mit neuen Einsichten) vollzogen. Die wechselnden Lektüren, Bedeutungszuschreibungen und Beurteilungen durch den individuellen Leser bzw. das Publikum gehören als integrale Bestandteile der Wirkungs- bzw. Rezeptionsgeschichte zu den Dimensionen eines Werkes, die von der Literaturforschung rekonstruiert werden und die bei einer professionalisierten Beschäftigung mit literarischen Texten unbedingt zu berücksichtigen sind.

(2) Wenn Goethe eine Diskrepanz zwischen dem Charakter seines Werkes und der Reaktion des Publikums konstatierte, das sein „geistiges Werk" nicht „geistig" aufgenommen habe und didaktische Prinzipien vermisste, so verweist diese Klage auf ein Beziehungsgefüge mit dynamischen Komponenten. Es umfasst (a) den Autor mit individuellen Ausdrucks- und Distinktionsinteressen, (b) seine literarische Äußerung als konkreter Realisation dieser Ausdrucksinteressen, (c) eine in sich differenzierte Rezipientengemeinschaft mit vorgeprägten Erfahrungen und Erwartungen. Der Autor produziert seine literarischen Äußerungen als Vermitt-

[51] Ebenda.

lungsleistungen, deren komplexe Parameter bereits vorgestellt wurden: Ausdrucksinteressen, Gattungsregeln und Lesererwartungen sind zu vereinbaren, um sich erfolgreich innerhalb eines vorstrukturierten Feldes positionieren zu können. Das Publikum als *faktische* oder *zumindest imaginierte Zielgruppe dieser Äußerungen* weist ebenfalls mehrere Dimensionen auf: Es ist sozial, alters- und geschlechterspezifisch differenziert, kennt unterschiedliche Formen des Umgangs mit Texten sowie divergierende Rezeptionshaltungen.

Wie groß die Unterschiede zwischen Rezeptionshaltungen sein können, zeigt die WERTHER-Rezeption besonders nachdrücklich. Einerseits gab es die von Goethe beschriebene „falsche" Rezeption ohne ästhetische Distanzierung durch große Teile des zeitgenössischen Publikums: Werthers Kleidung (blauer Frack, gelbe Weste) avancierte zum Modekostüm; das „Wertherfieber" grassierte; angeblich legten junge Männer nach dem Vorbild der literarischen Figur Hand an sich. Wenn es im Verbotsantrag der Leipziger Theologen hieß: „Diese Schrift ist eine Apologie und Empfehlung des Selbst Mordes; und es ist auch um des Willen gefährlich, weil es in wiziger und einnehmender Schreib Art abgefaßt ist", so identifizierte diese Argumentation ebenfalls Literatur und Leben. Andererseits formierte sich zeitgleich eine neue Position, die moralische Ansprüche als dem literarischen Kunstwerk nicht angemessen zurückwies. Die Kritiker hielten Goethes Roman für eine subtile Verteidigung des Selbstmords, begann Jakob Michael Reinhold Lenz in seinen 1775/76 entstandenen BRIEFEN ÜBER DIE MORALITÄT DER LEIDEN DES JUNGEN WERTHERS, um dann dagegen zu setzen: „Das gemahnt mich, als ob man Homers Illiade für eine subtile Aufmunterung zu Zorn, Hader und Feindschaft ausgeben wollte. Warum legt man dem Dichter doch immer moralische Endzwecke unter, an die er nie gedacht hat. [...] Als ob der Dichter sich auf seinen Dreifuß setzte, um einen Satz aus der Philosophie zu beweisen. Das geht dem Autor wohl an, der an den Nägeln käuet, aber warum mißt man einen Riesen nach dem Zwerge. Nichts mehr und nichts weniger als die Leiden des jungen Werthers wollt' er darstellen..."[52]

Die hier sichtbaren Differenzen zeigen die Heterogenität einer Gruppe, die nicht selten umstandslos als „das Publikum" bezeichnet wird. Der Adressat literarischer Produktionen ist zwar stets eine individuenübergreifende Gruppe – doch keineswegs ein gemeinschaftlich rezipierendes und übereinstimmend urteilendes Kollektiv. Eine präzise Bestimmung der Fraktionierungen innerhalb dieser faktischen oder imaginierten Zielgruppe erweist sich deshalb als besondere Herausforderung. Welche Schwierigkei-

---

[52] Jakob Michael Reinhold Lenz: Briefe über die Moralität der Leiden des jungen Werthers [1775/76]. In: J. M. R. Lenz: Werke und Schriften. Hrsg. von B. Titel und H. Haug. Stuttgart 1966. Bd. 1. S. 383-402, hier S. 384f.

ten damit verbunden sind, zeigt das radikal unterschiedliche Verhalten
von zwei Generations- und Geistesgenossen in Bezug auf einen literarischen Text: Während der Berliner Aufklärer Moses Mendelssohn (1729-
1786) das WERTHER-Exemplar von Goethes Briefpartnerin Sara von
Grotthus mit dem Vorwurf der Religionslosigkeit aus dem Fenster warf,
brachte ihr Gotthold Ephraim Lessing (1729-1781) ein neues Exemplar.

(3) Das Publikum ist als Gesamtheit von sozial, alters- und geschlechterspezifisch differenzierten Adressaten zu verstehen, die in je individuellen Rezeptionsprozessen die Potentiale literarischer Texte erschließen. Eine
präzisere Bestimmung hat die Differenziertheit der Adressaten ebenso wie
die Unterschiede in den Tätigkeiten des Lesens, Verstehen und Beurteilens zu berücksichtigen. Dabei ist darauf hinzuweisen, dass die Vorstellungen von einer kollektiven Instanz, an die sich Kunst und Literatur
wenden und die über diese urteilt, wesentlich älter sind als der moderne
Begriff des Publikums. Bereits in der Antike richteten sich Theaterauffüh-
rungen, liturgische Handlungen und politische Demonstrationen an einen unmittelbar anwesenden Personenkreis. Das im Deutschen seit Anfang des 18. Jahrhunderts gebräuchliche Fremdwort Publikum wurde
dem mittellateinischen publicum vulgus [gemeines Volk; Öffentlichkeit]
entlehnt. Fasste man damit Kollektivsubjekte wie „Gemeinde" oder „Ein-
wohnerschaft" zusammen, so verengte sich der Begriff im Laufe des 18.
Jahrhunderts zunehmend auf ein spezifisches „Theater-" bzw. „Lesepublikum". Personale Träger dieses Publikumsbegriffs waren neue soziale
Schichten, die in bewusster Abkehr von der traditionellen Ständeordnung
die Sphären von Kultur und Bildung zum Gewinn eigener Identität nutzten. Notwendig dafür waren Voraussetzungen, die noch heute die Grundlagen des literarischen Lebens bilden:

-    *Alphabetisation* als Bedingung der Möglichkeit, in den Adressatenkreis
     literarischer Äußerungen eintreten zu können;
-    *literarische Sozialisation* als Bedingung der Möglichkeit, Texte entspre-
     chend verstehen und beurteilen zu können und so als kompetenter
     Partner am Gespräch über Literatur teilnehmen zu können;
-    *öffentliche Institutionen* wie Bibliotheken, Lesegemeinschaften, Schulen,
     Zeitschriften und literarische Zirkel, die den Austausch innerhalb eines
     zunehmend diversifizierten Publikums gewährleisten.

Diese drei Faktoren bilden seit dem 18. Jahrhundert den Bezugs- und
Entfaltungsraum von Verkehrs- und Kommunikationsstrukturen, die
trotz ihrer heterogenen Züge als „Publikum" bezeichnet werden sollen.
Wie untrennbar diese Faktoren untereinander und zugleich mit der Ent-
wicklung der Literatursprache sowie anderen Faktoren des literarischen
Lebens verbunden sind, zeigt das von Rolf Engelsing vorgelegte Beschrei-

bungs- und Erklärungsmodell für die Entstehung des „modernen Publikums" zwischen 1750 und 1800. In dieser Zeit eines tiefgreifenden historischen Umbruchs – auch als „Leserevolution" bezeichnet – fand nicht nur ein umfassender Alphabetisierungsprozess statt. Es änderten sich auch die Lesegewohnheiten und die Funktionen literarischer Texte.

Folgt man Engelsing, so dominierte in Deutschland bis etwa 1740 – von gelehrter Fachlektüre und dem Lesen in Oberschichten abgesehen – eine *intensive Wiederholungslektüre*. Nur eine kleine Auswahl von Büchern oder gar nur ein einziges wurde ein Leben lang immer wieder gelesen. Diese Lektüre reproduzierte einen im Gedächtnis bereits vorgegebenen Inhalt und diente so dem Nachvollzug vertrauter Orientierungsmuster zur Bewältigung weltlicher und geistlicher Probleme. Doch selten war dieses Lesen wirklich „intensiv". Zumeist bestand es in der mechanischen Repetition eines limitierten Kanons, der vor allem aus Katechismus, Erbauungsbüchern, Traktaten und der Bibel bestand. Das oft über Generationen vererbte Buch besaß zeitlose Autorität; es wurde als unmittelbar praxisbezogene, normative Anleitung konsultiert. Die ritualisierte Rezeption eines stark begrenzten Textkorpus schwand, als neue Lese-Formen durch die Verbreitung von *Zeitungen* entstanden. Laut Johann Goldfriedrichs GESCHICHTE DES DEUTSCHEN BUCHHANDELS war die erste gedruckte Wochenzeitung im deutschen Sprachraum eine Straßburger Zeitung, die von dem Buchhändler Johann Carolus herausgegeben wurde und deren Jahrgang 1609 fast vollständig erhalten ist.[53] Noch im selben Jahrhundert nahmen Zahl und Häufigkeit von Zeitungen zu; das FRANKFURTER JOURNAL erschien im letzten Jahrzehnt des 17. Jahrhunderts wöchentlich dreimal, im 18. Jahrhundert regelmäßig viermal in der Woche. Ein solches periodisch erscheinendes Medium führte zu einer Umstellung von Lesegewohnheiten: Wiederholtes Lesen musste mit der einmaligen und extensiven Lektüre der jeweils aktuellen Ausgabe verbunden werden. Zugleich bildete die Zeitungslektüre einen Gegensatz zur Erbauungslektüre; sie vermittelte vorrangig innerweltliche Informationen ohne religiöse Bezüge.

In der ersten Hälfte des 18. Jahrhunderts bildete sich eine zwischenständische und sozial mobile Intellektuellenschicht heraus, die sich dem entstehenden literarischen Markt als einem aussichtsreichen Artikulationsmedium zuwandte. Zugleich begannen Schichten, die sich unter retrospektiven Homogenitätsannahmen als „Bürgertum" bezeichnen lassen, ein nicht-höfisches Selbstbewusstsein zu entwickeln. Die von diesen Schichten angestrebte Autonomie war am ehesten in der geistigen Sphäre, also im Bereich von „Kultur" und „Bildung" zu erlangen und zu behaupten.

---

[53] Johann Goldfriedrich: Geschichte des Deutschen Buchhandels. Bd. 2: Geschichte des Deutschen Buchhandels vom Westfälischen Frieden bis zum Beginn der klassischen Litteraturperiode (1648-1740). Leipzig 1908, S. 40-41.

Also nutzte man diese Chance: Durch eine aufgeklärte Nützlichkeitsmoral und das Streben nach Bildung grenzten sich „die Bürger" nach oben und unten ab. In diesen Abgrenzungsbemühungen gewann *Lektüre* einen besonderen Stellenwert. Lesen erweiterte den moralischen und geistigen Horizont, bildete den Leser zu einem nützlichen Glied der Gesellschaft, ließ ihn seinen Pflichtenkreis besser beherrschen und beförderte zugleich das weltliche Fortkommen in Konkurrenz zu den weniger gebildeten Ständen (wozu auch der Adel gerechnet wurde). Mit wachsendem wirtschaftlichen Erfolg stand dem Bürgertum Zeit für Lektüre wie auch genügend Geld zum Bücherkauf zur Verfügung. So trat die *extensive Lektüre* ihren Siegeszug an: Eine potentiell unbegrenzte Menge neuen und abwechslungsreichen Lesestoffs wurde zu *Bildung* und *Zerstreuung* konsumiert.

Dieses extensive Lesen fand vor allem innerhalb des akademisch gebildeten Bürgertums statt. Es blieb jedoch nicht standesspezifisch, sondern breitete sich auch im Kleinbürgertum und im Adel aus – die erwähnte „Bücherwut" und „Lesesucht" um 1800 zog sich durch nahezu alle alphabetisierten Schichten der Gesellschaften, auch wenn die als „Krankheit" beschriebene „Lesewut" vorrangig bei Frauen diagnostiziert wurde. Aus den in Deutschland besonders starken Spannungen zwischen sozialer Mobilität einerseits und ihrer nur geringen Wirkung im öffentlichen Leben andererseits resultierte eine Konzentration auf Bildung, Kultur und Lektüre, welche die „Leserevolution" zum spezifisch deutschen Beitrag für eine Modernisierung der traditionellen europäischen Lebensverfassung am Ende des 18. Jahrhunderts werden ließ: „In England dominierte die Revolution in Außenhandel und Industrie, in Frankreich die politische Revolution, in Deutschland die Leserevolution. [...] All das Außerordentliche, was die englischen Seefahrer und Entdecker, die Pioniere und Parteien in Nordamerika und die Wegbereiter und Helden der Französischen Revolution vollbrachten und erlitten, erlebte das deutsche Publikum in Nachvollzügen und Ersatzformen der Literatur."[54]

Die Zunahme und Bereicherung der Lektüre hatte mehrere Faktoren zur Voraussetzung wie zur Folge. Zum einen erhöhte sich die Zahl von Textproduzenten. Georg Meusels Schriftstellerlexikon weist um 1766 noch keine 3.000 Autoren nach; im Jahre 1806 war ihre Zahl auf rund 11.000 angestiegen. Zum anderen stieg die Anzahl derjenigen, die – nicht zuletzt aufgrund aufgeklärter Politik – zum Lesen befähigt wurden. Nach den von Rudolf Schenda vorgelegten Schätzungen betrug in der Mitte des 18. Jahrhunderts die Zahl der Leser unter der erwachsenen Bevölkerung

---

[54] Rolf Engelsing: Die Perioden der Lesergeschichte in der Neuzeit. Das statistische Ausmaß und die soziokulturelle Bedeutung der Lektüre. In: Archiv für die Geschichte des Buchwesens 10 (1969), Sp. 945-1002, hier Sp. 140f.

im deutschsprachigen Mitteleuropa etwa 10%. Bis 1770 stieg die Zahl der Lesekundigen auf 15%, bis 1800 weiter auf 25%. Im Jahre 1900 seien schließlich 90% der über sechs Jahre alten Bevölkerung Mitteleuropas potentielle Leser gewesen.[55] Wichtiger als diese Zahlen waren Veränderungen, die das Ausdrucksvermögens und die Funktion von Literatur betrafen. Denn die „Leserevolution" wurde nicht nur von einem Umbruch in den Mitteilungsformen begleitet, sondern veränderte den Status von Literatur nachhaltig. Übernahmen poetische Texte bis in die zweite Hälfte des 18. Jahrhunderts vor allem die Funktion, bekannte Weisheits- und Glückslehren zu illustrieren, wandelten sie sich nun zu einem autonomen Organ der Problemartikulation. Ein Text wie Goethes Briefroman DIE LEIDEN DES JUNGEN WERTHERS führte die neuen Leistungen gleichsam paradigmatisch vor: Literatur formulierte zentrale Probleme, ohne Lösungen anbieten zu können und zu wollen. Damit aber traf der Text auf ein Publikum, das den Unterschied zwischen Kunst und Leben noch nicht kannte – und produzierte jene Irritationen, die mehrfach beschrieben wurden. Zugleich leiteten Texte wie Goethes WERTHER jene Prozesse ästhetischer Distanznahmen ein, die bis in die Literaturproduktion der Gegenwart wirksam und notwendig sind. Wenn die Differenz zwischen Literatur und Leben ausgeblendet oder ignoriert wird, erscheint der ästhetisch legitime Tabubruch als moralischer Skandal.

4.5 Vermittlungsinstitutionen
Literaturkritik – Deutschunterricht – Literaturwissenschaft

Das Publikum, so wurde festgestellt, ist die anonyme und individuenübergreifende Instanz, an die Autoren ihre literarischen Äußerungen richten, um gelesen und beurteilt zu werden. Als faktische bzw. imaginierte Zielgruppe gewinnt das Publikum einen nicht zu vernachlässigenden Einfluss auf Textverfahren und Schreibstrategien von Autoren: Jeder Verfasser – insofern er nicht bewusst nur für die Schublade produziert – hat individuelle Ausdrucksinteressen mit Gattungsregeln und antizipierten Lesererwartungen zu vermitteln. Die kollektive Instanz Publikum erweist sich jedoch nicht nur in dieser Hinsicht als aktiver Partner in der literarischen Kommunikation. Der de facto aus individuellen Lesern bestehende Verbund, dem die Qualität eines Subjekts zugeschrieben wird, artikuliert zugleich auch sein Verständnis und seine Bewertung der an ihn adressierten Texte: Das Publikum – so zumindest erwarteten es seine Theoretiker

---

[55] Rudolf Schenda: Volk ohne Buch. Studien zur Sozialgeschichte der populären Lesestoffe 1770-1910. Frankfurt/M. 1970, S. 443f.

in der Zeit der Aufklärung – kann und soll Werke kompetent beurteilen, um als mündiger Partner von Autoren auftreten zu können.[56]

Das professionalisierte Verstehen und Beurteilen literarischer und künstlerischer Werke aber wird von einer Instanz geleistet, die als „Stimme" und „Sprachrohr" des Publikums agiert: Es ist die **Literaturkritik** als Gesamtheit von *kommentierenden, urteilenden, klassifizierenden und orientierenden, aber auch werbenden oder denunzierenden Äußerungen über Literatur.* In ihren vielfältigen Erscheinungsformen bedürfen diese weder der Ausdifferenzierung eines autonomen Rezensionswesens noch einer formellen Institutionalisierung als einer Einrichtung des literarischen Lebens – denn grundsätzlich lassen sich alle Aussagen über Literatur (also auch Zensururteile, Parodien, literaturbezogene Satire etc.) als Literaturkritik bezeichnen.

Vom griechischen Verbum „krinein" [unterscheiden, trennen, urteilen] abgeleitet, setzte sich der Begriff *Kritik* (wie auch der Begriff *Rezension*) im deutschen Sprachraum nicht zufällig in der Zeit Lessings durch. Denn in dieser Zeit wandelte sich das bisherige Verständnis von Kritik: Aus einer Tätigkeit in der Bildungsinstitution der Grammatik wurde im 18. Jahrhundert eine Praxis, die sich zunehmend der *aktuellen Literaturproduktion* zuwandte und in der Form periodisch erscheinender Journale institutionellen Charakter gewann.

In der spätgriechischen Philologie wie im Schulbetrieb des Mittelalters gehörte „Kritik" zur Grammatik und bestand in der Anwendung eines linguistisch-systematischen Regelwissens von der Sprache und ihrer korrekten Verwendung sowie eines historisch-materialen Sachwissens von Texten auf die Kommentierung, Interpretation und Bewertung einer kanonischen Überlieferung. Konzentrierte sich die Sach- und Stilkritik bis in die Frühe Neuzeit auf Arbeit am Kanon und auf regulierende Begleitung der Nachahmung klassischer Autoren, so gewann sie mit dem Zuwachs der literarischen Produktion und der Entstehung periodisch erscheinender Zeitschriften seit dem 17. Jahrhundert eine prinzipiell neue Bedeutung. Von Frankreich ausgehend, etablierte sich Literaturkritik als Gefolge einer je aktuellen literarischen Produktion. Ermöglicht und voran-

---

[56] Vgl. Johann Gottfried Herder: Briefe zur Beförderung der Humanität. Hrsg. von Heinz Stolpe. Berlin und Weimar 1971. Bd. 1, S. 292: „Bei jeder Gattung des Publikums aber denket man sich ein *verständiges, moralisches Wesen,* das an unsern Gedanken, an unserm Vortrage, an unsern Handlungen teilnimmt, ihren Wert und Unwert zu schätzen vermag, das billiget oder mißbilliget, das wir also auch zu unterrichten, eines Bessern zu belehren, in Ansehung seines Geschmacks zu bilden und fortzubilden uns unterfangen dürfen. Wir muntern es auf, wir warnen; es ist uns Freund und Kind, aber auch Lehrer, Zurechtweiser, Zeuge, Kläger und Richter. Belohnung hoffen wir von ihm nicht anders als durch Beifall, in Empfindungen, Worten und Taten."

getrieben wurde diese neue Funktion durch regelmäßig erscheinende Zeitschriften, die Rezensionen, kritische Artikel (Essays), Berichte und Nachrichten über Ereignisse des literarischen Lebens veröffentlichten. Nach den bereits erwähnten ACTA ERUDITORUM, die in lateinischer Sprache seit 1682 in Leipzig erschienen, folgte im Zuge der fortschreitenden Ausdifferenzierung von Literatur im 18. Jahrhundert eine spartenspezifische Trennung, bei der es zur separaten Entwicklung der in Deutschland durch Gottsched und Lessing vertretenen *Theaterkritik* kam. Die im 18. Jahrhundert begonnene Institutionalisierung einer die aktuelle Literaturproduktion und die marktförmige literarische Kommunikation beobachtenden Kritik setzte sich im 19. Jahrhundert und 20. Jahrhundert durch interne Differenzierungen fort. Eine theoretisch anspruchsvolle Literaturbetrachtung trennte sich vom populären Besprechungswesen im Feuilleton; politische und moralische Akzentuierungen setzten ein (etwa in der „Gesinnungskritik" durch Autoren des „Jungen Deutschland"); Typen und Habitusformen von Kritik und Kritikern bildeten sich heraus. Um 1910 entwickelte sich die *Filmkritik* als Derivat der Theaterkritik.

Als wesentliche Voraussetzungen für den Funktionswandel von Literaturkritik können jene Faktoren gelten, die uns bereits im Abschnitt über die Entwicklung des literarischen Publikums begegneten: (a) eine zunehmende Alphabetisierung und die damit verbundene Ausbildung von Leserschichten, (b) ein expandierender Buchmarkt mit einer rasch steigenden Zahl von volkssprachlichen Neuerscheinungen weltlichen Inhalts und (c) ein wachsender Aktualitätsdruck durch beschleunigten Ausstoß neuen Lesestoffs. Diese Umstände führten zur Entstehung einer Instanz, die bis in die Gegenwart weitreichende Funktionen der *Information, Auswahl, Didaktik, Qualitätskontrolle* und *Reflexion* übernimmt:

- Literaturkritik *informiert,* indem sie einen Überblick über die zunehmend unüberschaubare Zahl von Neuerscheinungen verschafft.
- Literaturkritik *wählt aus,* indem sie durch die Selektion rezensionswürdiger Literatur und ihre Bewertung potentiellen Lesern eine Entscheidungshilfe zum Kauf und zur Lektüre gibt.
- Literaturkritik wirkt *didaktisch,* indem sie Wissen und Fähigkeiten im Umgang mit Texten vermittelt – und dabei vor allem die Lektüre von Werken erleichtert, die aufgrund ihres Bruchs mit eingespielten Leseerwartungen zu Verständnisschwierigkeiten führen.
- Literaturkritik *sichert Qualität,* indem sie Autoren und Verlage auf Stärken und Schwächen der publizierten Texte hinweist und in der Artikulation von Erwartungshaltungen auf die zukünftige Buchproduktion wirkt.
- Literaturkritik *stimuliert die öffentliche Reflexion* über Literatur und treibt so auch selbstreflexive Prozesse innerhalb des Literatursystems voran: Mit polemischen Stellungnahmen löst sie verfestigte Vorurteile auf und trägt so zur Dynamisierung der ästhetischen Geschmacksbildung bei.

Der personale Akteur dieser (sich historisch wandelnden und sich bisweilen ausschließenden) Funktionen ist der **Literaturkritiker**. Sein Adressatenkreis ist das literarisch interessierte, doch nicht notwendig literaturwissenschaftlich ausgebildete Publikum; seine Darstellungs- und Publikationsformen sind journalistische Gattungen, insbesondere die Rezension und der Essay. Besondere Relevanz aber gewinnen die Spielräume des Kritikers für die individuelle Darstellung und Bewertung: Während wissenschaftliche Aussagen über literarische Texten intersubjektive Überprüfbarkeit beanspruchen, sind Stellungnahmen des Literaturkritikers stets **Aussagen eines interpretierenden und wertenden Subjekts.** Gleichwohl war und ist der Einfluss von Kritikern innerhalb des literarischen Lebens nicht zu unterschätzen. Friedrich Nicolai (1733-1811), in Personalunion Verleger und Herausgeber der ALLGEMEINEN DEUTSCHEN BIBLIOTHEK, des bedeutendsten Rezensionsorgans der Aufklärung (das zwischen 1765 und 1806 auflagestark und mit universellem Anspruch die gesamte wissenschaftliche wie belletristische Buchproduktion deutscher Sprache kritisch durchmusterte), wurde zum bewunderten und umschmeichelten – aber auch verhöhnten – Präzeptor der Berliner Aufklärung und zur kritischen Instanz mit dem Anspruch der Unfehlbarkeit. Alfred Kerr (1867-1948), der in der Zeit der Weimarer Republik Theaterkritiker am BERLINER TAGEBLATT war und die Einteilung von Dichtung in Epik, Lyrik, Dramatik und Kritik postulierte, verfasste Besprechungen, die zu kulturellen Tagesereignissen aufstiegen. Marcel Reich-Ranicki, 1960-73 Literaturkritiker der Wochenzeitung DIE ZEIT, 1973-88 Literaturredakteur der FRANKFURTER ALLGEMEINEN ZEITUNG und langjähriger Diskutant in der ZDF-Fernsehsendung DAS LITERARISCHE QUARTETT steigerte durch die Besprechung von Büchern nicht nur deren Nachfrage, sondern stellte auch eine „Kanon-Bibliothek" zusammen, die im Insel-Verlag erscheint.

Als Auswahl- und Beurteilungsinstanzen mit z.T. massenmedialer Präsenz haben Kritiker schon früh den Unmut und den Zorn von Autoren und Lesern hervorgerufen. Vorgeworfen wurde ihnen illegitime Machtanmaßung und willkürlicher Umgang mit Auswahl- und Wertungskriterien; unterstellt wurde die Instrumentalisierung der Kritik zur Verlagswerbung und zur Vernichtung von Autorenexistenzen. „Kritikaster" oder „Krittler" sind noch milde Interventionen gegen die von Rezensenten ausgeübte kritische Gewalt. Weitergehende Gegenwehr gab und gibt es ebenfalls: Der junge Goethe veröffentlichte im März 1774 in der Zeitschrift WANDSBECKER BOTE ein Gedicht unter dem Titel REZENSENT, das mit einem gereimten Mordaufruf schloss: „Der Tausendsakerment!/ Schlagt ihn

tot, den Hund! Es ist ein Rezensent."[57] Martin Walser ließ in seinem
2001 veröffentlichten Roman TOD EINES KRITIKERS einen – durch das lesende Publikum wohl wiederzuerkennenden – Rezensenten namens And-
ré Ehrl-König scheinbar sterben und erlebte daraufhin heftige Angriffe
seitens einer Öffentlichkeit, die den endgültigen Text noch gar nicht
kannte. Und Bodo Kirchhoffs im selben Jahr publizierter SCHUNDROMAN
imaginierte den Mord an einem Literaturkritiker namens Louis Freytag,
um einer tiefsitzenden Abneigung gegen eine bestimmte Art von Medien-
öffentlichkeit Luft zu machen.

Literaturkritik wendet sich mit Rezensionen und Essays an ein breites, nicht
durch Zugangsbeschränkungen begrenztes Publikum und nutzt massenmediale Verbreitungskanäle zur Vorstellung und Bewertung von Texten.
Demgegenüber geht die Vermittungsinstitution **Literaturwissenschaft** andere
Wege. Unterschiede betreffen institutionelle Bindung und Professionalisierung
sowie Gegenstandsbezug, Adressatenkreis und Darstellungsformen.
Als Produzentin eines **gesicherten** („wissenschaftlichen") **Wissens** ist
die Literaturwissenschaft institutionell an Universitäten, Akademien und
Forschungseinrichtungen gebunden; ihre Wissensansprüche werden in
Fachzeitschriften, Monographien und Sammelbänden fixiert, die in wis-
senschaftlichen Verlage erscheinen. Literaturkritik als Orientierungs- und
Beurteilungsinstanz des literarisch-kulturellen Lebens ist dagegen im
Feuilleton und in den Kulturredaktionen von Zeitungen, Zeitschriften,
Hörfunk und Fernsehen verankert. Der Beruf des Literaturwissenschaft-
lers ist durch eine geregelte Ausbildung *stärker professionalisiert* als die Tätigkeit des Literaturkritikers; die *universitäre Sozialisation* (mit akademischen Graden) konditioniert den Nachwuchs in konzeptioneller wie me-
thodologischer Hinsicht und sichert eine Kontinuität von Fragestellungen
und Verfahren.
    Literaturwissenschaft hat als historische Disziplin eine **größere Distanz**
zu ihren Untersuchungsgegenständen als die dem Aktualitätsdruck der
Massenmedien unterliegende Literaturkritik. (Besonders deutlich wird
dieser Unterschied in der Theater- und Filmkritik, die oft innerhalb weniger Stunden auf die szenische Realisierung eines Textes durch Regie, Besetzung, Ausstattung reagieren muss.)

---

[57] Johann Wolfgang Goethe: Rezensent. In: J. W. Goethe: Sämtliche Werke (Münchner
Ausgabe). Bd. 1.1: Der junge Goethe 1757-1775, S. 223f. Wahrscheinlich bezog sich Goe-
the auf Christian Heinrich Schmid (1746-1800), einen seit 1771 an der Universität Gießen
Poesie und Beredsamkeit lehrenden Literaten und Kritiker, der seinen Aufsatz *Von deutscher
Baukunst* und den *Götz* rezensiert hatte und den er bereits in einem Brief an Kestner vom
25. 12. 1772 als „Scheiskerl in Giessen" [sic] abqualifiziert hatte.

Richten sich die von der Literaturwissenschaft produzierten Wissens-ansprüche an einen **eingeschränkten Adressatenkreis**, so wenden sich die Äußerungen der Literaturkritik an das gesamte interessierte Publikum ohne spezifische Vorbildung. Den verschiedenen Adressatengruppen ent-sprechen unterschiedliche Darstellungs- und Publikationsformen. Die wissenschaftliche Beobachtung von Texten, Gattungen und Autoren kommuniziert ihre Aussagen in Aufsätzen und Monographien unter Be-achtung fachsprachlicher und formaler Regeln. Literaturkritik bedient sich dagegen vornehmlich journalistischer Gattungen, insbesondere der Rezension, des Autorenporträts, des Interviews und des Essays. Formulie-ren Literaturwissenschaftler ihre Aussagen mit dem Anspruch auf inter-subjektive Überprüfbarkeit, nutzen Literaturkritiker die individuellen Spielräume einer Tätigkeit, die an das wertende Subjekt gebunden ist. Die literaturkritische Praxis will empfehlen bzw. ablehnen (und muss deshalb Wertungen treffen), während die Literaturwissenschaft primär keine eva-luativen Ziele verfolgt und ihre Werturteile immer gut zu begründen hat.

Ein letzter Unterschied betrifft die **wechselseitige Wahrnehmung** von Literaturwissenschaft und Literaturkritik. Während die Literaturkritik ei-nen Untersuchungsgegenstand der Literaturwissenschaft darstellt – etwa in der literaturwissenschaftlichen Rezeptionsforschung, die Kritiken als wichtige historische Dokumente heranzieht – widmet sich Literaturkritik der universitären Literaturwissenschaft unter jener Optik, mit der sie auch die je gegenwärtige Literaturlandschaft observiert. Die hier gültigen Leit-differenzen sind Oppositionen wie „aktuell" vs. „veraltet", „interessant" vs. „uninteressant" oder „popularisierbar" vs. „expertenspezifisch".

Eine kaum zu unterschätzende Instanz der Literaturvermittlung ist schließlich der **schulische Deutschunterricht**, den es als organisierte Unterweisung in der Muttersprache schon im späten Mittelalter – etwa in Schreibleseschulen der Städte und kirchlichen Laienschulen der Reforma-tionszeit – gab, der jedoch erst mit der Entstehung der modernen Schule im 19. Jahrhundert breitere Bedeutung gewann. Es war kein Zufall, dass der Bedeutungszuwachs des Deutschunterrichts – der sich insbesondere gegen die klassischen Sprachen durchzusetzen hatte – mit dem Ausbau ei-ner wissenschaftlichen Germanistik und dem Wiedererwachen des Natio-nalgedankens zusammenhing. Denn der Deutschunterricht sollte nicht nur sprachliches Regelwissen und Textkenntnisse, sondern zugleich auch auch ein kulturelles Werte- und Normenbewusstsein weitergeben.

4.6 Kanon und Kanonbildung

Ergebnis der Tätigkeit aller dieser literaturvermittelnden Institutionen (zu denen auch die Leihbibliothek und diverse Formen massenmedialer Verbreitung literarischer Texte in Rundfunk, TV und Film durch Lesungen, Buchpräsentationen, Verfilmungen etc. gehören) sind *Normen* und *Konventionen*, die stabilisierende Funktionen für die Kommunikation über Literatur und das kulturelle Selbstverständnis von Gesellschaften übernehmen. Diese stets von historisch konkreten Bedingungen abhängigen Normen und Konventionen entscheiden darüber, was in einer Gesellschaft bzw. in gesellschaftlichen Gruppen als Literatur angesehen wird; sie fundieren weitere (und gleichfalls auf Verabredungen beruhende) Differenzierungen zwischen „hoher", „wertvoller", „guter" und „trivialer", „schlechter" Literatur. Ihren deutlichsten Ausdruck finden diese Normierungen in der Zusammenfassung von Texten, deren Gesamtheit als **Kanon** bezeichnet wird.

Der vom griechischen Terminus „kanon" [Richtschnur, Vorschrift] abgeleitete Begriff tritt in unterschiedlichen Bedeutungen auf, bezieht sich aber stets auf die Geltungskraft von Regeln. Stellt er in Logik, bildender Kunst etc. die Gesamtheit verbindlicher Grundsätze dar, ist der Kanon in der Musik ein mehrstimmiges Tonstück, bei dem die Singstimmen in vorgeschriebener Abfolge mit der gleichen Melodie einsetzen. Zugleich dient der Begriff zur Zusammenfassung exemplarischer Texte: Verzeichnete ein Kanon in der Antike die als vorbildlich geltenden Schriftsteller mit ihren Werken, so umfasst der Kanon in religiösen Zusammenhängen die als echt anerkannten Bücher einer Kirche, insbesondere die Bücher der Bibel (im Unterschied zu Apokryphen).

Im Umgang mit Literatur sind **Kanon und Kanonisierungen** historische Regelgrößen, die wenig über die kompilierten Texte, doch viel über ihre Produzenten verraten. Denn Kanonbildung als Konstitution eines anerkannten Korpus von „wertvollen" und normativ gültigen Texten vollzieht sich in drei Schritten, an denen neben der universitären Literaturwissenschaft und der Literaturkritik auch Deutschunterricht und Massenmedien beteiligt sind. In einem ersten „Innovationsakt" werden durch wissenschaftliche sowie literaturkritische Bemühungen bestimmte Texte zusammengefasst, die im zweiten Schritt eine bestimmte „Primärrezeption" erfahren. Den kommunikativen Konsens über Berechtigung und Anerkennung einer so kompilierten Textgruppe gewährleistet ein zugrunde gelegtes Werte- und Sinnsystem. Dritter und entscheidender Schritt ist die „Sekundärrezeption", die – schon in historischer Distanz – das Textkorpus akzeptiert und als Kanon etabliert.

Alle diese Prozesse der Kanonisierung beruhen auf Akten der *Homogenisierung* und *Abgrenzung*. Um Texte zu einem Kanon zusammenzufassen und sie von vorhergehenden Entwicklungen bzw. älteren Traditionen und der nachfolgenden Literatur unterscheiden zu können, sind Differenzen zwischen einzelnen Texten zu nivellieren; Problemaspekte müssen in Normverhalten transformiert und ästhetische Einzelheiten auf übergreifende Prinzipien von Form und Technik reduziert werden. Schließlich wird ein so gewonnener Textkorpus durch Gründerfiguren historisch legitimiert. Ihren Abschluss finden Kanonisierungsprozesse in einem kommunikativen Konsens, der weitere Auswahlprozesse erlaubt und Anschlüsse gestattet. – Ein Beispiel für die Aktualität solcher Prozesse ist die von Marcel Reich-Ranicki herausgegebene KANON-BIBLIOTHEK, die seit Herbst 2002 im Insel-Verlag erscheint. In fünf Teilen (Romane, Erzählungen, Gedichte, Essays und Dramen) versammelt sie laut Verlagsprospekt die Texte, die „bis heute lebendig geblieben sind". Die Grenzen der vorgelegten Auswahl sind nicht zu übersehen und wurden durch Kritiker bereits moniert. So beginnt die 20bändige Sammlung von Romanen mit Goethes WERTHER und endet mit Thomas Bernhards HOLZFÄLLEN, schließt also davor und danach entstandene Texte aus.

Jeder Umgang mit einem Kanon und kanonischen Texten wird deshalb fragen müssen, auf welchen Prinzipien der (stets ausgrenzenden) Auswahl und Homogenisierung diese Zusammenfassung beruht. Denn Kanon und Kanonisierungen als zumeist retrospektive Konstrukte verraten nur wenig über zusammengefasste Texte, dafür jedoch eine Menge über die Wert- und Normvorstellungen ihrer Konstrukteure. Und dieses Wissen kann für eine Rekonstruktion literarischer Kommunikationsverhältnisse durchaus hilfreich werden.

Grundlegende und weiterführende Literatur:

Wilfried Barner (Hrsg.): Literaturkritik. Anspruch und Wirklichkeit. Stuttgart 1990

Jörg Drews (Hrsg.): Literaturkritik – Medienkritik. Heidelberg 1977

Peter Gebhardt (Hrsg.): Literaturkritik und literarische Wertung. Darmstadt 1980

Walter Haug, Burghart Wachinger (Hrsg.): Autorentypen. Tübingen 1991

Renate von Heydebrand (Hrsg.): Kanon Macht Kultur. Stuttgart, Weimar 1998

Peter Uwe Hohendahl: Literaturkritik und Öffentlichkeit. München 1974

Erich Schön: Der Verlust der Sinnlichkeit oder Die Verwandlung des Lesers. Mentalitätswandel um 1800. Stuttgart 1987

Siegfried Unseld: Goethe und seine Verleger. Frankfurt/Main 1991

René Wellek: Geschichte der Literaturkritik 1750-1950. 3 Bde. Berlin, New York 1977/78

Reinhard Wittmann: Geschichte des deutschen Buchhandels. München 1991; 2. durchgesehene Aufl. 1999

5 Literatur, Medien, Gesellschaft

Im Sommer 1981 hatte der in Berlin lebende Schriftsteller Volker Braun seinen HINZE-KUNZE-ROMAN fertiggestellt und dem Mitteldeutschen Verlag in Halle/Saale übermittelt. Nach mehreren Gutachten und Diskussionen mit dem Autor nahm der Verlag am 24. Januar 1983 das Manuskript zur Veröffentlichung an. Das vom Lektorat zu absolvierende „Titelannahmeverfahren" enthielt eine Kurzbeschreibung des Textes, der nach Verlagsplanungen 1984 erscheinen sollte: „In Anlehnung an Diderots ‚Jacques, der Fatalist' schreibt der Autor einen satirisch-erotischen Roman, in dem er an den Erlebnissen der Hauptgestalten – Hinze, Kunze und dessen Frau Lisa – wichtige Probleme unseres gegenwärtigen Lebens in ihren wesentlichen Bezügen gestaltet." Alle Fragen zu Ausstattung und Herstellung waren geklärt – doch erst am 4. Januar 1985 erteilte die Hauptverwaltung Verlage und Buchhandel im Ministerium für Kultur der DDR die erforderliche Druckgenehmigung. In Volker Brauns Heimatland erschien der Roman 1985 („mit einer schöngeistigen Lesehilfe von Dieter Schlenstedt im Anhang"); im gleichen Jahr veröffentlichte es der Suhrkamp-Verlag in Frankfurt am Main (ohne Anhang). Warum sich der Druck des Buches in der DDR so lange verzögert hatte, konnte der aufmerksame Leser bei der Lektüre der diskontinuierlichen Episoden – die durch ständige Interventionen eines Erzählers gehemmt und unterbrochen werden – sowie des Anhangs selbst erschließen: Dieses Werk spielte nicht nur in bislang ungekannter Weise mit Formen und Mustern von (Roman-)Literatur, sondern nahm sich in ebenso radikaler Weise sozialer Beziehungen und gesellschaftlicher Probleme an: Kunze, Funktionär proletarischer Herkunft, und sein aus besseren Angestelltenkreisen stammender Fahrer Hinze verkörperten ein Paar, das ungleich war und damit gegen Redensart und staatssozialistische Gleichheitsvorstellungen verstieß. Als „Herr und Knecht" durchquerten sie die „preußische Prärie" und führten in ihren Begegnungen die Widersprüche des real existieren-den Sozialismus vor. Was in der fragmentierten und politisch reglemen-tierten Öffentlichkeit der DDR nicht möglich war, demonstrierte dieses Stück Literatur auf exemplarische Weise: Es artikulierte ungelöste Prob-leme von Individuen, die zugleich Probleme ihrer Gesellschaft waren – und zwar „in der leichtesten Weise unserer Existenz, der Kunst".[58] Die nach Veröffentlichung des Romans einsetzende Debatte in den Medien Zeitung, Zeitschrift und Rundfunk bestätigte, dass der Text tatsächlich mehr als nur eine artifizielle Aktualisierung von Denis Diderots Roman JACQUES LE FATALISTE ET SON MAÎTRE anbot. Die Szenen und Dialoge bezogen sich in hintergründiger und oftmals mehrdeutiger Weise auf eine Wirklichkeit, die als Realität der DDR mit ihren eklatanten Widersprü-chen von Anspruch und Umsetzung, Programm und Realisierung, Schein und Sein deutlich erkennbar war.

Die knappen Hinweise auf die Geschicke eines Buches in einem gesell-schaftlichen Bezugssystem haben Aspekte der Beziehungen zwischen Lite-ratur, Medien und Gesellschaft deutlich gemacht, die nun entfaltet wer-den sollen. (1) Literarische Texte entstehen unter konkreten sozialen, politischen, kulturellen Umständen und partizipieren – schon durch ihre sprachliche Verfassung – an kommunikativen Interaktions- und Aus-tauschverhältnissen, die stets *gesellschaftlich* vermittelt sind. In noch zu klärender Weise beziehen sich literarische Texte also auf Gesellschaft – wobei klar sein dürfte, dass dieser Bezug komplexer ist als die Bindung an Entstehungs- und Rezeptionsbedingungen. (2) Literatur und literarisches Leben beteiligen sich wie andere Kommunikationssysteme an der Produk-tion von Zeichen, die der kulturellen Selbstvergewisserung und der Her-stellung sinnhafter Ordnungen dienen. Literatur übernimmt also *sinn-stiftende und reflexive Funktionen* und wird zu einem Artikulationsmedium für ungelöste Probleme der Gesellschaft. (3) Gebunden an Schrift – als der materialen Basis zur Aufzeichnung, Speicherung und Übertragung von Mitteilungen – und an technische Verfahren zu ihrer Vervielfältigung trägt Literatur stets *medialen* Charakter und steht damit in Beziehung und in Konkurrenz mit anderen kommunikativen Medien.

---

[58] Volker Braun: Hinze-Kunze-Roman. Halle, Leipzig 1985, S. 1.

5.1 Literatur und Medien

Was „Medien" sind, glauben wir durch unseren alltäglichen Umgang zu
wissen: Ohne Probleme gehen wir mit Rede und Schrift, Buch und Film,
Radio und Fernsehen, Zeitung und Telefon, CD-ROM und Internet um.
Suchen wir nach Definitionen, um diese historisch ungleichen Medien
bestimmen und differenzieren zu können, spielt der Begriff der **Kommunikation** eine entscheidende Rolle. Denn Kommunikation – verstanden
als interindividueller Austausch von Nachrichten auf Basis eines gemeinsamen Zeichensystems – wird bei räumlicher und zeitlicher Trennung
von Sender und Empfänger *durch Medien ermöglicht* und von diesen *in
spezifischen Formen ausgestaltet*. Mit einem abwesenden Gesprächspartner
können wir telefonieren, handschriftliche Briefe oder E-Mails austauschen
– und werden uns entsprechend des genutzten Mediums ausdrücken und
mitteilen. Wird Verständigung nicht von Angesicht zu Angesicht realisiert, sind Formen der **Aufzeichnung, Speicherung und Übertragung von
Nachrichten** notwendig, die bereits im Zusammenhang mit der „zerdehnten Kommunikationssituation" als Entstehungsbedingung von Schrift behandelt wurden und die wir in ihrer Gesamtheit als **Medien** bezeichnen.

Medien, so eine erste und vorläufige Bestimmung, sind im weiteren
Sinne alle von Menschen produzierten Mittel zur Aufzeichnung, Speicherung und Übertragung von Informationen durch körperexterne Notati-
onssysteme – von Zählschnüren und Bilderschriften bis zu binär codierten Hypertexten und Datensätzen auf DVD. Die Möglichkeiten zu ihrer
Klassifizierung sind vielfältig:

Nach verwendeten Technologien:	Nach affizierten Sinnes-bereichen:	Nach Funktio-nen:
Schrift	Optische Medien	Unterhaltung
Druck (Printmedien)	(visuelle Wahrnehmung)	Information
Analoge Bild-, Bewegtbild- und Tonkonservierung	Akustische Medien	Wissens-
(Audiovisuelle Medien)	(auditive Wahrnehmung)	vermittlung
Binärcodierung	Taktile Medien	
(Digitale Medien)	(haptische Wahrnehmung)	

Nach Adressatenbezug:	
Massenmedien (die sich im Rahmen einer asymmetrischen Kommunikations-situation an ein anonymes Publikum richten)	Individualmedien (die bidirektionale Kommunikation zwischen einzelnen Personen ermöglichen)

Nach Einsatz technischer Mittel

Primärmedien (die ohne den Einsatz technischer Mittel funktionieren)	Sekundärmedien (bei denen technische Mittel auf Senderseite eingesetzt werden)	Tertiärmedien (bei denen Technikeinsatz auf Sender- wie auf Empfängerseite notwendig ist)

Aufzeichnungs-, Speicherungs- und Übertragungssysteme wie *Buchstabenschrift* (auf deren Prinzip der Notation von quantitativ limitierten Lautzeichen mit nahezu unendlichen Kombinationsvarianten unsere literale Kultur beruht) oder *Bewegtbildkonservierung* (deren Prinzip der Belichtung lichtempfindlichen Materials und seiner sequentiellen Wiedergabe Institutionen wie Kino und Fernsehen ermöglicht) bestimmen einen großen Teil unserer Wirklichkeitswahrnehmung. Medien bilden Realität nicht bloß ab, sondern erzeugen diese vielfach erst. Jede nähere Beschäftigung mit Medien hat deshalb ihren Beitrag zur Konstitution von „Wirklichkeit" zu bestimmen und sie sowohl unter dem Aspekt der Speicherung und Verbreitung von Informationen wie auch als transformierende und prägende Momente gesellschaftlicher Realität zu untersuchen.

Auf die Geschichte von Medien und ihre immer wieder beschworenen Konkurrenzverhältnisse soll an dieser Stelle nicht näher eingegangen werden. Auch die bereits erwähnten Einsätze zu ihrer Erforschung – zu denen einerseits die historische Medienforschung (Eric Havelock, Harold Innes, Marshall McLuhan u. a.) sowie die Technikgeschichte von Kommunikation (Friedrich Kittler u. a.) und andererseits ethnologische Explorationen von „Mündlichkeit" und „Schriftlichkeit" (Jack Goody, Walter Ong) zählen – können nicht detailliert referiert werden. Näher vorzustellen sind vielmehr Perspektiven zur Beschreibung des medialen Charakters von Literatur und ihrer Stellung im Verbund anderer Medien.

Verstehen wir **Schrift** (mitsamt den Formen ihrer drucktechnischer Vervielfältigung und elektronischen Verbreitung) als Basis der durch Autoren verfertigten, durch Verlage verbreiteten und durch Leser rezipierten Texte und erinnern uns zugleich an die Spezifik von Schrift als Medium zur Aufzeichnung, Speicherung und Übertragung von Mitteilungen, so scheint der **mediale Charakter von Literatur** bereits auf der Ebene ihrer materialen Verfasstheit festzustehen. Literarische Texte bedürfen der *Aufzeichnung, Speicherung* und *Wiedereinschaltung* (durch zeitlich versetzte Lektüre), um ihre kommunikativen Intentionen bewahren und fortgesetzt realisieren zu können. Diese Funktionen erfüllt Schrift. Als konventionalisiertes Zeichensystem bewahrt sie Botschaften dauerhaft. Zugleich erfordert sie ein Regelwissen, das von Produzenten wie von Empfängern schriftlicher Mitteilungen geteilt wird. Und sie bedarf der permanenten Bereitschaft, fixierte Bedeutungen immer wieder (neu) zu aktualisieren. Die Bindung an

komplexe Voraussetzungen des Codierens und Decodierens unterscheidet
Schrift von Medien, die diese Bedingungen nicht oder nur partiell kennen.
Der mediale Charakter von Literatur lässt sich genauer bestimmen. Literarische Texte, die durch einen Autor hervorgebracht, schriftlich fixiert
und durch die Institution Verlag drucktechnisch vervielfältigt werden,
wenden sich im Rahmen einer *asymmetrischen Kommunikationssituation*
an ein *anonymes Publikum*. Literatur ist somit kein Individualmedium
(wie etwa der ebenfalls auf Schrift basierende, eine bidirektionale Kommunikation zwischen einzelnen Personen ermöglichende Brief), sondern
ein Massenmedium. Dabei spielt die Auflagenhöhe eines Buches oder einer Literaturzeitschrift keine Rolle – entscheidend bleibt die Asymmetrie
einer kommunikativen Situation, die durch Mitteilungen eines Autors an
mehrere und anonyme Leser gekennzeichnet ist.

Die Eigenschaften, schriftgebunden und asymmetrisch zu kommunizieren, teilt Literatur mit anderen Medien. Auch Zeitungen basieren auf
(drucktechnisch vervielfältigter) Schrift und wenden sich ein anonymes
Publikum. Fragt man nach dem spezifischen Differenzkriterium von literarischen Werken gegenüber anderen medialen Artefakten, so ist in erster
Linie auf ihre **Funktion** zu verweisen: Im Unterschied zu den *Informationen* oder *Wissen* vermittelnden Medien wie Tageszeitungen, Zeitschriften
oder wissenschaftlichen Periodika, die sich an Leitdifferenzen wie „aktuell"/
„nicht aktuell" bzw. „wahr"/„falsch" orientieren, besteht die soziale
Funktion des Mediums Literatur in *Faszination* und *Unterhaltung*. Literarische Texte unterhalten, d. h. sie faszinieren durch ästhetische Imaginati-
onen – und zwar ein differenziertes Publikum mit unterschiedlichen Ansprüchen. Ob es sich um die 208 Trivialromane der Hedwig Courths-
Mahler oder um die intellektuell anspruchsvollen KEUNER-Geschichten
Bertolt Brechts handelt: Die Funktion dieser Medienprodukte ist Unterhaltung, d. h. Faszination durch dauerhafte Mobilisierung der Einbildungskraft. Kritische Einwände gegen diese Bestimmung lassen sich rasch
entkräften, indem man selbst einmal prüft, was zum Konsum literarischer
Werke veranlasst. Dass im Umgang mit Literatur neben Belehrung stets
auch Unterhaltung eine Rolle spielt, wusste schon die traditionelle Poetik:
Bereits in der ARS POETICA des Horaz wird die Opposition von „prodesse
volunt aut delectare [nützlich sein oder unterhalten] aufgehoben in der
besonderen Prämierung des Dichters, „qui miscuit utile dulci, lectorem
delectando pariterque monendo" [der Nützliches und Süßes mischt und
den Leser ebenso unterhält wie belehrt].[59]

---

[59] Horaz: Ars poetica. Stuttgart 1972, S. 24, 26.

Nicht betont zu werden braucht der Umstand, dass sich die Faszinations-
funktion von Literatur in einem langfristigen Prozess von ihrer Verbindung mit „Belehrung" und „Nutzen" emanzipierte. Was das vorangegangene Kapitel mit dem Begriff der „Lese-Revolution" beschrieb, steht
im engen Zusammenhang mit der seit etwa 1770 beobachtbaren Ausdifferenzierung einer Literatur, die den mit „freier Zeit" ausgestatteten Bürger nicht länger erbauen und bessern, sondern unterhalten wollte. (Goethes
Briefroman DIE LEIDEN DES JUNGEN WERTHERS brachte diese neu-
artige Funktion auf den Punkt und führte zu den beschriebenen Irritationen auf Publikumsseite.) Dennoch gab und gibt es immer wieder Versuche, die Unterhaltungsfunktion von Literatur aufzuheben. Bertolt Brechts
Lehrstücke wollten als „politisierte" Kunst „nützlich unterhalten"; der
„sozialistische Realismus" zielte auf pädagogische Funktionalisierung von
Literatur beim Aufbau einer neuen Gesellschaftsordnung.

Unterhalten und faszinieren kann Literatur aufgrund ihrer *imaginativen* und *simulativen* Potentiale. Jeder literarische Text entwirft eine Welt,
die durch den Leser im Prozess der Lektüre rekonstruiert und beständig
aktualisiert wird. In dieser imaginierten Welt lassen sich Erlebnisse machen und Erfahrungen gewinnen, die in der Begrenztheit unserer empirischen Existenz unmöglich sind. Ein Handeln, entlastet von den Zwängen
pragmatischer Kommunikation, ist hier im Modus des Spiels gleichsam
„auf Probe" möglich. Das **symbolische Probehandeln in ästhetisch imaginierten Welten** gehört zu den zentralen Eigenschaften des Medienpro-
dukts Literatur und bleibt auch bei Transformationen literarischer Inhalte
in andere Kunstformen bzw. Medien erhalten. Auch Verfilmungen literarischer Texte oder ihre Umsetzungen auf dem Theater appellieren an unsere Einbildungskraft (wenngleich ihre stärkere sinnliche Konkretion häufig zu Frustrationen führt – gewöhnlich weichen unsere im Akt des Lesens
produzierten Bilder von Filmbildern oder Theaterinszenierungen ab.)

Um Literatur als mediales Produkt beobachten und erklären zu können, sind die Dimensionen eines symbolisch, technisch und gesellschaftlich bedingten Zusammenhangs in den Blick zu nehmen. Dabei zu stel-
lende Fragen können sein:

- Welche medientechnischen Voraussetzungen ermöglichen die Produktion,
  Verbreitung und Rezeption dieser literarischen Äußerung?
- Auf welche Bedürfniserwartungen reagiert das literarische Medienpro-
  dukt; welcher Erfolg werden erzielt?
- Welche symbolische Ordnungen nutzt bzw. entwickelt das mediale Pro-
  dukt Literatur?

Alle diese Frage lassen sich nur beantworten, wenn neben medialen und medientechnischen Voraussetzungen von Literatur auch ihre Bezüge zu sozialen Verhältnissen berücksichtigt werden. Denn wenn Medien (und damit auch Literatur) nur über die von ihnen hervorgebrachten Formen beobachtbar sind und das eigentlich Soziale in der Literatur die Form ist, sind alle Fragen nach dem Verhältnis von Literatur und Medien stets auch Fragen nach dem Verhältnis von Literatur und Gesellschaft.

5.2 Literatur und Gesellschaft

Literarische Kommunikation lässt sich als Bündel von Interaktionen beschreiben, an denen Autoren mit ihren Texten, distributive Instanzen wie Verlage und Buchhandel, das Publikum sowie vermittelnde Institutionen teilnehmen. Schon aufgrund ihrer materialen Voraussetzungen bilden literarische Texte einen integralen Bestandteil gesellschaftlicher Kommunikation: Sie beruhen auf dem Verständigungsmittel Sprache und dem gleichfalls gesellschaftlich geprägten Aufzeichnungs-, Speicherungs- und Übertragungssystem Schrift.

Das sich im Zusammenhang von Produktion, Distribution und bedeutungzuschreibender Rezeption konstituierende Literatursystem hängt jedoch nicht allein aufgrund seiner sprachlichen und medientechnischen Voraussetzungen mit Gesellschaft zusammen. Literarische Texte entwerfen schon immer eine Welt aus Zeichen, die sich in irgendeiner Weise auf etwas außer ihnen Liegendes beziehen – und dieses Außerhalb beinhaltet stets auch jene sozialen Verhältnisse zwischen menschlichen Individuen, Gruppen und Institutionen, die wir als *Gesellschaft* bezeichnen. Ob es sich um die Tragödien des Sophokles, die Verse des Nibelungenliedes oder Prosatexte von Christa Wolf handelt: Ohne Referenz auf Gesellschaft sind literarische Texte nicht denkbar. Selbst Natur- oder Liebesgedichte thematisieren gesellschaftliche Problemlagen, auch wenn dieser Bezug nicht explizit ausgesprochen wird: Die soziale Welt ist der nicht sichtbare, doch stets präsente Hintergrund für die Erfahrung von Natur oder Intimität.

Die Beschreibung und Erklärung dieses komplexen Verhältnisses von Literatur und Gesellschaft, von literarischem Symbolsystem und Sozialsystem gehört freilich zu den schwierigsten und am meisten umstrittenen Fragen der Literaturforschung. In der Geschichte eines professionalisierten Umgangs mit literarischen Texten existieren unterschiedliche Modelle, deren adäquate Vorstellung den Rahmen dieses Studienbuches sprengen würde. Die nachfolgenden Hinweise sind deshalb als Anstöße für weitergehende eigene Explorationen innerhalb eines vielfältigen Forschungsfeldes zu verstehen.

Folgt man den Vorstellungen einer idealistischen Produktionsästhetik, die das in der ersten Hälfte des 20. Jahrhunderts in der germanistischen Literaturwissenschaft dominierende Methodenspektrum der sog. Geistesgeschichte prägte, so stellen sich Literatur und literarische Entwicklung als *autonome* Größen dar, die durch eine transpersonale und zumeist epochenspezifisch gedachte Einheit „Geist" fundiert und zusammengehalten werden. Nach diesen Vorstellungen prägt ein kollektiv erfahrener „Geist" (etwa der „Geist der Goethezeit") oder ein immaterielles Prinzip (etwa das „Unendlichkeitsstreben" der Romantik) die Entstehung literarischer Werke. Diese „Betrachtungsweise geistiger Dinge, die sich auf den ideellen Oberbau der Kultursynthese richtet",[60] blendete ökonomische, soziale oder politische Verhältnisse weitgehend aus; als ihre Hauptaufgabe definierte die geistesgeschichtliche Literaturforschung „die Herausarbeitung des Sinngehalts der dichterischen Werke, ihres Gehaltes an Lebensdeutung, in besonderem Hinblick auf die jeweilige Bewusstseinsstufe des Gesamtgeistes und auf deren Spiegelung in Religion und Philosophie."[61]

Gegen eine solche Verabsolutierung des „Geistes" und den damit verbundenen Ausschluss gesellschaftlicher Verhältnisse wandte sich eine materialistische Auffassung, die hauptsächlich von einer marxistisch inspirierten Literaturforschung entwickelt wurde. Literatur fungiert in diesem Modell als Bestandteil eines „gesellschaftlichen Bewusstseins", das ein „gesellschaftliches Sein" *abbildet* bzw. künstlerisch *widerspiegelt*. Zwar wird dem literarischen Leben eine gewisse Eigenständigkeit zugestanden; als integrales Element des geistig-kulturellen „Überbaus" ist es jedoch von der materiellen „Basis" (und also vom Entwicklungsstand der Produktivkräfte und Produktionsverhältnisse) abhängig bzw. *heteronom*. Literatur- und Gesellschaftsgeschichte werden durch Annahmen über kollektive Trägergruppen des historischen Prozesses miteinander verknüpft: Das Bewusstsein einer gesellschaftlichen Klasse („aufsteigendes Bürgertum", „Proletariat", „Großbourgeoisie" etc.) drückt sich – so eine zentrale These – als Widerspiegelung materieller Lebensverhältnisse in seinen kulturellen Objektivationen und also auch in literarischen Werken seiner Vertreter aus.

Eine sozialgeschichtliche Literaturforschung, wie sie sich in der Bundesrepublik seit den 1960er Jahren ausbildete, versuchte dem komplexen Zusammenhang von Literatur und Gesellschaft durch Aufnahme kommunikationstheoretischer und soziologischer Impulse gerecht zu werden. Die Kopplung eines Modells literarischer Kommunikation mit dem Versprechen, jedes Glied der Trias von Autor–Text–Leser auf „soziale Gege-

---

[60] Rudolf Unger: Literaturgeschichte und Geistesgeschichte. In: Deutsche Vierteljahrsschrift für Literaturwissenschaft und Geistesgeschichte 4 (1926), S. 177-192, S. 190.
[61] Ebenda, S. 190.

benheiten" zurückzuführen, schien nicht nur systematisch analysierbare
Parameter bereitzustellen, sondern mit der Möglichkeit einer historischen
Rekonstruktion von Bedingungsverhältnissen auch ein weites Feld an-
schlussfähiger Untersuchungen zu eröffnen. Aus diesen Konstellationen
erwuchsen zugleich aber auch die Schwächen und Defizite eines Programms, das zwar eine Vielzahl von Untersuchungen zu Autorsoziologie,
Distributions- und Rezeptionsforschung, Bildungs- und Schulgeschichte
etc. produzierte, diese aber nicht „synthetisieren" und in der integrativen
Darstellung des Zusammenhangs von Literatur und Gesellschaft repräsentieren konnte. Die Ersetzung des Terminus „Ableitung" durch den Begriff
der „Beziehung" unterminierte dann ein zentrales Theorem der sozialgeschichtlichen Literaturforschung. Indem „Text" und „Kontext" nun als
prinzipiell gleichwertig galten, „Kontexte" aber zu gleichfalls „lesbaren"
Zeichensystemen erhoben wurden und nicht länger atextuelle soziale Sub-
strate oder Praxen blieben, konnten alle Bereiche der menschlichen Lebenswelt zu „Texten" erklärt und als solche traktiert werden – ob es sich
um Stadt, Film oder Kultur überhaupt handelte.

Dieser „rhetoric turn" bildete die Basis für eine Modellierung des Verhältnisses von Literatur und Gesellschaft, die sich unter dem Label „New
Historicism" seit den ausgehenden 1980er Jahren formierte. Programmatisch für diese Forschungsrichtung war die Verbindung von zwei Thesen
mit einer überraschenden Pointe. Die (bekannte) Einsicht in die Ge-
schichtlichkeit von Texten koppelte man mit der (ebenfalls bekannten)
Einsicht in die Textualität von Geschichte. Die Pointe bestand in einer
folgenschweren Modifikation der These von der unhintergehbaren Textualität von Geschichte. Vertreter des „New Historicism" meinten nicht nur,
dass Geschichte und Geschichtsschreibung auf Quellentexte angewiesen
seien, sondern dass auch der Gegenstand solcher Geschichte *wie ein Text*
verfasst sei. Jede historisch zu erfassende Kultur wäre als ein sinnhafter
Zusammenhang, als eine symbolisch strukturierte Praxis bzw. als System
von Zeichen zu „lesen" und zu „deuten". Wird Kultur als semiotisch organisierte Wirklichkeit aufgefasst, gehören Gedichte und Romane ebenso
zu ihr wie Wahlkämpfe, Fußballspiele oder Hahnenkämpfe. Die sich daraus ergebenden Konsequenzen für eine Modellierung der Relationen zwischen Literatur und Gesellschaft sind gravierend. Für den „New Historicism" geht es nicht mehr um eine Rekonstruktion der literarischen Transformationen von Realitätspartikeln, sondern um das, was als bereits vorge-
formtes bzw. symbolisch strukturiertes Material in einen Text eingeht bzw.
was sich ihm als kollektiver Sinn „einschreibt". Kulturelle Ausdrucksformen sind in ihrer Aussagekraft gleichwertig – Hexenbeschuldigungen,
medizinische Traktate oder Kleidung gelten wie literarische Texte als

„komplexe symbolische und materielle Artikulationen der imaginativen und ideologischen Strukturen jener Gesellschaft, die sie hervorgebracht hat".[62] Das mit einer solchen Gegenstandserweiterung und Gewichtsverlagerung das eigentliche Objekt von Literaturforschung aus dem Blick gerät, liegt auf der Hand. Stephen Greenblatt, einer der Wortführer des „New Historicism", nannte deshalb als das Ziel seines Buches VERHANDLUNGEN MIT SHAKESPEARE eine „Poetik der Kultur", um die „dynamische Zirkulation von Lüsten, Ängsten und Interessen" bzw. die „Zirkulation sozialer Energie" erfassen zu können.[63]

Der „New Historicism" delegiert Fragen nach Status und Funktion literarischer Texte sowie nach ihrem Zusammenhang mit gesellschaftlichen Strukturen an eine weiter ausgreifende „Kulturwissenschaft", macht Texte aber zugleich zum Gegenstand von „Verhandlungen", an denen retrospektive Beobachter auf eine methodisch nicht vollständig zu klärende Weise teilnehmen können. Erfolgversprechender als dieses betont kontingente, die eigene Konstruktivität hervorhebende Verfahren scheint eine stärker systematisierende Modellierung des Zusammenhangs zwischen Literatur und Gesellschaft, die Literatur als **Kommunikationsmedium mit sozialen Funktionen** auffasst und diese Funktionen genauer zu beschreiben und zu erklären versucht. Fragt man nach den spezifischen sozialen Funktionen literarischer Texte, erweist sich eine kurze Selbstbefragung nach unseren Motiven für die Lektüre von Literatur als hilfreich. Sicherlich lesen wir zu einem großen Teil aufgrund von Verpflichtungen: Wir müssen den Seminarstoff kennen, wollen informiert sein und mitreden können, benötigen Informationen für berufliche und andere Orientierungen. Jenseits dieser Verpflichtungen aber lesen wir aus einem Grund, der im Zusammenhang mit dem medialen Charakter von Literatur bereits benannt wurde: Literarische Texte *unterhalten*, d. h. sie *faszinieren durch ästhetische Imagination* von Möglichkeiten, die in der Begrenztheit unserer empirischen Existenz nicht realisierbar sind. Entlastet von den Konventionen pragmatischen Alltagshandelns und vom Druck vitaler Entscheidungen erlauben literarische Texte ein symbolisches Aushandeln von Konflikten, die zwischen Individuen wie auch zwischen Individuen und Institutionen, Regeln und Traditionen bestehen. Wenn Literatur diese Konflikte im Modus des ästhetischen Spiels austrägt (so dass wir sie lesend-imaginativ mitbewältigen können und nicht mehr unter Einsatz des eigenen Lebens aushandeln müssen), wird sie zum Medium für die Artikulation ungelöster Probleme – und übernimmt damit weitere soziale Funktionen.

---

[62] Stephen Greenblatt: Schmutzige Riten. Betrachtungen zwischen Weltbildern. Berlin 1991, S. 14.
[63] Vgl. Stephen Greenblatt: Verhandlungen mit Shakespeare. Berlin 1990.

(Eine Auflistung sog. „ewiger Probleme" als Themenreservoir der Poesie hatte 1924 bereits der Literaturwissenschaftler Rudolf Unger aufgestellt: Freiheit und Notwendigkeit, Religion, Liebe, Tod und Gesellschaft.[64] Doch sind diese in Literatur artikulierten Probleme nicht als überzeitliche Aporien aufzufassen, sondern als je historisch bestimmte Konfliktkonstellationen – das, was in bestimmten gesellschaftlichen Umständen als unlösbar empfunden wurde. So gewinnen Gesellschaft, Liebe, Tod ihre besonderen Dimensionen erst vor dem Hintergrund der neuzeitlichen Individualisierungsgeschichte; ein fortschreitender Bedeutungsverlust der Religion lässt die Frage nach dem Göttlichen in der Literatur des 20. Jahrhunderts zurücktreten.)

Versteht man Literatur als **kommunikatives Medium** mit der sozialen Funktion der **Unterhaltung durch symbolisches Probehandeln**, in deren Rahmen *als unlösbar empfundene Probleme artikuliert* und *im Modus des Spiels imaginativ bewältigt* werden, sind damit historische Voraussetzungen und systematische Konsequenzen verbunden. Erste und wichtigste Voraussetzung ist die *Verselbständigung von Literatur* zu einem Bereich, der gleichberechtigt neben anderen Formen gesellschaftlicher Kommunikation besteht und sich nach eigenen Regeln entwickelt. Diese Autonomisierung setzt nicht schon mit dem Beginn schriftlicher Textproduktion ein. Sie tritt vielmehr erst zu einer bestimmten Zeit und unter bestimmten Bedingungen auf – und zwar als Ergebnis von Differenzierungsleistungen, die zur Separierung von gesellschaftlichen Bereichen wie Wirtschaft, Wissenschaft, Kunst, Religion führten. Dieser historisch langwierige Prozess kulminierte im 18. Jahrhundert. Die funktionale Gliederung von Gesellschaft ließ nicht nur spezialisierte und eigengesetzlich operierende Subsysteme entstehen, sondern veränderte auch Status und Funktion sowie die Selbstwahrnehmung der in ihnen agierenden Individuen. Spätestens seit dem ausgehenden 18. Jahrhundert erfuhren sich Menschen als Akteure in unterschiedlichen gesellschaftlichen Strukturen, ohne dass ihre gleichzeitig auszufüllenden Rollen miteinander integriert waren: Man war Staatsbürger und Ehemann und Berufstätiger und Teilnehmer an kultureller Öffentlichkeit in einer Person. Aus früheren Bindungen – wirtschaftlichen Korporationen, unhinterfragt geltenden religiösen Überzeugungen oder künstlerischen Konventionen – freigesetzt, standen die Individuen nun einer zunehmenden Unübersichtlichkeit gegenüber.

---

[64] Rudolf Unger: Literaturgeschichte als Problemgeschichte. Zur Frage geisteshistorischer Synthese, mit besonderer Beziehung auf Wilhelm Dilthey. Berlin 1924 (= Schriften der Königsberger Gelehrten Gesellschaft. Geisteswissenschaftliche Klasse I), wieder in R. Unger: Aufsätze zur Prinzipienlehre der Literaturgeschichte. Gesammelte Studien. Bd. 1. Berlin 1929, S. 137-170.

In dieser Situation gewann Literatur neue Funktionen. Sie übernahm zum einen die Aufgabe, die aus einer Rationalisierung wirtschaftlicher Abläufe gewonnene freie Zeit auszufüllen – also zu unterhalten und zu faszinieren. Sie reflektierte zum anderen die Situation und die Befindlichkeit des freigesetzten Individuums. Und sie thematisierte die aus fortschreitender Ausdifferenzierung erwachsenden Konflikte des Individuums mit seinen Umwelten, die freilich erst unter den Bedingung einer fortgeschrittenen Individualisierung als unlösbare Probleme wahrgenommen wurden. (Womit nicht gesagt sein soll, dass es literarische Ausgestaltungen von Problemen nicht schon vorher gegeben hätte: Bereits die antike Poesie kannte die Diskrepanz zwischen dem Wollen des Einzelnen und den Traditionen der Gemeinschaft; schon in konventionalisierter Dichtung wie Minnesang oder gelehrter Poesie wurde die unerreichbare Geliebte besungen und damit der Konflikt zwischen subjektivem Willen und der Unmöglichkeit seiner Realisierung symbolisch generalisiert. Doch erst das 18. Jahrhundert stellte Literatur als kommunikatives Medium zur faszinierend unterhaltenden Thematisierung ungelöster Probleme auf Dauer und grenzte sie so sichtbar und irreversibel von den Reflexionsmedien Religion, Philosophie, Wissenschaft ab. Die inzwischen mehrfach erwähnte Wirkungsgeschichte von Goethes WERTHER dokumentiert die Schwierigkeiten dieses Prozesses: Ein Text, der nach des Autors eigenen Worten „nur darstellen" und „Gesinnungen und Handlungen in ihrer Folge entwickeln wollte", traf auf ein Erbauung und Belehrung erwartendes Publikum. Eine andere Haltung war dem Publikum auch nicht vorstellbar. Denn bis dahin hatte es emotional bewegende Texte, die zugleich eine ästhetisch distanzierte Einstellung erforderten, nicht gegeben – erst Werke wie der WERTHER machten diese Einstellung notwendig und zugleich möglich.)

Voraussetzung für die soziale Funktion von Literatur, durch imaginative Ermöglichung eines symbolischen Probehandels ungelöste Probleme zu artikulieren, sind drei Faktoren, die sich im 18. Jahrhundert ausbildeten und bis in die Gegenwart das Verhältnis von literarischer Kommunikation und Gesellschaft bestimmen: (a) Aus bisherigen Bindungen freigesetzte Individuen verfügen über freie Zeit und Zugangsrechte zu kulturellen Gütern. (b) Gesellschaftliche Subsysteme haben sich ausdifferenziert, entwickeln sich koevolutiv und folgen dabei eigenen Regeln. (c) Innerhalb des Kunstsystems emanzipiert sich Literatur von vorgegebenen Mustern und Regeln (der Rhetorik und Poetik) und tritt als eigenständige Instanz zur Reflexion gesellschaftlicher Differenzierungsprobleme auf, indem sie Konflikte symbolisch generalisiert und entsprechend eigener Potentiale bearbeitet.

Diese Voraussetzungen strukturieren das Verhältnis zwischen Literatur und Gesellschaft mit folgenden vier Parametern. (1) Das Literatursystem funktioniert als mehr oder weniger selbständiger und von anderen gesellschaftlichen Reflexionsorganen wie Wissenschaft, Religion, Philosophie abgegrenzter Bereich mit einer eigenen Logik. Die **relative Autonomie der literarischen Kommunikation** lässt sich mit einem aus der Systemtheorie stammenden Begriff auch als „operative Geschlossenheit" bezeichnen – was nichts anderes als die Eigenschaft von autopoetischen Systemen meint, nur *mit eigenen Elementen umgehen und operieren zu können* (und nicht mit solchen ihrer Umwelt). Der kryptisch klingende Satz benennt einen relativ simplen Sachverhalt: Wer sich als Anwalt oder Richter im Rechtssystem bewegt, akzeptiert fraglos die Regeln der juristischen Kommunikation – er wird nicht über „Schönes" oder „Hässliches" urteilen (wie etwa in der Kommunikation über Kunst), sondern allein über „strafbare" oder „erlaubte" Tatbestände und sich argumentativ auf Gesetze, vorangegangene Urteile und Präzedenzfälle beziehen. Ebenso im Literatursystem: Literarische Texte folgen der Leitdifferenz „interessant"/ „uninteressant" und verarbeiten dabei Formen und Inhalte, die aus der Sprache bzw. der bisherigen literarischen Entwicklung stammen und nicht aus dem Rechtssystem.

(2) Das eigenen Normen und Regeln folgende Literatursystem reagiert in vielfältiger und komplexer Weise auf Vorgänge in der Gesellschaft. Diese Reaktionen beruhen jedoch nicht auf Abbildung oder Widerspiegelung, sondern auf der „strukturellen Kopplung" zwischen dem literarischen System und seinen Umwelten. Der von den Biologen Humberto Maturana und Francisco Varela stammende Begriff der „strukturellen Kopplung", den Niklas Luhmann auf die Beschreibung sozialer Systeme anwendete, bezeichnet den Umstand, dass Literatur auf Vorgänge in ihrer gesellschaftlichen Umwelt – die als „Irritationen" erfahren werden – nach **Maßgabe des eigenen Wandlungspotentials** antwortet. Auf politische Revolutionen reagiert das Literatursystem nicht mit Parteigründungen, sondern *literarisch* und das heißt: *mit poetischen Formen und Inhalten*. So verarbeitete der Autor Friedrich Schiller die epochalen Umbrüche zwischen 1789 und 1793 nicht im Modus einer politischen Stellungnahme, sondern mit den 1793/94 entstandenen Briefen ÜBER DIE ÄSTHETISCHE ERZIEHUNG DES MENSCHEN und dem im Musenalmanach des Jahres 1800 veröffentlichten LIED VON DER GLOCKE. Äußern sich Schriftsteller dagegen explizit politisch (so wie etwa Christoph Martin Wieland mit seinen seit 1789 im TEUTSCHEN MERKUR veröffentlichten Aufsätzen über die Französische Revolution), so befinden sie sich schon außerhalb der genuin literarischen Kommunikation – was durchaus legitim, aber eben keine li-

terarische Antwort ist. Wenn dagegen Friedrich Schiller zur poetischen Verarbeitung von Umwälzungen in der gesellschaftlichen Umwelt im LIED VON DER GLOCKE auf die eingeführte Form des Gedichts mit sinntragenden Reimen und wechselnden Versmaßen zurückgriff, bei dem jambische und trochäische Fügungen zur näheren Charakteristik von Sprechern und Aussagen dienen, dann dokumentiert dieses Verfahren das spezifische *Wandlungspotential von Literatur.* Zur Erzeugung von Aussagen werden tradierte Elemente aufgenommen und rekombiniert – und bringen so Formen hervor, die ihrerseits wieder aufgenommen und rekombiniert werden können. Die Verfahren der *Aufnahme und Rekombination von Elementen,* die aus der vorgängigen literarischen Entwicklung stammen oder aus Umweltbereichen „importiert" werden, bilden jene Strukturen aus, die wir als literarische wahrnehmen und beschreiben.

(3) Literatur verarbeitet jedoch nicht nur die aus der Gesellschaft kommenden Irritationen, indem sie innerhalb der von vitalen Entscheidungen entlasteten Sphäre des Spiels Problemlösungen vervielfältigt sowie ungelöste Probleme thematisiert und damit als unverzichtbarer Reflexionsraum funktioniert. Sie erbringt zugleich auch **Leistungen für kontemporäre Subsysteme der Gesellschaft.** Im Wirtschaftssystem sind literarische Werke als verkaufsträchtige Waren relevant. Das Erziehungssystem nutzt literarische Texte für die Ausbildung von interpretativen Fertigkeiten sowie zur Vermittlung von Normen und Maximen für ein jeweils konformes Verhalten. Politik instrumentalisiert Werke für die Agitation und Propaganda von Werten und Überzeugungen. Wissenschaftliche Forschung verwendet literarische Überlieferungen als privilegierte Quelle. Liebespaare nutzen literarische Modelle intimer Kommunikation zur Darstellung eigener Gefühle und Empfindungen. Diese von literarischen Texten erbrachten bzw. verlangten Leistungen strukturieren in kaum zu unterschätzender Weise die Wahrnehmungen dessen, was wir im Singular als „die Literatur" bezeichnen – und was bei näherer Betrachtung den Anschein des einen, identischen Gegenstandes verliert und sich in der Vielzahl seiner Referentialisierungen auflöst.

(4) Literatur erbringt für andere gesellschaftliche Subsysteme nicht nur bestimmte Leistungen. Sie steht zu diesen – gleichfalls im Zuge funktionaler Differenzierung entstandenen – Bereichen immer auch in Verhältnissen der **Abgrenzung und Konkurrenz.** Denn alle diese Subsysteme reagieren wie Literatur auf den Prozess der Separierung und Ausdifferenzierung sowie auf die prekäre Lage des freigesetzten Individuums, in dem sie neue Identitäts- und Sinnquellen versprechen oder zu versprechen scheinen. Politik unterbreitet das Integrationsangebot der „Nation", später das der „klassenlosen Gesellschaft" oder der „Solidargemeinschaft". Das Erziehungssystem verpflichtet sich zur Vermittlung allseitiger „Bildung", die

zugleich alltagstauglich sein soll. Das Rechtssystem mit den Konstruktionen des Rechtsstaates und der Gewaltenteilung vermittelt Hoffnungen auf
die juristische Beilegung von Konflikten. Wissenschaft übernimmt Funktionen der Sinnstiftung und erzeugt ganzheitliche Welt- und Menschen-
bilder. Für die Literatur stellen alle diese Leistungsangebote anderer Subsysteme eine kaum zu vernachlässigende Bezugsgröße dar. Sie treten als je
spezifische Irritationsquellen der literarischen Kommunikation in Erscheinung und werden von der Reflexionsinstanz Literatur kritisch beobachtet und dargestellt. Das heißt nicht, dass literarische Texte umstandslos die von der Politik unterbreiteten Integrationsversprechen hinterfragen
oder wissenschaftliche Weltbilder illustrieren. Wie schon erwähnt, verarbeitet Literatur die Vorgänge in ihren Umwelten stets in ihrer spezifischen
Sprache, also im Modus tradierter und modifizierter Formen und Gehal-
te. Als etwa der junge Johann Wolfgang Goethe die Auswirkungen des
modernen Rechtssystems (mit der staatlichen Monopolisierung von Gewalt und der kodifizierten Regelung von Streitfällen) darstellen wollte,
nutzte er die literarische Gattung des Dramas mit personalen Figurationen und Konfliktstrukturen und verfasste im Herbst 1771 die GE-
SCHICHTE GOTTFRIEDENS VON BERLICHINGEN MIT DER EISERNEN
HAND DRAMATISIRT, aus der nach Umarbeiten das 1773 im Druck erschienene Schauspiel GÖTZ VON BERLICHINGEN hervorging.

Die hier dargestellten Parameter erheben nicht den Anspruch, die
komplexen Beziehungen zwischen Literatur und Gesellschaft restlos und
endgültig geklärt zu haben. Ausgeklammert blieben etwa Fragen nach
dem Status von Literatur als „System" (das immer in der Kopplung von
Sozialsystem und Symbolsystem auftritt und entsprechend zu beobachten
ist) sowie den Ursachen und Verlaufsformen literarischen Strukturwandels. Die zusammengetragenen Parameter eröffnen aber Möglichkeiten
für Fragen, welche die Beschreibung und Erklärung der Zusammenhänge
von Literatur und Gesellschaft leiten können:

-    Auf welche als unlösbar empfundenen Probleme ihrer gesellschaftlichen
     Umwelt reagieren literarische Texte? Mit welchen literatureigenen Mit-
     teln tun sie das?
-    Wie nehmen andere gesellschaftliche Subsysteme (Wissenschafts-, Bil-
     dungs-, Kunstsystem etc.) die symbolisch generalisierten Problemdar-
     stellungen der Literatur auf?
-    Welche Differenzqualitäten entwickeln literarische Texte, um sich von
     Sinnangeboten aus anderen gesellschaftlichen Bereichen zu unterschei-
     den und abzugrenzen?

Eine Beantwortung dieser (selbstverständlich vermehrbaren) Fragen nach
dem Verhältnis von Literatur und Gesellschaft geht über eine bloß historische Aufklärung hinaus. Sie tangiert unmittelbar auch die Praxis der Interpretation literarischer Texte, die sich als eine Aufgabe mit mehrfachen
Dimensionen erweist. Jede Deutung bzw. Auslegung bezieht sich einerseits auf eine *Gegenwartssituation und deren Problemhorizont,* in deren
Rahmen ein Text aufgenommen wird. Sie bezieht sich andererseits auf die
vergangene Problemsituation, der ein Text seine Entstehung verdankt. Zu
interpretieren ist nicht allein das singuläre Werk in seiner gegenwärtigen
Wirkung, sondern immer und vor allem auch die historische Problemsituation eines Textes. Was sich wie eine Trivialität anhört, steckt voller
Herausforderungen – verdecken doch die nicht selten zahlreichen Schichten und Ablagerungen der Rezeptionsgeschichte die primären Problemre-
ferenzen literarischer Texte, die erst in schwierigen und langwierigen Rekonstruktionen freizulegen sind. Was also bleibt, sind arbeitsintensive
Aufgaben und Forderungen – was aber wäre mehr?

Grundlegende und weiterführende Literatur:

Lutz Danneberg, Friedrich Vollhardt (Hrsg.): Vom Umgang mit Literatur und Li-
    teraturgeschichte. Positionen und Perspektiven nach der ‚Theoriedebatte'.
    Stuttgart 1992
Karl Eibl: Die Entstehung der Poesie. Frankfurt/Main, Leipzig 1995
Jürgen Fohrmann, Harro Müller (Hrsg.): Diskurstheorien und Literaturwissen-
    schaft. Frankfurt/M. 1988
Martin Huber, Gerhard Lauer (Hrsg.): Nach der Sozialgeschichte. Konzepte für
    eine Literaturwissenschaft zwischen Historischer Anthropologie, Kulturge-
    schichte und Medientheorie. Tübingen 2000
Erhard Schütz, Thomas Wegmann: Literatur und Medien. In: Heinz Ludwig Ar-
    nold, Heinrich Detering (Hrsg.): Grundzüge der Literaturwissenschaft. Mün-
    chen 1997, S. 52-78
Michael Titzmann (Hrsg.): Modelle des literarischen Strukturwandels. Tübingen
    1991

III Studien- und Arbeitstechniken

Mit Literatur lässt sich auf verschiedene Art und Weise umgehen. Literarische Texte können langsam und genussvoll aufgenommen oder rasch mit den Augen überflogen werden. Man kann sie intensiv studieren und sich zusätzliche Informationen zu den Hintergründen ihrer Entstehung verschaffen oder sie exzessiv konsumieren. Über gelesene Texte lässt sich nachdenken, diskutieren oder träumen. Sie fordern Wertungen wie etwa Unterscheidungen zwischen den Polen „spannend" – „langweilig" oder „interessant" – „uninteressant" heraus und animieren zu weiterer Lektüre. Texte lassen sich aber auch in Objekte verwandeln, die nach Regeln beobachtet und beschrieben werden können. Die Voraussetzungen dafür wurden bereits benannt und erläutert: Für eine wissenschaftliche Untersuchung von literarischen Texten ist **Distanz** notwendig, um die Prozesse des Lesens und Bedeutungszuweisens reflexiv verarbeiten und operationalisieren zu können. Man benötigt klare **Begriffe**, um wiederholte Beobachtungen benennen und kommunizieren sowie deuten und erklären zu können. Und man braucht **Zeit**, um in rekursiven Lektüren immer mehr Details und Bedeutungen zu entdecken und in Beziehung zu einer Gesamtdeutung zu setzen.

Eine distanzierte Untersuchungsposition, ein expliziter Begriffsapparat zur Benennung und Erklärung wiederholt beobachteter Phänomene sowie Zeit für rekursive Analysen bilden wesentliche Voraussetzungen für jenen professionalisierten Umgang mit Texten, der als literaturwissenschaftlich gelten kann. Hinzu kommen weitere Faktoren, die vor allem die **Präsentation** und den **Austausch von gewonnenen Erkenntnissen** betreffen. Die durch wiederholte Beobachtungen gewonnenen und begrifflich fixierten Erkenntnisse werden als *Wissensansprüche*, d. h. als Behauptungen mit einem bestimmten Geltungsanspruch formuliert und richten sich an einen bestimmten *Adressatenkreis*. Diese Adressaten sind in der Regel die Angehörigen einer universitären Kommunikationsgemeinschaft: Mitstudenten im Seminar, Zuhörer des Referats in einer Lehrveranstaltung, der die schriftliche Hausarbeit lesende Dozent oder der prüfende Hochschullehrer. Gehen schriftlich fixierte Wissensansprüche über den Rahmen der universitären Kommunikation hinaus, indem sie als Beiträge in Fachzeitschriften oder Sammelbänden erscheinen oder als elektronische Dokumente im WWW zirkulieren, weitet sich ihr Adressatenkreis aus und umfasst die wissenschaftliche Gemeinschaft. Sie gehen in eine wissenschaftliche Kommunikation ein – und müssen wie die im Seminar und in der

Hausarbeit vorgetragenen Aussagen *Normen* und *Konventionen* entsprechen, um *nachvollziehbar, überprüfbar* und *diskussionsfähig* zu sein.

Alle bislang nur knapp benannten Verfahren, Normen und Konventionen eines professionalisierten Umgangs mit Texten können erlernt, geübt
und angewandt werden. Sie müssen es sogar – denn wie jede andere wissenschaftliche Disziplin basiert auch die Literaturwissenschaft auf Standards, die eine ergebnisorientierte Kommunikation und Diskussion von
Wissensansprüchen sichern sollen. Und obwohl die Wissensansprüche der
Literaturwissenschaft nicht die apodiktische Geltungskraft von Naturge-
setzen (mit der Möglichkeit einer Prognostizierbarkeit von Ereignissen)
erreichen, garantieren die nachfolgend vorzustellenden Arbeitstechniken
und Normen doch jene Standards intersubjektiver Nachvollziehbarkeit
und Überprüfbarkeit, die Aussagen über literarische Texte von Willkür
und schrankenloser Subjektivität befreien.

Zur Erläuterung der wichtigsten Arbeitstechniken und Normen literaturwissenschaftlicher Praxis wird in drei Schritten vorgegangen. Das Kapitel „Lesen und Recherchieren" gibt Hinweise für ein ertragreiches Lesen
von Primärquellen und erläutert Möglichkeiten der Recherche nach Sekundärliteratur. Die Kapitel „Reden" und „Schreiben" sollen bei der Anfertigung überzeugender Seminarreferate sowie schriftlicher Arbeiten helfen und listen dazu Schrittfolgen auf, die von der Formulierung eines
Themas über die Anlage einer Gliederung bis zu einem gelungenen Vortrag und einer überzeugenden Hausarbeit führen.

1 Lesen und Recherchieren

Wie erwähnt, sind verschiedene Formen des Umgangs mit literarischen Texte möglich: Sie können rasch und exzessiv konsumiert, also gleichsam „verschlungen" oder langsam und intensiv wahrgenommen werden. Sie lassen sich nach Informationen durchsuchen oder in ihren Strukturen und inhärenten Strategien analysieren. Bei allen diesen Tätigkeiten setzen wir voraus, dass wir Texte *lesen*, d. h. schriftsprachliche Äußerungen in gedruckter oder elektronisch gespeicherter Form erfassen und mit Bedeutungen versehen. Dieser Hinweis auf das *Lesen* als zentraler Umgangsform mit literarischen Texten ist keineswegs trivial – denn es lassen sich nicht nur andere Verwendungsweisen für gedruckt vorliegende Texte vorstellen, sondern auch unterschiedliche Erscheinungsformen von Texten finden, die unser Leseverhalten in nicht zu unterschätzender Weise bestimmen.

Da sich das professionalisierte Lesen von einer „konsumtiven" Lektüre des Alltagslesers unterscheidet, sind die zu nutzenden Textvorlagen keineswegs gleichgültig. Nehmen wir beim abendlichen Schmökern einen Text als Objekt des Genusses auf, können uns Ausgabe und Verlag nebensächlich sein – Hauptsache, wir verfügen über ein lesbares Exemplar und akzeptable Lichtverhältnisse. Haben wir dagegen einen *Primärtext* mit professionellem Anspruch zu lesen, zu verstehen und zu interpretieren, erweist sich die Fragen nach der materialen Basis unserer Lektüre als eine überaus wichtige Angelegenheit. Ein literarischer Text – vor allem aus dem Bereich des Kanons – kann in verschiedenen Erscheinungsformen vorliegen: In **Auswahlbänden** (möglicherweise gekürzt und orthographisch bzw. grammatisch „modernisiert"), in **Leseausgaben** (mit vollständiger Textgestalt und behutsam „normalisierender" Anpassung an die gegenwärtige Rechtschreibung), in **Studienausgaben** (die zusätzliche Kontextinformationen in Form eines Nachworts, Angaben zur Textentstehung und Überlieferungsgeschichte sowie einen Stellenkommentar enthalten) und in **Historisch-kritischen Ausgaben** (die darüber hinausgehend sämtliche Varianten eines Textes, also alle vom Autor verantworteten Änderungen zwischen den verschiedenen Fassungen enthalten). – Wie sehr sich die Fassungen eines Textes unterscheiden können, zeigt ein Gedicht des jungen Goethe, das bereits in der Einleitung erwähnt und zitiert wurde.

Die erste, zwischen 1770/71 niedergeschriebene Fassung lautet:	Die zweite, 1775 in der Zeitschrift IRIS veröffentlichte Fassung lautet:
Es Schlug mein Hertz, geschwind zu Pferde	Mir schlug das Herz; geschwind zu Pferde,
Und fort! wild wie ein Held zur Schlacht	Und fort, wild, wie ein Held zur Schlacht!
Der Abend wiegte schon die Erde	Der Abend wiegte schon die Erde,
Und an den Bergen hieng die Nacht	Und an den Bergen hieng die Nacht;
Schon stund im Nebelkleid die Eiche	Schon stund im Nebelkleid die Eiche,
Wie ein gethürmter Riese da,	Ein aufgetürmter Riese, da,
Wo Finsterniß auß dem Gesträuche	Wo Finsternis aus dem Gesträuche
Mit hundert Schwartzen Augen sah	Mit hundert schwarzen Augen sah.
Der Mond von einem Wolkenhügel	
Sah schläfrig aus dem Duft hervor	Der Mond von seinem Wolkenhügel,
	Schien kläglich aus dem Duft hervor [...]

Erst in der Ausgaben der SCHRIFTEN, die 1789 bei Göschen in Leipzig erschien, erhielt das Gedicht dann den Titel WILLKOMM UND ABSCHIED, der 1806 in WILLKOMMEN UND ABSCHIED geändert wurde:

Es schlug mein Herz, geschwind zu Pferde!
Es war gethan fast eh' gedacht;
Der Abend wiegte schon die Erde,
Und an den Bergen hing die Nacht:
Schon stand im Nebelkleid die Eiche,
Ein aufgethürmter Riese, da,
Wo Finsterniß aus dem Gesträuche
Mit hundert schwarzen Augen sah.

Der Mond von einem Wolkenhügel
Sah kläglich aus dem Duft hervor [...]

Die folgenschwersten Veränderungen betreffen jedoch die letzte Strophe – hier führt die Vertauschung von Personalpronomen sogar zu einer gänzlich veränderten Aussage:

1775 in der Zeitschrift IRIS veröffentlichte Fassung:	1789 veröffentlichte Fassung u.d.T. WILLKOMM UND ABSCHIED:
Der Abschied, wie bedrängt, wie trübe! Aus deinen Blicken sprach dein Herz. In deinen Küssen, welche Liebe, O welche Wonne, welcher Schmerz! Du giengst, ich stund, und sah zur Erden, Und sah dir nach mit naßem Blick; Und doch, welch Glück! geliebt zu werden, Und lieben, Götter, welch ein Glück.	Doch ach! schon mit der Morgensonne Verengt der Abschied mir das Herz: In deinen Küssen, welche Wonne! In deinem Auge, welcher Schmerz! Ich ging, du standst und sahst zur Erden, Und sahst mir nach mit nassem Blick: Und doch, welch Glück geliebt zu werden! Und lieben, Götter, welch ein Glück!

Haben wir für eine Lehrveranstaltung Goethes Text zu lesen, reicht es also nicht, die von Stefan Zweig 1927 für den Reclam-Verlag besorgte Auswahl-Ausgabe GOETHES GEDICHTE zu benutzen, in der sich das Gedicht unter normalisiertem Titel und moderner Rechtschreibung in der seit 1789 gültigen Fassung findet. Wir müssen uns die Mühe machen und eine Bibliothek aufsuchen, um eine entsprechende Edition der Werke des jungen Goethe zu konsultieren – und entdecken mit den Unterschieden zwischen den Fassungen möglicherweise weitere interpretationsbedürftige Details.

Voraussetzung für diese Entdeckungen ist die Fähigkeit, einen Textes *genau* und *gründlich* zu lesen, ihn also **in seiner Gesamtheit und als Summe seiner Details zu beobachten**. Das bedeutet nicht, auf die Freude an Texten und ihrer Faszinationskraft zu verzichten. Im Gegenteil: In einer ersten Begegnung mit dem Text ist es nahezu unabdingbar, zu lesen (oder auch zu hören), um sich zu unterhalten, um Erfahrungen zu machen oder um sich an besonderen Formen der Sprachgestaltung zu begeistern. Über die Faszination hinausgehend, ist dann aber nach Verfahren und Techniken zu fragen, die diese Wirkungen auslösen. Dazu müssen wir *jede Eigenschaft* des Textes wahrnehmen und registrieren: Denn jedes Textelement – von abweichender Klein- oder Großschreibung bis zu den Namen handelnder Figuren – kann als Bedeutungsträger auftreten und muss als solcher erfasst und ausgewertet werden. Dazu erweisen sich Schrittfolgen als hilfreich, die wir bereits kennenlernten: Beschreibung der Sprachsituation, paraphrasierende Wiedergabe des Gelesenen und Übersetzung unverständlicher Wendungen sind die ersten Schritte, um sich innerhalb eines Textes zu orientieren und eine Bedeutungshypothese formulieren zu können. Diese Hypothese kann durch weitere Textbeobachtungen sowie durch Rückgriff auf **Kontextelemente** bestätigt oder zurückgewiesen werden – was es notwendig macht, diesen Kontext genau zu bestimmen.

Als **Kontext** gelten **alle Bezugselemente** eines literarischen Werkes, **die für seine Beschreibung und Erklärung** relevant sein können: von Beziehungen zwischen Teil und Ganzem des vorliegenden Textes über Relationen zu anderen Texten bis hin zu nichttextuellen Gegebenheiten wie den sozialen oder medientechnischen Bedingungen seiner Entstehungszeit. Wie bereits erläutert, sind der Bildung von Kontexten keine Grenzen gesetzt; ein Text bzw. Textelement kann prinzipiell mit allen anderen Textelementen oder nicht-textuellen Vorgängen verbunden werden, die seinem Leser oder Interpreten einfallen. Um die mögliche Willkür in Kontextbildung und -verwendung zu begrenzen, erweisen sich Segmentierungen und Individualisierungen als hilfreich, die sich entsprechend der Arten von Kontexten vornehmen lassen. Den *intratextuellen Kontext* bilden die Beziehungen eines Textteils zu anderen Ausschnitten desselben Textes, die entweder *thematischer* oder *sequentieller* Natur sind, also auf ein gemeinsames Thema oder auf vorangehende bzw. nachfolgende Elemente rekurrieren. Der *infratextuelle Kontext* besteht in der Beziehung eines Textabschnitts zum Textganzen; der *intertextuelle Kontext* realisiert sich als Beziehung eines Textes bzw. Ausschnitts zu bestimmten Textklassen (etwa als Zugehörigkeit zu einer literarischen Gattung) oder zu anderen Texten. Der *extratextuelle Kontext* umfasst die Beziehungen eines Textes zu nicht-textuellen Konstellationen und Begebenheiten – und reicht von materialen Konditionen der Verschriftlichung und drucktechnischen Reproduktion bis hin zur immateriellen Größe Einfluss.

Die Hinweise auf die Zusammenhänge von Text und Kontext lassen mehrere Folgerungen für einen ertragreichen Umgang mit literarischen Texten zu: (1) **Jeder Lesevorgang realisiert sich als Prozess der Verknüpfung von Text(ausschnitt)en mit anderen Texten bzw. Textausschnitten und nicht-textuellen Gegebenheiten** – wobei diese Kontextualisierungen zumeist implizit ablaufen und im Akt einer professionalisierten Lektüre bewusst zu machen sind. Verknüpfungsleistungen zwischen Texten bzw. Textklassen nehmen wir bereits vor, wenn wir aufgrund der besonderen typographischen Gestaltung eines Textes mit Zeilenbruch auf die Gattung „Gedicht" schließen. Wir bilden einen weitergehenden kontextuellen Zusammenhang, wenn wir das Subjekt der Einzelrede in einem Gedicht entdecken und alle Textelemente in Bezug zu dieser sprechenden Instanz bringen. Und wir stellen einen Text in einen nicht-textuellen Kontext, wenn wir nach den Erlebnissen und Begegnungen seines Autors zur Entstehungszeit dieses Textes fragen und dazu biographische oder autobiographische Erklärungen heranziehen.

(2) Realisiert sich Lesen als Verknüpfung von Text(ausschnitt)en und Kontext(element)en, so gewinnt bei einer professionalisierten Lektüre die **methodisch kontrollierte Kontextbildung und -verwendung** besondere

Bedeutung. Denn die Probleme des Umgangs mit Kontexten sind offensichtlich und ergeben sich aus den spezifischen Voraussetzungsverhältnissen, in denen der Kontext zum Text steht: Lassen wir uns bei der Ermittlung von Kontexten von einem vorgängigen Textverständnis leiten, dann bewegen wir uns in einem Zirkel – denn genau dieses Vorverständnis diktiert die Suche nach den textuellen bzw. nicht-textuellen Gegebenheiten, aus denen heraus der Text erklärt werden soll. Zugleich kann sich der Kontext als so weit und umfassend erweisen, dass er für die Interpretation eines Textes nicht spezifisch genug ist; er bietet dann zu wenig Informationen. (Ziehen wir etwa zur Erklärung von Goethes WILLKOMMEN UND ABSCHIED die Gesamtheit der zwischenmenschlichen Beziehungen des Autors bis 1771 heran, dann ist dieser Kontext eindeutig zu groß – er muss eingeschränkt und spezifiziert werden.)

(3) Zur **Ermittlung von Kontextelementen** können wir auf vorliegende Materialien zurückgreifen. Diese Materialien erweisen sich als z.T. überaus umfangreich: Sie reichen von Informationen zur Entstehungs- und Überlieferungsgeschichte des Textes über Selbstdeutungen des Autors bis zu Erläuterungen sozialhistorischer, kultureller u. a. Rahmenbedingungen der Textgenese. Im Verbund mit weiteren Analysen und Erklärungen des Textes bilden diese Materialien die Sekundär- bzw. Forschungsliteratur zu einem Thema. Suchen wir nach diesen schon vorliegenden Wissensbeständen, steht eine zentrale Aufgabe literaturwissenschaftlicher Praxis an: die **Recherche**. Als *systematische Ermittlung* der existierenden (und zugänglichen!) Forschungsliteratur zu einem Thema setzt ein erfolgreiches Recherchieren genaue Vorstellungen über das voraus, was gesucht wird – ansonsten findet man entweder nichts oder ertrinkt in der Flut von Informationen. Hilfreich ist deshalb die schriftliche Fixierung einer möglichst genauen *Themenstellung*, die in Form einer Frage formuliert sein kann und sich durch den Anschluss weiterer und genauerer Fragen zu einem *Fragenkatalog* erweitern lässt. Liegt ein umfassender und möglichst präziser Fragenkatalog vor, kann die eigentliche Recherchetätigkeit beginnen und unterschiedliche Träger von Informationen nutzen:

-      **Bibliographien**, die als systematische Verzeichnisse von Veröffentlichungen das in einem spezifizierten Zeitraum erschienene Schrifttum rubrizieren; zentral für germanistische Belange ist die von Hanns W. Eppelsheimer begründete und Clemens Köttelwesch fortgeführte BIBLIOGRAPHIE DER DEUTSCHEN SPRACH- UND LITERATURWISSENSCHAFT, die Neuerscheinungen periodisch in Jahresbänden erfasst und auch als CD-ROM vorliegt (weitere bibliographische Nachschlagewerke finden sich im Anhang);

- **Sachwörterbücher und Lexika,** unter denen das in drei Bänden vorliegende REALLEXIKON DER DEUTSCHEN LITERATURWISSENSCHAFT zu empfehlen ist, das neben Begriffsexplikation, Wortgeschichte, Begriffsgeschichte, Sachgeschichte und Forschungsgeschichte wichtige weiterführende Literaturangaben zum jeweiligen Gegenstand liefert;
- **Grundlagen- und Überblicksdarstellungen** zu Autoren, Texten und Gattungen, die entweder in der Form von Monographien (etwa in der SAMMLUNG METZLER, in der Reihe LITERATURSTUDIUM des Reclam-Verlages) oder im Anhang zu Studien- sowie Historisch-kritischen Ausgaben erscheinen und weiterführende Angaben von Sekundärliteratur enthalten;
- **Literaturgeschichten,** die den historischen Zusammenhang der literarischen Kommunikation darstellen und Informationen zur Kontextualisierung von Texten enthalten;
- **biographische Nachschlagewerke und allgemeine Lexika,** die wie etwa die ALLGEMEINE DEUTSCHE BIOGRAPHIE (ADB) oder die NEUE DEUTSCHE BIOGRAPHIE (NDB) über die personalen Urheber literarischer Texte sowie über allgemeine Hintergründe informieren; als hilfreich erweisen sich (ebenfalls im Anhang aufgelistete) ältere Lexika, die eine oftmals erstaunliche Einsicht in den Erkenntnisstand ihrer Entstehungszeit vermitteln und für die Rekonstruktion des Bewusstseinsstandes von Autoren und Publikum von nicht zu unterschätzender Bedeutung sein können.

Da ein großer Teil dieser und weiterer Informationsträger inzwischen in digitaler Form auf CD-ROM und/oder im WWW vorliegt, sollten diese Medien für Recherchezwecke unbedingt genutzt werden. Um sich mit den vielfältigen Möglichkeiten der Arbeit mit Datenbanken und Internet-Quellen vertraut zu machen, erweist sich die Teilnahme an Bibliothekseinführungen als günstig – denn in nahezu allen Bibliotheken finden sich Computer mit entsprechenden Zugangsmöglichkeiten. Die Einführung in die computergestützte Bibliotheksbenutzung erweist sich auch deshalb als notwendig, weil Universitäts-, Landes- und Staatsbibliotheken ihre Bestände elektronisch im lokalen OPAC (Online Public Access Catalogue) katalogisieren und so die rasche Ermittlung und Bestellung von Primärtexten und Sekundärliteratur erlauben.

Sind Texte und Kontexte auf diese Weise recherchiert und erhalten, gründlich gelesen und in Beziehung gesetzt, kann der nächste Schritt folgen – der Austausch darüber, was gelesen und verstanden wurde. Dieser Austausch geschieht in der Regel im Seminar – als Wortmeldung, Diskussionsbeitrag oder Referat. Gemeinsam ist allen diesen Formen ihre Grundlage: das Reden.

2 Reden

Werden im Prozess des Lesens Beobachtungen gemacht, durch wiederholte Lektüre verdichtet und mit anderen Text- bzw. Kontextelementen
verbunden, lassen sich Wissensansprüche formulieren. Diese Behauptungen mit einem bestimmten Geltungsanspruch können sich auf unterschiedliche Aspekte literarischer Texte und ihre Zusammenhänge beziehen: Auf Inhalte und Formen, mediale Voraussetzungen und historische
Wirkungen, gattungstypische Figurationen und epochenübergreifende
Verlaufsformen... Die Formulierung und Begründung von Wissensansprüchen wird im universitären Seminar geübt, in dessen Rahmen
zugleich der kommunikative Austausch über gewonnene Erkenntnisse vor
sich geht. Das heißt nichts anderes, als dass wir unsere Beobachtungen an
Texten und Kontexten **mitteilen** und **diskutieren** – um weitere Klarheit
zu gewinnen, unsere Behauptungen kritischer Prüfung zu öffnen und sie
gegebenenfalls modifizieren und präzisieren zu können. Wir müssen also
über unsere Erkenntnisse reden: in Form von Seminarreferaten, Diskussi-
onsbeiträgen, Prüfungsvorträgen.

Eine zentrale Form zur mündlichen Vorstellung unseres Wissens sind
Referate, also Vorträge auf Basis schriftlicher Ausarbeitungen, die in Se-
minarsitzungen vorgetragen werden und sich an die Kommunikationsgemeinschaft der Seminarteilnehmer richten. Referate können die Grundlage für spätere schriftliche Hausarbeiten bilden (müssen es aber nicht). Als
gruppenspezifisch adressierte Sprechakte müssen sie sich aber auf ihr Publikum einstellen – und also das thematische Interesse und den Informati-
onsstand der zuhörenden Seminarteilnehmer berücksichtigen. Ebenfalls
zu beachten sind Grenzen auf Seiten des Vortragenden wie auf Seiten der
Zuhörer: Die Zeit des Vortrags ist ebenso limitiert wie die Aufnahme-
fähigkeit des Publikums. Nicht zuletzt kann ein Referat (schon aufgrund
seiner zeitlichen Begrenzungen) niemals den gesamten Kenntnisstand ab-
bilden – es soll vielmehr in ein Thema einführen, bestimmte Einsichten
präsentieren und zur Diskussion anregen.

Diese Rahmenbedingungen lassen mehrere normative Folgerungen für
die Zielstellung und den Aufbau überzeugender Referate (aber auch anderer mündlicher Darstellungen) zu:

-    Als mündliche Darstellung ist ein Referat mehr als nur ein Vortrag von
     Fakten auf der Basis eines schriftlichen Textes: Es soll bislang gewonnene
     Einsichten vermitteln, offene Fragen artikulieren und zum gemeinsamen
     Mit- und Weiterdenken anregen.

- Verknappung, Verdichtung und Herstellung exemplarischer Prägnanz sind notwendige Strategien, um den Limitationen eines mündlichen Vortrags gerecht zu werden; Zuspitzungen und Polaritätskonstruktionen sind zulässig (wenn auf deren verkürzenden Charakter hingewiesen wird).

- Nach knapper Vorstellung der generellen Thematik und der Vorgehensweise bieten Detailbeobachtungen oder paradigmatische Beispiele einen „Einstieg", von denen zur Behandlung größerer Zusammenhänge (mit definitorischen Klärungen und historischen Differenzierungen) übergegangen werden kann.

- Ein Thesenpapier zur Unterstützung des Referats erweist sich dann als hilfreich, wenn es knapp und konzentriert die wichtigsten Informationen aufführt und auch Quellen- und Literaturhinweise nicht vergisst.

Ein gelungenes Referat besteht weniger in der Ausbreitung von unproblematischen Kenntnissen (die natürlich präsent sein müssen), als vielmehr darin, Anregungen für ein gemeinsames Nachdenken zu geben, von dem alle Seminarteilnehmer – und nicht zuletzt der Referent selbst – profitieren können. Denn gerade der Veranstaltungstyp des Seminars beruht auf dem dialogischen Prinzip, das Fragehorizonte eröffnet und Lösungswege weist. Im Seminar steht der *Prozess der Aneignung und Diskussion von Wissen* im Mittelpunkt, der notwendig unabgeschlossen und fortsetzungsbedürftig bleibt. Im Unterschied dazu strebt der Lehrveranstaltungstyp Vorlesung die Präsentation umfassender Informationen an. In der Verbindung von systematisch angelegten Vorlesungen, intensivem Textstudium (ob im stillen Kämmerlein oder in der Bibliothek) und aktiver Beteiligung am Seminargeschehen können Wissensbestände und Fertigkeiten akkumuliert werden, die zu überzeugenden schriftlichen Haus- und Examensarbeiten führen und Prüfungen frustrationsfrei bestehen lassen.

3 Schreiben

Beobachtungen und Erklärungen müssen fixiert und mitgeteilt werden, wenn das Gesehene und Erkannte nicht verloren gehen soll. Referat und Diskussionsbeitrag im Seminar kommunizieren Erkenntnisse *mündlich* und richten sich an die mehr oder weniger bekannten Seminarteilnehmer. Haus- und Examensarbeiten legen Beschreibungen, Deutungen und Erklärungen *schriftlich* dar und wenden sich an einen vorinformierten Leser – in der Regel den beurteilenden Seminarleiter. Dieser Leser vertritt ein anonymes wissenschaftliches Publikum, das zwar nicht diskutierend eingreifen kann, dafür aber von den Grenzen der hörenden Aufnahme befreit ist: Ein schriftlich vorliegender Text bleibt dauerhaft verfügbar, er kann also ohne Rücksicht auf rezeptionsabhängige Einschränkungen einen Sachverhalt systematisch entwickeln und vertieft untersuchen.

In der **systematischen Entwicklung eines Sachverhalts** besteht die Aufgabe einer schriftlichen Hausarbeit. Sie entfaltet, diskutiert und löst (zumindest ansatzweise) ein Problem – um eine konkrete Aufgabe zu bewältigen und zugleich die eigenen Fähigkeiten im Umgang mit wissenschaftlichen Verfahren unter Beweis zu stellen. In ihrem wissenschaftlichen Anspruch gehen Hausarbeiten über Referate und andere mündliche Leistungen im Seminargeschehen hinaus. Schriftliche Darstellungen haben die verwendeten Begriffe und genutzten Argumentationen explizit zu machen, während sie für mündliche Darstellungen zwar erarbeitet, jedoch nicht unbedingt ausgesprochen werden müssen. Klarheit, Schlüssigkeit der Argumentation und sachliche Angemessenheit bilden vorrangige Maßstäbe zu ihrer Beurteilung; hinzu kommen Kriterien wie Qualität und Vollständigkeit der Materialerschließung, Kenntnis und adäquate Anwendung der Fachterminologie, Beachtung philologischer Standards wie etwa der korrekte Nachweis von Quellen und Zitaten. Von zentraler Bedeutung aber sind *Fähigkeiten zur Entwicklung und geradlinigen Verfolgung einer Problem- oder Fragestellung* – wozu die selbständige (bzw. mit dem Seminarleiter abgesprochene) Formulierung eines Themas, die Erfassung der mit ihm verbundenen Aspekte sowie die Ermittlung entsprechender Primär- und Sekundärliteratur gehört.

Die Ansprüche an die Abfassung schriftlicher Arbeiten sind also hoch. Sie umfassen (a) Anforderungen, die mit dem Erwerb von Wissen und seinem Einsatz zur Entfaltung eines Problems verbunden sind, (b) Anforderungen an eine adäquate sprachliche Formulierung und Präsentation dieses Wissens und (c) den Adressatenbezug und die damit verbundenen rhetorischen Anforderungen. Zu beachten bleibt, dass diese Anforderungen nicht selbständig und unabhängig voneinander bewältigt werden können. Wissen, Sprache und Kommunikation bilden die untrennbar miteinander verbundenen Dimensionen schriftlicher Äußerungen, in denen Probleme bzw. Problemzusammenhänge in systematischer Weise dargestellt werden.

Die nachfolgenden Hinweise für die Anfertigung schriftlicher Arbeiten stellen keine umfassende Einführung in das wissenschaftliche Schreiben dar. Sie erläutern nur knapp die zentralen Aspekte jener philologischen Praxis, die für viele Studierende noch immer eine Herausforderung darstellt. Die vier Abschnitte orientieren sich an der Abfolge des Arbeitsprozesses:

(a) Wahl des Themas;
(b) Sammlung und Ordnung des Materials;
(c) Gliederung und Ausarbeitung der schriftlichen Darstellung;
(d) Formulierung unter Berücksichtigung formaler Standards.

(a) Ist das **Thema der schriftlichen Arbeit** vom Seminarleiter nicht vorgegeben, beginnt die erste Anstrengung. Ein Problem bzw. Problemzusammenhang ist selbständig zu finden und möglichst genau zu formulieren. Dabei können eigene Interessen oder Vorkenntnisse ebenso berücksichtigt werden wie Verbindungen zu anderen Fachgebieten, z. B. des Nebenfaches. Grundsätzlich gilt: *Je begrenzter das Gebiet* und *je präziser das Thema formuliert ist, um so besser lässt es sich bearbeiten.* Die Gründe dafür liegen auf der Hand: Die Beschäftigung mit nur einem Aspekt (eines Textes, einer Text-Kontext-Beziehung oder einer historischen Konstellation) erlaubt ein tieferes Eindringen als die Thematisierung vieler Probleme; die tendenziell unüberschaubare Fülle von Sekundärliteratur wird begrenzt. Zugleich sollten arbeitsökonomische Überlegungen berücksichtigt werden. Man verbraucht einfach zu viel Zeit, wenn man über ein Thema schreibt, dem man beziehungs- und ahnungslos gegenübertritt und dessen wichtigste Sekundärtexte in einer nicht beherrschten Fremdsprache erschienen sind. Basiert die Hausarbeit auf einem bereits gehaltenen Referat, kann das einen Vorteil bedeuten. Denn möglicherweise stellte der Auftritt im Seminar ein erstes Arbeitsergebnis zur Diskussion, die auf neue Aspekte hinwies und die ihrerseits eine schriftliche Fassung beeinflussen und bereichern können. Ist ein Thema gefunden, kann der Seminarleiter konsultiert und um Bestätigung sowie um Ratschläge und Hinweise gebeten werden. Auch für diesen erweist es sich als hilfreich, wenn nicht nur drei Begriffe präsentiert werden, sondern eine knappe und konzise Gliederung die gewählte Themenstellung entwirft und die Richtung der Überlegungen markiert.

(b) Das – möglichst begrenzte und präzise formulierte – Thema der schriftlichen Arbeit leitet die **systematische Sammlung und Ordnung des Materials** an. Dabei helfen die Schritte, die bereits der Abschnitt „Lesen und Recherchieren" aufführte. Die Themenstellung der Arbeit ist als Frage zu formulieren, die durch weiterführende Fragestellungen differenziert und verfeinert werden kann. So entsteht ein *Fragenkatalog*, mit dem sich auf die Suche gehen lässt: Nach *Primärtexten* in zuverlässigen Editionen (wobei Historisch-kritische Ausgaben zu empfehlen sind, die sich in Instituts-, Universitäts- und Landesbibliotheken finden); sodann nach *Sekundär- oder Forschungsliteratur* in Bibliographien, Sachwörterbüchern, Grundlagen- und Überblicksdarstellungen, Literaturgeschichten sowie in wissenschaftlichen Zeitschriften. (Eine Auflistung der wichtigsten Werke dieser Sparten findet sich im Anhang.) Bereits jetzt sollten gefundene sowie noch zu suchende Werke in einer Bibliographie aufgeführt werden. Mit welchen technischen Hilfsmitteln das geschieht, bleibt jedem selbst überlassen: Klassische Karteikarten eignen sich ebenso wie Literaturverwaltungsprogramme für den PC. Mit den bibliographischen Daten des Buches können Notizen und Zitate vermerkt werden, die sich auch dann benutzen lassen, wenn das Buch wieder zurück- und die Hausarbeit abgegeben wurde.

(c) Nach Themenwahl, Aufstellung eines Fragenkatalogs und Ermittlung relevanter Literatur kann die **Ausarbeitung der schriftlichen Arbeit** in Angriff genommen werden. Eine Auflistung von Fragestellungen strukturiert das weitere Vorgehen, das auf die Darstellung, Entfaltung und Lösung eines Problemzusammenhangs zielt. Die Auflistung von Fragen kann als *Gliederung* dienen, deren orientierende Leistungen umso besser ausfallen, je genauer sie formuliert sind. In dieser Funktion sollte die Gliederung beständig präsent sein und befolgt werden; im günstigen Fall bildet sie das spätere Inhaltsverzeichnis. Ist eine Gliederung formuliert, kann eine vorläufige *Einleitung* niedergeschrieben werden. Vorläufig bleibt diese Einleitung, weil sie jederzeit wieder geändert werden kann – sie trägt also einen prospektiven und zwangsläufig revisionsbedürftigen Charakter. Gleichwohl kommt ihr eine wichtige Rolle zu: In ihrer endgültigen Fassung soll sie nicht weniger als eine überzeugende Einführung in das Thema und eine knappe Darstellung der wichtigsten Thesen bieten. Zugleich müssen die primär behandelten Aspekte eines Problems kurz erläutert und von anderen, sekundären Aspekten abgegrenzt werden. Außerdem sind Verfahren und Vorgehensschritte zu benennen. Um es knapp zu sagen: Der Leser der Einleitung muss sich ein Bild machen können, was die Arbeit leisten und was sie nicht leisten will. Liegt eine vorläufige Einführung vor, kann entsprechend des klassischen Dreierschemas *Einleitung – Haupt-*

teil – *Schluss* die Arbeit niedergeschrieben werden. Der *Hauptteil* enthält die ausführliche Darstellung und Diskussion des Themas; im *Schlussteil* folgen Zusammenfassung, Fazit und Ausblick. Dazu werden die wichtigsten Erkenntnisse nochmals kurz formuliert und mit den in der Einleitung aufgestellten Hypothesen verglichen. Die Aufführung ungelöster Probleme offeriert Anschlussmöglichkeiten für weitergehende Überlegungen.

Die überzeugende Ausformulierung von Beobachtungen, Behauptungen und Argumenten stellt eine komplexe Tätigkeit dar, die nur schwer operationalisiert und vermittelt werden kann. Auch wenn zahlreiche stilistische Imperative vorliegen, erfordert jede schriftliche Darstellung das je eigene Herangehen eines denkenden und schreibenden Akteurs. Deshalb sind an dieser Stelle nur knappe Hinweise möglich.

- Die vorgelegten Beobachtungen und Behauptungen müssen nachvollziehbar sein; Argumentationsgänge sind schrittweise und ohne zu große Leerstellen aufzubauen.
- Beobachtungen und Behauptungen sollten Interesse finden; langatmige Exkurse und Wiederholungen tragen dazu wenig bei.
- Fachtermini bringen Beobachtungen auf den Begriff und erweisen sich als hilfreich, wenn ihr Gebrauch angemessen und verständlich bleibt.

(d) Die **endgültige Gestaltung der Arbeit unter Berücksichtigung formaler Standards** setzt die Kenntnis und Anwendung von Normen voraus, die sowohl den Aufbau wie den Umgang mit verwendeten Quellen regeln. Akzeptanz und Einhaltung dieser Richtlinien sichern nicht nur die Möglichkeit, die aufgestellten Wissensansprüche überprüfen zu können. Sie stabilisieren zugleich einen Umgang mit Phänomenen, der sich von anderen Zugangsweisen unterscheidet – und tragen so zur Tradierung wissenschaftlicher Tätigkeit bei. Die hier aufgelisteten Regeln zum Aufbau schriftlicher Arbeiten folgen dem Leitfaden LITERATURWISSENSCHAFTLICHE PRAXIS, der von Mitarbeitern des Instituts für deutsche Literatur der Humboldt-Universität zu Berlin zusammengestellt wurde und sich im Studienalltag bewährte.

Aufbau. Schriftliche Arbeiten (Hausarbeiten, Examens- und Magisterarbeiten) sollten in dieser Folge enthalten:
- Deckblatt;
- Inhaltsverzeichnis;
- Textteil (bestehend aus Einleitung, Hauptteil und Schluss);
- Anmerkungsapparat;
- Verzeichnis benutzter Abkürzungen und Siglen (falls vorhanden);
- Literaturverzeichnis.

Das Deckblatt. Auf dem Deckblatt von schriftlichen Hausarbeiten müssen folgende Informationen gegeben werden:

Kopf der Seite:	Universität Institut Art und Titel der Veranstaltung Name der Dozentin/des Dozenten Semester
Seitenmitte:	**Titel der Arbeit** **eventuell Untertitel**
Fuß der Seite:	Name der Verfasserin/ des Verfassers: Studienfächer: Adresse: Matrikel-Nr.: Telefon/ E-Mail:

Das Inhaltsverzeichnis. Im Inhaltsverzeichnis erscheint eine Übersicht über die Gliederung der Arbeit (Einleitung, Hauptteil, Schluss, Bibliografie und ggf. Anhang). Dabei wird in der Regel nur der Hauptteil in Kapitel mit Kapitelüberschriften unterteilt. Diese werden, insbesondere bei längeren Arbeiten, einzeln aufgeführt. Hinter jedem der Gliederungsteile, also auch hinter den Kapitelüberschriften, werden am rechten Seitenrand die entsprechenden Seitenzahlen angegeben. Das Inhaltsverzeichnis selbst erhält keine Seitenzahl. Kapitelüberschriften des Verzeichnisses müssen im Text als Überschriften wiederholt werden. Die einzelnen Kapitel werden in der Regel (arabisch oder römisch) nummeriert, können aber auch mit Buchstaben oder Buchstaben-Zahlen-Kombinationen versehen werden. Wichtig dabei ist ihre Einheitlichkeit und eine erkennbare hierarchische Ordnung, d. h. eine dem Inhalt entsprechende Einteilung des Textes in übergeordnete Teile und Unterkategorien, die sich auch in der Nummerierung niederschlagen sollte.

Der Textteil. Die Seitenzählung beginnt mit der ersten Textseite. Der Text sollte in einer gut lesbaren Schriftgröße (12) mit 1½fachem Zeilenabstand geschrieben sein, längere Zitate eingerückt mit einfachem Zeilenabstand und in einem kleineren Schriftgrad. Fußnoten bzw. Anmerkungen sind ebenfalls einzeilig geschrieben und kleiner gesetzt (in der Regel in Schriftgröße 10). Günstig ist es, die beschriebenen DIN A4-Blätter mit einem Korrekturrand von ca. 4 cm zu versehen. Wie erwähnt, gliedert sich der Textteil in Einleitung, Hauptteil, Schluss. In der Einleitung werden Gegenstand und Fragestellung der Arbeit skizziert und begründet. Hier kann auch ein – je nach Gegenstand und Umfang der Arbeit mehr oder weniger kurzer – Forschungsüberblick gegeben werden. Im Textteil folgt die Analyse und/oder Interpretation des gewählten Materials in Auseinandersetzung mit der Forschungsliteratur. Der Schluss beinhaltet eine Zusammenfassung der Analyse samt ihrer Ergebnisse und die Beantwortung oder neue Perspektivierung der eingangs gestellten Fragen.

Nachweise und Anmerkungen. Alle aus Primär- oder Forschungsliteratur übernommenen Aussagen – seien es Zitate, Argumentationsgänge, Thesen, Daten, Fakten oder Einschätzungen – müssen als Übernahmen kenntlich gemacht und nachgewiesen werden. Solche Nachweise, ebenso wie Anmerkungen und kleinere Kommentare können als *Fußnoten* am Ende jeder Seite oder als *Endnoten* am Ende des Textteils gemacht werden. Wird mit Endnoten gearbeitet, müssen diese durchnummeriert sein und vor dem Literaturverzeichnis in einem gesonderten Teil erscheinen. Fußnoten werden unten auf der entsprechenden Seite aufgeführt. Bei langen Arbeiten kann die Fußnotenzählung in jedem Kapitel neu beginnen, um Anmerkungen der Größenordnung [1042] zu vermeiden. Fußnoten und Endnoten werden in ein einem kleineren Schriftgrad und einzeilig geschrieben. Anmerkungen sind im laufenden Text mit einer hochgestellten arabischen Ziffer – allein[1] oder mit runder Klammer[1)] – gekennzeichnet, möglichst ebenfalls in einem kleineren Schriftgrad.

Zitieren. Jedes Zitat muss, wenn es nicht eingerückt ist, mit Anführungszeichen „..." gekennzeichnet werden. Bei eingerückten Zitaten entfallen Anführungszeichen. Der zitierte Text muss exakt wiedergegeben werden, d. h. buchstaben- und satzzeichengetreu. Auch veraltete oder fehlerhafte Schreibweisen müssen übernommen werden, können aber mit einem nachgestellten [sic!] gekennzeichnet werden. Hervorhebungen im Originaltext wie etwa Sperrdruck, Kursiva, Unterstreichung etc. sind ebenfalls zu übernehmen. Sperrungen, Unterstreichungen oder andere Hervorhebungen, die vom Verfasser der Arbeit im Text eines Zitats erfolgen, müssen als eigene Hervorhebungen markiert werden – etwa in der Form „Hervorhebung von mir, xy" innerhalb der Anmerkung. Alle Veränderungen, die man im zitierten Text vornimmt, stehen in eckigen Klammern. Das gilt für Hinzufügungen ebenso wie für Auslassungen und Veränderungen (etwa der Orthografie, des Kasus, Numerus o.ä.) Man zitiert Forschungsliteratur und Primärtexte immer aus der originalen Publikation, vermeidet also Fremdzitate. Sollte eine Originalpublikation nicht verfügbar sein, ist der Zusatz „Zitiert nach: ..." erforderlich. Auch hier sollte die Seitenzahl nicht vergessen werden.

Wenn ein Text zitiert wird, der selbst doppelte Anführungszeichen („...") enthält (Zitate, wörtliche Rede o.ä.), dann werden diese mit einfachen Anführungszeichen wiedergegeben (,...'), enthält er einfache (,...'), werden sie durch (>...<) ersetzt. Zitatteile müssen ebenfalls in Anführungszeichen gesetzt und so in den Text integriert werden, dass der entstehende Satz alle Regeln der Orthografie und Zeichensetzung befolgt. Längere Zitate setzt man der Übersichtlichkeit halber vom Text ab, indem man sie einrückt, einzeilig, in einen kleineren Schriftgrad und/oder kursiv setzt. Zitate über mehr als eine Seite fügt man in der Regel als Anlage der Arbeit bei und verweist in einer Anmerkung darauf. Wird aus demselben Werk in der Arbeit mehrfach zitiert, so sollte die erste Nennung alle Angaben enthalten; bei weiterer Nennung genügen Verfasser- bzw. Herausgebername, Kurztitel, Seitenzahl. Wird aus demselben Werk mehrfach direkt hintereinander zitiert (und nur dann!), kann man die Angabe durch ebenda (ebd.) abkürzen. Zitate aus ungedruckten Quellen werden mit den Siglen des jeweiligen Archivs nachgewiesen, einschließlich Blatt- bzw. Seitenangaben. Auch hier sollte die erste Angabe vollständig mit Verweis auf das im Folgenden verwendete Kürzel aufgeführt werden.

Will man in einer Anmerkung auf einen Text verweisen, aber nicht auf bestimmte Seiten, sind die Kürzel „vgl." oder „vgl. auch" oder „vgl. dazu", „siehe" oder „siehe auch" vor die Literaturangabe zu setzen. In die Anmerkungen können auch kurze Verweise, Erläuterungen, Kommentare, Wertungen aufgenommen sowie auf andere Zitate oder Materialien verwiesen werden. Wird in der Anmerkung selbst ein Text zitiert, dann muss der Quellennachweis direkt hinter dem Zitat folgen.

Quellen- und Textverweise. Im Literaturverzeichnis müssen die Text- oder Quellenangaben vollständig sein. In den Anmerkungen können Texte und Quellen mit einem problemlos entschlüsselbaren Kürzel angegeben werden – etwa durch Autornamen und Kurztitel oder Autornamen und Erscheinungsjahr. Dieses Kürzel muss mit Hilfe des Literaturverzeichnisses unmittelbar und ohne Verwechslungsmöglichkeiten auflösbar sein. Natürlich darf auch in diesem Verfahren bei Zitatbelegungen oder direkten Textverweisen die Seitenzahl nicht fehlen. Um Leserinnen und Lesern übermäßiges Blättern zu ersparen und um Missverständnisse zu vermeiden, empfiehlt es sich jedoch, auch in den Anmerkungen die erste Angabe der Quelle vollständig aufzuführen. Die Angabe des Verlages von Monografien, Sammelbänden, Lexika oder Zeitschriften ist grundsätzlich fakultativ. Die einzige Ausnahme bilden Ausgaben aus dem 16. und 17. Jahrhundert, bei denen die Nennung des Verlages eine wichtige Information darstellt. Der vorgestellte Nachname macht nur im Literaturverzeichnis Sinn – weil hier alphabetisch geordnet wird. In Anmerkungen kann die normale Namensfolge benutzt werden.

Quellen- oder Textangaben in Anmerkungen oder Literaturverzeichnis haben entsprechend der Textsorte eine unterschiedliche Form. *Monografien* werden nach folgendem Muster angegeben: Vorname Name des Autors: Titel. Untertitel. Ort Jahr, Seite(n) – wobei Seitenzahlen nur in den Anmerkungen, nicht im Literaturverzeichnis aufzuführen sind. Falls es sich nicht um die Erstauflage handelt, muss zusätzlich die Ausgabe angegeben werden.

> Jochen Schmidt: Goethes Faust. Erster und Zweiter Teil. Grundlagen – Werk – Wirkung. München 1999, S. 84.

Angaben von Aufsätzen aus **Sammelbänden** folgen dem Schema: Vorname Name des Autors: Titel. Untertitel. In: Vorname Name (Hrsg.): Titel des Bandes. Ort Jahr (evtl. Reihentitel mit Nummer), Seiten. Wird aus dem Beitrag zitiert, muss in der Anmerkung die genaue Seitenangabe folgen. Sind Monografien oder Sammelbände innerhalb einer Reihe erschienen, kann man der Vollständigkeit halber diese Reihen samt entsprechender Bandzahl mit angeben. Sie wird dann in runde Klammern an das Ende der Angabe gesetzt.

> Herbert Jaumann: Iatrophilologia. Medicus philologus und analoge Konzepte in der frühen Neuzeit. In: Ralph Häfner (Hrsg.): Philologie und Erkenntnis. Beiträge zu Begriff und Problem frühneuzeitlicher ‚Philologie'. Tübingen 2001 (= Frühe Neuzeit Bd. 61), S. 151-176, hier S. 155.

Zeitschriftenartikel und **Publikationen in Jahrbüchern** nimmt man folgendermaßen in Anmerkung oder Literaturverzeichnis auf: Vorname Name des Autors: Titel. Untertitel. In: Zeitschriften- bzw. Jahrbuchtitel Jahrgangsnummer (Jahr), Seiten.

> Hans-Jürgen Schings: ‚Wilhelm Meister' und das Erbe der Illuminaten. In: Jahrbuch der Deutschen Schillergesellschaft 43 (1999), S. 123-147.

Heftnummern von Zeitschriften werden nur angegeben, wenn die Seitenzählung nicht wie üblich durchläuft, sondern in jedem Heft neu beginnt. In diesem Fall wird die Heftnummer hinter die Jahreszahl gesetzt.

Bei **Werkausgaben** muss, anders als bei den bisher besprochenen Veröffentlichungsformen, die Art der Ausgabe ganz genau angegeben werden. Sie beginnt immer mit dem Namen des Primärautors, dann folgt der Titel der Ausgabe wie etwa „Werke", „Sämtliche Werke" oder „Gesammelte Schriften" mit allen Spezifizierungen der Ausgabe wie etwa „große, kommentierte Ausgabe" oder „historisch-kritische Ausgabe" mit der Anzahl der Bände. Dann folgen der/die Herausgeber, Erscheinungsort(e) und Jahr(e). Bei mehr als drei Herausgebern wird meist nur der erste genannt und ein „u. a." hinzugefügt.

> Friedrich Nietzsche: Sämtliche Werke. Kritische Studienausgabe in 8 Bänden. Hrsg. von Giorgio Colli und Mazzino Montinari. München, Berlin, New York 1980.

Oft haben einzelne Bände von Werkausgaben eigene Herausgeber. Wird ein Einzelband zitiert oder aufgeführt, ist dieser Band mit seinen Herausgebern, dem Erscheinungsort und -jahr die eigentlich wichtige Angabe. Deshalb werden diese Daten mitgeteilt, nachdem der Titel der Gesamtausgabe angegeben wurde. Wichtig ist dabei die Nennung von Band- und ggf. Abteilungszahl.

> Johann Wolfgang Goethe: Sämtliche Werke nach Epochen seines Schaffens (Münchner Ausgabe). Hrsg. von Karl Richter u. a. Bd. 13.1: Die Jahre 1820-1826. Hrsg. von Gisela Henckmann und Irmela Schneider. München 1992.

Literaturverzeichnis. Das Literaturverzeichnis gehört zu jeder wissenschaftlichen Arbeit. Hier werden alle Titel aufgeführt, die für die Arbeit herangezogen wurden (und zwar nur diese!), auch wenn nicht direkt aus ihnen zitiert wurde. Das schließt Artikel in Lexika, Nachschlagewerken, Hand- oder Wörterbüchern ebenso ein wie Vor- oder Nachworte von Sammelbänden, Einzel- oder Werkausgaben. Das Verzeichnis kann nach unterschiedlichen Kategorien geordnet werden. Die gängigste Einteilung ist die nach Primär- und Sekundärliteratur. Auch eine Differenzierung nach Art der Publikation kann sinnvoll sein. Wird beispielsweise mit Archivmaterial gearbeitet, kann man die Primärliteratur nach gedruckten und ungedruckten Quellen sortieren. Auch Lexika und Wörterbücher werden in der Regel gesondert aufgeführt. Bei umfangreichen Arbeiten bietet sich zudem eine Ordnung nach Sachgebieten an. Eine alphabetische Reihenfolge innerhalb dieser Kategorien erweist sich als günstig. Im Literaturverzeichnis müssen alle Werke vollständig aufgeführt werden. Die Angabe des Verlages ist auch hier fakultativ – wiederum mit der Ausnahme von Ausgaben aus dem 16. und 17. Jahrhundert.

Grundsätzlich gilt für die Form bibliografischer Angaben – also für die Wahl und Verteilung von . , ; / (), für den Gebrauch von Kursiva u.ä. – die oft geäußerte, doch nur wenig befriedigende Regel: Hauptsache einheitlich! Falls Unsicherheiten bestehen, kann zu einer eingeführten Bibliographie gegriffen und diesem Beispiel gefolgt werden.

Was eingeführte Bibliographien wie auch alle anderen Hilfsmittel für ein möglichst erfolgreiches und frustrationsarmes Studium jedoch nicht abnehmen können, ist eine Tätigkeit, mit deren Beschreibung das vorliegende Studienbuch begonnen hat: Das Lesen als Entdecken.

Anhang

Sekundärliteratur für das Studium

Diese Angaben dienen einer ersten und allgemeinen Orientierung und sind in Sachgruppen unterteilt. Eine Bewertung der in Niveau und Aktualität unterschiedlichen Titel wird nicht vorgenommen; auch Vollständigkeit ist nicht angestrebt. Einige aufgeführte Titel werden im Buchhandel nicht mehr erhältlich oder unerschwinglich sein, in Bibliotheken sind sie jedoch sicher zu finden.

BIBLIOGRAPHIEN

Bibliographie der deutschen Sprach- und Literaturwissenschaft. Begründet von Hanns W. Eppelsheimer, fortgeführt von Clemens Köttelwesch und Bernhard Koßmann, hrsg. von Wilhelm R. Schmidt. Frankfurt/M. 1957ff.

Bibliographisches Handbuch der deutschen Literaturwissenschaft 1945-1969/72. Hrsg. von Clemens Köttelwesch. 3 Bde. Frankfurt/M. 1973-79

Bibliographisches Handbuch des deutschen Schrifttums. Hrsg. von Josef Körner. Unveränderter Nachdruck der dritten, völlig umgearbeiteten und wesentlich vermehrten Auflage. Bern und München 1966

Erstausgaben deutscher Dichtung. Eine Bibliographie zur deutschen Literatur 1600-1990. Von Gero von Wilpert, Adolf Gühring. 2. Aufl. Stuttgart 1992

Germanistik. Internationales Referateorgan mit bibliographischen Hinweisen. Tübingen 1960ff.

Grundriß zur Geschichte der deutschen Dichtung. Aus den Quellen hrsg. von Karl Goedeke. Dresden 1884ff. Neue Folge, hrsg. durch die Akademie der Wissenschaften der DDR. Berlin 1966ff.

Handbuch der Editionen. Deutschsprachige Schriftsteller vom Ausgang des 15. Jahrhunderts bis zur Gegenwart. Hrsg. von Waltraud Hagen u. a. Berlin 1979

Internationale Bibliographie der Rezensionen wissenschaftlicher Literatur (IBR). Hrsg. von Otto Zeller. Osnabrück 1971ff.

Internationale Bibliographie der Zeitschriftenliteratur. Begr. von Felix Dietrich, Leipzig 1897ff, ab 1946 bis 1964 Osnabrück. Fortgeführt durch: Internationale Bibliographie der Zeitschriftenliteratur aus allen Gebieten des Wissens (IBZ). Hrsg. von Otto Zeller. Osnabrück 1965ff.

Internationale Bibliographie zur Geschichte der deutschen Literatur von den Anfängen bis zur Gegenwart. Hrsg. von Günter Albrecht, Günther Dahlke. Berlin 1969ff.

MLA. International Bibliography of Books and Articles on the Modern Languages and Literatures. New York 1922ff.

Quellenlexikon zur deutschen Literaturgeschichte. Personal- und Einzelwerkbibliographien der internationalen Sekundärliteratur 1945-1990 zur deutschen Literatur von den Anfängen bis zur Gegenwart. Hrsg. von Heiner Schmidt. 3., überarb., wesentlich erw. und auf den neuesten Stand gebrachte Aufl. Bislang Bd. 1-17. Duisburg 1994ff.

BIO-BIBLIOGRAPHISCHE NACHSCHLAGEWERKE

Allgemeine Deutsche Biographie (ADB). Hrsg. durch die Historische Commissi-
on bei der Königlichen [Bayerischen] Akademie der Wissenschaften. 55 Bde.
u. Registerbd., Leipzig 1875-1912. Neudr. Berlin 1967-71

Autorenlexikon deutschsprachiger Literatur des 20. Jahrhunderts. Hrsg. von Manfred Brauneck u. a. Reinbek bei Hamburg 1991

Brümmer, Franz: Lexikon der deutschen Dichter und Prosaisten vom Beginn des
19. Jahrhunderts bis zur Gegenwart. 6. völlig neu bearb. Auflage, 8 Bde. Leipzig 1913; Neudr. Nendeln 1975

Deutsches Biographisches Archiv (DBA). Mikrofiche-Edition. Hrsg. von Bernhard Fabian. München 1982-85

Deutscher biographischer Index. Register zum Deutschen Biographischen Archiv.
Hrsg. von Willi Gorzny. 4 Bde. München 1986

Deutsche Dichter: Leben und Werk deutschsprachiger Autoren vom Mittelalter
bis zur Gegenwart. Hrsg. von Gunter E. Grimm. Durchgesehene und akt.
Auswahlausgabe des achtbändigen Werkes. Stuttgart 1993

Deutsches Dichterlexikon. Biographisch-bibliographisches Handwörterbuch zur
deutschen Literaturgeschichte. Hrsg. von Gero von Wilpert. 3. erw. Auflage.
Stuttgart 1988

Deutsches Literatur-Lexikon. Biographisches und bibliographisches Handbuch. 4
Bde. Hrsg. von Wilhelm Kosch. Bern 1949-58

Deutsches Literatur-Lexikon. Biographisches und bibliographisches Handbuch.
Hrsg. von Heinz Rupp, Carl L. Lang. Begr. von Wilhelm Kosch. 3. Auflage.
Bern 1968ff

Die deutsche Literatur des Mittelalters. Verfasserlexikon, begr. von Wolfgang
Stammler, fortgef. von Karl Langosch. 5 Bde. 2. völlig neu bearb. Auflage.
Berlin, New York 1978ff.

Kritisches Lexikon zur deutschsprachigen Gegenwartsliteratur (KLG). Hrsg. von
Heinz Ludwig Arnold. München 1978ff.

Literatur-Lexikon. Autoren und Werke deutscher Sprache. 15 Bde. Hrsg. von
Walther Killy u. a. Gütersloh, München 1988ff.

Metzler-Autoren-Lexikon. Deutschsprachige Dichter und Schriftsteller vom Mittelalter bis zur Gegenwart. Hrsg. von Bernd Lutz. Stuttgart 1986

Metzler-Autorinnen-Lexikon. Hrsg. von Ute Hechtfischer u. a. Stuttgart, Weimar
1998

Metzler Lexikon der deutsch-jüdischen Literatur. Hrsg. von Andreas B. Kilcher.
Stuttgart, Weimar 2000

Neue deutsche Biographie (NDB). Hrsg. von der Historischen Kommission der
Bayerischen Akademie der Wissenschaften. Berlin 1953ff.

Neues Handbuch der deutschsprachigen Gegenwartsliteratur seit 1945. Begr. von
Hermann Kunisch. München 1993

Lexikon der Weltliteratur. Hrsg. von Gero von Wilpert u. a. Bd. 1: Biographisch-
bibliographisches Handwörterbuch nach Autoren und anonymen Werken.
3. vollst. überarb. Auflage. Stuttgart 1988; Bd. 2: Hauptwerke der Weltliteratur
in Charakteristiken und Kurzinterpretationen. 3. Auflage. Stuttgart 1993

WERKLEXIKA

Dramenlexikon. Hrsg. vom Deutschen Theatermuseum. Jahrband 1985ff. München 1986ff.

Kindlers Literatur Lexikon. Begr. von Wolfgang von Einsiedel. 25 Bände. München 1974

Kindlers Neues Literatur Lexikon. Hrsg. von Walter Jens. 20 Bände. München 1988-92

Lexikon des Mittelalters. Hrsg. von Robert-Henri Bautier, Robert Auty u. a. 7 Bände. Zürich u. a. 1990ff.

Metzler Literatur Chronik. Werke deutschsprachiger Autoren. Hrsg. von Volker Meid. Stuttgart, Weimar 1993

Der Romanführer. Begr. von Wilhelm Olbrich u. a., fortgef. von Alfred Clemens Baumgärtner, Bernd Gräf. Stuttgart 1960ff.

Der Schauspielführer. Begr. von Joseph Gregor, fortgef. von Margret Dietrich. Stuttgart 1972ff.

SACHLEXIKA

Adelung, Johann Christoph: Grammatisch-kritisches Wörterbuch der Hochdeutschen Mundart mit beständiger Vergleichung der übrigen Mundarten, besonders aber der Oberdeutschen. Zweite vermehrte und verbesserte Auflage. 4 Bde. Lepzig 1793-1801; Hildesheim, Zürich, New York 1990 (Reprint)

Allgemeine Encyklopädie der Wissenschaften und Künste in alphabetischer Reihenfolge von genannten Schriftstellern bearbeitet und herausgegeben von J. S. Ersch und J. G. Gruber. Leipzig 1818ff.

Ästhetische Grundbegriffe. Historisches Wörterbuch in 7 Bänden. Hrsg. von Karlheinz Barck u. a. Stuttgart, Weimar 2000f.

Der kleine Pauly. Lexikon der Antike. Hrsg. von Konrad Ziegler u. a. 5 Bde. München 1980

Die Religion in Geschichte und Gegenwart. Handwörterbuch für Theologie und Religionswissenschaft. Hrsg. von Kurt Galling u. a. Tübingen 1957-65

Geschichtliche Grundbegriffe. Historisches Lexikon zur politisch-sozialen Sprache in Deutschland. Hrsg. von Otto Brunner u. a. 7 Bde. Stuttgart 1992

Handbuch philosophischer Grundbegriffe. Hrsg. von Hermann Krings u. a. 6 Bde. München 1973

Historisches Wörterbuch der Philosophie. Hrsg. von Joachim Ritter. Basel 1971ff

Historisches Wörterbuch der Rhetorik. Hrsg. von Gert Ueding Tübingen 1992ff.

Lexikon der christlichen Ikonographie. Hrsg. von Engelbert Kirschbaum. Freiburg 1968ff.

Lexikon der Kinder- und Jugendliteratur. Personen-, Länder- und Sachartikel zur Geschichte und Gegenwart der Kinder- und Jugendliteratur. Hrsg. von Klaus Doderer. 4 Bde. Basel 1975-82

Lexikon für Theologie und Kirche. Begr. von Michael Buchberger. Freiburg 1957ff.

Literaturwissenschaftliches Lexikon. Grundbegriffe der Germanistik. Hrsg. von Horst Brunner, Rainer Moritz. Berlin 1997

234 Anhang

Metzler Lexikon Sprache. Hrsg. von Helmut Glück. 2. erweiterte Auflage. Stuttgart, Weimar 2000
Metzler Literatur Lexikon. Begriffe und Definitionen. 2. Auflage. Stuttgart 1990
Metzler-Literatur-Lexikon. Stichwörter zur Weltliteratur. Hrsg. von Günter Schweikle, Irmtraud Schweikle. Stuttgart 1984
Moderne Literatur in Grundbegriffen. Hrsg. von Dieter Borchmeyer und Victor Zmegac 2. durchgesehene Auflage. Tübingen 1995
Reallexikon der deutschen Literaturgeschichte. Begr. von Paul Merker, Wolfgang Stammler. 2. neu bearb. Auflage. Berlin 1958-88
Reallexikon der deutschen Literaturwissenschaft. Hrsg. von Klaus Weimar u. a. 3 Bde. Berlin, New York. 1997ff.
Wörterbuch der Symbolik. Hrsg. von Manfred Lurker. 5. erw. Auflage. Stuttgart 1991
Zedler, Heinrich Johann: Grosses vollständiges Universal-Lexikon. 64 Bde. Und 4 Suppl.-Bde. 2., vollst. Photomechan. Nachdruck. Graz 1993ff. (Reprint der Ausgabe Leipzig und Halle 1732-1754)

EINFÜHRUNGEN

Arnold, Heinz Ludwig; Detering, Heinrich (Hrsg.): Grundzüge der Literaturwissenschaft. München 1997
Bauer, Karl W.: Grundkurs Literatur- und Medienwissenschaft. 3. Auflage. Stuttgart 1998
Blinn, HansJürgen: Informationshandbuch Deutsche Literaturwissenschaft. Mit Tipps zur Internetrecherche. Frankfurt/M. 2001
Heinrich, Bosse; Renner, Ursula (Hrsg.): Literaturwissenschaft. Einführung in ein Sprachspiel. Freiburg i. Br. 1999
Brackert, Helmut; Stückrath, Jörn (Hrsg.): Literaturwissenschaft. Ein Grundkurs. Reinbek bei Hamburg 1981; zahlreiche weitere Auflagen
Eicher, Thomas, Volker, Wiemann (Hrsg.): Arbeitsbuch Literaturwissenschaft. Paderborn, München, Wien, Zürich 1996; 3., vollständig überarb. Aufl. 2001
Gutzen, Dieter; Oellers, Norbert; Petersen, Jürgen H., (Hrsg.): Einführung in die neuere deutsche Literaturwissenschaft. 6. neugef. Auflage. Berlin 1989
Hermand, Jost: Geschichte der Germanistik. Reinbek bei Hamburg 1994
Blinn, Hansjürgen (Hrsg.): Informationshandbuch Deutsche Literaturwissenschaft. 3. neubearb. und erw. Auflage. Frankfurt/M.1994
Link, Jürgen: Literaturwissenschaftliche Grundbegriffe. Eine programmierte Einführung auf strukturalistischer Basis. 4. Aufl. München 1990
Fricke, Harald; Zymner, Rüdiger: Einübung in die Literaturwissenschaft. Parodieren geht über Studieren. 3., nochmals durchges. Aufl. Paderborn 1996
Fohrmann, Jürgen; Müller, Harro (Hrsg.): Literaturwissenschaft. Frankfurt/M. 1995
Pechlivanos, Miltos; Rieger, Stefan; Struck, Wolfgang; Weitz, Michael (Hrsg.): Einführung in die Literaturwissenschaft. Stuttgart, Weimar 1995
Schneider, Jost: Einführung in die moderne Literaturwissenschaft. Bielefeld 1998

Schulte-Sasse, Jochen; Werner, Renate: Einführung in die Literaturwissenschaft. München 1977; 7. Aufl. 1990

Schutte, Jürgen: Einführung in die Literaturinterpretation. 3. überarb. Auflage. Stuttgart 1993

Weddige, Hilkert: Einführung in die germanistische Mediävistik. 2. durchgesehene Auflage. München 1992

Weimar, Klaus: Geschichte der deutschen Literaturwissenschaft bis zum Ende des 19. Jahrhunderts. München 1989; 2., unveränderte Aufl. 2002

Griesheimer, Frank (Hrsg.): Wozu Literaturwissenschaft? Tübingen 1991

Vogt, Jochen: Einladung zur Literaturwissenschaft. München 1999

Zelle, Carsten: Allgemeine Literaturwissenschaft. Konturen und Profile im Pluralismus. Wiesbaden 1999

ARBEITSTECHNIKEN/ RECHERCHEPRAXIS

Bangen, Georg: Die schriftliche Form germanistischer Arbeiten. Empfehlungen für die Anlage und äußere Gestaltung wissenschaftlicher Manuskripte unter besonderer Berücksichtigung der Titelangaben von Schrifttum. 9. durchgesehene Auflage. Stuttgart 1990

Hansel, Johannes: Bücherkunde für Germanisten. Studienausgabe. 9. gek. u. neubearb. Auflage. Berlin 1991

Meyer-Krentler, Eckhardt; Moenninghoff, Burkhard: Arbeitstechniken Literaturwissenschaft. 9., vollst. Überarb. und aktualisierte Aufl. München 2001

Raabe, Paul: Einführung in die Bücherkunde zur deutschen Literaturwissenschaft. Stuttgart 1994

Zelle, Carsten: Kurze Bücherkunde für Literaturwissenschaftler. Tübingen 1998

LITERATURTHEORIE / RHETORIK

Assmann, Aleida (Hrsg.): Texte und Lektüren. Perspektiven in der Literaturwissenschaft. München 1997

Bogdal, Klaus M.: Neue Literaturtheorien. Eine Einführung, 2. Auflage. Opladen 1997

Bogdal, Klaus M.: Neue Literaturtheorien in der Praxis. Opladen 1993

Eagleton, Terry: Einführung in die Literaturtheorie. 3. Auflage. Stuttgart 1994

Fuhrmann, Manfred: Die Dichtungstheorie der Antike. Aristoteles – Horaz – 'Longin'. Eine Einführung. 2., überarb. Aufl. Darmstadt 1992

Haupt, Barbara (Hrsg.): Zum mittelalterlichen Literaturbegriff. Darmstadt 1985

Hawthorn, Jeremy: Grundbegriffe moderner Literaturtheorie. Tübingen, Basel 1994

Haug, Walter: Literaturtheorie im deutschen Mittelalter von den Anfängen bis zum Ende des 13. Jahrhunderts. Eine Einführung. Darmstadt 1985

Kloock, Daniela; Spahr, Angela: Medientheorien. Eine Einführung. München 1997

Lausberg, Heinrich (Hrsg.): Handbuch der literarischen Rhetorik. Eine Grundlegung der Literaturwissenschaft. 2 Bde. München 1973

Lausberg, Heinrich: Elemente der literarischen Rhetorik. Eine Einführung für Studierende der klassischen, romanischen, englischen und deutschen Philologie. 10. Auflage. Ismaning 1990

Nünning, Ansgar (Hrsg.): Literaturwissenschaftliche Theorien, Modelle und Methoden. Eine Einführung. Trier 1995

Nünning, Ansgar (Hrsg.): Metzler Lexikon Literatur- und Kulturtheorie. Ansätze – Personen – Grundbegriffe. Stuttgart, Weimar 1998

Plett, Heinrich F.: Systematische Rhetorik. München 2000

Renner, Rolf G.: Lexikon literaturtheoretischer Werke. Stuttgart 1995

Szondi, Peter: Einführung in die literarische Hermeneutik. Frankfurt/M.1975

Ueding, Gert: Klassische Rhetorik. München 1995

METHODEN

Baasner, Rainer: Methoden und Modelle der Literaturwissenschaft. Eine Einführung. Berlin 1996

von Braun, Christina; Stephan, Inge (Hrsg.): Gender-Studien. Eine Einführung.. Stuttgart, Weimar 2000

Maren-Grisebach, Manon: Methoden der Literaturwissenschaft. 10. Auflage. Tübingen 1992

Strelka, Joseph: Einführung in die literarische Textanalyse. 2. Auflage. Tübingen 1998

Wellbery, David E.: Positionen der Literaturwissenschaft. Acht Modellanalysen am Beispiel von Kleists Das Erdbeben von Chili. 3. Aufl. München 1993

LITERATURGESCHICHTEN

de Boor, Helmut u. a. (Hrsg.): Geschichte der deutschen Literatur von den Anfängen bis zur Gegenwart. München 1949ff.

Brenner, Peter J.: Neue deutsche Literaturgeschichte. Tübingen 1996

Brinker-Gabler, Gisela (Hrsg.): Deutsche Literatur von Frauen. 2 Bde. München 1988

Frenzel, Herbert A.; Frenzel, Elisabeth: Daten deutscher Dichtung. Chronologischer Abriß der deutschen Literaturgeschichte. 2 Bde. München 1962. 29. Aufl. 1995

Glaser, Horst Albert (Hrsg.): Deutsche Literatur. Eine Sozialgeschichte. Von den Anfängen bis zur Gegenwart. Reinbek 1980ff.

Grimminger, Rolf u. a. (Hrsg.): Hansers Sozialgeschichte der deutschen Literatur. München 1989ff.

Gysi, Klaus u. a. (Hrsg.): Geschichte der deutschen Literatur von den Anfängen bis zur Gegenwart. 12 Bde. Berlin 1960-83

Hohendahl, Peter Uwe (Hrsg.): Geschichte der deutschen Literaturkritik (1730-1980). Stuttgart 1985

Kartschoke, Dieter u. a.: Geschichte der deutschen Literatur im Mittelalter. 3 Bde. München 1989

Segeberg, Harro: Literatur im technischen Zeitalter. Von der Frühzeit der deutschen Aufklärung bis zum Beginn des Ersten Weltkriegs. Darmstadt 1997

Wehrli, Max: Literatur im deutschen Mittelalter. Eine poetologische Einführung.
  Stuttgart 1984
Wild, Reiner (Hrsg.): Geschichte der deutschen Kinder- und Jugendliteratur.
  Stuttgart 1990
Zmegac, Viktor (Hrsg.): Geschichte der deutschen Literatur vom 18. Jahrhundert
  bis zur Gegenwart. 3 Bde. Königstein 1979-85

THEMEN UND MOTIVE
Daemmrich, Horst S.; Daemmrich, Ingrid: Themen und Motive in der Literatur.
  Ein Handbuch. 2. überarb. und erw. Auflage. Tübingen 1996
Frenzel, Elisabeth: Motive der Weltliteratur. Ein Lexikon dichtungsgeschichtlicher
  Längsschnitte. 4. überarb. und erw. Auflage. Stuttgart 1992
Frenzel, Elisabeth: Stoffe der Weltliteratur. Ein Lexikon dichtungsgeschichtlicher
  Längsschnitte. 8. überarb. und erw. Auflage. Stuttgart 1992

PERIODIKA
Arbitrium. Zeitschrift für Rezensionen zur germanistischen Literaturwissenschaft
Arcadia. Zeitschrift für Vergleichende Literaturwissenschaft
Archiv für das Studium der neueren Sprachen und Literaturen (ASSL)
Daphnis. Zeitschrift für mittlere deutsche Literatur
Deutsche Vierteljahrsschrift für Literaturwissenschaft und Geistesgeschichte
  (DVjS)
Der Deutschunterricht (DU)
Deutschunterricht
Etudes Germaniques (EG)
Euphorion. Zeitschrift für Literaturgeschichte
Feministische Studien
German Life and Letters. A quarterly Review (GLL)
The German Quarterly (GQ)
The Germanic Review. Devoted to studies dealing with the Germanic Languages
  and Literatures (GR)
Germanisch-Romanische Monatsschrift (GRM)
Internationales Archiv für Sozialgeschichte der deutschen Literatur (IASL)
Jahrbuch für Internationale Germanistik (JbIG)
Lili. Zeitschrift für Literaturwissenschaft und Linguistik
Mittellateinisches Jahrbuch
The Modern Language Review. A quarterly Journal
Monatshefte für deutschen Unterricht, deutsche Sprache und Literatur (MDU)
Neophilologus. An international journal of modern and mediaeval languages and
  literature
New German Critique. An interdisciplinary journal of German Studies
New literary History. A journal of theory and interpretation
Poetica. Zeitschrift für Sprache und Literaturwissenschaft
Publications of the Modern Language Association of America (PMLA)
Sinn und Form. Beiträge zur Literatur (SuF)
Sprache im technischen Zeitalter

Text und Kritik. Zeitschrift für Literatur (TuK)
Weimarer Beiträge. Zeitschrift für Literaturwissenschaft, Ästhetik und Kulturwis-
senschaft (WB)
Wirkendes Wort. Deutsche Sprache und Literatur in Forschung und Lehre (WW)
Zeitschrift für deutsche Philosophie (ZfdPh)
Zeitschrift für deutsches Altertum und deutsche Literatur (ZfdA)
Zeitschrift für Germanistik (ZfG)

Digitale Quellen für das Studium

Angesichts der wachsenden Fülle von Informationensquellen auf CD-ROM und
im WWW kann diese Auflistung nur ein Ausgangspunkt für weiterführende eigene Explorationen sein. Bei Recherchen im WWW ist die Anlage von Bookmarks
(Lesezeichen) zu empfehlen, um leichter zu nützlichen Seiten zurückzufinden.

ARCHIVE, BIBLIOTHEKEN UND BÜCHERNACHWEISE IM WWW

Bibliotheken im Internet	http://www.ub.fu-berlin.de/ literatursuche/bibliothekskataloge
Die Deutsche Bibliothek	http://www.ddb.de
Karlsruher Virtueller Katalog	http://www.ubka.uni-karlsruhe.de/kvk.html
Library of Congress	http://lcweb.loc.gov
Österreichischer Bibliothekenverbund	http://www.bibvb.ac.at/verbund-opac.htm
Schweizer Bibliotheken	http://www.bibliothek.ch
Deutsche Archive im Internet	http://www.uni-marburg.de/archivschule/fv61.html
Deutsches Literaturarchiv	http://www.dla-marbach.de
Verbundinformationssystem der Nachlässe und Autographen	http://kalliope.staatsbibliothek-berlin.de

LINKSAMMLUNGEN und WWW-PORTALE

Bibliographieren im Internet	http://www.biblint.de/
Computerphilologie	http://computerphilologie.uni-muenchen.de
Düsseldorfer Virtuelle Bibliothek. Informationsquellen im Internet – Germanistik	http://www.rz.uni-duesseldorf.hde/ulb/ger.html

Geisteswissenschaftliche Linksammlung	http://www.fingerhut.de/geisteswissenschafte/germanistik.htm
Germanistik im Internet (Erlanger Liste)	http://www.phil.uni-erlangen.de/~p2gerlw/ressourc/liste.html
Germanistik im Internet (UB Konstanz)	http://www.ub.uni-konstanz.de/fi/ger/index.htm
Germanistische Fachinformationen im WWW	http://www.ub.fu-berlin.de/internetquellen/fachinformation/germanistik
Internet Resources for Germanists	http://www.germanistik.net
Linksammlung der Universität Mannheim	http://www.uni-mannheim.de/users/bibsplit/litrech.html
LitLinks. Links zu Online-Texten der deutschen Literatur	http://www.litlinks.it
Online Bücher - Electronic Books. Linksammlung Bibliotheksservice-Zentrum Baden-Württemberg	http://www.bsz-bw.de/links/buecher.html
Online-Nachschlagewerke im Internet. Linksammlung BSZ	http://www.bsz-bw.de/links/lexika.html
Buchhandlungen im Internet. Linksammlung BSZ	http://www.bsz-bw.de/wwwroot/text/buchhandel.html

SUCHMASCHINEN

Altavista	http://de.altavista.com
Gallileus	http://www.gallileus.de
Google	http://www.google.de
Metacrawler	http://www.metacrawler.de
MetaGer	http://www.metager.de
Leselupe – die Literatur-(such)maschine	http://www.leselupe.de

TEXTSAMMLUNGEN

Alex – Catalogue of Electronic Texts on the Internet	http://www.infomotions.com/alex/
Berliner Zimmer – Literatur im Netz	http://www.berlinerzimmer.de
Bibliotheca Augustana. Deutsche Literatur 8.-20. Jahrhundert	http://www.fh-augsburg.de/~harsch/augustana
Bonner Frühneuhochdeutschkorpus	http://www.ikp.uni-bonn.de/dt/forsch/frnhd/

Deutsche Zeitschriften des 18. Jahrhunderts – Digitale Rekonstruktion	http://www.uni-bielefeld.de/diglib
Digitale Bibliothek (Volltext-sammlungen auf CD-ROM)	http://www.digitale-bibliothek.de
Exilpresse digital (Deutsche Exilzeitschriften 1933-1945; Die Deutsche Bibliothek)	http://deposit.ddb.de/online/exil/exil.htm
Gutenberg Bibel (Niedersächsische Staats- und Universitätsbibliothek Göttingen)	http://www.gutenbergdigital.de/gudi/start.htm
Österreichische Literatur online	http://www.literature.at/webinterface/library
Projekt Gutenberg-DE	http://www.gutenberg2000.de

Sachregister

Das folgende Sachregister verzeichnet nicht alle, sondern nur die für das Verständnis eines Begriffs einschlägigen Textstellen. Begriffskombinationen aus Substantiven und spezifizierenden Attributen sind zur leichteren Auffindbarkeit dem für den jeweiligen Zusammenhang signifikanten Begriffsteil zugeordnet.